公共关系学

（第三版）

主　编　张迺英　巢莹莹

同济大学出版社
TONGJI UNIVERSITY PRESS

图书在版编目(CIP)数据

公共关系学/张迺英，巢莹莹主编. --3 版. --上海：同济大学出版社，2019.7

ISBN 978-7-5608-8591-9

Ⅰ. ①公… Ⅱ. ①张… ②巢… Ⅲ. ①公共关系学—高等学校—教材 Ⅳ. ①C912.31

中国版本图书馆 CIP 数据核字(2019)第 146139 号

公共关系学(第三版)

主编 张迺英 巢莹莹

责任编辑 荆 华 责任校对 徐春莲 封面设计 张 微

出版发行 同济大学出版社 www.tongjipress.com.cn

(地址：上海市四平路 1239 号 邮编：200092 电话：021－65985622)

经 销 全国各地新华书店

印 刷 常熟市大宏印刷有限公司

开 本 787mm×960mm 1/16

印 张 19.25

字 数 385000

版 次 2019 年 7 月第 3 版 2019 年 7 月第 1 次印刷

书 号 ISBN 978-7-5608-8591-9

定 价 58.00 元

《公共关系学》第三版
编委会

第二版序

我认识张迺英同志已有将近二十年，那时她在市政府机关工作，后来她去同济大学经济与管理学院任教，从事公共关系学的教学和理论研究工作。1999年，她主编出版本书，作为一本高等学校公共关系学的教材。最近，她和她的同事又根据近几年来公共关系的发展情况和长期的教学实践经验，对这本教材作了较大的修改和补充，再度出版。

自从中国加入WTO以后，中国的公关业发展迅速。公共关系开始受到政府部门的重视，企业的公关意识日益增强。上海公关业发展潜力巨大，原因是：上海正在成为国际金融中心和航运中心；现代服务业正在加速发展；它在全国和全世界的经济地位日益突出；日益众多的上海企业正走向世界；2010年上海世博会将带来巨大的公关商机；上海已成为世界各国投资中国的首选，外企增加迅速，许多跨国公司将地区总部移至上海；长三角地区的经济发展强劲，这些都将产生大量公关需求。

但是，公共关系事业毕竟是一个新兴的事业，因此，人才问题成为长期以来一直困扰公共关系事业发展的一个重大问题。进入新世纪以后，上海的公共关系教育发展很快。目前，上海已有四所大学创建了公共关系本科专业，一所大学已有公共关系硕士点。但不可否认，尽管大家做了很多努力，无论是专业人才培养的数量还是质量，同经济建设和社会发展的需求相比，仍然存在相当差距。

为了提高培养人才的质量，好的教材是必不可少的条件。在高校中，公共关系的课程不仅公关专业的学生要选读，管理类和传播类专业的学生也要选读。公共关系学教材不仅高校需要，在职人员的培训也需要。所以，编写一本深入浅出、理论结合实际的公共关系学教材，对促进中国公关事业的发展是非常重要的一件事。

公共关系学是实践性很强的一门学科，修订后的这本教材，对案例作了精心选择和阐述。它注重案例分析的特点，更增强了它的实用性。

上海市公共关系协会会长

2007年3月5日

第三版前言

随着社会经济的不断发展，公共关系无论是作为实践还是理论，近年来都取得长足的发展，本书第一版出版于1998年，第二版出版于2007年，至今也已有超过十年的时间，基于公共关系学科理论与实践的不断发展，特别是近年来互联网信息时代的飞速发展，给公共关系的理论和实践带来根本性的改变，再版就显得尤为迫切且重要。

第三版对当前世界范围内特别是中国公共关系近十年来的理论和实践发展进行了梳理，总结了公共关系近年来发展的新趋势和特点，并在充分了解市场尤其是应用型本科高校对公共关系教育教学需求的基础上，重新架构公共关系的学科体系，修编了部分不适合当今公共关系学教学的内容，增加"互联网+"时代特性的新形态公共关系理论及实务，使本书在公共关系教育领域中发挥其应有的作用，特别是能够对应用型本科高校公共关系教育有所裨益。

本版的特点是：第一，每章添加开篇导入案例，调动学生的学习兴趣，激发学生的课前思考；第二，章节撰写上采用理论与实践相结合的方式，紧密联系行业实践；第三，每章设有案例分析环节，采用国内外具有时效性的案例，通过创设问题情景，培养学生解决实际问题的能力；第四，教材内容涉及各种具体的"公众"关系，如员工关系、股东关系、政府关系、媒介关系、顾客关系、社区关系，以便学生在实际工作中能灵活应对各种公共关系问题；第五，加重公关活动及其策划、实施的艺术与方法等方面的笔墨，培养学生进行公关谈判，策划公关活动，撰写新闻稿件等公共关系实操能力。

本书第三版编写工作分工如下：第一章导论（张迺英）、第二章公共关系的起源与发展（张迺英）、第三章公共关系主体（张迺英）、第四章公共关系客体（王瑞根）、第五章公共关系传播（钱伟）、第六章公共关系调查（钱伟）、第七章公共关系策划（钱伟）、第八章公共关系活动的实施与评估（巢莹莹）、第九章公共关系实务及操作（巢莹莹）、第十章公共关系演讲与写作（巢莹莹）、第十一章公共关系社交与礼仪（巢莹莹）、第十二章公共关系沟通与谈判（唐丹）和第十三章公共关系的形象管理和危机管理（唐丹）。张迺英负责拟定修改提纲及统稿编排。本书部分案例选自同济大学浙江学院校企合作单位，参与审编案例的企业方有浙江五芳斋实业股份有限公司董事长厉建平、人保财险嘉兴市分公司副总经理苏刚、杭州万色城电子商务有限公司董事长朱海滨。

本书可供应用型高等院校经济、管理、新闻传播等相关专业教学使用,也可供其他专业选修管理类课程或各类管理干部培训使用。其结构完整、例证丰富、体例活泼、学以致用,理论和实践联系紧密,促使课堂形式多样化,增强师生互动,从而提高学生的实践能力。

由于编写者的水平有限,书中恐存错误及不妥之处,希望读者批评指正。

编 者

2019 年 3 月

第二版前言

公共关系无论是作为实践还是理论，其在中国已经历了将近40个年头。期间，公共关系的实践已从极少数领域被广泛运用于中国国家建设的各个方面，包括政治、经济、文化、教育和军事等领域。同时，人们在观念上已将公共关系从一般的社会现象上升为一门艺术和科学，并认识到公共关系对社会发展的作用和意义。更重要的是作为一门应用性学科的公共关系学，其学科系统的内容随着实践和人们观念的变化而更趋科学化、完整化、深入化，这些变化一方面表现为学科与实践联系的紧密性上，而另一方面则表现在理论研究的内容能及时反映出实践的需求和对公共关系实践的指导作用。

基于公共关系理论和实践的发展，第一版的《公共关系学》教材在某些内容和体系上已不能适应高等院校、企事业单位进行公共关系教育、培训的需求，因而，有必要针对目前世界范围内特别是中国公共关系发展的特点及趋势，在充分了解市场尤其是高等院校对公共关系学科教育需求的基础上，重新架构公共关系学科体系，修编部分不适合公共关系实践需求的内容，使本教材在公共关系教育领域发挥其应有的作用。

本教材在公共关系体系和内容上作了较大的修改，并对教材涉及的所有案例进行了有效的筛选。重新架构的体系包括了这样几个部分：公共关系的历史、公共关系的基本理论、公共关系工作程序、公共关系技巧及公共关系相关学科的整合应用。重编的内容主要集中在公共关系的实务和应用方面，这样的体系构架能够全面地反映公共关系实践和理论的发展现状及趋势，弥补了第一版教材在这些方面的缺陷。在编制案例的过程中，本教材重编人员本着案例的现实性、经典性和实用性原则，对第一版的所有案例进行筛选和补充，使新版教材仍然保持了第一版教材重案例分析的特有风格。

《公共关系学》第二版教材的重编工作分工如下：张洒英负责统稿编排，并对第一章至第三章进行修改；第一版作者宋荣民负责第六章、第七章的修改并协助统稿；高建秀撰写并修改了第四章和第五章；第一版作者邱丽琳负责第八章的修改；单晓芳撰写了第九章；第十章和第十一章由江沁修改并撰写；熊国钺、张俊唐修改并撰写了第十二章；熊国钺、曹静静撰写第十三章；徐梅、杜静撰写第十四章；徐梅修改并撰写第十五章。本书的重编同时参阅了专家、学者有关这方面的文献资料，尤其是上海市公共关系协会所提供的最新材料。学生吴娜娟、王婷也为本书的编撰查阅了资料。在此，一并表示感谢！

编　者

2007年2月

第一版前言

公共关系学自20世纪80年代初传入中国大陆后，在近20年中，无论是在公共关系理论的研讨方面，还是在公共关系实务操作技术方面，都有了长足的发展。源于美国的公共关系学科，在中国现今的社会主义市场经济体制下，已具备一定的国情特点，并已形成具有中国特色的公共关系学科。中国人在思想意识、思维方法、职业选择等方面均表现出对公共关系学的浓厚兴趣，很多人学习它、研究它并将它运用于实践。现在我国几乎所有的高校都开设了“公共关系学”课程，已有20多所高等院校设立了或正在设立公共关系专业。这些都说明了我国公共关系的教学与研究工作正向着更高的层次发展。

随着高校公共关系学教学的普及和深入，有关公共关系方面的教材层出不穷，但至今能适用于高等院校的、内容较为全面的公共关系教材却不多见。为此，我们编写了这本《公共关系学》，力求体现“重理论、重实践、重材料、重特色”这四个特点，深入浅出地对公共关系学的理论及实务进行论述。

第一，重理论。本书中有关公共关系学的基本理论部分既有表述简洁明了的基本概念、原理，又有对这些概念和原理的分析，易于广大读者掌握。

第二，重实践。由于公共关系学是一门应用性很强的学科，所以，本书有相当的篇幅是实务操作和案例分析，以期使读者有比较直观的感性认识。

第三，重材料。本书作者在编写过程中参阅了大量的国内外有关资料，并在此基础上吸取最新的材料，以更好地适应广大读者的需求。

第四，重特色。本书在结构的编排和内容体系中，也有独到之处，除专门设立“案例与分析”这一章供读者参考外，还在每一章后面附有与该章节内容相关的案例让读者思考，加深读者对公共关系理论的理解。

参加本书撰写的作者，都是长期从事我国高校公共关系教学的教师，有着公共关系教学的丰富经验，并在公共关系理论方面的研究有一定的成就。在编写本书过程中，能将平时的教学经验、学生对此门学科的求知意向和公共关系理论的研究成果有机地结合起来，形成这部较有特色的公共关系教材。

本书编写分工如下：第一章（张迺英）、第二章（张迺英）、第三章（张迺英）、第四章（张迺英）、第五章（黄美琴）、第六章（宋荣民）、第七章（黄美琴）、第八章（黄美琴），第九章（闻人勇建）、第十章（沈幼华）、第十一章（黄美琴）、第十二章（沈幼华）、第十三章（邱丽琳）、第十四章（宋荣民）、第十五章（沈幼华）。

全书提纲的拟定、编审统稿由张迺英负责。本书主编由张迺英担任，副主编由宋荣民、闻人勇建担任。

编写本书的所有作者希望通过编撰本书，能引导学生和其他爱好公共关系这门学科的人士科学而完整地掌握这门学科，并将其运用于实践，从而为我国的公共关系学科的发展作出贡献。

由于编写者的水平有限，难免有疏漏和差错，望读者能加以谅解并欢迎批评指正。

1998 年 10 月

目　次

第一章　导　论

【案例导读】

怎样理解公共关系

北欧航空公司丹麦分公司一位公关经理曾这样说道："好比一个青年追求伴侣，可以用许多方法，其中大献殷勤就是一种，这不算公关关系，而是推销。努力修饰自己的外貌和风度，讲究谈吐举止，这也是一种吸引人的办法，不过这也不是公共关系，而是广告。如果这个青年经过周密的研究思考，制订出计划，并且埋头苦干，以成绩来获得他人的称赞，通过他人的口将对自己的优良评价传递开，那么这就是公共关系了。"

上述案例形象生动地说明了公共关系有别于与推销、广告。公共关系内涵丰富，技巧性强。

（资料来源：陶应虎主编《公共关系原理与实务》第三版）

公共关系学作为一门新兴的学科，在欧美各国已被广泛地应用于整个社会的各个领域，并在经营管理、市场营销、大众传播领域发挥着独特的作用，我国的改革开放，特别是社会主义市场经济体制的确立，为中国的公共关系得以蓬勃发展提供了良好的土壤，公共关系的发展又进一步促进了中国的改革开放和社会主义市场经济的发展。随着我国社会主义市场经济的快速发展和应对世界经济发展的挑战，必然要求我们更多的人掌握公共关系的知识。

但是，由于公共关系学学科本身历史并不长，而这种短暂的历史反映到人们的意识中形成一门学科，也需要一个很长的过程。因而，目前对公共关系、公共关系学的概念、定义的界定和认识，不管是理论界还是实践中，仍然处于探讨之中。

第一节　公共关系与公共关系学

公共关系的定义，是公共关系学研究中首先面临的一个问题，也是公共关系理论中的核心内容之一。历史上关于公共关系的定义多种多样，通过对以往各种公共关系定义的分析与研究，使我们能够科学地确定公共关系的具体含义。

一、公共关系的概念

"公共关系"一词是舶来品，是从英文 Public Relations 翻译过来的。其英文为

Public Relations,Public 汉语为“公共的”“公众的”“大众的”;Relation 是“关系”的意思,Public Relations 是“公共关系”或“公众关系”,英文缩写为 PR,简称是公关。由于人们比较习惯用“公共关系”一词,因而“公众关系”逐渐被人们所淡忘。其实,根据有关研究者的观点,“公众关系”更确切,因为它是主要研究如何处理社会组织与其内外公众的关系的学问。

如其他边缘性学科一样,公共关系作为一门综合性的应用学科和一种正在发展中的管理功能,对其定义的讨论众说纷纭,并且已构成公共关系学理论研究的一个部分。其中有代表性、权威性的国内外定义包括以下几种:

(1) 美国著名公共关系学者雷克斯·哈罗(Rex. L. Harlow)博士所提出的定义:“公共关系是一种独特的管理职能。它帮助一个组织建立并维持与公众之间双向的交流、理解、认可与合作;它参与处理各种问题与事件:它帮助管理者及时了解公众舆论,并对之作出反应;它明确并强调管理部门为公众利益服务的责任;它作为社会变化趋势的监视系统,帮助管理者及时掌握并有效地利用社会变化,保持与社会变动同步;它运用健全的、正当的传播技能和研究方法作为主要的工具。”

(2) 英国著名公共关系学者弗兰克·杰夫金斯(Frank Jefkins)认为:“公共关系就是一个组织为了达到与它的公众之间相互了解的确定目标,而有计划地采用一切向内和向外的传播沟通方式的总和。”

(3) 当代美国公共关系学术权威,马里兰大学的詹姆斯·格鲁尼格(James. E. Gruning)教授认为:“公共关系是一个组织与其相关公众之间的传播管理。”(Public Relations is the management of communication between an organization and its public)

(4) 国际公共关系协会于 1978 年 8 月发表的《墨西哥宣言》中的定义为:“公共关系是一门艺术和社会科学。它分析趋势,预测后果,向机构领导人提供意见,履行一系列有计划的行动,以服务于本机构和公众的共同利益。”

(5) 美国普林斯顿大学的资深公共关系教授蔡尔兹(H. L. Chils)认为:“公共关系是我们所从事的各种活动、所发生的各种关系的通称,这些活动与关系都是公众性的,并且都有其社会意义。”

(6) 此外,公共关系的定义还有以下通俗的表述:

① 公共关系是社会组织为了塑造组织形象,通过传播、沟通手段来影响公众的科学与艺术。

② 公共关系是一个社会组织用传播的手段使自己与公众相互了解和相互适应的一种活动或职能。

③ 公共关系就是争取对你有用的朋友。

④ 广告是要大家买我,公共关系是要大家爱我。

⑤ 公共关系是 90%靠自己做得对,10%靠宣传。

⑥ 公共关系是说服和左右社会大众的技术。

⑦ 公共关系是通过良好的人际关系来辅助事业成功。

⑧ 公共关系是促进善意。

以上各种公共关系的定义从不同的角度去揭示公共关系的本质属性，都有其合理性。公共关系从理论到实践均是一门正在发展中的学科，而且又涉及不同的学科领域和不同的实践领域，因此对公共关系的定义有不同的表述是正常的。实际上各种定义之间并不矛盾，只是侧重点不同。这样反而有利于我们去把握公共关系的真正含义。

为能科学地理解公共关系的含义，我们从以下几个方面进行分析。

首先，公共关系有广义和狭义两种含义。从广义上讲公共关系指的是存在于人类社会各个发展时期的社会组织与其公众之间的关系。而这种广义的公共关系活动，在古代社会就已存在。如，中国古代思想家孔子，就曾强调人的社会性和交往性，强调国家内部上下左右的团结、互助与协调，提出“老者安之，朋友信之，少者怀之”。他指出，统治者只有对老百姓施以恩惠，才能得到老百姓的支持，即“宽则得众，惠则足以使民”。从狭义上讲，公共关系仅仅是指商品经济高度发达的社会历史条件下，社会组织与其内外公众之间的关系。这种狭义的公共关系，是我们这门学科将要研究的主要内容。而广义的公共关系，则在研究公共关系史的过程中加以涉及。

其次，公共关系是一种状态。因为在社会生活中，公共关系涉及任何组织，包括商业性的和非商业性的组织。一个组织无论是否意识到公共关系，是否从事公共关系活动，是否喜欢公共关系，它总是存在于组织和个人之间，你不能决定有或没有公共关系。因此，任何社会组织都存在于良好的、平衡的或紧张的公共关系状态之中，这是不以人们的意志为转移的客观存在的现象。当社会组织没有明确意识到这种状态存在，没有自觉地为改善公共关系状态而展开活动时，它们所形成的是自发的公共关系状态。反之，当社会组织意识到这种状态的存在，并自觉地进行改善公共关系状态的活动，这种公共关系活动则被称作自觉的公共关系状态。

其三，公共关系是一种有意识的传播活动。在公共关系的自觉或自发的活动中，无论是作为传播者的社会组织或个人，或是作为受传播者的社会组织或个人，其中有一个共同点：即都是人在起着作用。人的活动有自觉和盲目之分，当人们的活动处在盲目状态时，其公共关系活动即属于自发的；当人们的活动处在自觉状态时，其公共关系活动即属于自觉的。公共关系活动的自觉与否，对于整个公共关系状况的良好与否，具有决定性的意义，因此，现代社会的公共关系尤其强调公关意识的重要性。故通常意义上的公共关系，主要是指具有公关意识的传播活动。

基于以上的分析，我们可将公共关系作如下定义：公共关系是一个社会组织为改善与其公众的相互关系采取传播手段而进行的规范性的活动。

这个定义包含以下几层意思：

第一，公共关系是社会组织与其公众之间的关系，其中社会组织是主体，公众是客体。

第二，公共关系在其实施传播的活动中，使得公共关系的主体和客体处于施控系统和被控系统这样一个控制系统中。当主体通过传播媒介将新的信息不断传入给客体时,主体是施控系统,而客体是被控系统;当信息被反馈时,则客体处于施控系统中,而此时的主体即处于被控系统中。

第三,公共关系具有明确的目的性,其目的在于增进社会组织与公众之间的相互了解和相互合作,在公众中树立社会组织的良好形象,并与其公众获得共同利益。

二、公共关系学

(一) 公共关系学的概念

从人类社会发展过程来看,人类科学从古代的混沌整体状态走向近代的精密分化状态,这是人类科学技术的一大进步。20 世纪以来,人类科学又在高度分化的同时,出现了高度综合化的趋势。自然科学与人文科学的相互渗透、相互融合、相互交叉,形成了许多新兴的综合性学科。公共关系学就是当今世界科学"综合化""整体化"发展趋势的产物。

公共关系作为一种实践活动,古已有之,但作为社会组织的现代管理艺术,却始于 20 世纪初。随着社会的进步,公共关系得到越来越普遍的运用,越来越受到人们的重视。人们探索它的起源、范围,研究它的作用、方法、规律,于是逐步形成了一门新兴的现代科学。

对于公共关系学的性质,犹如对于公共关系一样,学术界至今尚无统一的看法。概括起来,大致有四种意见:其一,认为公共关系实质上是一种传播活动,公共关系学应属于传播学的范畴。其二,认为公共关系是一种社会关系,本质上属于一种社会组织的行为,因而,公共关系学是社会学或组织行为学的分支学科。其三,认为公共关系具有管理的职能,公共关系是管理学的范畴,因此,公共关系学是管理学的一部分。其四,认为公共关系学是一门独立的综合性的社会科学。

学术上的四种观点各有其侧重点,分别强调了公共关系的传播手段、社会组织的主体行为、管理职能以及公共关系的社会科学性,都有其一定的合理性。合理性在于公共关系学本身将传播手段、社会组织的主体行为、管理职能以及社会科学性有机地联系起来,揭示了公共关系学不是单纯地属于公共关系学以外的哪一门科学,哪一个领域,哪一个学科,而是一门横跨多种学科、多种研究领域的、新兴现代交叉综合性的应用学科。但是,这并不是说公共关系学是其他各门学科的大杂烩,没有自己的侧重点和专门理论。我们知道,公共关系学有其本身学科的起源与发展的历史,有其本身的理论与实务,也有特定的研究对象和范围,更有自己的现实性。我们认为,公共关系学的定义与性质应该做以下理解:

公共关系学是一门研究现代社会组织与其社会公众建立良好公共关系的原理、原则、方法、技巧及其规律的科学。它是在综合运用传播学、社会学、心理学、经济学、新闻学、市场学、人际关系学、广告学等的基础上形成的一门新兴现代交叉综合性的应用学科。

(二) 公共关系学的特点

公共关系作为一种活动、一门科学，有其区别于他种学科、他种活动的明显特点。概括起来，有以下特点：

1. 应用性

公共关系之所以能够产生，就是因为当时社会的发展提出了这方面的客观要求，而公共关系产生之后，很快就在当时的经济生活中发挥了巨大的作用，从而奠定了公共关系进一步发展的基础。公共关系学是一门技术多于理论，操作性、应用性很强的学科。公共关系学发展之快、传播之广，从某种意义上说，这与学科本身有很强的应用性是分不开的。公共关系是社会组织参加社会竞争的一门艺术、一种手段。所以无论从哪方面，都能清晰地看到：公共关系学是一门应用性很强的学科。

2. 边缘性

公共关系学科的外延很广，公共关系的本体知识内涵并不多，但与之相关的交叉学科却非常之多。基础理论相互渗透，说明实际进行公共关系操作时，需要交叉运用各种学科的知识和手段。这是由公共关系的特点所决定的。

3. 多维性

由于公共关系的层次不同，具体从事公共关系工作的人员所在组织的类别、性质也不同，对公共关系人员的要求不同，表现在学科上就出现多维性。另外，公共关系学的多维性还表现在研究方向及方法上，不同的研究者，根据自身的经验与见解，有着不同的切入口，用自己认为正确完善的体系来构建公共关系学。

4. 时代性

一方面，随着知识经济和“互联网＋”时代的来临，现代传播媒介日新月异，新的传播手段层出不穷，为了满足公众的信息需要以及详尽地了解市场的现状和发展，更好地实现信息的双向传播，公共关系必然与新的传播媒介联系在一起，如报纸、杂志、广播、电视、媒体、网络、信息高速公路、高速摄像机和快速显影设备等；另一方面，公共关系学的出现直接反映了现代社会的需要，反映了现代社会化生产规律的先进经营管理和行政管理的经验和方法。它随着社会的发展而发展，并在社会实践中不断地加以补充和完善。

5. 综合性

公共关系是建立在其他众多学科基础上的一门综合性交叉边缘学科，它与其他众多学科都有密切的联系，它涵盖了多种学科的知识。如公共关系学与传播学密切相关，传播学为公共关系学提供了传播要素、传播模式、传播媒介、传播效果检测等理论和方法。又如社会心理学给公共关系提供了了解公众心理、控制公众行为的技术和方法。公共关系还需要运用组织学、伦理学、市场学、广告学、民俗学、历史学等诸多学科的研究成果及其知识手段。这就要求公共关系从业者懂得尽可能多的知识，在从事公共关系活动时才能得心应手，运用自如。

(三) 公共关系学的研究对象和范围

尽管公共关系学是在多种学科基础上形成的一门新兴现代交叉综合性的学科，但作为一门科学，应有自己本身的研究对象和范围，并由此产生自己学科的特点。

1. 公共关系学研究的对象

公共关系有三个基本的构成要素，即社会组织、公众和传播活动。社会组织是公共关系的主体，传播活动是公共关系的媒介，公众是公共关系的客体。这三个基本要素即是公共关系学研究的对象。

对于社会组织，要研究它的特点、运行方式以及运行中的各类关系因素、组织工作目标和公共关系工作目标及其相互之间的关系，研究如何发挥社会组织的功能等；对于公众，要研究公众的构成和分类、公众心理分析和公众行为预测等；对于传播活动，要研究传播原理、传播规律、传播工具和传播机制，以及它们在公共关系中的作用等。

2. 公共关系学研究的范围

公共关系学研究的范围包括公共关系发展的历史、公共关系理论、公共关系工作程序、公共关系技巧和公共关系相关学科的整合应用五大部分。

对于公共关系发展的历史，主要研究早期的公共关系思想、现代公共关系的起源和发展以及公共关系在中国的兴起等；对于公共关系理论部分，主要研究公共关系主体、公共关系媒介、公共关系客体、公共关系心理等；对于公共关系工作程序，主要研究公共关系调查、公共关系策划、公共关系实施与评估和公共关系实务活动及操作；对于公共关系技巧部分，主要研究社交与礼仪、沟通与谈判和形象管理及危机管理的技巧。

三、公共关系与相关学科的整合

公共关系学自产生起，其理论和实践目的都是围绕着社会组织的总体目标而进行的。众所周知，社会组织尤其是营利性组织，在其运行过程中往往综合了广告、文化、营销、公共关系等学科的特点与技巧。因而，本节就公共关系在辅助社会组织实现总目标过程中，如何与其他学科相整合而作用于社会组织进行论述。

(一) 公共关系与广告学

由于公共关系学和广告学都属于新型学科，且二者在传播学的血脉方面有着密切的联系，因而，不了解公共关系工作的人，往往会把公共关系同广告混为一谈。实际上，二者既有联系又有区别，所以，了解公共关系与广告的这种关系，对于公共关系工作人员显得十分重要。

1. 公共关系与广告的联系

第一，公共关系活动需要广告作为自己的工具。公共关系工作者有时出于全局的考虑，需要制作广告，这就是“公关广告”。利用广告形式向消费者介绍本组织的经营管理、质量检查、工艺水准、设施设备、人员素质和服务宗旨等整体情况，最终目的是向外界宣传推广社会组织的良好形象。使公共关系和广告起到相辅相成的作用。

第二,公共关系是广告活动的先锋队。许多国外的企业经常采取这一方式把产品打入国际市场。如高露洁牙膏、雀巢咖啡、麦氏咖啡等打入中国市场之前,都以公共关系开路,然后再进行大规模的广告活动。在公共关系活动中还能获得许多反馈信息,使随之而来的广告策划更有的放矢。

第三,公共关系可以指导广告。把组织广告纳入公共关系的整体战略之中,可使社会组织的公共关系工作搞得有声有色,也可能因为一则制作拙劣的广告而使公共关系工作功亏一篑。因此,许多社会组织把广告业务列入公共关系部门的范畴,或在广告部内设置公共关系专业人员。公共关系工作者就必须站在组织公共关系战略的高度来指导本组织的广告业务,运用公共关系技巧参与广告的决策过程,即把广告提高到公共关系的角度来扩大影响。

第四,公共关系人员可参与广告的策划过程。主要表现在以下几个方面:①确定广告的宣传主题;②确定广告的宣传对象;③确定广告的传播工具;④确定广告的传播周期等。

2. 公共关系与广告的区别

做广告是开展公共关系工作的重要手段之一,有效的广告需要公共关系思想做指导,同时两者又有区别,表现在:

第一,目标不同。广告有着明确的目标,就是要在最短的时间中和最大的范围内直接推销某种产品或服务。而公共关系工作的目标是要树立组织机构的整体形象,增进组织内外部公众的了解、理解,从而使整个事业获得成功。

第二,传播原则不同。虽然二者都属于传播的范畴,但公共关系本身并不是广告,而是比广告更广泛的一种活动。广告的信息传播原则是引人注目,使社会组织的产品或服务广为人知,激发人们的购买欲,达到销售和服务的目的。而公共关系的传播原则与广告迥然不同,最重要的是真实可信,绝不能有任何虚假的成分。

第三,传播方式不同。广告可以采用各种传播方法,其中包括新闻的、文学的乃至艺术的传播方式,亦可采用虚构的或神话的手法。但必须以产品质量作保证,给人以新鲜感、形象感。但这些手法在公共关系中是不允许的。公共关系传播方式最重要的是靠事实说话,所以,公共关系的信息传播手段主要是新闻传播的手段,如采用新闻稿、新闻纪录片、记者招待会等方式。

第四,传播周期不同。广告的传播周期一般来说是短暂的,往往是一段时期集中宣传某一种产品或服务。而且有明显的季节性、阶段性。因为它的目的就是推销具体的产品和服务,而产品和服务是经常更新、变动的。公共关系的传播周期则是长期的,因为一个组织良好信誉的建立,通过公共关系有计划、有步骤和长期的努力,实事求是地向外界宣传。这是一项永久性的任务,只是不同时期内,具体内容和侧重点有所区别。

第五,地位不同。广告在经营管理的全局中所处的地位是局部性的。广告的成败好坏对全局没有决定性的影响，并不决定整个组织机构的命运。而公共关系处于全局性的地位，贯穿于经营管理的全过程。可以说，公共关系的成败关系到组织机构的信誉、形象，并决定着组织机构的生死存亡。

第六，效果不同。广告的效果只影响到某个产品的销售，所以说广告的效果是局部的、战术性的。而公共关系的效果是战略性的、全局性的。一旦一个社会组织开展了卓有成效的公共关系工作，就会使社会组织在外界有一个良好的信誉和形象，社会效益和自身效益都会得到增长。

第七，传播对象不同。广告的对象完全是外部的，面对所有的各阶层的公众。而公共关系的对象除了外部公众群体，还包括内部公众群体。

第八，费用不同。广告如果委托广告公司承办，则须付给他们规定的佣金，而关于设计、制定等则按规定价格收费。公共关系工作既可以在社会组织内部成立公共关系部，也可以委托公共关系公司办理本组织的公共关系工作，一般按所花的时间和提供的技术收费；有时遇到具有新闻价值的新事物，新闻单位会主动报道，那么就无需支付费用了。

3. 公共关系广告

公共关系广告又称声誉广告。是指社会组织通过大众传播媒介的方式，向大众宣传社会组织信誉、树立社会组织形象的一种广告宣传。希望社会公众了解组织的情形，取得公众对组织的信任和支持，树立起组织的声誉与形象。

公共关系广告与商品广告有着很大区别，两者本身的职能、行为、宣传重点等方面都有很多不同。

(二) 公共关系与企业文化学

企业文化作为公共关系的补充和发展，有助于公共关系理论的进一步深化和完善；企业文化导入公共关系后，无论是理念的设计，还是在操作上，都会变得更加深入、系统和规范，使之更加科学。

1. 企业文化与企业公共关系的共同点

第一，相同的战略目标。企业文化是用企业的价值观把全体职工凝聚在一起，最大限度地调动职工的积极性，努力提高企业的经济效益，促进企业生产力的发展。企业公关是企业运用传播手段，使自己适应环境并促使环境有利于自己的发展，从而树立自身良好形象融通企业内部关系的一种策略活动。它的根本目标，也是通过提高企业素质和增强企业的竞争力，使企业出效益，发展生产力。

第二，共存环境制约。企业的生存和发展无不受到内外环境的影响，制约着企业的思想和行为，企业文化与企业公关，都包含着企业的思想和行为，都同样受着企业环境的制约。如：民族人文环境、政治经济环境、社会道德环境以及现代交往和企业内容等环境，也都会影响企业的思想和行为。

第三，一致的内求团结。企业公关包括外部公关、内部公关，不仅要协调企业外部公众之间的关系，而且要协调内部各类人员部门之间的关系，增强企业的团结和凝聚力。这种内求团结的实质，和企业文化中企业价值观和企业精神的培育基本是一致的。

2. 企业文化与企业公共关系的不同点

第一，范畴和作用不同。企业文化属管理理论范畴，强调管理的文化层面，重视价值观，其作用主要是对内部员工形成强大凝聚力，使员工同心协力，共同发展；企业公共关系属管理实践范畴，强调操作性。公共关系在处理企业外部关系时，作用更大、职责更大。

第二，实施者和实施手段不同。企业文化是企业家倡导、企业全体人员集体共同创造，文化则主要靠教育、培训，形成文化网络，借助于榜样力量和管理学、哲学、伦理学等理论来发挥作用；企业公关是企业提倡企业全体人员都要具备公关意识，但实施主要是专门负责公关的职能部门和公关专业人员。公共关系以塑造自我形象、传播形象，靠不断推出受公众喜爱的、富有创意的专题活动引起轰动效应，提高企业知名度和美誉度。

第三，作用对象不同。企业文化的对象是企业内部全体人员；企业公关的对象是企业内部、外部的各类公众，如员工、股东、顾客、社区、媒介、政府等，公关对象比企业文化的对象要广得多。

第四，重点不同。企业文化的重点是培植企业的价值共识，树立企业精神，增强企业内部的凝聚力。企业公关的重点是企业外部的公共关系，公关比较注重信誉，注重企业形象，注重双向信息交流，注重各类公众关系的和谐发展。

(三) 公共关系和市场营销学的整合运用

20 世纪 90 年代以来，国际公共关系实践的一个趋势是公共关系和企业营销的关系越来越紧密。现代营销之父——美国西北大学菲利普·科特勒教授认为：传统的销售产品的时代将被无形的社会范围内的公共关系营销所代替。把公共关系和市场营销学的整合运用将是两个学科发展的一大趋势。

1. 公共关系和市场营销学的联系

第一，公共关系和市场营销学科的交叉性。市场营销学是公共关系的基础学科。公共关系的基础学科包括管理学、传播学以及与管理学相关的市场营销学、企业文化等。公共关系学的形成是在传播学和管理学的基础上，综合了西方的有关理论而形成的一门学科。

第二，公共关系和市场营销历史背景的相同性。20 世纪以来，公共关系的思想、理论，是在社会经济发展到一定阶段中作为一门独立的学科发展起来的，它立足于组织的整体发展，着眼于产品销路的拓展，在公共关系的发展中贴近了营销，而市场营销观念的变化和发展也吸收了公共关系的思想，公共关系与市场营销观念逐渐同步同向发展、互相补充、互相推进并互相融合。

第三，公共关系和市场营销研究对象的同质性。公共关系和市场营销研究的对象都是处于不同社会群体中的人，从公共关系角度讲是公众，而从市场营销角度分析,是潜在消费群或现实消费群。可见,消费者这样一个公众群体将公共关系和市场营销紧紧地联系在一起。

第四,公共关系与市场营销传播的相同性。市场营销重视通过渠道将本组织关于信息产品方面的信息传播给消费者公众;公共关系历来与传播有着天然的联系,一方面将本组织的信息向公众进行传播解释,另一方面又要将公众的想法和信息反馈给组织,可以这样说,市场营销和公共关系最终的目的是一样的,都是为了组织的生存和发展,而且在传播方式方法上,市场营销和公共关系也非常一致。

2. 公共关系和市场营销的区别

市场营销与公共关系之间的关系还表现在两者之间的区别中。两者研究的内容、应用的领域、目标等方面都有着自己的特点。

第一,市场营销与公共关系涉及的范围不同。公共关系所研究的内容,可以广泛适用于一切组织,所涉及的是社会任何组织和公众之间的关系,包括政府、学校、医院、科研单位和企业。而市场营销学的适用范畴为营利机构,主要是企业。

第二,市场营销与公共关系活动的目的不同。一般来说,市场营销活动的直接目的是为了占领产品市场、扩大产品市场、销售产品,从而进一步扩大盈利。而公共关系活动的目的是为了树立社会组织的良好形象,扩大知名度,提升美誉度,让更多的公众知晓组织的经营理念、经营方针和政策。

3. 公共关系和市场营销的整合过程

公共关系和市场营销的整合运用,形成了"营销公关"这一新概念。营销公关,就是将公共关系的基本原理运用于市场营销的全过程,从一个全新的角度来进行市场营销的策划和实施,树立良好的企业形象,创造适宜的营销环境,使产品借助于企业的知名度和美誉度进入市场,实现销售。二者结合而成的营销公关的基本程序和公共关系活动程序、营销活动程序基本一致,也分为调查、策划、实施和评估。

公共关系和市场营销的整合运用已经取得巨大进展,但是并不会就此止步,新理论、新概念和新方法的出现,都会为理论和实践的发展注入新的活力。

第二节　公共关系的基本原则、职能和要素

原则是公共关系活动开展过程中的指导方向。公共关系在组织的经营管理活动中的职能是多种多样的,随着科学技术的迅速发展,知识经济和"互联网+"时代的到来,社会竞争日趋激烈,公共关系在不同类型的社会组织中越来越发挥出其独特的功能和应有的职责。公共关系主体、客体和传播构成了公共关系三要素。

一、公共关系的基本原则

由公共关系学科的本质决定了社会组织在开展公共关系实务中必须遵循的基本原则。

(一) 公众至上原则

公众是公共关系工作开展的对象，也是社会组织赖以生存和发展的基础。公众的态度和行为反映了公共关系目标的实现程度，是检验社会组织公共关系工作成败的最好尺度。可以这样说，没有公众，就没有组织。

其一，公众是社会的群体，它是由每个个体所组成的群体，由于社会个体的多样性，使公众包含的内容极其丰富。但又由于成为社会组织公众的共有环节的存在，因此，这个群体又有着群体的共性。公众个性与共性并存的特点，给社会组织带来了一些思考，即公众的不同背景的个性使得公众群体难以统一管理，比较分散。

其二，由于共有环节的存在，使公众又能在某一特定的条件下产生强大的凝聚力。公众的行为一方面受与之相关的组织行为的影响，另一方面，又会受社会舆论的导向。因而，坚持公众至上原则，实质上体现在提供优质产品和优质服务，及时传播信息并反馈信息，化解与顾客可能产生的矛盾并将矛盾压制在萌芽中，只有这样，才能真正在公众中树立良好的组织形象。

美国强生公司生产的泰诺止痛药，是国际同类产品中的第一品牌，但在1982年9月29日到10月1日期间，芝加哥地区竟接连有7人因服用该产品而死亡，在医疗部门与警方调查之后发现，死者服用的泰诺止痛胶囊竟然含有剧毒的氰化钾成分，一时间舆论大哗。随后，在媒体的发酵下，其影响迅速扩散到全国各地，事件发生后，在首席执行官吉姆·博克(Jim Burke)的领导下，强生公司迅速采取了一系列危机公关措施。首先，公司配合警方全力封锁泰诺产品生产厂流水线，收回和封存了市面上的全部泰诺止痛药。然后，公司通过媒体告诫人们不要再使用旧包装的泰诺产品，并公开销毁了价值1亿美元的2200万瓶可能存在问题的产品，还耗资50万美元向那些可能与此次污染有关的医生、医院和经销商发出警报。虽然事件原因还没有查清，但如此一来，首先证明了泰诺是“顾客和公众利益至上”的，从而赢得人们的同情。

(二) 诚实可信原则

“诚能生信，金石为开”。诚实可信原则是指在公共关系工作中，以利国利民为宗旨，以诚实为基础，以信誉为目标，尊重客观事实。自公共关系产生之日起，诚实可信一直是公共关系遵循的重要准则之一，也是社会组织成败的关键，任何欺骗消费者的行为都是与公共关系的准则背道而驰的。

安达信会计公司创立于1913年，是全球公认的五大会计公司之一，至今已经在84个国家和地区拥有了分支机构，现有员工77000多名，2000年安达信的业务收入已超过84亿美元，安达信的主要客户有法国国家巴黎银行、三井住友银行等。安达信早在1979年就与中国内地有了合作。1991年安达信正式在上海设立了咨询公司，这也是我国内地第一家外商独资咨询公司。1992年安达信又成立了首家合资会计师事务所。近年来安达信不断扩展在华业务，在中国已拥有中国银行、中国联通、中国平安保险、中国海洋石油、青岛啤酒、华能国际等大客户。而就是这样一家“百年老店”，因为造假，于2006年正式放弃其在美国的全部审计业务，面对这样一家在全球有着广泛影响的公司的关门,使人更加体会到坚持诚实可信原则对一个社会组织的生存和发展来说,实在是太重要了,再次验证了“声誉就是生命”的至理名言。

(三) 服务社会原则

公共关系的目的是帮助社会组织树立良好的组织形象,使社会公众通过信息渠道认识组织、了解组织并进而欣赏组织。社会组织的存在和发展离不开公众,而公众的社会性特点使得组织的公共关系活动具有影响社会的特点。由此,社会组织的公共关系活动在服务公众的同时实质上同时服务了社会。因而,当一个社会组织在实施公共关系活动、服务公众的时候,如果并没有意识到他的组织也同时在服务着社会的话,那么,这种意识必须要由自发的上升为自觉的意识。

服务社会也是当今众多社会组织的意愿。社会组织的工作目标是努力推进本组织的发展,在维护和塑造本组织的社会形象的基础上,追求组织的经济效益。而作为大社会的一分子,社会组织的发展自始至终离不开社会的发展,因而,在组织追求自身利益的时候,考虑回报社会、服务社会,就成为明智的组织处世行事的准则之一。反过来,由于其服务社会的举措,在社会中必然会引起反响,又推动了组织形象的提升。这样的良性循环,对组织来说是胜于广告的“广告”。

(四) 创新独特原则

在竞争激励的市场中,光靠产品质量参加竞争的时代已经一去不复返了。这并非说产品质量不重要,而是在当今买方市场中,几乎所有的社会组织尤其是生产产品的企业,都知道产品质量是进入“竞争公园”的门票,即是组织与其他组织进行竞争的首要条件。因而,在这种市场竞争中,创新和独特不失为一项很好的举措。民族不创新,无以进步;组织不创新,等待灭亡。创新和独特已经成为组织生存和发展的又一法宝。

公共关系的创新和独特应该反映在社会组织的公共关系活动的形式中。公共关系实务内容的展开不外乎是在与内外公众交往中开展日常的和专题的公共关系活动,这是恒长的。但如果赋予新颖独特的形式,那将会吸引更多的眼球,并引发人们的思考和传播,这就等于达到了公共关系打响知名度、提升美誉度的目的。

报社庆典是现代社会司空见惯的公共关系活动,赋予活动的新形式似乎有点难度。但这并没有难倒美国的一家报社,这家报社因其新颖的庆典形式,使参加过庆典活动的人们无法忘怀并意犹未尽。按常理,庆典活动应该有着热闹的场面:人声鼎沸、音乐袅绕,人们喜气洋洋,听报告、看展览、合影留念、领导讲话,无一不是庆典活动的固定节目。但这家报社却一反常态,门口冷冷清清,既无彩旗飘飘,又无明星光顾,只见报社门口有两名接待人员告知来宾庆典活动的内容:看电影、吃蛋糕。来者无不感到失望。但就在人们观看报社自编自导的电影时,却惊奇地发现,荧幕上所有的演员不正是该报的记者吗?而他们又都全坐在放映厅里,似乎在等候着人们与之交流、攀谈!惊奇的还在吃蛋糕的那瞬间。当人们在脑海里想象着如何安排众多嘉宾吃蛋糕的难题时,人们已经步入了庆典主会场。人们想象中巨大的宝塔形蛋糕并不存在，那蛋糕在哪里？当主持人将人们的眼光引入主会场中间摆放的那两张乒乓桌大小的桌子时，人们惊奇地发现了蛋糕：原来庆典蛋糕是平面的，那蛋糕上面竟然是该报社当天报纸的全部模拟。这样的庆典活动简直让人难以忘怀。

二、公共关系的基本职能

（一）监测环境

一个社会组织的生存与发展，在很大程度上要受到社会组织所处的环境的影响和制约。同样，一个社会组织的自身形象的塑造，也要受到环境的影响。社会组织与其所处的社会环境之间是相互影响、相互制约的。有时影响是积极的，有时影响是消极的。因而，研究社会组织所处环境并对环境进行预测，变消极因素为积极因素，这是十分必要的。

环境是指以人类为中心的空间以及其中直接影响人类生活和发展的各种自然因素、社会因素的总和。针对一个社会组织来说，公共关系环境主要是指社会组织所处时代的政治、经济、文化、教育、人口、资源等构成的背景内容。我们可将此背景内容分为两个部分：内部环境和外部环境。所谓公共关系的内部环境主要包括领导阶层、股东、职工、产品的质量和销售渠道、厂房、设备、工艺管理水平、科研能力、资金贮备、财务管理、人才等；所谓公共关系的外部环境主要是指社会环境，包括政府政策、方针、法令的变化，公众兴趣与需求的改变，社会舆论的变化，市场供求的变化等。

监测环境的方法，主要是通过收集信息、分析信息来完成的。现代社会是一个信息社会，人们相互间的社会交往及信息交流日益频繁。因此信息对于企业至关重要，一条信息救活一个企业的新闻报道屡见不鲜。例如：湛江市家用电器公司原先生产电饭煲，因销路不畅，决定停止进料、压缩生产。正在此刻，该公司获得了国家决定在全国搞 100 个电气化试点县的信息，于是，该公司立即改变决定，迅速大量进料，电饭煲年产量达 120 万只，不仅占领了国内市场，还打入了国际市场。一个企业组织能否在市场竞争中取胜，取决于它处理同其他社会组织机构、公众之间的关系时所制定与实行的方针、政策、计划，而这些决策来源于对社会环境的监测和信息的反馈。

公共关系部门为监测环境需要收集以下几个方面的信息：

第一，本组织的产品形象信息。公关人员要十分注意了解本企业的产品在各类社会公众，特别是在用户心目中的形象，了解他们对产品有什么改进的意见和建议。了解产品形象信息对于企业是极为重要的。只有了解用户对产品的评价，才能根据用户的意见对产品加以改进，生产出为用户所欢迎的产品。这一工作，不是在销售产品的时候才开始的，而是在设计产品的时候就要将公众放在“上帝”的重要位置上，否则，生产出的产品与公众的消费需要大相径庭，定会影响产品在公众心目中的形象，继而对本组织的生存和发展带来潜在的威胁。麻省理工学院斯隆管理学院对美国六大公司 150 多个企业进行了系统的调查，发现成功的技术革新或新产品 60%～80% 是来自用户的建议或吸取了用户在使用中的经验。因此，了解用户对产品的评价对企业来说是至关重要的。

第二,本企业的组织形象信息。一个社会组织的形象如何,对该组织的发展至关重要。如果不充分了解公众对本组织的评价,及时改进自己的工作,那么这个组织的发展迟早要蒙受损失。社会组织形象信息主要包括这样几个内容:①公众对本组织经营方针的评价;②公众对本组织办事效率的评价;③公众对本组织服务态度的评价;④公众对本组织人员素质的评价等。

公共关系人员不仅要通过收集信息,实现对环境的监测,还要对收集来的信息材料进行分析,作出科学的预测,为企业今后的发展制定方针、政策。

(二)传播沟通

中国传统思想认为,只要行为好,别人评价自然会好,自然会有很多人拥护你、支持你、购买你的产品。"桃李不言,下自成蹊""好酒不怕巷子深",便是这种思想的生动描述。而在公共关系活动中,既强调组织行为好,更强调宣传和传播,因而公共关系的实质在于信息的传播。社会组织运用传播手段,将本组织的情况、观念、意图,真实而准确、及时而有效地传播给公众,进行广泛宣传,增进了解,并与公众保持和谐良好的关系。与此同时,社会组织的公共关系部门又把外部公众的信息向组织内部输入。因此,传播沟通是双向的,是社会组织与公众之间的"双向沟通",这种信息的输入和输出构成的"双向沟通"即公共关系信息模式。

传播沟通的方式很多,主要是针对组织在不同的发展时期,采取不同的传播工具和内容。如一个社会组织在作出重大决策需要行动前,都应不失时机地利用各种传播媒介,大力宣传本组织的宗旨、行动纲领、对公众利益的维护以及该项行动的社会效益和经济效益。当某一行为开始后,要坚持不懈地利用公众的信息反馈,及时调整社会组织的决策,不断宣传本组织符合公众利益的所在之处。在某一时期结束时,还要善于总结、评估,向公众传递本组织未来的前景,以求获得稳定的发展和持久的支持与合作。

(三)决策咨询

决策咨询,即公共关系人员要向社会组织决策者和各管理部门提供有关公共关系方面的信息和意见,作为该组织决策的依据,因而,依据公共关系的这一职能,决策咨询可以说是公共关系工作的最高层次,也是公共关系管理职能的最高层次的体现,在一定程度上,我们亦可将公共关系人员称为组织的"头脑"。

决策并非依靠个人的主观想象或以往经验,而是要求决策者严格遵循一定的科学程序,占有十分丰富的信息材料,运用现代科学方法和技术进行决策。在整个的决策过程中,由于现代社会的复杂性,尤其是内外环境的可变性,使得依靠公共关系人员的咨询建议显得十分必要。例如:20世纪70年代末,罗马尼亚为了减少严重的贸易逆差,希望增加对美国市场的出口,并要求依照美国的法律给予最惠国待遇。但由于对有关的具体情况不够了解,具体的途径不清楚,就将此事全权委托给世界著名的公共关系公司——博雅公司来代理。博雅公司受理后,根据美国市场的需求,在罗马尼亚选择了一些在美国市场具有竞争力的产品进行宣传,并向罗马尼亚的一些厂家提出了如何生产适合美国消费者口味的建议,还安排了美国第一流的时装设计顾问来罗马尼亚讲授美国服装的流行款式和质量标准,举办酒类展览会和"罗马尼亚周"的展览会,并安排新闻媒介采访报道,还设计安排在拥有众多美国观众的电视新闻专栏节目《今日》中连续播放一星期的有关罗马尼亚的报道。博雅公司的建议以及一系列的公共关系活动,使罗马尼亚终于实现了增加出口和享受最惠国待遇的两大目标。

公共关系的咨询建议主要有以下几个内容:

第一,对本组织方针、政策、计划的咨询,它是从公共关系角度针对本组织的决策,估量出组织决策与公众利益之间的协调与否而作出的咨询。公共关系人员应仔细分析此项政策会给社会带来哪些积极效果,会使公众得到哪些利益,更要分析此项政策可能会给公众带来不良的后果。例如,有的企业片面追求盈利,忽视对社会环境污染的影响,有的甚至以伪劣产品直接侵犯消费者的切身利益。

第二,有关提高社会组织形象评估的咨询。所谓组织形象,即社会组织在公众中的知名度和美誉度。知名度是指该组织在社会上的知晓程度,美誉度是指该组织在社会上声誉好坏的程度。公共关系人员获得关于社会组织形象方面的信息后,应进行正确的分析评估,然后向领导层提供咨询建议。因为一个社会组织在不同层次、不同类型的公众心目中的形象往往是不完全一致的,这是由于公众所遇到的事情往往因时、因地、因人而异,加之个人的评价,又因个人的环境、经历、价值取向等不同而带上鲜明的个人色彩。因此,公共关系人员所提供的关于形象的评估咨询不能根据少部分人的意见而定,而应体现一种公众的舆论,才能表现出这种评估咨询的准确性。

第三,关于公众心理预测的咨询。公共关系其实质是公众关系,搞好公众关系是社会组织生存的重要前提。公众是由每个具体的、社会的人所组成的,由于公众所处环境和个性是很不相同的,虽然公众的心理活动具有一定的规律性,但公众的心理表现现象是极其复杂的。于是,分析和研究公众的心理活动并向领导提供咨询建议,便成为公共关系的一项重要工作。由于社会环境变化迅速,公众心理状态也随之经常处于发展变化之中,公关人员应经常进行公众心理预测,并及时向领导提供咨询,作为决策依据。例如:对消费者公众的心理预测,尤其是对消费者心理变化的预测,有利于预测消费趋向,以便使企业的决策者据此制定产品发展战略,进行周到的商品设计和售后服务等。

第四,关于社会环境变动趋势预测的咨询。社会环境主要是指政府的政策、法令、法规、竞争对手的战略变化、社会风气、自然灾害等。这些变化有时是公开的,有时是隐晦的,有时是突然的,有时是渐进的。公共关系人员应随时注意社会环境中的每一个变化,对发展趋势作出分析预测。

(四) 教育培训

教育培训就是教育引导本组织的每一名员工重视本组织的形象和声誉,时时刻刻注意维护本组织的形象;同时配合该组织有关部门,对员工进行必要的服务技能培训,使每一名员工不仅有全心全意为顾客服务的愿望,而且也有为顾客周到服务的技能和本领。

公共关系工作大量地贯穿于社会组织的管理、生产、服务等各个环节中,仅仅依靠专职公关人员是不行的,还要依靠全体员工的共同努力。作为本组织的公关人员,就要担负起教育引导的责任,教育引导每一名员工自觉自愿地搞好公关工作。

首先,要教育引导员工重视社会组织的形象和声誉,教育员工认识良好的社会组织形象对本组织的重要性,认识到形象是组织的生命,是无价之宝,从而教育员工在自已的工作中重视组织形象,有利于本组织声誉的事情就做,不利于本组织声誉的事情就不做。

其次,要配合社会组织有关部门,对全体员工进行必要的技能培训,使员工掌握为顾客服务好的本领。信息社会带来了信息爆炸,知识和技能就像电脑芯片发展的速度一样,每隔几年就要更新。因此,"终身学习"的概念被普遍接受。有效地激发出人的潜在能力是企业培训员工的目的。只有保持旺盛的求知欲并不断学习,才有可能不落伍于时代,不会在激烈竞争中被淘汰。从公共关系角度讲,要搞好顾客、员工、社区等关系,仅仅有良好的愿望还不够,还要具有实际的本领。例如:一名宾馆服务员,仅仅态度好,而不能用外语与外宾进行交谈,还是不能为外宾搞好服务工作的。所以,需教育培训员工,使他们具有为顾客服务、开展公关所需要的真本领。

三、公共关系的基本要素

公共关系在协助社会组织实现其目标的过程中,通常是通过日常和专题这两种公共关系实务来开展公共关系活动的。在活动中,包含着三个基本的要素,即公共关系主体、公共关系客体和公共关系传播。

(一) 公共关系主体

公共关系主体也称社会组织,其内容和性质是多种多样的。就社会组织的内容来讲,有公益性组织、盈利性组织、服务性组织和互利性组织等;从组织的性质讲,有政府组织、企业组织、教育组织、民间组织等。社会组织在开展公共关系活动时,其自身始终是公共关系的主体角色,排除了个体作为公共关系主体的可能。

社会组织作为公共关系主体虽然是公共关系理论的主要内容,但在实践中,由于经济发展的阶段性和不平衡性,组织的公共关系活动不是一下子全面铺开的。如在中国,于 20 世纪 80 年代出现的公共关系活动,其主体在实践中仅局限于服务性的组织,如酒店、宾馆等第三产业。随着中国经济的发展,国门的进一步打开,国外先进的公共关系理论的传入,使中国的公共关系实践不断丰富,理论不断深化,公共关系主体已不再局限于服务业,各中小企业、事业单位、学校甚至政府,都已成为公共关系的主体角色。如 2008 年北京奥运会和 2010 年的上海世博会,就是依靠公共关系的宣传将中国的经济实力和申奥、申博热情传递给世界各国,让世界了解中国,让世界相信中国有这样的实力举办世界级的盛会。

（二）公共关系客体

社会组织的公共关系目标公众称为客体，是影响和制约社会组织的一个要素，也是社会组织生存和发展的环境因素。对于一个组织来讲，其面对的公众是多种多样的。我们将社会组织的公众分为内、外两个部分。内部公众有员工（家属）、股东等，外部公众有顾客公众、社区公众、政府公众和媒体公众等。

社会组织对客体范围的确定也是随着经济的发展和人类本身认识能力的提高而不断扩大的。比如在中国，20 世纪 80 年代中国改革开放初期，公共关系作为一门全新的学科传入中国，在运用于实践的过程中，当时的人们仅仅将第三产业服务的对象——消费者作为公共关系的客体，这在中国第一部反映公共关系实践的电视剧《公关小姐》中表现得非常明显。21 世纪的今天，公共关系客体的范围已经扩展至各领域、各阶层、各个不同的行业、各国政府及其他组织。

（三）公共关系传播

公共关系与传播之间的天然联系，使传播在公共关系实务中成为社会组织联系客体的桥梁。传播是信息交流与共享的渠道，没有传播，信息的流动就不可能实现。公共关系是一个社会组织为改善与其公众相互关系的活动，如果缺乏信息传播的渠道，或者信息传播不到位，社会组织的公共关系目标就不可能实现。而且，公共关系信息传播的渠道和方式也随着市场竞争的激烈和传播技术水平的提高日趋多样化。

公共关系主体、公共关系客体和公共关系传播一起构成了公共关系的三大基本要素。

【案例及案例讨论】

从马航事件看政府的危机公关

北京时间 2014 年 3 月 8 日凌晨 1 时 20 分，由马来西亚飞往北京的马来西亚航空公司 MH370 航班与地面失去联系，机上 239 人中包括 153 名中国大陆乘客。2 时 40 分，马来西亚苏邦空中交通管制台证实航班失联。6 时 30 分，失联航班没能按时抵达北京首都国际机场。

8 时左右，马航发布航班失联官方消息。

9 时，中国民航局空管局向新华社记者证实 MH370 航班在越南胡志明市管制区同管制部门失去通讯联络，并失去雷达信号，同时客机未进入我国空管情报区。

10 时，中国交通部部长杨传堂在中国海上搜救中心召开紧急会议，宣布立即启动一级应急响应。

11 时，马航公布乘客名单。马航副总裁接受美国 CNN 访问表示，本次航班配有 7 小时航油，他们相信到目前为止，飞机航油已经耗尽。马航目前对飞机位置完全没有头绪。

有媒体报道称，越南搜救人员当天在越南南部金瓯省西南 120 海里处发现失联客机信号。随后越南官方予以否认。

8日下午,马航召开发布会,却比预定时间推迟两小时。发布会仅持续仅5分钟,发布的仍是"失去联系"的消息,也未给记者提问机会。主持人离场时现场一片骚动,场外则一片混乱。

马来西亚交通部长8日否认了马航MH370航班已经坠毁的消息。

波音公司8日下午发表关于马来西亚航空公司MH370航班的声明,对失去联系的马来西亚航空公司MH370航班上所有人的家庭致以最深切的关切,并宣布波音正在组建一支团队,以向调查当局提供技术协助。

在失联13个小时后,马来西亚总理纳吉布16时将就事故情况召开记者会。记者会又因故推迟数小时。

8日晚,一些媒体报道,失联客机乘客名单中一名意大利乘客并没有登机,其护照于一年前丢失。意大利外交部证实,这名乘客身在泰国。9日凌晨,奥地利外交部证实,乘客名单中一名奥地利籍乘客也没有登机,人在奥地利,2012年曾在泰国丢失护照。国际刑警组织当天下午证实,至少两本已在这一机构数据库备案的被偷护照被马航失联客机乘客使用。这一消息引发人们关于航班遭恐怖分子劫持的猜想。

马来西亚官方9日15时说,吉隆坡国际机场现场监控已经锁定使用虚假护照信息登机的乘客画面。马方称用假护照登机的乘客为"亚洲面孔",晚些时候否认这一说法。11日,马来西亚警方公布监控视频截图。国际刑警组织证实,两人均为伊朗人,只是,他们的目的应该是偷渡欧洲,没有发现与恐怖组织关联。

与此同时,多国海空搜寻继续,尤其是越南,尽力调动资源,反复查找可疑漂浮物。中国舰船和飞机则在超过5万平方公里的茫茫大海上夜以继日地拉网式搜寻。

3月12日,马航方面召开与失联乘客家属的沟通会。在会上,马航方面公布了领取特殊慰问金需要签订的说明。随后,31000元特殊慰问金开始发放。

3月15日,马来西亚总理纳吉布亲自出席发布会,并确认失联客机联络系统是被人为关闭的,而客机航线也是被蓄意改变的,卫星与飞机之间的最后一次通信为3月8日8点11分。针对客机的最后位置,纳吉布给出了两种可能,即南部走廊地带和北部走廊地带。

而此前,美国媒体援引客机发动机制造商提供的数据报道,飞机失联后飞行了4个小时,遭马方否认。

3月23日,马来西亚政府称,法国当局当天提供的卫星图像显示,在印度洋南部海域发现可能与马航MH370航班有关的可疑漂浮物。

北京时间3月24日晚10时,马来西亚总理纳吉布在吉隆坡就有关失联客机MH370的相关进展召开新闻发布会,根据最新的分析结果,MH370客机已坠落在南印度洋,机上无人生还。纳吉布表示,25日早上会开新闻发布会公布更多细节。马航已经向家属通报了相关进展,随后纳吉布的声明结束,未透露更多细节。

媒体称,马总理宣布MH370航班在印度洋中部坠毁的结论,只是根据英国

inmarsat公司的海事卫星数据分析得出的，尚无残骸、黑匣子的有力佐证。

在北京丽都酒店守候了十余天的乘客家属在听到马来西亚官方宣布飞机失事的消息后悲痛欲绝，但鉴于以往马方在调查事件时的反复和滞后表现，一部分家属表示不信任这一说法，只有看到飞机残骸才能确信飞机失事。

25日上午，乘客家属举着自制标语步行前往马来西亚驻华大使馆进行抗议。

下午3点半，马来西亚驻华大使在丽都饭店参加家属说明会，家属正对昨天马方宣布飞机坠海这一结果向马来西亚驻华大使提出质疑，马大使表示现在无法回答。家属要求大使现场给马总理打电话询问，马大使沉默，只称会转达问题。

（资料来源：根据官网相关资料编写.2014-08-03）

案例讨论：本案例中马来西亚政府和相关公司单位在处理马航MH370航班失联事件中，在处理方法、处理态度、处理时间等方面你有什么看法？从公共关系角度看，你认为马来西亚政府和相关公司单位可以做得更好吗？

【思考题】

1. 如何科学地理解公共关系的含义？
2. 简述公共关系学研究的具体对象和内容。
3. 公共关系的基本原则、职能和要素有哪些？

第二章 公共关系的起源与发展

【案例导读】

在黑暗中体会光明

广播剧是在第二次世界大战之后在西方世界兴起的新鲜玩意儿，它一出现即风靡全球。广播剧中最令人如痴如醉的是一种家庭轻喜剧，其曲折的情节、绝妙的对白、引人的悬念令成千上万的家庭主妇迷恋不已。这种轻喜剧由于常常得到P&G公司的“象牙”牌香皂的赞助，人们亲切地称之为“肥皂剧”。

赞助肥皂剧是美国著名的公共关系实践家伯纳斯给P&G公司出的主意，后来他在电视剧刚刚兴起时又把肥皂剧搬进电视节目里。他还发动了妇女儿童的清洁卫生运动，突出“象牙”香皂对幼儿和妇女肌肤的呵护，为这个牌子在美国市场的百年不倒立下了汗马功劳。

爱德华·伯纳斯于1891年出生于奥地利，是著名的精神分析学家弗洛伊德的外甥，幼年随父母移居美国。

1913年，伯纳斯被聘为福特汽车公司的公关部经理。工作期间，他为福特公司计划并实施了一系列福利及社会服务计划，大大提高了福特公司的美誉。

第一次世界大战期间，伯纳斯参加了格里尔委员会，即美国公共信息委员会，具体负责向国外新闻界提供美国参战的情况及背景材料。他在这个委员会里的工作经历，为他以后的公关事业奠定了良好的基础。

1923年，他写成《舆论之凝结》一书，并应邀在纽约大学开设了美国的第一门公共关系课程。

伯纳斯不仅在理论上探讨公共关系的有关思想，而且在实践上身体力行，有效地实践自己的理论。

1910年，理查德·贝内特成为公众极为注目的演员，因为他想上演一个剧本《被损坏了的商品》。这是一部反映性教育问题的剧目，在当时极为保守的性观念下，这出戏引来了沸沸扬扬的议论，警察甚至放出风来，只要有人胆敢公开上演这出戏，他们就要毫不客气地逮人。伯纳斯帮助剧团的人们发表言论，挫败了道德家们的批评。他们组织了《医学评论周报》基金会，吸引捐款。凡捐款者可以花4美元来观看这一具有大事记意义的剧目。面对这种做法，警察也不好公开干涉了。

新英格兰的毕绸制造商为其产品的知名度甚低、无人知晓无人购买而犯愁，伯纳斯帮助他们在巴黎的卢森堡博物馆举办了一次丝绸展览，树立其领导潮流的形象。这次活动不仅使美国丝绸风行于世，更为人们留下了一个新的概念——工业艺术品。

自从居里夫人发明了镭以来，医学界人士一直在努力寻求镭在治疗癌症方面的医学价值。但过多地受科幻小说、激光武器影响的人们对这种放射性元素的安全性深表忧虑。为了阻止镭的日常运输，甚至有人上街游行表示抗议。被民众抗议搞得焦头烂额的镭业公司无奈之下求助于伯纳斯。在弄明白了镭的放射原理及屏蔽措施的安全性之后，伯纳斯专门乘火车把一克镭运送到布法罗州立医院，一路上平安无事。今天，放射疗法已成为癌症治疗中最常用的方法。

在伯纳斯一生无数的公关实践中，最为人称道的，就是他发起组织的"灯光佳节"活动。

1929 年 10 月 21 日晚，爱迪生的家乡威肯斯庄园里，明亮的电灯光把漂亮的葡萄架照耀得分外美丽。这里正在举行庆祝爱迪生发明灯泡 15 周年的"灯光佳节"庆祝活动。

在人群中，人们注意到，当时的美国总统赫伯特·胡佛、亨利·福特及其他的一些政界人物、社会名流都在其中。

这项活动，就是伯纳斯精心策划的。爱迪生作为美国伟大的发明家，被视为美国独立精神和科学创造精神的代表，纪念他，当然是大家都极愿参与的事情。

盛宴之中，晚上 9 时 30 分，庆祝活动达到了高潮。所有的灯光一下子全都熄灭了，露天里的人们在漆黑的夜空下见到的是微弱黯淡的星光。为了纪念爱迪生，全世界的许多公用事业公司都在这一刻同时切断了自己的全部电源，为时一分钟。在这一分钟里，淹没在黑暗中的人们真切地感受着伟大的发明家爱迪生带给人们的福祉。

"灯光佳节"纪念活动举办得如此成功，以至于美国邮政总局专门为此发行了一枚两美分的纪念邮票。这个节目，被人们盛赞为"和平时期里美国所举行的最盛大的宣传活动"。1984 年，电视台的节目主持人就公共关系的起源问题采访伯纳斯时，他说："您使托马斯·爱迪生、亨利·福特、赫伯特·胡佛及众多的美国人做了许多您让他们做的事，您使全世界在同一时刻灯光齐暗。无疑这是一种极为强大的力量。"

伯纳斯接过话头，他说："我从来不把它看成是一种力量。我只不过把人们引导到他们希望去的地方罢了。"

1985 年，93 岁高龄的伯纳斯仍在进行公关、写作、会见来宾。1987 年，伯纳斯病逝。

（资料来源：奎军，公关经典 100，广州：广州出版社，1998 年）

公共关系作为一门学科出现，不过是近百年的历史，作为现代社会的产物，它已广泛应用于社会经济生活的各个领域，但公共关系作为一种客观存在着的社会关系和社会现象却有着悠久的历史。我们追溯公共关系的源流及其发展现状，了解其发生与发展的历史过程，把握国内外公共关系的现状，剖析公共关系形成和发展的诸多社会历史条件，对全面、准确和科学把握公共关系思想与理论有着深刻的意义。

公共关系作为一种客观状态和所进行的活动，也有一个从低级到高级的发展演变过程。对公共关系历史的把握，能够透视公共关系在社会发展中的地位和作用，明晰公共关系在不同历史时期的特征与目的,使公共关系的社会价值得以充分地挖掘和更好地利用。

第一节 早期的公共关系思想与活动

严格意义上的公共关系是现代社会历史的产物,在此以前的只有类似于公共关系的准公共关系思想或活动,这是由于社会历史条件的限制,在此之前人们没有也不可能系统地认识和把握这种客观的尚待进一步发展和暴露的公共关系状态及其变化的一般规律。因而,人类早期还没有严格意义上的公共关系思想或活动,只是在人们的各种社会活动中表现了一定的公共关系意识和趋向。因此,我们把这种表现出一定的公共关系意识和趋向称为"准公共关系",这种人类早期的"准公共关系"为现代公共关系的产生奠定了坚实的基础,并为现代公共关系的发展创造了必要的社会条件。

一、中国早期的公共关系思想与活动

中国是人类四大文明古国之一,有着悠久的历史文化,在这历史文化中蕴藏着丰富的公共关系活动和较为深刻的公共关系思想。

春秋战国是中国历史上一个巨变时期,也是中国早期公共关系思想和实践得到长足发展和运用的时期。当时,由于领主之间不断发生兼并战争,阶级分化复杂,经济制度变革频繁,各个统治集团为了巩固政权,争当霸主,纷纷雇用专职人员四处游说,宣传各自的主张。这些专司游说宣传职责的"唇枪舌剑"者,就是当时的"士"。他们的主要职责就是树立各国君主的形象,协调各诸侯国之间的关系,为其领主谋求本国军事和政治的发展、壮大。如东周洛阳人苏秦,周游列国,到处宣传自己政治上的"合纵"主张,使当时的赵、齐、楚、魏、韩、燕六国结成同盟。而魏国人张仪则凭借自己的雄辩口才,宣传自己的"连横"主张,对东方六国采取各个击破的政策,瓦解了六国"合纵"的政治军事同盟。苏秦和张仪所从事的那种游说和宣传、劝服和沟通工作,十分类似于公共关系活动。

子产不毁乡校的故事,也是一个典型的事例。春秋时期,郑国的乡校既是学生读书的地方,又是乡人聚会议事的场所,公元前 543 年,子产在郑国执政,"郑人游于乡校,以论执政"。有人主张把乡校毁掉,免得老百姓在此议论。但子产不同意这种做法,他认为通过乡人议政,可以获得很多政事的反馈信息,有助于国家统治。他说:"其所善者,吾则从之;其所恶者,吾则改之,是吾师也。"由于子产善于获取公众对政事的反馈信息,并根据公众的意见调整自己的政策,很快便获得国内各阶层的拥护,从而一度使郑国强盛起来,子产也成了当时的名相。

公元前 361 年秦孝公即位时,秦国在政治、经济、文化等各方面处于落后状态,秦孝公决心奋发图强。为使秦国早日强盛,他广罗人才。卫国的商鞅托人引荐,投奔秦

孝公，被秦孝公收留并封为左庶长专管国家改革之事。商鞅在制定改革制度和改革法令中就运用了“取信于民”的公共关系思想。为使百姓照新法令办事，必须争取民众的信任。商鞅派人在城南门竖了一根三丈长的木头，下令说，谁能把木头扛到城北门，就赏五十金。起初大家都不相信，认为扛木头不过是轻而易举的事情，怎么会赏重金呢？直到有人前来一试，真的把木头扛到了北门，商鞅立即派人把五十金一文不少地赏给了这个扛木头的人，这才轰动了秦国。秦国百姓自此无不信服商鞅。这件事的传播为新法令的推广扫清了障碍，秦国的改革也得以顺利进行，国家日益富强。

早在西周末年，有人就对周厉王施政酷虐而带来的怨声载道、民情鼎沸的情况，提出了“防民之口，甚于防川”的观点。这一观点，强调了民众言论与政权的关系。

春秋战国时期，诸子百家争鸣，他们从各自学派立场出发，就如何处理一些人文关系进行了论述。如：老子提倡“鸡犬之声相闻，民至老死不相往来”的小国寡民思想；墨子主张“兼爱”“非攻”的与人为善的交往原则；兵家认为“攻城为下，攻心为上”，推崇“不战而战”，不迷信暴力；法家以“性恶说”为其理论根据，向帝王宣扬“法”“术”“权”“势”的治民之道；纵横家则主张“远交近攻”、“纵横捭阖”的政治、外交政策，等等。但当时在这方面更为系统、成熟的认识，则首推以孔丘、孟轲为代表的儒家。

孔子的学说，确切地说是“人和学”。为了达到人和的境地，孔子提出了“仁”“义”“礼”“信”等道德范畴，以调节人们的关系。“仁”是指人和人之间的关系，以及实现人际和谐的一切道德范畴的统称。其具体方法是“己所不欲，勿施于人”“己欲立而立人，己欲达而达人”。“仁”这一道德范畴及其实行方法对中国人的思想观念影响很深，也为现代公共关系所接受。“义”是指正义。道义，“礼”是人们行为举止的规范，是“仁”和“义”的表现形式，孔子非常重视“礼”，主张人要“克己复礼”，要人们“非礼勿视，非礼勿听，非礼勿言，非礼勿动。”“信”是指诚实、不欺。《论语》中曰：“与朋友交而不信乎？”“人而无信，不知其可也。”现代公共关系也以遵守诺言，重视信誉为基本原则。“仁”“义”“礼”“信”对现代公共关系有很大的作用。

孟子对人际关系亦有不少论述，其最著名的莫过于他提出的“君轻民重”的观点，明确表明了他对民众的重视。并进而论证道：“桀纣之失天下也，失其民也；失其民者，失其心也。”指出民心向背直接关系到政权的安危。关于君臣关系，孟子认为：“君之视臣如手足，则臣视君如心腹；君之视臣如犬马，则臣视君如国人；君之视臣如土芥，则臣视君如寇仇。”且孟子对舆论传播也很重视，认为“仁言不如仁声之入人心也，善政不如善教之得民也。”

孔孟之后，儒家学说又有了很大的发展，至汉武帝“罢黜百家，独尊儒术”，其思想观点更是影响深远。如唐魏徵与李世民论及人民与帝王关系时所说的“水可载舟，亦可覆舟”便是孟子“君轻民重”思想的发展。

二、国外早期的公共关系思想与活动

国外古代利用各种艺术形式、宣传工具、演讲和人际交往等手段去影响公众的观点和行为,可以追溯到人类文明的初期。古代埃及、巴比伦、亚速、波斯等国遗留下来的古代的纪念碑、金字塔、塑像、庙宇、陵墓等建筑艺术表现出统治者的权威,这些古国流传下来的艺术作品宣扬了统治者的英勇业绩。可以说,古代的建筑和文学艺术反映了早期的劝学方式。

在古印度,人们从其早期的书籍中,找到了记载国王特使的一些内容。这些人负责国王与百姓的联系,散播有利于政府的言论,鼓励百姓支持国王,并且还担负着刺探情报的任务。

古希腊罗马是西方文化史上灿烂的一页,其中不乏大量的公共关系活动和思想。如,在古希腊,据说整个社会都非常精通和推崇沟通技术,一些深谙沟通技术的演说家往往因此被推选为首领。据记载,古罗马的独裁统治者儒略·凯撒即是精通沟通技术者。公元前59年,他在任执政官时设置了官方公告牌,即《每日记闻》。其形式是在一块涂有石膏的特制木板上,逐日写上元老院国民会议的简要记录、官吏使节、军队调动、宗教仪式以及其他一些事项,放在公共场所供人们观看。把国家大事公之于众,满足了公众的心理需求,争取了平民对他的支持。凯撒为了登上独裁者的宝座,又带兵远征高卢和英伦三岛。在作战过程中,把他和军队的作战情况写成报告送往罗马。这些报告通俗易懂、十分生动,容易为平民所接受。凯撒远离罗马,却始终引导着罗马境内的舆论宣传,成为人们关注的中心。后来凯撒又将远征高卢的事迹写成《高卢战记》一书,四处宣传自己的丰功伟绩,再加上一些御用文人的大肆吹捧,使凯撒深得民心,最后于公元前46年登上了独裁者的宝座。《高卢战记》一书也因此被现代公共关系学界誉为"第一流的公关著作"。

柏拉图的学生亚里士多德对公共关系理论有一定的贡献。他在其所著的《修辞学》一书中,详细论述了修辞的艺术,即如何运用语言来争取和影响听众的思想和行为。据此,西方的一些公共关系学者认为,亚里士多德的《修辞学》是最早的公共关系理论著作。

西方文化具有浓厚的宗教色彩,在西方,公共关系还被用来为宗教服务。早期基督教的广泛流传在很大程度上即依靠了传播的技术和活动。公元前1世纪,教徒保罗和彼得通过布道演讲、发送函件、策划事件等活动来宣传基督教教义。在耶稣死后40年写成的四部《福音书》,不仅记述了耶稣的生平事迹,更重要的是宣传了对基督教的信仰。

11世纪末,教皇乌尔班二世以异教徒占据了耶路撒冷为由,别有用心地在教徒中进行煽动宣传,呼吁夺回圣地,结果导致一场历时近200年的史称"十字军东征"的侵略战争。

又如,15世纪,马丁·路德为创立一种新的基督教,于1517年发表《九十五条论纲》,抨击当时的教皇以出售"赎罪券"来搜刮民旨民膏的丑行。为使更多的人相信这一事实,并以此争取更多的信徒,马丁·路德多次发表演说,并将《圣经》译成德文。经过这一系列的宣传活动,他的宗教主张得到了信徒的拥护,使宗教改革得以顺利进行。

总之，公共关系的渊源可以追溯到古代文明社会，无论是在中国的古代还是西方的古代，我们都可以找到很多生动的例证。当然，从严格意义上讲，无论古代中国或者古代外国，都只有类似于现代公共关系的某些思想或活动。

根据以上的论述，我们认为人类早期的公共关系具有如下基本特点：

首先，从自觉程度来看，当时人们所开展的各种沟通、协调活动都带有明显的自发性和盲目性。其次，从其发挥作用的社会领域和范围来看，由于当时社会生产力相对低下，经济还相当落后，人与人之间的经济关系还比较简单，人类早期的公关活动主要发生在政治领域，带有强烈的政治色彩和伦理色彩。这是因为，在当时的社会历史条件下，只有社会政治组织以及人们的政治关系和人际关系得到了一定程度的发展。此后，随着社会的不断发展，公共关系思想和活动才逐渐得到丰富和发展，公共关系所发挥的社会作用才愈益明显。

第二节　公共关系产生与发展的社会历史条件

任何一门学科的产生都不是偶然的，都有其深刻的社会历史根源。公共关系作为一门学科，也同样遵循着这一规律。现代公共关系的产生不仅有赖于商品经济的高度发达，还有赖于民主政治空气的形成以及大众传播技术的发展。

一、经济条件

商品经济的高度发达是公共关系产生与发展的经济根源。科学意义上的公共关系不可能在经济落后的封建社会中产生，它只能产生于商品经济高度发达的资本主义社会。

封建社会经济形态最根本的特点是自给自足的自然经济，在这种经济形态背景下，土地是最基本的生产场所，家庭是最基本的生产单位，一家一户，男耕女织，各家各户自己生产、自己消费，产品极少交换，人与人之间的联系局限在狭小的范围内，人们终日封闭在由家族、乡村组成的血缘和地缘关系中，处于一种“鸡犬之声相闻，老死不相往来”的状态中，商品经济的落后，限制了人与人之间的关系。在这种情形下，公共关系既无产生的基础，更无发展的需要。

资本主义社会的经济形态最根本的特点是工业社会化大生产，这种社会化大生产取代了封建社会的自给自足的自然经济，商品经济迅速发展，生产日趋社会化、专业化，在商品经济条件下，整个生产活动都是社会化的，人们生产的产品不再是自足，而是主要用来交换以实现其价值。市场交换实现后，人们生产的产品和劳动才能得到社会承认。于是，无论是个人或者社会组织，只有通过自觉的努力才能得到社会的认可和支持，才能为自己创造一个良好的生存和发展环境。这是因为：

第一，在现代社会中，商品交换关系的畅通与稳定，对于社会组织来说具有生死攸关的作用。这就从客观上要求有另一种良好的社会关系和条件来保护或者改善这种交换关系。公共关系的应运而生,旨在为各种社会组织与社会公众通过沟通与交流来建立相互信任、相互合作的良好关系。

第二,随着商品经济的发展,特别是当资本主义由自由竞争过渡到垄断时期,在商品流通和交换中出现了由卖方市场向买方市场的重大转变。为了适应这种新的转变,工商企业客观上需要一种良好的公共关系作为保障,从而最大限度地争取广大消费者和社会公众的理解、信任、支持与合作。

第三,商品经济的高度发展,使商品的供给大大丰富起来,消费者的消费水平也不断提高,开始从满足基本需要为主转向以满足选择性的需要为主。因此,一方面,商品生产者即企业和社会组织只有通过各种有效手段在公众中树立良好形象,才能赢得广大公众信任和支持,从而在日益激烈的竞争中立于不败之地。另一方面,商品的生产者和消费者的相互沟通和了解也变得更加迫切和必要,双方都需要通过良好的公共关系状态来适应这种深刻的变化。

第四,商品经济的发展又会促使社会分工的深化,各种生产部门、服务部门和管理部门的专业化程度也越来越高。特别是现代经济格局的出现,客观上要求企业放弃那种带有浓厚自然经济色彩的"小而全"或"家族式"的经营思想和经营模式,在不断提高本企业专业化的同时,建立跨行业和跨地区的横向经济联系,从而在相互合作、相互促进中求得共同发展。而这样一种相互联系与合作的关系,必须通过一种现代公共关系的经营管理方法来建立和维持。因而,公共关系的产生和进一步发展有赖于商品经济的高度发展。

二、政治条件

民主政治取代封建专制是公共关系产生与发展的政治保证。人类历史上,封建社会长达数千年。专制独裁、等级森严是封建社会最显著的特点。皇帝或国王是至高无上的。在封建专制统治下,君主是当然的统治者,以血缘关系为基础的封建宗法关系成为人们政治生活中起主导作用的支配关系。老百姓只是任人宰割的"草民",根本就谈不上与统治者建立一种平等互利的公共关系。在这种自上而下的专制统治状态下,公共关系无从发展。

中世纪末,封建的专制统治遭到了资产阶级及其他劳动人民的强烈反对。资产阶级革命推翻了封建统治,冲破并消灭了封建等级制、世袭制和人身依附关系。资本主义制度取代了封建主义制度,人类社会大大地向前跨进了一步。资产阶级提倡"自由""平等""法制"等,尽管资产阶级民主政治有其虚伪性,但与封建专制相比仍然是历史的飞跃。由于资产阶级民主制度规定了议会和政府由选举产生,选民一般选举自己信任的利益代表,所以,议员和政府官员只有获取选民的信任和支持才能当选。而且政府的决策必须获得民意的赞同,才能得到顺利地实施。政府必须注意了解民情民意,并作为决策的重要依据,同时政府还要宣传各项施政方针、政策和措施,以提高各级官员和政府的声誉。公共关系的发源地——美国，从建国初期就开始实行总统竞选。19 世纪总统竞选时，政治新闻机构及其活动就已成为主要竞选工具和公共关系手段。而后，进入 20 世纪以来，美国总统竞选更有日益庞大的助选团活动，利用的传播媒介方式也越来越升级。

因此，与民众搞好公共关系已直接关系到他们的政治前途与政治地位，也因为这一原因，使得资本主义国家的政府部门的各级官员都十分注意搞好公共关系。总之，资本主义的民主政治，为公共关系的产生提供了政治方面的保证。

三、科学技术条件

人类传播技术的进步是公共关系产生与发展的物质基础。封建社会自给自足的小农经济，使社会普遍处于一种封闭落后的状态，这种落后的自然经济本质上不要求进行广泛的人与人之间的相互沟通与联系，而当时落后的交通条件和传播手段也限制了人们的交往和沟通，因而缺少公共关系产生和发展的物质技术基础。

而在资本主义社会，商品经济日益发达，科学技术日新月异，促进了交通运输和信息传播手段的飞速发展，交通技术的进步，使火车、汽车、飞机、人造卫星出现在人们的生活中；电子技术的进步，带来了电报、电话、广播、电视的兴起；空间技术的进步和大型计算机的应用，又带动了通信卫星的出现和大型计算机的运用，还带动了全国乃至全世界信息网络的形成。传播媒介随之而多样化和现代化，信息传播的量更大，传递速度更快，准确性更高，影响范围更广，这就为社会组织进行大规模的公共关系活动，更全面、更准确、更迅速地向各类公众传播信息，建立联系，为形成有效的信息沟通网络提供了物质技术的基础。于是，运用现代化的传播手段，通过对内协调，对外宣传，扩大本组织或企业的社会影响，提高组织的知名度和美誉度，完善本组织在公众心目中的形象，为企业和社会组织的生存和发展创造良好的舆论环境和社会环境，使公共关系进一步发展成为可能。

第三节　现代公共关系的诞生

自人类产生以来，公共关系活动和公共关系思想就一直存在。但是，19 世纪以前的公共关系活动和思想毕竟属于原始公共关系的范畴。19 世纪中期，公共关系有了由原始向现代、由朦胧向清晰、由零星向系统、由感性向理性的历史性转变。到 20 世纪初，现代意义上的公共关系在美国出现。接着在短短的数十年里，现代公共关系以燎原之势席卷全球，公共关系学也随之兴起，成为引人注目的新兴学科。

职业公共关系在美国大致经历了三个阶段：①艾维·李时期，提出“说真话”“公众必须被告知”原则，开创了公共关系职业。②伯纳斯时期，提倡“投公众所好”，创建公共关系理论和学科。③柯特利普和森特时期，倡导双向沟通原则。

一、现代公共关系诞生的前奏期

(一) 报刊宣传活动

有组织的公共关系活动发端于19世纪中叶在美国风行一时的报刊宣传代理活动。19世纪30年代以前,美国出版的报纸价格昂贵,发行量小,主要读者是美国的上层社会。30年代中期,由于印刷技术的进步,印刷速度高达每分钟1 500份,当时《纽约太阳报》的创办人本杰明·戴伊于1833年安装了新式霍氏滚洞印刷机,由于技术改进,大大降低了成本,报纸变得很廉价,每份报只卖1个便士,因此,吸引了大量的读者。以后,其他报纸也相继仿效,从而推动了报纸的普及,再加上报纸内容很合大众的口味,因而,报纸的发行量猛增,使原本为上层社会阅读的报纸成了大众化的通俗报纸。"便士报"运动的开展,为那些急于宣传自己、为自己制造舆论的公司和组织以可乘之机。由于便士报价格低廉,一般的劳动大众都买得起,因此,随着发行量的增加,广告费也迅速上升。有些企业为了省下这笔巨额的广告费,便雇佣专门的人员制造煽动性新闻,创造关于自己的"神话",以此扩大影响;而报纸则为了迎合大众的口味,也乐意接受并发表此类文章,这样两相结合,就出现了一种现象——报刊宣传活动。

(二) 巴纳姆的悖公共关系思想

当时,各种商业组织雇佣专门人员通过编造一些离奇的故事,以引起公众的好奇和对自己组织的注意,其中最有代表性的报刊宣传员就是菲尼斯·巴纳姆(Pnineas T. Barnum)。巴纳姆因制造舆论宣传、推动马戏演出而闻名于世。他是个马戏团的老板,利用报纸为自己的马戏团制造过不少神话。他曾制造过这样一个"神话":当时有个名叫海斯的黑人女奴,她在100年前曾经养育过美国的第一任总统乔治·华盛顿。报纸发表了这一"消息"后,立刻引起了轰动。巴纳姆顺势又以不同的笔名向报纸寄去"读者来信",人为地引起一场讨论。有的信说,巴纳姆的故事是个骗局,有的信写道,巴纳姆发现了海斯是立了一大功劳。巴纳姆本人认为,只要报纸没有把他的名字拼错,随便怎么说他都无妨。他的信条是"凡宣传皆好事"。在海斯死后,医生对她的尸体进行了解剖,解剖的结果表明,海斯只不过80岁左右,并非巴纳姆所说的160多岁。对此,巴纳姆故作惊讶,且厚颜无耻地说:"深感震惊",说自己受骗上当了。当然,巴纳姆本人并未受骗,而是使他人受骗,他正是这场骗局的策划者,更是这场骗局的受益者。他达到了自己的真正目的:每周可以从那些欲一睹海斯芳容的纽约人那里获得1500美元的门票收入。

巴纳姆为了达到赚钱的目的,通过无中生有,制造奇闻怪事来吸引公众的注意,以此手段来扩大他的马戏团生意。他怪招迭出,经常在社会上制造出神奇古怪的消息。很多报业界老板为了扩大报纸的发行量,也顺水推舟,跟着巴纳姆一起起哄。巴纳姆的目的十分简单,无论别人是恨他也好,爱他也好,只要越来越多的人知道他的名字,就是好事。巴纳姆给他的一些马戏明星起了不少简洁、响亮的名字,目的是选择易于上报的新闻标题。他还迎合一些人的低级趣味来制造新闻，安排一些诸如胖女人和瘦男人结婚的笑料供小报采用。因此，他遵循的第二条信条是“公众要被愚弄”。

当这种骗局被揭穿以后，报刊宣传活动就受到了人们的批评。只是到后来，人们才逐渐认识到，这种报刊宣传活动在促进公共关系发展成为一种有组织的活动方面具有积极意义。但从总体上看，这一时期的报刊宣传活动却具有以下致命的弱点：其一是这种宣传对公众的利益全然不顾；其二是几乎所有的报刊宣传员都以获得免费的报纸版面为满足，并为此不择手段地为自己制造神话，欺骗公众，这在根本上与公共关系的宗旨是背道而驰的。因此，这就使整个巴纳姆时期在公共关系的历史上成为一个很不光彩的时期，有人称之为“公众受愚弄的时期”“反公共关系的时期”“公共关系的黑暗时期”或“悖公共关系时期”。但这一时期却被公认为是现代公共关系的产生时期。

二、艾维·李时期

(一) 揭丑运动

随着资本主义商品经济的蓬勃发展，到19世纪下半叶，走在资本主义世界前列的美国，开始从自由竞争走向垄断集中，到20世纪初，美国约有60%的重要经济命脉被少数巨头所掌握，一些像铁路、石油、钢铁、银行等行业出现了高度垄断与集中的情况。这一时期成为资本主义巨商和垄断资本家的横行时代。他们不择手段地榨取剩余价值，肆无忌惮地搜刮民脂民膏。为攫取最大利润，他们全然不顾广大民众利益和最起码的社会道德准则。由于经济危机频繁爆发，不仅广大劳动人民的生活极度艰难，一大批中小企业和资本家也在垄断财团的疯狂兼并活动中惶惶不可终日。当时的企业资本家，总是想方设法把自己封闭起来，对于企业内部所发生的一切丑闻不是胡编乱造就是守口如瓶，拒绝新闻媒介的过问，形成了封闭的企业象牙塔。于是，整个社会的阶级矛盾日益激化，各个阶层和集团之间的利益冲突也愈益尖锐，整个社会都充满了对工商寡头的敌意。在这种情况下，终于爆发了以揭露工商企业的丑闻和阴暗面为主题的新闻揭丑运动，史称“扒粪运动”。当时，新闻界的一些作家和记者愤然以笔代枪，掀起了“揭丑运动”的高潮。从1903年到1912年，有2000多篇揭露丑闻的文章发表，同时还有社论、漫画。

在当时，甚至出现了专事“扒粪”揭丑的新闻记者，如塔贝尔、麦克卢尔等人。塔贝尔写了一本题为《标准石油公司发迹史》的小册子，真实地披露了显赫一时的石油帝国的真面目。麦克卢尔则以自己的姓名创办了《麦克卢尔》杂志，该杂志发表了大量真实可靠的揭露资料和文章，矛盾遍指实业界的每一个角落，成为公认的“扒粪运动”的一面旗帜。

开始时，工商寡头们对此不予理睬，认为几个青年报人成不了气候，在事态迅速扩大后，才感形势不妙，以强硬手段去对付这些记者。他们采取收买、诬告，甚至雇佣流氓殴打新闻记者等手段,希望以此来平息"清垃圾"运动,然而,这一切都失败了,最后,他们终于认清了社会舆论的威力。

在强大的舆论冲击下,那些工商寡头们也开始考虑如何在报纸上为自己树立良好的声誉。他们一方面在报纸上刊登广告,另一方面聘请代理公司来影响社会舆论,但是,这些活动都没有达到效果。因为在一份报纸上刊登广告,并不能阻止其他报纸继续刊登批评他们的文章,而新闻代理们炮制的新闻,也瞒不过社会大众的眼睛。所以,他们从惨痛的现实事件中,得出了两个教训:第一,企业经营除了需要资金、设备、人力之外,还需要良好的声誉和形象;第二,真正能够影响公众的方法,只能是真实和诚恳。

例如:美国杜邦公司是靠生产炸药起家的化学公司。和其他企业一样,杜邦公司原来也爱搞保密,每当公司发生爆炸事件后,均不让记者采访报道。但大道不传小道传,通过其他非新闻媒介渠道的传播,在公众中流行的谣言越来越多,最后甚至在社会上形成了一个很可怕的印象:杜邦——杀人,把杜邦公司与杀人联系在了一起。对此杜邦本人深为忧虑,当他向一位在报界工作的朋友诉说这一苦恼时,这位报界人士给他开了一贴"门户开放"的良药,建议他遇事干脆把事实真相告诉记者,由记者通过各种媒介告诉公众,这才有效地制止了各种谣传。从此以后,杜邦不但采纳了他的建议,而且请他到公司来担任新闻局局长之职。从此杜邦公司改变了原来把自己封在象牙塔中的做法,不但在发生事故的时候,将真实的情况告诉新闻媒介,而且平时也做宣传,他们设计了一个宣传口号叫做"化学工业能使生活更美好",就是为了设法矫正过去各种爆炸事件而形成的那些坏印象。

"扒粪运动"的冲击使工商企业开始意识到取悦舆论的重要性,逐渐地有一些企业也像杜邦公司一样,开始聘请懂行的人专门从事新闻宣传,在新闻媒介之间进行游说,经常与报界联系,邀请记者到企业参观访问或为公司的政策作解释和辩护等。这样,企业和外界的隔绝逐渐消除了,象牙塔逐渐变成了玻璃屋。外界和公众对企业情况有了了解,企业的透明度也就明显增加了。从此,就开始出现了要向公众提供真实信息的公共关系潮流,其代表人物就是艾维·李。

(二) 艾维·李的公共关系思想和实践

艾维·李(Ivy Lee)生于1877年,是美国佐治亚州的一位牧师之子。毕业于普林斯顿大学并在哈佛大学法学院学习过一段时间。曾在《纽约时报》《纽约世界报》当过记者。1903年,他在美国开办了一家正式的公共关系事务所。该事务所的成立,标志着现代公共关系的问世。从此,公共关系进入了一个前所未有的现代发展时期。

艾维·李针对巴纳姆式宣传活动的局限性,提出了"说真话"的宣传思想。他认为,一个企业、一个组织要获得良好的声誉,不是依靠向公众封锁消息或者以欺骗来愚弄公众,而是必须把真实情况披露于世,把与公众利益相关的所有情况都告诉公众,以此来争取公众对组织的信任。一旦披露真情确实对组织不利的话,那就应该调整公司或组织的行为,而不是极力去掩盖真相。通常情况下,一个企业与员工或其他社会组织处于紧张的摩擦状态，这往往是由于这个企业的管理者不注重与公众的沟通所造成的。因此，要想建立良好的公共关系，创造最佳的生存发展环境，其最根本的信条是：说真话！

1906年，他向新闻界发表了阐述其公共关系活动宗旨的《原则宣言》。他认为："我们的责任，是代表企业单位及公众组织，就公众关心并与公众利益相关的问题，向新闻界和公众提供迅速而真实的消息。"他认为，企业管理阶层对企业的政策、制度、发展、做法采取保守、封闭、不开放的态度，正是造成企业劳资关系、企业与社会关系紧张的关键。一定要疏通相互间的渠道，达到相互了解。另外，他认为企业陈旧、落后、保守的政策和做法必须加以改革，企业管理者与员工，企业与公众之间的隔阂一定要消除，态度要改善。企业要想得到公众的信任与支持，必须迎合公众和新闻媒介的要求。他还认为公众对企业应拥有知晓权。

在实际中，艾维·李将自己的公共关系思想落实到工作中，并且做得非常出色。他在洛克菲勒财团面临公共关系极端恶化而声名狼藉时，为其提供了成功的公共关系咨询，建议洛克菲勒财团邀请劳工领袖协商解决劳资纠纷，广泛进行慈善捐赠，改变自己在公众心目中的不良形象；他在处理宾夕法尼亚州铁路公司发生的人员伤亡事故时，果断采取公布事故真相、向死难者家属提供赔偿、为受伤者支付治疗费、向社会各方诚恳道歉等措施，取得了良好效果。从此他成为蜚声社会的公共关系专家，被人们誉为"公共关系之父"。

艾维·李和他的公共关系事务所对扭转企业的命运、重振企业、稳定社会作出了巨大贡献。他的公共关系思想和公共关系实践为世人瞩目。他在公共关系思想发展史上立下了第一块里程碑，因此被誉为"现代公共关系之父"。但由于他的公共关系咨询工作的局限性，对公众舆论往往凭直觉、经验来进行工作，对此，有人认为他的工作只有艺术，而科学性不强。

三、伯纳斯时期

伯纳斯"投公众所好"的思想是其公共关系的核心内容。

公共关系工作从艺术到科学，是在现代公共关系发展过程中，由爱德华·伯纳斯等人开创的。

艾维·李是现代公共关系的创始人，但他的公共关系实践却被认为"只有艺术，没有科学"。这也就是说，艾维·李虽然有丰富的公共关系实践经验，但没有提出系统而科学的公共关系理论。真正为公共关系奠定理论基础，使现代公共关系科学化的，是另一位现代公共关系的先驱，美国著名的公共关系顾问爱德华·伯纳斯。

爱德华·伯纳斯（Edward Bernays）1891年生于奥地利的维也纳城。他是著名的奥地利心理学家弗洛伊德的外甥。伯纳斯在满周岁时随父母移居美国。1913年，22岁的伯纳斯受雇于美国的福特汽车公司，任公司的公共关系经理。1917年第一次世界大战期间，美国总统威尔逊成立了"公共信息委员会"，这实际上是当时美国三军总部的公共关系机构。伯纳斯是委员会的成员之一,他主要负责国外报刊局的工作,向国外新闻界传播美国参战情况以及政策等。他还曾在一家国家级的大财团里担任过公共关系工作。由于工作关系,伯纳斯有机会更广泛地接触美国社会高层次的组织,并为这些组织提供公共关系咨询。这不仅使他积累了丰富的工作实践经验,而且有助于他对公共关系问题进行理论上的研究和探索,靠科学开展公共关系工作。

1923 年,32 岁的伯纳斯积数十年公共关系工作之经验以及对公共关系理论问题的探索,写成了世界上第一部公共关系著作《舆论之凝结》,并且第一个在美国纽约大学开设、讲授公共关系课程。时隔五年又写了《舆论》一书,从理论上进一步阐述自己的公共关系思想。在他年逾 60 岁时出版了第一本教材《公共关系学》。

伯纳斯公共关系思想的一个重要组成部分就是他提出的"投公众所好"的主张。他认为,在一定科学理论指导下的劝说活动有着巨大的威力,因而他非常注重运用各门社会科学的研究成果。他认为公共关系工作的关键是要随时了解和掌握公众心理,投其所好,迎合公众的心理需要,引起公众的共鸣。传播工作要有的放矢,以取得公众的理解和信任。总之,伯纳斯在理论上做出的贡献,对于公共关系学科的形成和进一步发展具有划时代的意义和里程碑的作用。从此,公共关系才作为一门科学得到蓬勃发展。

四、柯特利普和森特时期

20 世纪 50 年代以后,公共关系的理论和实践继伯纳斯后又有了新的发展。这一时期,以柯特利普、森特和杰夫金斯为代表的一大批公共关系专家和大师,在理论和实践上把公共关系推向了一个新的历史发展阶段。

美国公共关系权威柯特利普和森特先后出版了《公共关系咨询》《当代公共关系导论》和《有效公共关系》等许多重要著作。此间,他们提出了"双向对称"的公共关系模式(图 2-1),成为现代公共关系的重要标志。他们认为,公共关系就是一个社会组织,为了与公众建立良好的关系而运用传播原理和方法。他们认为,一方面要把社会组织的想法和信息向公众进行传播和解释;另一方面,又要把公众的想法和信息向社会组织反馈。目的是使社会组织与公众结成一种和谐关系。这种观点,比较典型地概括了现代公共关系过程。

弗兰克·杰夫金斯是英国著名的公共关系专家,他是英国公共关系协会顾问、英国公共关系学院教授。他早年主攻经济学,曾在伦托基尔公司从事公共关系工作,主

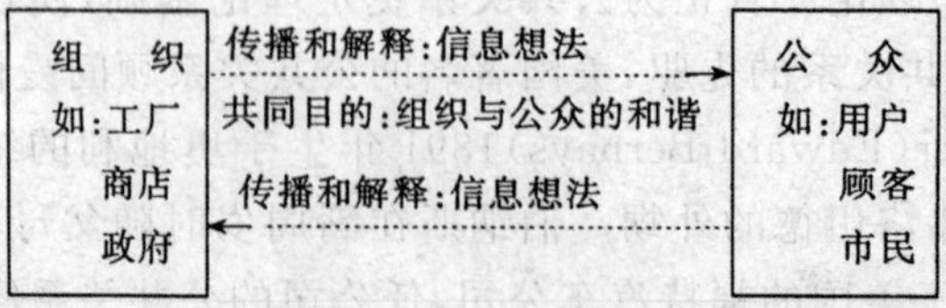

图 2-1 "双向对称"的公共关系模式

要负责处理科技公共关系。自1968年后，他在英国开办了公共关系学校，讲授公共关系、广告和市场等方面的课程，从而成为一位出色的公共关系教育家。他著作很多，主要有：《广告学》《广告学概论》《市场学、广告学和公共关系学词典》《有效的市场战略》《有效的公共关系设计》《市场学和公共关系媒介设计》《公共关系学》《公共关系与市场管理》《公共关系与成功企业管理》等。他的思想，丰富和发展了公共关系学的理论，促进了当代公共关系事业的繁荣。

第四节　现代公共关系的发展

自伯纳斯、柯特利普、森特、杰夫金斯开创并发展了公共关系理论后，公共关系的实务活动在科学的公共关系理论指导下，在世界不同国家和地区得到突飞猛进的发展，不仅使各国的公共关系事业不断发展，也促进了国际公共关系事业的繁荣。在各国的公共关系事业的发展中，尤以公共关系的发源地——美国最为突出。

一、美国公共关系的发展

第二次世界大战以后，国际间的经济、技术和劳务合作日趋频繁和紧密。但由于不同民族和国家之间在交往过程中存在语言文字、思想文化、社会制度和风俗习惯等方面的障碍，客观上要求有一批国际公共关系的专业人员从中进行有效的沟通与协调。正如美国《公共关系手册》指出的："打算进入外国市场的美国商人发现，他们的当务之急是公共关系问题。"因为"对外关系的交恶，十有八九不是出于利益的冲突，而是语言、文化、传统等方面的隔阂"。于是，美国的公共关系事业逐渐从国内走向国际。

20世纪20年代，随着商品经济的进一步发展，市场竞争日益尖锐，传统的"卖方市场"逐渐转为"买方市场"，加上1929—1933年世界性的资本主义经济危机的爆发，使企业不得不开始注重在消费者心日中树立良好形象。在这种情况下，公共关系作为一种经营管理方法日益普及和职能化，于是，在企业公共关系机构纷纷成立的同时，公共关系顾问公司也发展起来。据1937年美国《企业周刊》发表的第一篇公共关系职业统计报告估计，当时全美国有5000名公共关系从业人员，有250家公共关系顾问公司，美国最大的公司中有20%设有公共关系部。到1960年，公共关系人员已猛增到10万人，公共关系公司多达1350家，约有75%的公司设有公共关系部。

进入80年代，美国公共关系行业持续发展，公共关系从业人员已超过12万人，公共关系公司在2000家以上，这些公共关系公司业务遍及政治、经济、文化、科学等各个领域。美国85%的企业都设有公共关系部或外聘公共关系顾问，每年的公共关系预算超过20亿美元。公共关系从业人员不断增加，公共关系人员的最大雇主是联邦政府。1983年，美国联邦政府雇佣了4100多名公共关系人员，经费开支近10亿美元。可见公共关系事业在美国的蓬勃发展，公共关系职业地位不断提高，公共关系已成为一种富有吸引力的职业。

与此同时,美国的公共关系行业组织也纷纷成立并且得到了发展。1935 年,美国公立学校公共关系协会(NSPRA)成立;1939 年,美国真实宣传者协会成立(1944 年改名为美国公共关系理事协会);1939 年,美国公共关系理事会(ACPR)在圣弗朗西斯科市由著名公共关系学者哈罗博士主持成立;1944 年,美国公共关系联合会在华盛顿成立;1948 年,美国公共关系理事会和美国公共关系理事协会合并,在纽约成立了美国公共关系协会(PRSA),由哈罗博士任第一任主席。1954 年,美国公共关系协会拟定出第一部公共关系道德准则,1959 年,又在这个准则的基础上,补充修改并制订通过了比较完整的道德准则,同时还发表了一项原则宣言。1962 年,这一协会设立了一个检查机构来监督并促使公共关系道德准则的实施。1968 年,美国公共关系国家理事会(NCPR)成立。同年,美国公共关系学生协会(PRSSA)在美国公共关系协会帮助下在纽约成立。1961 年,美国公共关系联合会与美国公共关系协会合并。1976 年,人类沟通委员会(NCCHS)同美国公共关系协会合并,成立了世界上最大的职业公共关系组织。

随着公共关系重要性日益突出,社会各界对公共关系人员需求的增加以及职业水平要求的提高,公共关系教育事业也不断发展。1937 年,美国公共关系协会第一任主席哈罗博士在斯坦福大学开设公共关系学教程。1947 年,波士顿大学建立起第一所公共关系学院,并开始颁发公共关系学士和硕士学位。1955 年,美国有 28 所大学设置了公共关系专业,66 所大学开设公共关系课程,到 1970 年,则分别达到 100 所和 300 所大学。1978 年,美国有 292 所大学开设公共关系课程,其中有 93 所设立了学士学位,23 所设立硕士学位,10 所设立了博士学位。至此,公共关系在美国已成为一门成熟的学科。

目前,公共关系职业在美国求职网站列出的 200 种职业排名中,2014 年位据 21 位,2015 年上升至 17 位,平均年薪达到 10 万美元以上。

二、世界公共关系的现状

公共关系不仅在美国有如此的规模,在西欧、美洲、亚洲等国也有很大的发展。

(一) 西欧的公共关系

西欧各国公共关系是在第二次世界大战后才得到推广的。战后,西欧各国在战争废墟上重建家园,经济逐渐发展,生活水平迅速提高,国际贸易也因和平的到来而繁荣起来,国际市场上的竞争日趋激烈,公共关系日益显得重要。同时,科学技术的进步,推动了西欧经济和社会结构发生变化,企业界年轻一代有专业知识的经理成长起来了,他们比前辈更易于接受新的观念和技术,这些因素使得公共关系迅速在战后的大陆发展起来。

英国是公共关系发展最早的国家之一。1920 年,公共关系就已经从美国传到英伦三岛。1924 年,英国帝国交易局开始利用大规模的宣传促进世界期货、现货贸易,因而被认为是“政府公共关系”的原型。1948 年，英国公共关系协会（IRP）在伦敦成立，它是目前欧洲最大的职业性公共关系组织，拥有来自 50 个国家和地区（以英联邦为主）的 2500 名会员。1969 年，英国公共关系顾问协会（PRCA）成立，现在它拥有 170 多家地方分支机构。英国公共关系协会被誉为是发展公共关系教育的先行者，它的会员曾到过亚洲、非洲、欧洲等地区的 18 个国家讲学。英国办有四家大型的公共关系刊物，创办了专门的公共关系学院和学校。1946 年荷兰出现了首批公共关系事务所。1955 年，法国公共关系协会成立，1959 年，法国公共关系协会在奥尔良主持召开了欧美公共关系会议。紧接着，挪威、意大利、比利时、瑞典、芬兰、联邦德国等国家也纷纷成立公共关系协会。为了适应社会环境的新变化，西欧各国的许多企业都积极开展公共关系工作，它主要是通过制定向社会各界开放企业或工厂的公共关系计划来实现的。

（二）美洲的公共关系

美洲许多国家的公共关系在美国的影响下也得以产生和发展。1947 年，加拿大第一批公共关系协会在蒙特利尔和多伦多成立，至今已有 7 个地方协会，会员上千人。这些公共关系协会与大学联合举办短期公共关系讲习班，培养公共关系人员，推广公共关系知识。目前，加拿大公共关系公司业务开展非常活跃，为加拿大经济发展作出了贡献。1959 年，墨西哥公共关系协会在墨西哥城主持召开了泛美公共关系大会，美国和大多数拉美国家都派代表出席了这个会议。

在巴西和秘鲁，除了成立全国公共关系协会外，巴西一些大学也已开办了公共关系专业，还出现了专门培养公共关系人才的高等学校。

（三）亚洲的公共关系

第二次世界大战后，公共关系从美国传播到亚洲和大洋洲的一些国家。日本的公共关系随着战后美军的进驻而传入。为把西方的民主政治思想灌输给日本国民，1947 年 3 月，驻日本盟军总部的民间情报教育局用行政命令的方式在日本各府县单位设立“公共关系办公室”。这样，公共关系思想正式传入日本。日本电通广告公司首任公共关系部长田中宽次郎搜集了有关公共关系的资料加以研究，将公共关系灵活运用于广告宣传，从而成为日本最早推广公共关系的人。1957 年之后，公共关系开始成为一个独立的行业在日本出现。当时日本兴起了对海外公共关系活动的热潮，成立了日本最大的“国际公共关系公司”，在纽约、巴黎、香港均有分公司。公共关系作为一种新兴的行业在日本发展起来，至今已有公共关系公司 40 多家。1959 年，日本公共关系研究所在东京主持召开了大规模的亚、非、拉公共关系大会。1964 年，日本公共关系协会成立。亚洲其他国家和地区如印度、新加坡、我国的台湾等公共关系也在 20 世纪 50 年代发展起来了。

第五节　公共关系在中国的产生与发展

一、公共关系在中国的产生与发展

公共关系作为一种理论和职业，是伴随着中国对外开放大门的打开而步入的。此前，大约 20 世纪 60 年代之后，公共关系在台湾和香港地区迅速发展起来，到了 80 年代，香港的公共关系已经发展到较高水平，公共关系公司达 20 多家，兼营公共关系业务的广告公司也有上百家，所有的酒家和新闻传播机构以及大中型工商企业几乎都设置了公共关系部。

随着我国经济体制改革的方针、政策的确立，1980 年中国政府颁布了《广东省经济特区》条例，正式设立深圳、珠海、汕头三个经济特区，在这些地区最先出现了一批合资企业。1981 年，在深圳的一些中外合资企业中，现代科学的新的经营管理方法——公共关系被运用于企业管理中。公共关系的活动首先是在中外合资的服务性行业，如酒店、宾馆中开展，以后逐渐向其他行业扩展。广州的一些大型合资宾馆、酒店如白天鹅宾馆、中国大酒家、花园酒店等也开始设置公共关系部门，并从香港和海外聘请公共关系专业人员主持工作，公共关系在经营管理中起到很大的作用。

1980 年，深圳蛇口华森建筑设计顾问公司率先成立我国第一个公共关系性质的专业公司。1982 年，深圳竹园宾馆成立公共关系部，开展以招揽顾客为目标的、扩大影响的服务性公共关系活动。1983 年，中外合资的北京长城饭店成立公共关系部，并因成功策划接待当时的美国总统里根访华而名扬海内外。1984 年，广州中国大酒店设立公共关系部。后来，广东电视台以宾馆、酒楼的公共关系活动为题材，拍摄了中国第一部反映公共关系理论与实践的电视连续剧《公关小姐》。1984 年 9 月，我国国有企业的第一家公共关系部——广州白云山制药厂公共关系部正式成立。该厂每年拨出总产值 1%的资金作为“信誉资金”，用于赞助社会公益和体育事业，在开展公共关系实务方面进行了大胆有效的尝试。1984 年 10 月世界第二大公共关系公司“希尔-诺顿公司”在中国设立办事处。1985 年 8 月，世界第一大公共关系公司博雅公司与中国新闻发展公司达成协议，共同开展公共关系业务，并成立了中国第一家独立的公共关系公司——环球公共关系公司。

接着深圳大学率先开设了全国第一个“公共关系”专业，广州中山大学等一些高等院校也相继举办了一系列讲习班，普及公共关系知识。1987 年成立中国公共关系协会，此后各省相继成立公共关系协会。1991 年 4 月，中国国际公共关系协会在北京成立，标志着中国的公共关系事业已经逐步扩展并走向世界。1997 年 11 月 15 日，劳动和社会保障部成立了中国公共关系职业审定委员会，并正式确定中国公共关系职业命名为“公共关系员”，并于 1999 年 5 月将公共关系职业列入《国家职业分类大典》，标志着经过近 20 年的发展，公共关系职业终于取得了社会的认可。2000 年，在全国范围内开始推广公共关系人员上岗资格考试，公关员与律师、会计师、医师一样，走上了职业化与专业化的道路。2003 年，中国国际公共关系协会宣布，将把每年的 12 月 20 日定为“中国公关节”。

在公共关系理论研究方面，各种不同版本的公共关系教科书、通俗读物和公共关系案例汇编相继出版，一些国外公共关系名著（如《有效的公共关系》和《公共关系学》）被翻译出版，《公共关系报》《公共关系》《公关世界》《国际公关》等专业杂志也不断面世，中国公关网、公共关系网也宣告成立，对于传播、沟通公共关系信息，促进公共关系理论体系的完善与实务规范起到了较好的推动作用。

在公共关系人才培养方面，中国的公共关系教育已经走向正规化、系统化、多层次化。有高层次的“公关”学士和研究公共关系方向的硕士、博士、博士后，也有培养公共关系专业人员的自学考试、夜大、电大培训等形式；有公共关系专职培训、资格证书培训，也有内部厂长、经理、党政干部与公共关系师培训。目前，中国已有 1000 多所高校开设公共关系课，几十所高校开设公共关系专业。

在公共关系实务方面，工商企业界以新颖的构思、高超的策划手法书写了一个又一个成功的公共关系事例。目前，我国已基本形成了较完整的公共关系理论体系和一套公共关系实务运作规范，特别是近百家公共关系咨询公司的有序发展，更意味着我国公共关系已步入了正常化发展的轨道。据有关部门调查统计，中国公共关系市场自 2011 年保持快速增长的发展势头。据调查统计，2017 年中国公共关系市场规模已达到 560 亿元，2018 年则达到 627 亿元，年增长率约 11.9%。

二、中国未来公共关系的发展与趋势

随着我国社会经济的深入发展，伴随着知识经济的发展，公共关系在我国必将迎来更大的发展，同时我们也必须看到未来公共关系发展的几大趋势。

1. 公共关系市场趋于国际化

中国公共关系市场的发展是一个从无到有、从分散发展到逐步规范、从纯国内化到国际化的过程。公共关系目前在中国终于成为一个被政府认可并拥有广阔服务领域的崭新职业。中国加入世贸组织，这不仅对中国和世界经济的发展，而且对中国和世界公共关系业的发展都会产生重大影响。这种影响表现在中国公共关系市场的国际化趋势会更加明显。公共关系公司的国际化和国内公共关系业务的国际化都将促进中国公共关系市场的国际化，并最终走向公共关系市场的不断成熟壮大。期间表现出来的国际化和本土化相融合的趋势愈加明显。

2. 公共关系工作趋于专业化

经过近 20 年的磨炼，随着中外公共关系市场的逐步接轨，市场运作游戏规则的更加健全规范，中国公共关系行业将彻底摆脱 20 世纪 80 年代初以来公共关系行业的阴影，真正走出公共关系就是所谓“笑脸相迎”的低层次的旋涡而大踏步迈入公共关系工作专业化的轨道。

3. 公共关系手段趋于科技化

随着“互联网＋”时代的到来，企业组织已越来越认识到网络信息、现代传媒新技术对公共关系传播的重要意义。这些新技术将完成对公共关系传播沟通管理的方法和手段的调整与更新。实际上，网络传播已经实实在在地成为一种主流媒体支持着公共关系传播的开展，例如电子邮件(E-mail)、网上新闻发布、网上展览、网上市场调查、网上新品推广、网上社区、网络广告等，特别是微信、微博、直播等自媒体的普及，使公共关系传播的平等性、双向性、反馈性得到更大程度的提升，信息传播双方已成为真正意义上平等交流的伙伴，实现了更深层次含义上的双向互动。随着高科技的发展，人类传播史上的革命还将继续，未来的公共关系手段将是一种更加数字化的手段，人们会在高科技服务的支撑下，实现真正意义的人际互动。

4. 公共关系地位趋于战略化

随着全球一体化经济的蓬勃发展，组织的传播活动将日益多元化。一方面，组织的形象竞争呈现白热化状态，公共关系作为一种重要的传播手段、传播战略，将为组织塑造一种“全球形象”而纳入组织的战略管理层面，其战略性地位日益加强。另一方面，全人类面临的一些全球性问题，如环保、人口膨胀、战争与和平、人权与主权等问题的存在与解决，已非一个国家和一个民族所能承受，它必须通过国际的沟通与对话，通过全球性的跨文化的传播沟通达成共识的基础，制定国际化的标准，依靠全人类通力合作来加以解决。而公共关系在解决这样的问题的过程中，是最有发言权和成效的。公共关系在未来发展中的这种战略地位越来越明显，随着这种战略地位的确立，公共关系产业化也将随之形成。公共关系行业将同信息业、咨询业等构筑起中国新兴知识产业的又一道风景。

5. 公共关系方式趋于整合化

整合传播虽然是全新的概念，但整合却是当今传播业界的主基调。无论是线上、线下，新、旧媒体手段的使用，还是公关与广告，实际上早已相互渗透融通，而非经纬界限分明。公共关系方式的整合传播转型升级是一大趋势。

6. 公共关系传播趋于数字化

公共关系作为基于传播并对传播进行管理的实践，需要对传播技术发展及其对我们思维模式的影响有深刻了解。互联网技术的更新换代，已令当今的信息技术时代，走向未来的数据技术时代。如何将因互联网产生的大数据激活，并让其产生价值，而非为其所困，需要我们很好地引入互联网思维的理念。互联网思维的本质就是平等对话和充分交流，这从根本上颠覆了传统公关由精英策划以操纵、控制大众行为的思维模式。

7. 公共关系人才竞争趋于白热化

随着中国公共关系市场的成熟，公共关系教育的规范化，公共关系市场的国际化，公共关系人才的竞争将更为激烈。一方面，公共关系作为一项智力产业，专业化智力劳动的价值将得到前所未有的尊重；另一方面，由于市场经济体制的发展，各类组织均已改变了以往那种大而全的组织管理架构，并接受了资源稀缺的市场新观念，这势必促使组织在开展公共关系活动的时候，考虑吸纳最优秀的公共关系的人才加盟，让组织能够利用有限的传播资源取得最大的效益。同时公共关系市场的发展与不断成熟，会激活公共关系的人才市场。当然，发展中同样会存在行业不正当竞争的现象，但公平、公开、公正的基本规则同样会在激烈的竞争中得到确立和维护，公共关系从业人员恪守职业道德，加强行业自律，是公共关系业自身形象和信誉的保证。

总之，随着改革开放的不断深入，我国的公共关系事业无论在实践活动方面、理论研究方面或者培训教育方面，都取得了重大进展，公共关系在我国社会生活中发挥着越来越大的作用，成为推动我国现代化发展的动力。

【案例及案例讨论】

整合公关——海尔集团的公关传播新思路

2018 年 3 月，一场家电企业的盛会吸引了众多的目光，作为国内家电品牌的佼佼者海尔集团打了一场漂亮的公关营销战。在 2018 中国家电及消费电子博览会上，随处可见高科技产品，高圆圆、林志玲等明星也现身为品牌站台，好玩又好用的智能机器人，多功能智能化的生活场景，动动手指，一切尽在眼前。

在这场最前沿最高端的科技盛宴中，怎样让海尔品牌从 800 多家企业中脱颖而出，吸引众多目光是海尔集团面临的一个问题。事实证明在此次展会中，海尔品牌的曝光度非常之高，那么海尔集团是如何做到的呢？

第一，巧借明星效应。巧借明星效应是公关传播中比较常用的手段之一。这一次，在海尔集团的策划下，杨澜现身体验卡萨帝打造的智慧生活方式，并携手东方卫视，以访谈的形式全面展现未来的高端生活。在此基础上，巧借杨澜"知性、有格局、懂生活"的标签，扩大明星效应，传播度自然提高。公关广告传播也取得了良好的效果。明星效应直接凸显了海尔产品及品牌的独特价值观，起到了非常好的传播效果。

第二，精准的跨界合作。在现代传播过程中，跨界合作逐渐成为企业传播公关的新思路，那么在本次展会中，海尔就进行了精准的跨界合作，既贴近生活又彰显大气。海尔集团从海尔卡萨帝品牌定位出发，促成卡萨帝与盖娅传说（Heaven Gaia）合作时装大秀。极简优雅契合高端生活的品牌态度，加上米其林大厨定制的美食，视觉、味觉、嗅觉的多重碰撞，吸引了众多目光。

第三，整合传播，一个都不能少。在整个展会的过程之中，海尔集团通过小视频、创意海报、邀请函等各种手段，进行全方位、立体化的信息提前预热，让人期待品牌新品发布；现场多维度立体传播，新闻、客户端、微信微博、图片直播……只要打开手机，就能从任何一个触点看到品牌的震撼场面。

在本次展会中，海尔集团用整合传播的新思路开创了全方位立体传播体系，为企业品牌打造起到了良好的效果。

(资料来源:根据海尔集团官网及深度传播集团公关案例编写.2018-06-28)

案例讨论:本案例中体现了现代公关的哪些新趋势?

【思考题】

1. 为什么说人类早期的“公共关系”只有类似于现代公共关系的特性?试举例说明。

2. 现代公共关系产生的主要社会历史条件是什么?

3. 现代公共关系的发展经历了哪几个历史时期?各个历史时期的主要特点是什么?

4. 为什么说,经济体制改革的方针、政策是中国公共关系产生和发展的根本原因?

第三章 公共关系主体

【案例导读】

招聘公关部长

一家公司准备聘用一名公关部长，经笔试筛选后，只剩下八名考生等待面试，面试限定每人在两分钟内，对主考官的提问做出回答。当每个考生进入考场时，主考官说的是同一句话："请您把大衣放好，在我面前坐下。"然而，在进行面试的房间中，除了主考官使用的一张桌子和一把椅子外，什么东西也没有。

有两名应试者听到主考官的话以后，不知所措，另有两名急得直掉眼泪；还有一名听到提问后，脱下自己的大衣，搁在主考官的桌子上，然后说了句："还有什么问题?"结果，这五名应试者全部被淘汰了。

剩下的三名应试者，一名听到主考官发问后，先是一愣，旋即脱下大衣，往右手上一搭，躬身致礼，轻轻地说道："这里没有椅子，我可以站着回答您的问话吗?"公司对这个人的评语是："有一定的应变能力，但创新开拓不足。彬彬有礼，能适应严格的管理制度，可用于财务和秘书部门。"另一名应试者听到问题后，马上回答道："既然没有椅子，就不用坐了。谢谢您的关心，我愿听候下一个问题。"公司对此人的评语是："守中略有攻，可先培养用于对内，然后再对外。"最后一名考生的反应是，听到主考官的发问后，他眼睛一眨，随即出门去，把候考时坐过的椅子搬进来，放在离主考官侧前约一米处，然后脱下自己的大衣，折好后放在椅子背后，自己就在椅子上端坐着。当"时间到"的铃声一响时，他马上站起来，欠身一礼，说了声"谢谢"，便退出考试房间，把门轻轻地关上，公司对此人的评语是："不着一词而巧妙地回答了问题；性格富有开拓精神，加上笔试成绩佳，可以录用为公关部长。"

（资料来源：陶应虎主编《公共关系原理与实务》第三版）

公共关系是由公共关系主体、公共关系客体和公共关系传播三大基本要素构成，社会组织是公共关系的主体，公众是公共关系的客体或对象，传播则是连接社会组织与公众或主体与客体的桥梁。

作为公共关系活动主体的社会组织是指建立在共同目标基础上，按照特定结构及运行方式，履行一定的社会职能，具有相对独立性的一种公共活动群体。

公共关系主体是公共关系三大要素之一。社会组织作为公共关系的主体，它决定着公共关系活动，作为公共关系主体的社会组织，有其自身的特点和类型，与其所处的社会环境有着密不可分的联系，为了树立社会组织的良好形象，必然要对社会组织所处环境进行分析,以实现社会组织的公共关系目标为前提,最终实现社会组织的总目标。

组织具有一定的目标,而公共关系的目标便是社会组织目标的子目标和分目标。公共关系活动必须围绕着社会组织的总体目标来制定。在社会组织的运行过程中,社会组织必须树立明确的公共关系意识,社会组织总是居于主体地位,策划各种旨在影响和改变组织环境的公共关系活动,使组织处于良性运转之中。

第一节 社会组织

对于社会组织,不同的学科可以从不同的角度进行考察。社会学主要探讨社会组织的一般属性和一般类型等,组织行为学主要探讨社会组织的一般行为及其规律等,而我们现在要讨论的是作为公共关系的行为过程中的主体——社会组织,包括社会组织的运行,社会组织的分类等与公共关系相关的一些问题。

一、社会组织及其特点

社会组织是人们为了合理有度地达到自己的目标,有计划有组织地建立起来的一种社会机构。这种机构有组织、有目的,成员间有明确分工和联系范围,有规范的工作制度和明确的奋斗目标。如:工厂、公司、学校、党派、政府机关等。

在现代社会里,社会组织占据着决定性的地位。各种社会组织的影响已渗透到了社会的各个角落,其存在与发展构成了我们日常生活的基本部分。我们每个人都是分属于某个组织,或者同时属于几个组织。社会组织的性质、特点及其运行方式都会影响或决定人们生活和工作的各个方面。

如果我们从静态的角度来观察社会组织,就会发觉它是由若干不同的部分适当组合而构成的完整体。各构成部分与整体之间具有不可分离的密切关系,它们之间是一种统属关系。比如,一个公司,是由经理室、办公室、人事部、财务部、业务部等组成,每个部门相互之间具有密切的联系,并且由这些部门的有效运行构成了公司这样一个社会组织。

如果我们从动态的角度来观察社会组织,就会得知它是处于一定环境条件下的功能活动体,是由各构成部分分别发挥各自的特殊功能,为实现共同目标,连续不断地做出集体努力的活动过程。社会组织的整体功能有赖于各构成部分的特殊功能才能完全体现出来,而各构成部分的特殊功能又不能离开社会组织的整体。比如,大学这样一个社会组织,其目标是为社会培养一流的各种人才,为了达到这一目标,必须发挥各院、系的特殊功能,并且缺一不可,这样,才能使学校这样一个社会组织的整体功能完全体现出来。

作为一个社会组织,一般包含以下几个方面的特点:

(一) 组织的整体性

社会组织的成员和部门都是该组织的构成部分,都与该组织整体具有不可分离的密切关系。

（二）组织的目的性

社会组织的成员和部门是在共同目标基础上结合起来的，社会组织目标是构成该组织和加强该组织的核心要素。

（三）组织的适应性

社会组织成员之间、部门之间、成员与部门之间、成员部门与整体之间必须相互适应，社会组织与外部环境也必须相互适应，该组织才能生存和发展。

（四）组织的多样性

不同的社会组织，其性质、结构形态和职能是不一样的。

二、社会组织的分类

由于社会组织的多样性，组织目标、组织原则、组织利益往往有很大的差异。这就必须对社会组织机构进行科学分类。从不同的角度对社会组织进行分类，会产生性质不一、功能不同的各类组织。如根据社会职能的不同，社会组织可以分为经济组织、文化组织和政治组织；根据目标特点的不同，社会组织可以分为营利性组织、非营利性组织。

作为公共关系主体的社会组织，从公共关系角度对社会组织进行分类，社会组织则可以分为以下几种类型：

（一）互益性组织

如各种党派团体、职业团体、群众社团组织、宗教组织等。这类组织重视组织内部成员的利益和共同目标，因此，首先重视内部成员对本组织本身的凝聚力和归属感，重视组织系统内部的沟通。

（二）营利性组织

如工商企业、金融机构、旅游服务业等以营利为目的的组织。这种类型的组织以其所有者、经营者的利益为目标，首先要与其所有者（如投资者）以及对其经营成败有决定性影响的顾客等建立良好关系。

（三）服务性组织

如学校、医院、社会福利机构等非营利性组织。这类组织以其特定的服务对象的需要为目标，还必须与其资助者、协助者保持稳定的关系。

（四）公益性组织

如政府部门、公共安全机关、消防队等。这类组织以国家和社会整体利益为目标，其公众对象是社会各界。

三、社会组织与环境

系统论将社会组织置于一定的外部环境中加以研究，同时又将社会组织和它所处的环境放在同一个系统中加以考察。

(一) 环境的内容

在公共关系学中,社会组织所面临的环境一般指排斥了与之发生联系的公众的组织环境。组织环境有宏观和微观之分。

社会组织面临的宏观环境,一般包括:社会政治环境、社会经济环境、社会文化环境、科学技术环境、法律环境和国际环境。

社会政治环境,主要是指党和国家的有关路线、方针、政策、规定、规划、国体、政体、政局、政治形势等对社会组织产生影响的政治因素。

社会经济环境,主要是指国家的经济发展水平、宏观管理体制和经济发展的趋势等对社会组织产生影响的经济因素。

社会文化环境,主要包括社会风尚、风俗习惯、民族分布、宗教信仰、道德观念、文化教育、人口构成、家庭结构、消费心理等对社会组织产生影响的文化因素。

科学技术环境,主要是指科学上的发明和技术上的创造,以及本行业的科学技术发展水平,相关行业的科学技术发展趋势,产品更新,技术改进,新技术、新工艺、新材料的采用等对社会组织产生影响的科技因素。

法律环境,主要是指国家和政府颁布的法律、法令、法规,以及各种相关的条例和规章等对社会组织产生影响的法律因素。

国际环境,主要是指国际政治经济形势、国际格局、国际关系、国际组织、国际市场、国际贸易、国际惯例、国际科技文化交流等对社会组织产生影响的国际因素。

社会组织面临的微观环境是指社会组织所处的具体环境,一般包括:自然物质环境、关系环境及意识环境。

自然物质环境,是指影响组织的客观条件,如地理、气候、社区情况、交通状况、资源能源、组织设施、设备和资金、人员等。

关系环境,是指与社会组织有关的各类公众的状况,如企业的公众——消费者、上级主管部门、银行、新闻界、竞争对手、经销商、股东、员工等。

意识环境,是指影响社会组织的思想意识因素,如本组织在公众心目中的形象地位,员工的职业道德、价值观、公共关系意识、人和程度、社会舆论和流行心理等。

(二) 环境的特征

无论是社会组织的宏观环境还是微观环境,它们都有以下特征:

1. 环境的不确定性

所谓环境的不确定性实质上就是社会组织的决策者对于环境信息感知的不确定性。这种不确定性表现在以下几个方面:缺乏关于影响本组织决策的环境因素的信息;无法确定环境因素在什么程度下影响本组织决策部门的成功或失败;缺乏关于一项错误政策或行动的代价的信息(也即反馈信息)。对决策者来讲,感知环境的方式和能力无疑会影响到他的决策成功与否。如果他获得的关于环境的信息是虚假的,或者他不能及时地获得关于环境的信息,那么很可能他的决策是要出问题的。例如:麦当劳公司在莫斯科开设了一家连锁店。店里配有纸板做的盘子。当人们买汉堡包时，同时配给一个这种一次性盘子。麦当劳公司原先设想这些盘子使用后，就用机器对它们进行处理而不至于污染环境。但莫斯科居民却把这些盘子全部拿回家了。处理盘子的机器根本用不上，白白浪费了很多钱。这反映了公司没有掌握环境的信息。

2. 环境的可变性

一个社会组织的环境始终处于不断的变化之中。对于社会组织的决策者来说，最重要的是要掌握环境变化的速度和可预测度。如果环境变化速度很快，而且变化的情况难以预测，那么立即会引出环境的不确定性这一问题，从而对正确决策构成困难。一般来讲，出现这种问题，往往是由于社会组织的结构和目标不能适应环境的变化，因而必须迅速进行适当的调整。有些社会组织的环境变化速度慢，而且变化的趋势也容易预测，这些组织的结构和目标就会处于相对稳定状态。

3. 环境的复杂性

环境的复杂性主要指有关环境因素的多少和它们的差异程度。具体地说，如果环境的构成因素较多，而且差异程度也比较高，这样的环境就比较复杂；反之，环境的复杂性就比较小。要是社会组织的决策者能够考虑到环境中的所有因素和每种因素的特殊性，就能作出适应环境的正确决策。

从环境的特征中我们认为，社会组织与环境之间有着必然的联系。

社会环境为社会组织的存在和发展提供了条件，但又影响和约束着社会组织的行为。环境中诸因素往往相生相克，不断变化。社会组织的决策者必须掌握大量与本组织有关的环境信息，感知环境因素对决策成效的影响程度，择优去劣，避开或改变外部不利的环境，利用或营造对本组织有利的环境，了解环境约束的变化规律，使本组织能主动地发展、改造、适应和利用环境，以变应变，或以不变（良好形象、优质产品或服务）应万变，在运行中解脱约束。

例如，日本八佰伴集团在 20 世纪 60 年代初意欲进入新加坡市场。公司派人到新加坡进行市场调查所得的结论是：不宜进入该市场。因为第二次世界大战中日本军人在新加坡的残暴行径，使当地居民产生了强烈的反日情绪，致使许多日本公司都纷纷从新加坡撤出。该公司创始人和田一夫针对这一情况，制定了相应的战略和计划。他首先亲自前往新加坡，一下飞机就前往新加坡的抗日战争纪念碑前敬献花圈，声称自己是前来代表日本人民赎罪的，并以此为主题开展了一系列公共关系活动。而在经营上，采取与当地企业联营的形式，使当地资本占 55%，从而排除了公众的敌对情绪，最终打开了市场。

这一事实充分表明，在当今社会中，社会组织的经济行为，必然要受制于各种环境因素，纯粹的经济行为是不存在的。因此，在社会组织的管理中，每一项决策，大到一种政策的出台，小到企业经营方针的改变，都会涉及众多的方面，需要及时地了解环境，掌握大量的环境信息，为决策提供科学的依据。

第二节 社会组织目标与公共关系目标

公共关系对社会组织的作用总的来说是帮助社会组织实现自身目标。社会组织目标是社会组织生存和运转的前提,也是社会组织的显著特征之一。社会组织的生存和发展,其实质就是社会组织目标能否实现的问题。

一、社会组织目标

心理学认为:人的行为来自满足需要的动机,并且都朝向一定的目标。目标是人们企盼达到的状态。因而,不论是传统的组织理论,或是现代组织理论都认为:社会组织也存在着类似个人目标的东西,这就是社会组织目标。

所谓社会组织目标,就是指社会组织的总体目标。任何社会组织目标的制定都是建立在满足环境需求的基础上的。

我们知道,社会组织是社会分工不断发展的产物。构成社会组织环境的现代社会本身就是一个功能高度分化的、各个结构要素之间联系十分紧密的大系统,各个结构要素之间存在着一种互为条件、互为因果的功能耦合关系。社会组织要想适应这种环境,制定目标时就必须以满足环境的需要为基本原则。也就是说,社会组织实现目标的活动必须为社会大系统中的其他结构要素提供援助,必须在整个环境系统中发挥特定的作用,同其他结构要素建立功能耦合关系。社会组织目标只有建立在满足环境需求的基础上,才可以保证该组织在社会大系统中具有存在的必要性和合法性。

社会组织目标还必须考虑组织内部成员的需求。只有当社会组织目标和成员个人目标协调一致时,才能保证社会组织目标的实现。另外,社会组织自身还有不同于环境需求和内部成员需求的特殊需求,这种特殊需求保证社会组织自身的生存、运转和发展。因此,社会组织目标的内容实际上包含了社会、组织、成员三方利益。

以我国现代企业为例,企业目标一般包括以下几个方面:

(1) 计划目标,指企业在完成国家计划方面应达到的指标;

(2) 市场目标,指企业在经营活动的活力方面应达到的指标,体现企业占有市场的广度和深度;

(3) 发展目标,指企业在增加品种、改进技术、提高质量、扩大市场、开发人才等方面应达到的指标,体现企业的实力与潜力;

(4) 利益目标,指企业在物质利益各方面应达到的指标,体现企业生产经营成果的好坏与职工切身利益的直接关系。

其中计划目标、市场目标主要反映了社会的需求,发展目标反映企业自身的需求,利益目标反映社会组织内部成员的需求。也即这个组织目标实际上蕴含了社会组织与政府、上级主管部门、消费者、同行、内部员工等的关系。

二、公共关系目标

公共关系目标具体地说就是树立社会组织的良好形象。

所谓社会组织形象就是公众对于社会组织的总体评价，是社会组织的表现与特征在公众心目中的反映。

拿企业组织来说，无非有两种资产：一种是有形资产，如固定资产、资金和人员等，它们作为硬件支撑着整个企业的生产经营活动，并且反映着企业的实力。但是，另一种资产同样在发生效力，这就是企业的无形资产，即社会组织形象。

社会组织形象既不会像企业产品或服务那样直接给企业带来可观的利润，也不会像企业的广告那样直接为企业开拓市场，也就是说，从短期效果来看，社会组织形象似乎是虚幻的东西。但是，从长期的效果来看，社会组织形象却是组织经营活动中最为宝贵的无形资源。在现代组织经营活动中，社会组织形象的好坏同社会组织的经营绩效存在着确定的因果联系。

(一) 社会组织形象的内容

社会组织形象的内容主要包括内隐和外显这两个方面的特征。社会组织形象的内隐特征由社会组织的精神面貌、价值观和态度等构成；社会组织形象的外显特征则由社会组织的名称、标志、商标、广告以及社会组织的建筑式样、代表色和包装等构成。社会组织形象可以具体表现为：

(1) 产品形象，即产品的质量、功能、外形、名称、商标和包装等给公众的整体印象；

(2) 人员形象，即组织的领导人或者职员的素质、行为举止、精神风貌和服饰等给公众的整体印象；

(3) 建筑物形象，即建筑物的空间设计、外部景观、表面装饰、色彩、周围绿化、内部装潢和设备等给公众的整体印象；

(4) 自我期望形象，即社会组织期望留给公众的整体形象；

(5) 虚假社会形象，即社会组织想象的已经留给公众的整体形象；

(6) 实际社会形象，即社会组织实际留给公众的整体形象；

(7) 公共关系形象，即社会组织通过长期的、有计划的公共关系活动留给公众的整体印象。

(二) 社会组织形象的特点

作为公共关系中的一个重要概念，社会组织形象有其本身的特点，它们是：社会组织形象的主客观两重性、社会组织形象的多维性、社会组织形象的相对性、社会组织形象的相对稳定性。

1. 社会组织形象的主客观两重性

社会组织形象作为社会组织在公众心目中的形象，必然会受到公众自身价值观、思维方式、道德标准、审美取向以及性格差异等主观因素的影响。因此，一个社会组织在不同的公众心目中会产生有差别的形象。

但是,从公众对社会组织的总体评价来看,还是具有客观性的。公众心目中的社会组织形象不是从天上掉下来的,也不是他们头脑中固有的,而是社会组织自身行为及形象在他们心灵上的投影。根据统计学上的"大数定律",评价的人多了,主观偏见自然就会减少。因而,可以获得比较客观、比较真实的评价。

2. 社会组织形象的多维性

由于社会组织自身构成具有多维性,因而它必然会向社会发出各种各样的信息,从形象构成的要素看,如从时间、空间上,人员素质、设备配备上,内在精神和外在风格上,都能反映出一个社会组织的形象。哪一个方面出现失误,都会使社会组织形象受损。

3. 社会组织形象的相对性

由于社会组织形象具有主客观两重性和多维性,所以,社会组织形象就具有相对性。

一个社会组织整体形象如何,实力的强与弱,知名度、美誉度的高与低,以及自身的特色、设备的先进程度等,都是同一定的参照物相比较而显现的。另外,由于社会组织形象的美与丑、好与坏受主客观两方面因素的影响,任何一个因素的变化都会对社会组织形象产生作用,因而,社会组织形象只能是相对的,不可能一成不变。

4. 社会组织形象的相对稳定性

社会组织形象由于诸多的原因处在一个动态变化的过程,具有一定的相对性,但是,一个社会组织的形象一旦形成,即具有一定的稳定性。形象的变化不会是不可捉摸的、瞬间即逝的。一个企业的形象,通过几十年塑造起来很难让人忘怀。不论是作为"硬件"的外在形象、建筑风格、特殊标志,还是作为"软件"的组织精神、传统风格,往往会伴随着一个社会组织生命的全过程,并会在一定的时空条件下,在一定的公众之中形成一些概念化的东西,造成一种心理定势。

三、社会组织目标与公共关系目标

社会组织目标是社会组织生存的根本原因,因此,社会组织内部的所有分工部门及其各个成员的一切工作都必须围绕这个总目标展开,谁离开了社会组织目标,谁就在事实上脱离了这个社会组织。

为了实现社会组织目标,社会组织在其运行过程中所发生的关系,属于公共关系,因此,公共关系必然要服从和服务于社会组织目标。这就决定了公共关系的工作目标在其与社会组织目标的关系中处于从属的地位,但这并不意味着公共关系是可有可无的。这是因为在现代社会中,一个没有公共关系的社会组织要想继续生存和发展下去,简直是无法想象的。在我国公共关系界有这样一种观点,认为公共关系只有服务于企业或社会组织才能谋求自身的发展,因而公共关系只能永远充当企业的配角。这种观点是不全面的。因为社会组织在完成其目标的运行过程中必然要与现实环境诸因素发生关系并引起关系的变化，关系的变化又必然引起社会组织自身形象的变化，而自身形象的变化又直接对社会组织的运行、社会组织目标的实现甚至社会组织的生存产生影响。

因此，可以这么说，社会组织目标是公共关系的活动方向。公共关系是保证社会组织目标顺利实现的特殊管理。没有社会组织目标，公共关系活动就没有方向，而没有公共关系的积极活动，社会组织目标就会落空。

第三节 公共关系的组织机构

在我国，随着改革开放的深入发展，公共关系已引起人们越来越广泛的重视。现代社会的公共关系活动也越来越成为一种经常性的、有计划的工作。公共关系工作逐渐摆脱了权宜之计的境地，日益职能化。因此，在社会组织中设立专门的公共关系部门、社会上公共关系公司和各种类型的公共关系社团的产生，为公共关系工作提供了组织保证。

公共关系机构是专业从事公共关系工作的组织机构，代理着特定组织的公共关系工作，其实质是公共关系的实施主体。随着社会的发展，公共关系的职业化特点也越来越明显，现代社会需要有专门的组织机构来从事公共关系工作，在现有的公共关系机构中，主要分为三类：第一类是社会组织内部设立的公共关系部门；第二类是专门承接公共关系委托业务，代理其他社会组织公共关系的服务性机构，即公共关系公司；第三类是公共关系社团。

一、公共关系部

公共关系部是社会组织贯彻其公共关系思想、实现公共关系目标的专业性职能机构。一个规模较大的社会组织，公共关系事务必然繁多。因此，在社会组织中设置公共关系机构是必要的。人们将这些机构名称叫做公共事务部、公共信息部、传播部、新闻界关系部、沟通联络部等。

（一）公共关系部的地位与作用

企业（或组织）内部的公共关系机构是代表企业（或组织）进行工作的。对内，公共关系机构代表领导决策层，协调处理职工与职工、职工与部门、职工与领导以及部门与部门、部门与领导的关系；对外，它代表企业向公众发布信息、征询意见、处理问题、接待来宾。所以说公共关系部就是协调社会组织内外公共关系的职能部门。

公共关系部对企业的作用表现在以下几个方面：

1. 参谋部的作用

公共关系部的工作目标是为了树立本组织的良好形象，这就意味着公共关系部与其他一般的管理部门不同，它不是一线部门和决策部门，而是在采集、整理、分析信息的基础上，为本组织的决策部门提供可选方案，协助决策层进行决策，所以,公共关系部在社会组织中充当了“智囊团”的角色。在现代社会,任何一个企业除了要考虑经济、技术等因素以外,更要考虑社会关系因素以及决策可能带来的社会后果,公共关系部正是企业决策者把握社会脉搏的参谋部,并且要站在社会组织目标和社会需要的立场上,综合评价各职能部门的活动已经或可能引起的社会效果,维持社会组织与外部环境的动态平衡。在一个企业中,如果说总工程师是企业的技术参谋,总经济师和总会计师是经济参谋,那么,公共关系人员就是企业的社会决策参谋。

2. 搜集信息情报的作用

在企业中,公共关系部就是企业的情报部。现代社会已进入瞬息万变的信息时代,社会观念的更新,公众心理和行为的变化,使社会环境日益复杂,在这种状况下,要使企业在激烈的竞争中立于不败之地,就必须对社会环境的变动、民意和舆论、公众心理和消费行为、重大政治、经济和法律内容及其变化要有所了解,而提供这些情报信息则是公共关系部的任务。

3. 社会交际部的作用

加强和发展社会交往,是沟通双向交流渠道,为企业赢得社会理解、信任和支持的重要手段。

公共关系部不断地将社会组织的方针、政策、规划和行为等,以信息的方式传递给各类公众以取得公众的理解、信任、支持与帮助,起着社会组织对外宣传的“喉舌”作用和对外交往的“外交官”作用。

公共关系部在与外界的交往中,它的职责是:向各类公众发布信息;负责接待和联络各类公众;参与社会组织与公众间纠纷的调解;参与对外的各种谈判。

(二) 公共关系部的一般模式

公共关系部的机构模式各种各样,依社会组织的性质不同而不同。下面介绍几种类型。

1. 按公共关系工作特点分类

(1) 按公共关系工作手段设置的技术公共关系型,见图 3-1。

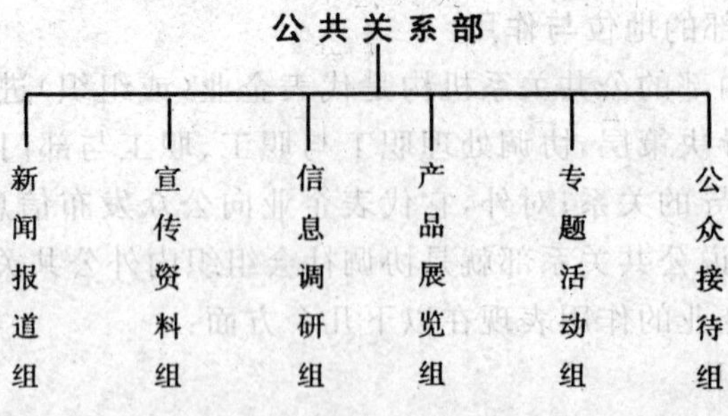

图 3-1 技术公共关系型

(2) 按公共关系工作对象设置的分类公共关系型,见图 3-2。

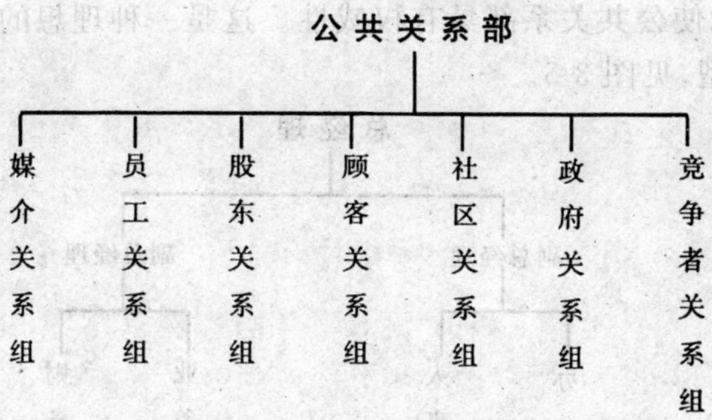

图 3-2 对象公共关系型

(3) 按公共关系工作地区设置的区域公共关系型,见图 3-3。

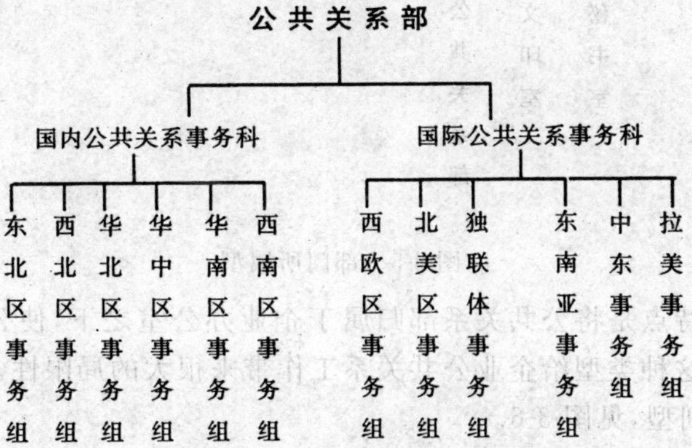

图 3-3 区域公共关系型

2. 按公共关系部的隶属关系分类

(1) 总经理直接负责型,见图 3-4。

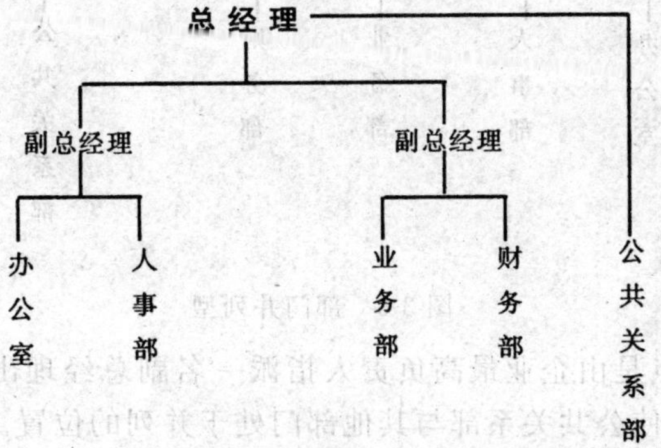

图 3-4 总经理直接负责型

这种类型的特点是公共关系部门与企业的最高领导人直接联系,处于社会组织的中枢地位,因而能使公共关系部具有权威性。这是一种理想的机构类型。

(2) 部门所属型,见图 3-5。

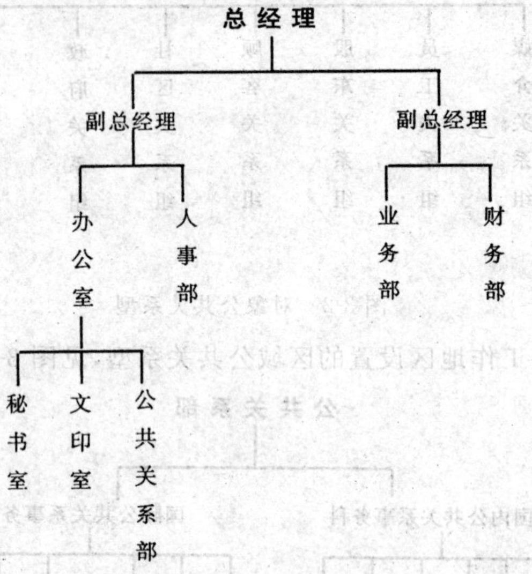

图 3-5 部门所属型

这种类型的特点是将公共关系部归属于企业办公室之下,使公共关系部与最上层距离甚远。故这种类型给企业公共关系工作带来很大的局限性。

(3) 部门并列型,见图 3-6。

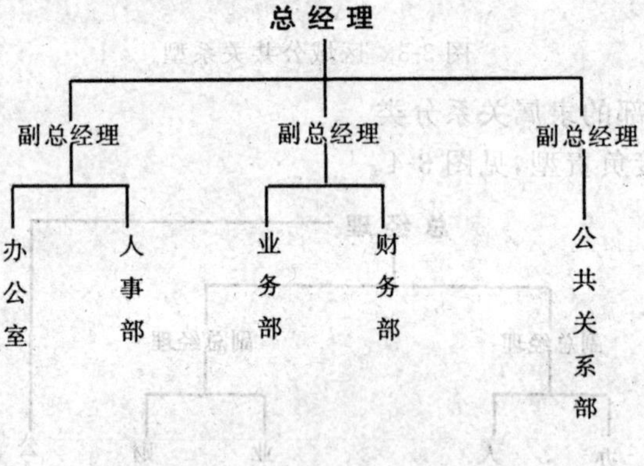

图 3-6 部门并列型

这种类型的特点是由企业最高负责人指派一名副总经理出任公共关系部主任,对最高负责人负责,使公共关系部与其他部门处于并列的位置。

3. 按机构的规模分类

因企业本身的规模不同,公共关系部可分为大、中、小三种类型。

(1) 大型公共关系部,见图 3-7。

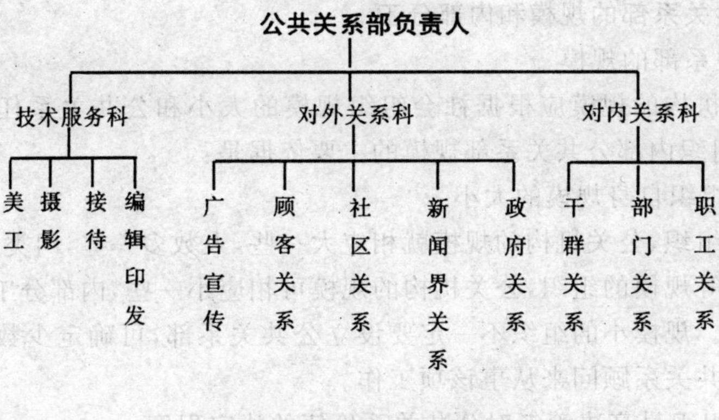

图 3-7　大型公共关系部

（2）中型公共关系部，见图 3-8。

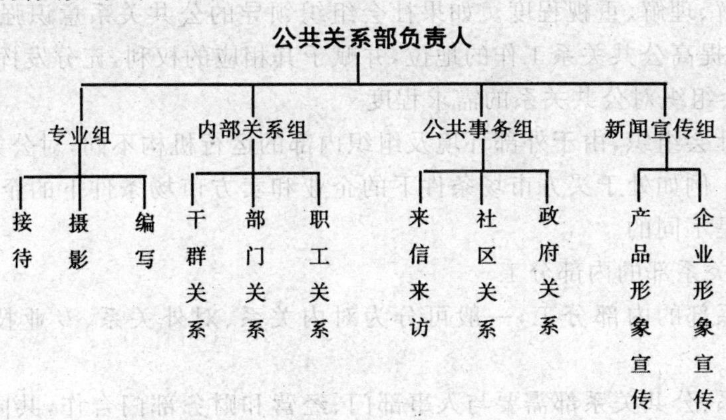

图 3-8　中型公共关系部

（3）小型公共关系部，见图 3-9。

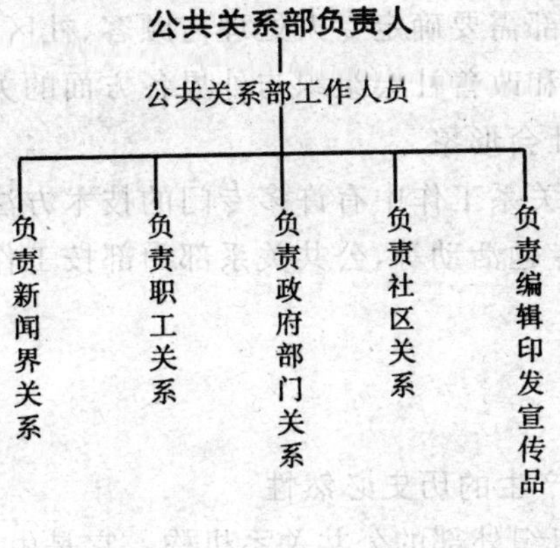

图 3-9　小型公共关系部

(三) 公共关系部的规模和内部分工

1. 公共关系部的规模

公共关系机构的规模应根据社会组织规模的大小和公共关系任务的轻重而确定,确定社会组织内部公共关系部规模的主要依据是:

(1) 社会组织自身规模的大小

规模大的组织,公关机构的规模就相应大一些,人数多一些,门类也较齐全,分工也较细致。中等规模的组织,公关机构的规模可相应小一些,内部分工和组合可根据实际情况而定。规模小的组织不一定要设立公共关系部,可确定少数公共关系专职人员或聘请公共关系顾问来从事该项工作。

(2) 社会组织最高决策者对公共关系价值的认定程度

公共关系部的地位及规模,在一定程度上取决于社会组织最高决策者对公共关系工作的了解、理解、重视程度。如果社会组织领导的公共关系意识强、重视公众工作,那么就会提高公共关系工作的地位,并赋予其相应的权利,充分发挥其作用。

(3) 社会组织对公共关系的需求程度

不同的社会组织,由于外部环境及组织内部的运行机构不同,对公共关系的需求程度也各异。例如处于买方市场条件下的企业和卖方市场条件下的企业,对公关需求的紧迫性是不同的。

2. 公共关系部的内部分工

公共关系部的内部分工,一般可分为对内关系、对外关系、专业技术制作三个方面。

对内关系:公共关系部需要与人事部门、经营和财务部门合作,共同处理员工关系、股东关系、部门关系。处理这些关系主要运用编印有关材料、年度报告、员工调查、双向沟通等方法、手段,增强员工和股东的归属感、自豪感,调动员工的积极性,使全体员工团结一致。

对外关系:公共关系部需要确定专人处理与顾客、社区、政府部门、新闻媒介等单位和部门的关系,以巩固和改善社会组织与外界各方面的关系,广交朋友,广结良缘,为社会组织树立良好的社会形象。

专业技术制作:公共关系工作中有许多专门的技术方法,比如写作、编辑印刷、新闻发布、广告制作、组织专题活动等,公共关系部内部按工作手段和技巧进行分工,有助于提高技术水平。

二、公共关系公司

(一) 公共关系公司产生的历史必然性

公共关系公司亦即组织外部的公共关系机构。它是由各具专长的公共关系专家组成,运用专门知识、技能和经验,受客户委托,专门从事公共关系活动和咨询的服务性机构。

公共关系公司是随着公共关系作为一种职业的出现而产生和发展起来的。它诞生于20世纪初的美国。1900年，在波士顿成立的“宣传公司”是第一家具有公共关系性质的公司。第二家公司由威廉·W·史密斯于1902年在华盛顿开业。1903年，被后人称为“现代公共关系之父”的艾维·李与乔治·派克合资成立了第三家公共关系公司——“派克和李公司”。1920年，艾尔正式开办了公共关系公司。由于公共关系公司在克服美国30年代经济危机中所发挥的作用，它在社会尤其在工商企业中的地位被确立。据统计，20世纪40年代，美国仅有75家公共关系公司。第二次世界大战后，公共关系公司迅速扩展到了全世界。现在，在美国大约有3000多家公共关系公司，在英国有700多个公共关系咨询机构，我国公共关系公司数量约有2000多家。

公共关系公司的出现绝非偶然。究其原因，主要有以下几个方面：

1. 消费者力量的壮大

商品生产的高速发展，由卖方市场转为买方市场，竞争异常激烈，消费者对企业和产品所持的态度怎样，直接关系到企业的生存与发展。在此种情况下，各种企业都需要求助于专门性机构，为其实现与公众的沟通，在公众中树立良好的形象。这样便促进了公共关系公司的发展。

2. 小型组织对公共关系活动的需要

一些小型组织无力组建自己的公共关系部，委托公共关系公司代理本企业公共关系工作，这样不但不会增加更多的财政支出，却同样可以开展必要的公共关系工作。这是小型组织的普遍做法，这也有助于公共关系公司的发展。

3. 大中型组织开展高层次、高要求的专门性公共关系工作的需要

大中型组织虽有自己的公关部，但它们往往在某个专门问题上需要求助于同行专家，这也促进了公共关系公司的发展。

4. 开展跨地区、跨国度经营的需要

随着世界市场的不断扩大，越来越多的企业跻身世界市场。为使本企业产品在别国打开销路，必须委托大的公共关系公司了解这些国家和地区公众的消费心理和习惯，了解他们的礼仪、忌讳、文化背景等。

(二) 公共关系公司的基本特征

1. 社会性

公共关系公司是一个职业化的机构，不同于公共关系社团，是一个经济实体。公司要求有明确的组织目标、严格的组织机构、受过专业训练的专门人才，有共同遵守的规章制度，有周密的发展规划。

2. 服务性

公共关系公司是服务性行业。公司通过从业人员掌握的广泛的信息、丰富的知识和经验、现代化的技术手段，为客户提供市场、形势、信誉等多功能的服务。

3. 营利性

公共关系公司作为商业性机构，按照一定的标准，提供有偿服务，通过经营、服务

活动,取得利润。

(三) 公共关系公司的经营范围

1. 公共关系咨询

公共关系公司可根据客户的要求,凭借现代化的通信、办公技术、众多的专门人才,为客户提供社会政治、经济、文化、教育、科技等方面的情报,提供市场信息、公众态度、社会心理倾向及社会文化习俗的分析资料;为客户进行公共关系问题的分析与诊断;为客户的形象设计、形象评价及公共关系政策或决策提供咨询等。

2. 传播信息

为客户进行各种信息传播,包括为客户撰写新闻稿件、选择新闻媒体、建立媒体关系、举办记者招待会或新闻发布会;为客户设计、印刷宣传资料和纪念物品及统一的标识制品;为客户制作宣传影片、网络视频或光盘等视听资料;为客户制定广告投资计划,设计制作产品广告及公共关系广告;为客户推广产品信息,营造有利的市场气氛等。

3. 组织活动

协助客户和相关公众进行有效的联络沟通,帮助客户与政府、社区、媒体等公众建立并维持良好的关系;为客户安排组织重要的交往活动,如贵宾和政府政要的参观访问等;为客户组织策划各种专题活动,如剪彩仪式、庆典、联谊以及各种社会赞助活动等;组织各种会议,如信息交流会,产品展销会及洽谈、谈判会,针对企业、产品、名人等形象受损时产生的各种危机,提供专业的危机公共关系服务,使其快速摆脱困境,维护和提升公众形象,针对企业的各类产品做出行之有效的市场营销策划方案,协同企业开拓广阔的市场及增创更高的效益。

4. 人员培训

公共关系公司可代为客户进行各类人员的知识或技能培训,使其具有足够的公共关系理论知识和实际操作技能,以适应岗位的需要。

(四) 公共关系公司的类型

作为社会组织外部公共关系机构的公共关系公司,从不同的角度观察,可划分为不同的类型。从工作范围划分,公共关系公司有跨地区、跨国度经营的大公司,也有局限于一个地区、小范围的小公司;从业务内容划分,有可以承办数项乃至数十项业务的公司,也有只承办单项业务的公司;从服务对象划分,有为各行业服务的综合性公司,也有为特定行业服务的专业公司等。

下面重点介绍按规模分类的公共关系公司。

按规模分类可以将公共关系公司分为单一型和集团型两类。

1. 单一型包括公共关系顾问和公共关系顾问公司

(1) 公共关系顾问

公共关系顾问是指为委托人(客户)提供公共关系方面的咨询并进行指导,能独立承担公共关系项目的专家。美国公共关系协会顾问处将公共关系顾问解释为:公共关系顾问应努力去估价与审度来自顾客方面及社会各界的意见，并将其发现向企业管理部门作一解释说明。然后，这些担任顾问的公共关系人员帮助管理部门最后确定改变或改善公众意见的计划。

按任职或聘用的情况，公共关系顾问主要有：

公共关系公司专职顾问。这是在公共关系公司长期任职的公共关系专家，他们是公共关系公司的主干力量，按照专业的不同，又可分为各种不同的专业顾问。

公共关系公司兼职顾问。在公共关系方面具有一定声誉或专业特长的专家，可不在公共关系公司任职，而是受聘为兼职顾问。

企业或其他组织直接聘用顾问。企业或其他组织，因工作需要，他们直接向大学、研究机构或公共关系协会聘请公共关系专家，作为本组织的公共关系顾问。

荣誉性顾问。这是由在公共关系事业或公共关系学术理论研究方面有突出贡献，并有相当社会影响的学者、专家及知名人士担任的。

公共关系顾问所能提供的帮助将根据具体情况而有不同的变化。在某些情况下，公共关系顾问不仅要提出自己的见解，而且还要负责整个行动计划的实施工作，运用自己的经验和专业技能对受聘单位作出贡献。

(2) 公共关系顾问公司

公共关系顾问公司是一个独立确定工作目标和工作范围，并且依靠自身的能力来保证各项公共关系工作的完整性的机构。与公共关系顾问相比，公共关系顾问公司可以显示出服务质量、工作效率等组织系统的优势。

2. 集团型公共关系公司

集团型公共关系公司一方面是指公共关系组织自身的集团性，它们触角多，影响大；另一方面是指公共关系组织所在机构的集团性，比如某一个跨国公司，除总部设立公共关系部门之外，它在各地的分部也设立相应的公共关系部门。

(五) 公共关系公司的工作原则和服务方式

1. 公共关系公司的工作原则

公共关系公司的工作，既要顾及受聘单位或个人的良好形象、美好声誉和实际利益，又要对广大社会公众负责，维护公众的利益。为此，它的工作原则是：

(1) 优先考虑公众利益

公司的宗旨是信誉第一，服务第一，客户至上。尽全力为客户办好事，办实事，并站在客户的立场上考虑费用预算，事先向客户介绍清楚服务项目、收费标准等，尽可能为客户节约经费。

(2) 自觉遵守国家法律、法令、法规和有关方针政策

公共关系公司既是服务性机构，又是一个经济实体，公共关系公司的首要任务是为社会服务，而不能将贸易开发、商品经营作为主营项目。公司的一切行为都要在国家方针、政策的指导之下，以遵纪守法和高质量的服务赢得公司的信誉。

(3) 为客户保密

公司在为委托人开展公共关系业务时,为了保证实现公共关系目标,完全有可能掌握一些委托单位的机密材料,公司应严格为其保守秘密。特别是在双方合作结束之后,更应强化自我约束,不干涉客户内务,不损害客户利益。

2. 公共关系公司的服务方式

公共关系公司根据自身的条件,与委托人合作时间的长短以及委托单位的特点等,为委托人提供各种形式的公共关系服务。最基本的有这样几种形式:

(1) 充当对外关系的联系人或协调者

委托单位急需同某些单位或某类公众沟通意见,取得他们的理解或支持,而平时又未与他们有过联系。公共关系公司因跨行业、跨地区,甚至跨国家进行工作,早已与这些单位或这部分公众有过联系,甚至还有很好的关系。于是委托单位便委托它作为本单位的对外联系人去同某些单位的某类公众联络沟通,会取得较好的结果,便于解决问题。

如某个企业与它的公众产生误会,甚至出现严重分歧与对立,又各执己见,僵持不下,此时本企业很难出面与这部分公众直接沟通。这时,若委托公共关系公司以第三者的身份出面,同这部分公众接触、沟通、了解情况,从中调停,就容易化解矛盾,消除分歧,恢复双方原来的那种友善关系。

(2) 向委托人提供各种公共关系咨询

为委托人确定公共关系的内容和沟通方式,从公共关系角度为委托单位的管理决策提出建议。

(3) 代理服务

代理服务有两类:一类是为委托人代理某项专门的公共关系等活动。如一次大型产品展览会,本企业的公共关系部因缺少某些方面的专门人才或社会联系不够广泛而无力承办,可委托公共关系公司代理。另一类是全权代理服务。如有的小企业无力组建自己的公共关系部,可委托某家公共关系公司长期代理本企业的公共关系工作。

(4) 为委托人培训公共关系工作人员

包括为委托单位举办短期公关人员培训,公共关系公司派出某方面专家,到委托单位指导或协助开展公共关系工作,接受委托单位公关人员来公司实习,提高他们的素质等。

三、公共关系社团

社会组织外部的公共关系机构除公共关系公司以外,还有一种类型,即公共关系社团。公共关系社团泛指社会上自发组织起来的、非营利性的从事公共关系理论研究和实务活动的群众组织或群众团体。主要包括公共关系协会、学会、研究会、俱乐部、联谊会等组织。

(一) 公共关系社团的特征与类型

1. 公共关系社团的特征

(1) 广泛性。其成员包括其所在地区的企业、新闻、科研、文教单位和党政机关部门等各方面的人士，还包括公共关系社团所属行业中各方面有代表性的组织，具有一定的广泛性。通过这种组织形式，可以沟通信息，广结良缘。

(2) 松散性。公共关系社团虽然也是一种组织，但它没有严格的组织结构，不具备强制性。其成员只是对公共关系有着共同的兴趣，聚到一起研讨问题。

(3) 服务性。公共关系社团聚集了一批专家学者，利用这一优势可以为社会提供咨询服务。通过服务，既满足了社会对公共关系的需求，又提高了社团的知名度。

(4) 非营利性。公共关系社团不是经济实体，是非营利性组织。公共关系社团不能进行商业经营活动。

2. 公共关系社团的类型

(1) 综合性社团。主要是指不同地域范围的公共关系协会。如上海公共关系协会于1986年11月成立，成为中国内地第一家公共关系协会。1987年5月，经国家体改委批准，中国公共关系协会在北京人民大会堂宣告成立。这种类型的机构其主要职能是：服务、指导、监督、协调。

(2) 学术型社团。主要包括公共关系学会、研究会、研究所等学术团体。通过举办学术研讨会和交流会，探讨公共关系理论问题，把握公共关系发展的趋势和方向，及时为公共关系从业人员提供理论信息，进行理论指导。

(3) 行业型社团。这是一种行业公共关系组织。如1935年美国成立的美国公立学校公共关系协会(NSPRA)，1939年成立的美国图书馆公共关系理事会(LPRC)，1946年成立的美国妇女公共关系主管人协会(WEPR)，1952年成立的美国铁路公共关系协会(RPRA)等。行业型的公共关系社团由于在组织上保证了公共关系事业的深入发展，是一种很有潜力、大有前途的公共关系社团组织形式。

(4) 联谊型社团。这种类型的公共关系社团形式松散，一般无固定的活动方式，没有严密的组织机构，没有严格的会员条例，组织名称各异，如公共关系俱乐部、公共关系沙龙、公共关系联谊会、PR同学会等。这种团体的主要作用是在成员之间沟通信息、联络感情，建立良好的人际关系。广东地区公共关系俱乐部是我国第一个联谊型的公共关系社团。

(5) 媒介型社团。即通过报纸、杂志等传播媒介进行联络，并以此为依托组建公共关系社团。这种社团直接利用媒体，探讨公共关系理论，普及公共关系知识，交流公共关系活动经验。

(二) 公共关系社团的工作内容

1. 联络会员

每一社团都有自己的会员，社团与他们建立经常性的联系，把社团办成“会员”之家。同时与其他公共关系社团建立横向联系，形成网络系统，建立合作关系。这项工作通常由社团内的会员工作部或外联部承担。

2. 制定规范

制定、宣传公共关系从业人员职业道德行为准则并检查执行情况是社团的一项基础性工作，这也是衡量公共关系社团正规化的重要标准。世界各国的公共关系社团都非常重视会员的道德行为。美国、英国等国家的公共关系协会都制定了明确的公共关系人员职业道德标准。

3. 专业培训

公共关系社团将专业培训作为一项经常性的工作，有的公共关系社团本身就是一所培训学校。英国公共关系协会经常举办 CAM 证书和文凭两个层次的考核。

4. 普及知识

公共关系社团有义务向公众宣传和介绍公共关系的基本知识，并且为会员和公众提供公共关系技巧和管理方面深造的机会。

5. 编辑印制宣传品

撰写公共关系方面的书稿、文章，经出版社出版、报刊发表，是宣传公共关系知识的重要手段。

第四节　公共关系从业人员

公共关系从业人员指专门从事公共关系工作的人。公共关系从业人员在公共关系活动中具有双重身份：既是公共关系活动主体之核心，又是公共关系传播媒介之一。社会组织与公众通过媒介构成公共关系，社会组织的公共关系工作由专门的公共关系组织承担，而一切公共关系活动最终都落实在公共关系从业人员身上，由公共关系从业人员策划和操办，公共关系从业人员在公共关系活动中起着决定性作用。

作为专业从事此类工作的人员，必须具备相应的素质和能力。要求公共关系从业人员能够以公共关系意识为核心，以自信、热情、开放的职业心理为基础，配以公共关系专业知识结构和能力结构的一种整体职业素质。

一、公共关系从业人员的基本素质

公共关系从业人员，首先应该具有现代人的思维方式、现代人的知识结构和能力、现代人的观念意识等。其次，根据公共关系职业的特点，公共关系从业人员还应具有公关意识，自信、热情、开放的职业心理、公共关系的专业知识和技能等。

(一) 公共关系从业人员的公关意识

所谓公共关系意识，乃是现代化经营管理和行政管理的思想、观念和原则，它是公共关系实践在人们思维中的反映，并由感性认识上升为理性认识。公共关系意识是公共关系从业人员应该具备的基本素质。公共关系意识大致包含以下内容：

1. 塑造形象的意识

良好的企业形象是一个企业的无形资产，只有具备塑造形象意识的人，才能清醒地懂得知名度和美誉度对自己组织的生存和发展的价值。

2. 服务公众的意识

任何社会组织的公共关系工作都必须着眼于公众，处处为公众的利益着想，利用和创造条件为公众服务，努力满足公众的各方面需求。

3. 沟通交流的意识

沟通交流意识，其实质就是信息意识。社会组织为了塑造良好形象，更好地为公众服务，就必须构筑一个信息交流的网络，掌握环境变化、公众建议和批评等信息，以实现社会组织的目标。

4. 真诚互惠的意识

任何组织都希望通过一定的方法树立自己的最佳形象，但这种形象的塑造，必须建立在真实、透明、真诚的基础上，建立在彼此尊重、平等合作、互惠互利的基础上，而非建立在欺骗他人、坑害公众的基础上。

5. 创新审美的意识

塑造组织形象是一个创新审美的过程。首先，要创造和发展社会组织的良好形象，公关人员必须具有创新、突破、超越的意识。其次，公共关系又是一门艺术，因此，它必然要求具有审美观念和能力，唯有美的形象，才能为人们所欣赏和接受，唯有美的活动，才能为人们所参与。

6. 立足长远的意识

塑造社会组织形象，不是立竿见影的事，而是需要通过长期努力，不断积累，才能取得成功。

(二) 公共关系从业人员的心理素质

公共关系从业人员应具有以下心理特征，才有利于开展公共关系工作：

1. 热情的心理

公共关系从业人员要与各种各样的人交往，只有待人热情真诚，才易于广结人缘，广交朋友，拓展工作渠道。热情的心理，还能使公共关系从业人员兴趣广泛，对事物的变化有敏感性，并且充满想象力和创造力。

2. 自信的心理

充满自信的公共关系从业人员，敢于面对挑战，敢于追求卓越，自强不息。

3. 开放的心理

具有开放进取心理特征的人，往往具有旺盛的求知欲与好奇心，能不断接受新事物、新观念和新知识，能预测变化，调整行动适应变化，能在工作中大胆求新。具有开放心理的人，能不懈地追求更高的目标，全力以赴地投入公共关系工作。

(三) 公共关系从业人员的思想道德素质

正如医生要讲究医德，教师要讲究师德一样，公共关系人员塑造组织良好形象并维护这种形象,更要讲究公共关系工作的职业道德。公共关系人员不仅要具备广博的知识和多方面的能力,更重要的是必须具备良好的思想道德素质。

1. 恪尽职守,诚信守诺

衡量一个公共关系人员是否具有职业道德,最重要的是看他对公共关系事业是否尽心尽责、恪尽职守。公共关系人员应热爱本职工作,对工作极端负责任,有强烈的责任感。玩忽职守、无组织无纪律的思想和行为,都是不尽心尽责的表现。

在公共关系行动中要有技巧,要讲艺术。但是,良好、稳固的公共关系却来自于公共关系人员的诚实和守信。诚实指对公众真诚、诚挚、实在、不图虚名,不以任何花架子去替代真心实意地交流;守信,即讲话做事,守信用、讲信誉,言行一致,表里如一。公共关系人员的信誉和信用表现在约定会晤、安排会谈、组织会议、履行合同等都要守时、守约,接受任务必须竭尽全力,按期完成,说到做到。公共关系人员只有在诚信守诺的基础上,方能取信于人,方能使自己传播的信息、宣传的形象和推广的品牌为公众所接受。

2. 努力学习,有效工作

21 世纪是竞争更加激烈的世纪,是知识更新异常快速的世纪,公共关系人员必须要有学习能力,才能与时俱进。互联网的出现,使信息的传播速度与公开性大大提高,公众的欣赏水平和品位越来越高,网络使公众真正意识到"不看不知道,世界真奇妙"。公共关系策划要有创意,要有新颖性,要求公共关系人员要有较强的学习能力、信息捕捉能力、丰富的想象力和创造力。

3. 廉洁奉公,不谋私利

公共关系人员工作的目标是为了树立组织良好的形象,增加组织的信誉。这个目的是在为公众和社会的服务过程中体现出来的,所采取的手段也必须是光明正大、顾全大局的。廉洁奉公,不谋私利,对公共关系人员来说十分重要。公共关系人员必须始终把国家利益、公众利益、组织利益放在首位,在任何时候都不自私自利。

4. 知法、守法、用法

公共关系人员与任何公民一样,受法律的约束。要知法、守法,还要懂得运用法律来保护组织的权益。具有法律意识,还应该在遇到有违法乱纪的行为时,能勇敢地站出来予以揭露、控告或制止,绝不能听之任之,更不能同流合污、知法犯法。公共关系人员应认真学习和掌握宪法、刑法、民法、经济法、公司法、合同法等。对从事涉外公共关系活动的公共关系人员,还要懂得中外合资合作企业经营法、进出口的外汇管理条例等。要坚决反对行贿受贿、贪污腐败行为。

(四) 公共关系从业人员的知识结构和能力结构

公共关系从业人员是否具备良好的专业知识结构和能力结构,直接关系到他们心理素质的发挥和整体职业素质的提高。

1. 公共关系从业人员的知识结构

公共关系知识体系作为一个系统,它是由三个子系统构成:公共关系的基本理论和实务知识；与公共关系密切相关的学科知识；有关社会组织的知识和开展特定公共关系工作所需的专门知识。

2. 公共关系从业人员的能力结构

公共关系从业人员的能力结构主要由以下几个方面组成：组织管理和协调能力、表达能力、社交能力、应变能力和创新能力。

1）组织管理和协调能力

公共关系从业人员的组织管理和协调能力主要体现在日常的公共关系事务处理和专项公共关系活动的组织中。日常的公共关系事务中，最常见的是处理组织内外部各种关系，而在专项公共关系活动中，从项目的前期调研、策划和中期的项目实施，一直到项目的后期评估，都需要公共关系从业人员具备相关的管理能力和协调能力。因而，公共关系从业人员的组织管理和协调能力是公共关系从业人员能力结构中的重要组成部分。

2）表达能力

表达能力包括口头表达能力和书面表达能力。

口头表达能力就是通常所说的口才。口头表达是公共关系工作中实现信息双向交流沟通最主要、最直接、最迅速的传递手段。口头表达有在特定场合对公众发表专题讲话以争取公众、创造和导向舆论的演讲形式；也有在人际交往中与个别公众面对面沟通、进行解释、说服等的交谈形式；还有为争取组织利益与其他组织采取的谈判形式。为此，公共关系人员要掌握口头表达的规律和艺术，能充分借助面部表情、动作体态等辅助语言，增强口头表达的说服力、亲和力和感染力。

书面表达，就是写作能力、文字能力。公共关系人员在工作中涉及写作的范围特别广，从日常的信件、函件、公文告示到公共关系策划、调查报告、总结报告，从新闻稿、演讲词、广告词到公共关系手册、公共关系策划书，都需要公共关系从业人员有熟练的文字功夫和写作技巧。因此，公共关系人员要熟练掌握各种类型文体特点，注重严谨的逻辑思维和朴实流畅的文风。

3）社交能力

公共关系工作的大量内容是直接面对各方面、各类型的社会公众，迅速建立双向的、有效的沟通，赢得好感、认同与合作。这就要求公共关系人员必须具备较强的与人交往的能力。只有这样，公共关系人员才能在各种社交场合从容应对，广交朋友，广接良缘，树立自己的良好形象，也为组织赢得更多的发展机遇。

4）应变能力

从一定的意义上讲，公共关系活动的兴起与社会组织所面对环境的变化及组织在市场中的竞争有着相当的关联性。由于环境的复杂性和不稳定性，很多意想不到的突发事件会出现，有时令社会组织的管理人员措手不及。因而，组织内部的公共关系部门、公共关系人员及专门公共关系公司的所有公共关系活动内容中，应该包括如何应对突发事件的机制和措施，这就要求公共关系人员能在处理突发事件过程中做到镇定自如、头脑清醒、判断正确、机智应变,圆满解决问题。

5) 创新能力

公共关系工作从某种程度上讲就是以变促变,不同时间、不同地点、不同对象,同一内容的工作方式也会不尽相同。因此,公共关系人员的工作是一种富于创造性、创新性、开拓性的工作,它要求公共关系人员思维活跃,激情勃发,摈弃陈规陋习,不断开拓公共关系工作的新理念。

二、公共关系从业人员的职业道德

公共关系从业人员的职业道德,就是公共关系从业人员工作中必须遵循的道德准则和规范。公共关系从业人员职业规范的最根本的要求是实事求是,诚实可信。

争取公众的支持是企业公共关系工作追求的价值目标,在争取公众的过程中,公共关系人员必须自觉地遵守一定的行为准则和道德规范。在众多公共关系组织制定的职业准则中,要数《国际公共关系道德准则》影响最大。正如英国公共关系协会前主席赫伯特·劳埃德所说的,很多国家的公共关系组织都采用该准则,或以此作为规范稍作变动,以适应自己国家的需要。除了《国际公共关系道德准则》外,《英国公共关系协会职业行为准则》和《美国公共关系协会职业标准准则》也影响很大。

(一) 国际公共关系道德准则

1955 年国际公共关系协会成立于伦敦,它是世界各地从事公共关系研究和实践的专业人员的组织,每三年召开一次世界公共关系大会。第二届大会在维也纳举行,制定并通过了《国际公共关系协会职业行为准则》。以下是具体条文内容,供公共关系人员参考。

1. 国际公共关系协会成员必须竭诚做到

第一条 为建设应有的道德、文化条件,保证人类得以享受《联合国人权宣言》所规定的诸种不可剥夺的权利做贡献。

第二条 建立各种传播网络和渠道,以促进基本信息的自由流通,使社会的每一成员都有被告知感,从而产生归属感、责任感,与社会合一感。

第三条 牢记由于职业与公众的密切联系,个人的行为(即使是私人方面的)也会对事业的声誉产生影响。

第四条 在自己的职业生活中尊重《联合国人权宣言》的道德原则与规定。

第五条 尊重并维护人类的尊严,确认各人均有自己作判断的权利。

第六条 促成为真正进行思想交流所必需的道德、心理、智能条件,确认参与的各方都有申述情况与表达意见的权利。

2. 所有成员都应保证

第七条 在任何时候任何场合,自己的行为都应赢得有关方面的信赖。

第八条 在任何场合,自己均应在行动中表现出对自己所服务的机构和公众双方的正当权益的尊重。

第九条　忠于职守，避免使用含糊或可能引起误解的语言，对目前及以往的客户或雇主都始终忠诚如一。

3. 所有成员都应力戒

第十条　因某种需要而违背真理。

第十一条　传播没有确凿依据的消息。

第十二条　参与任何冒险行动或承揽不道德、不忠实、有损于人类尊严与诚实的业务。

第十三条　不使用任何操纵性方法与技术来引发对方无法以其意志控制因而也无法对之负责的潜意识动机。

(二) 英国公共关系协会(IPR)制定的职业行为准则

第一条　职业行为标准

各会员在其职业活动中，应尊重公众利益和个人尊严。在任何时候都应忠诚、公正地对待他目前及以往的客户或雇主、其他会员、传播媒介与公众。

第二条　信息传播

各会员不得有意不顾后果地散布虚假信息，而且应注意避免不慎犯错误。应以保证真实与准确为己任。

第三条　传播媒介

各会员不得参与任何意在败坏传播媒介诚实性的活动。

第四条　秘密利益

各会员不得参与任何不可告人的利益服务但又掩盖其真实目的的欺骗性活动，应保证他所参与的任何组织都公开其真正利益。

第五条　信息保密

各会员在未征得对方同意之前，不得因个人目的而公开(除非因法庭裁判)或利用从他目前及以往的雇主或客户获悉的信息。

第六条　利益冲突

各会员不得在公开事实并征得各方同意之前，不得为互相利益冲突各方工作。

第七条　报酬来源

各会员在为其雇主或客户服务时，在未征得他们同意之前，不得因此项服务与他人有关而接受他人付给的报酬(包括现钞、实物)。

第八条　公开财政利益

各会员如在某机构有财政利益，在未公开此关系之前，不得代表客户或雇主推荐使用这个组织的成员或采用其服务。

第九条　因成绩定报酬

各会员不得在与某预期雇主或客户签订协议或合同时，订立因公共关系工作成绩特殊而特殊收费的条款。

第十条　给在公职者报酬

各会员不得有悖公众利益而为其私人利益(或其客户、雇主的利益)给在公职者以报酬。

第十一条 雇用议员

会员中如有雇用国会议员、上下议院议员作为顾问或理事者,均应向本协会总书记报告此情况并说明目的,请他代为登记注册。协会会员如果本人是国会议员,应亲自向总书记报告有关本人的确切情况。

(在协会办公室的办公时间内,此类注册材料应公开接受公众检查)

第十二条 中伤他人

各会员不得恶意中伤其他会员的职业声誉或其活动。

第十三条 影响他人

如有会员有意影响或允许他人或其他组织采取违背此准则的行为,或他本人也参与,都应视为该会员对准则的破坏。

第十四条 职业声誉

各会员的行为不得在任何方面有损于本协会或公共关系职业的声誉。

第十五条 维护准则

各会员均应维护准则,并团结其他会员在实际中加以贯彻。如某会员发现另一会员参与破坏准则的行为,应向协会报告。全体会员都应自觉支持协会推行此准则,协会亦应支持它的会员。

第十六条 其他职业

各会员在为其他职业的客户和雇主服务时,应该尊重职业的行为准则,不应有意参与破坏该准则的活动。

(三)美国公共关系协会(PRSA)制定的职业行为准则

第一,会员都应对其目前及以往的客户、雇主、其他会员和公众持公正态度。

第二,各会员的职业行为都应符合公众利益。

第三,各会员都应坚守社会公认的准确、真实和品味高尚的标准。

第四,除非在充分说明真相后取得有关各方面同意,各会员不得为互相冲突或竞争的利益工作。

第五,各会员应维护目前及以往所有客户和雇主的信赖,不接受任何利用此种信赖或含有泄密因素因而可能危及这些客户或雇主的业务。

第六,各会员不能参与有意破坏公众传播渠道诚实性的活动。

第七,各会员不得故意散播虚假或欺骗性信息,并有责任努力防止这种信息的传播。

第八,各会员不得利用任何组织,声称为某已知的事业服务而实际上却为某不可告人的目的或某会员、客户、雇主的私人利益服务。

第九,各会员不得故意损害其他会员的职业信誉和活动。但如果某会员掌握其他会员不道德的、不法的或不公正的,包括违背本准则的行为的证据,应据本章程前言第二条向本会提供情况。

第十，各会员不得使用任何损害其他会员的客户、雇主或其产品、事业、服务声誉的伎俩。

第十一，在向客户和雇主提供服务时，各会员在未充分说明情况取得有关各方同意的情况下，不得因这种服务与其他方面有关而接受任何其他人给予的服务费、佣金和其他报酬。

第十二，各成员不得向预期的客户或雇主提出按特殊情况收费或支付报酬，也不能签订这种性质的收费合同。

第十三，各成员不得侵夺任何其他成员的受雇机会，除非双方都认为两人同时受雇而不存在冲突，而且都考虑过双方的协约。

第十四，如果发现继续受雇于某组织会造成违背此准则的行为，会员应尽快与该组织脱离关系。

第十五，除非经法院同意，否则如因实行本准则需某会员出庭作证时，必须出庭。

第十六，各会员应通力合作以维护实行本准则。

(四)《中国国际公共关系协会会员行为准则》

《中国国际公共关系协会会员行为准则》于 2002 年 12 月 6 日经中国国际公共关系协会第三次会员代表大会审议通过，决定于 2003 年 1 月 1 日实施执行。

《中国国际公共关系协会会员行为准则》全文如下：

公共关系是组织机构进行信息传播、关系协调和形象管理的一门艺术和科学，它通过一系列有计划、有目的、有步骤的调查、策划、实施、评估以及咨询等手段来实现。公共关系职业在我国是国家正式认可的一个职业，中国公共关系业服务于社会主义市场经济建设和改革开放，促进物质文明和精神文明的建设，推动社会的进步和发展。

鉴于公共关系业是一个严肃的职业，每个公共关系专业公司和从业人员应该追求崇高的职业道德并遵循职业的行为准则。为此，中国国际公共关系协会(CIPRA)所有会员(单位会员和个人会员)均同意遵守本准则。

第一章 总则

第一条 教育、引导原则。为组织机构提供有效的、负责任的公共关系服务，教育社会公众并正确引导公众舆论，以服务公众利益。

第二条 公平、公开原则。以公平、公开的态度对待组织机构、社会公众乃至竞争对手，争取良好的商业环境，促进社会进步。

第三条 诚实、信誉原则。以诚实的态度服务组织机构和公众，准确、真实地传播信息；讲求商业信誉，将公众利益放在首位。

第四条 专业、独立原则。运用专业技术和经验服务组织机构和公众，为组织机构提供客观、独立的建议和服务；通过持续的专业开发、研究与教育来推动本职业的发展。

第二章　行为准则

第一条　信息传播是公共关系服务的基础,唯有准确、真实的信息传播才能更好地沟通组织机构与新闻媒体、政府、公众之间的关系,真正服务组织机构和公众利益。CIPRA 会员:

1. 确保信息传播手段和信息内容符合国家法律的有关规定;

2. 应该确保信息传播的完整性、真实性、准确性;

3. 应该兼顾公众利益和组织机构利益;

4. 不应该隐瞒事实真相或欺骗公众,有责任迅速纠正错误的传播信息;

5. 不应该向媒体赠送"红包"或其他形式的报酬,媒体必须的版面费、车马费除外。

第二条　以组织机构利益为导向是本行业赖以生存的基础,应该通过不断完善的专业技术和经验来满足组织机构的需求,帮助组织机构实现既定的目标。CIPRA 会员:

1. 应该诚实地告知组织机构自己的专业能力,说明代理业务的规范流程,提交标准文案,明示收费标准;

2. 代表组织机构与公众沟通时,应该明示组织机构的名称;

3. 服务组织机构时,不应该在媒体上宣传自己和自己的组织;

4. 不应该承诺自己不能直接控制的结果;

5. 不应同时服务两个利益冲突的组织机构,除非在详细陈述事实之后得到组织机构同意。

第三条　专业服务涉及组织机构众多秘密,因此严格保守组织机构秘密和个人信息是获取组织机构信任、保持商誉的根本。CIPRA 会员:

1. 应该保守组织机构过去、现在以及将来的秘密;

2. 应该保护组织机构及其雇员的隐私;

3. 如发现组织机构秘密外泄,有义务向组织机构提示;

4. 严禁利用他人秘密获取商业利益。

第四条　避免现在、潜在的利益冲突可以建立组织机构和公众的广泛信任,是本行业健康发展的基础。CIPRA 会员:

1. 应该做到个人利益服从组织机构利益,组织机构利益服从公众利益;

2. 应该避免因外界因素而引起个人利益与行业利益的冲突;

3. 有责任向组织机构提示可能影响组织机构的利益冲突;

4. 有义务帮助本行业解决可能存在的利益冲突。

第五条　优胜劣汰,唯有保持公平、公开的竞争,才能不断完善健康、繁荣的行业大环境。CIPRA 会员:

1. 应该尊重平等的竞争,避免因竞争而损害竞争对手的行为发生;

2. 应该通过提高专业技术水平和服务品质来增强竞争能力;

3. 严禁采取欺骗组织机构、诋毁竞争对手等手段来取得竞争优势；

4. 有责任保护知识产权，不应将他人的劳动成果据为己有。

第六条　人才资源是行业发展和繁荣的基本条件，只有不断培养和吸收优秀人才进入本行业，才能不断壮大行业队伍，提升本行业在社会的地位。CIPRA 会员：

1. 有义务对其员工进行专业培训，同时将自己的经验和成果与行业分享；

2. 应该允许人才流动，但不得通过猎取人才来争取相关客户；

3. 流动人员应保守原公司的秘密和知识产权（如客户资料等）；

4. 流动人员不得主动争取原公司的客户资源。

第七条　没有行业的繁荣，也就没有个体的利益。每个成员应以不懈努力，创造一个不断发展、繁荣的行业为已任。CIPRA 会员：

1. 应该积极地宣传和传播公共关系知识；

2. 应该不断地追求专业技术水平的提高；

3. 应该正确地诠释成功的公共关系案例或经验；

4. 应该维护和巩固本行业的职业地位；

5. 应该要求下属及相关人士同样遵守本《准则》的有关规定。

第三章　附则

第一条　如果 CIPRA 有足够证据证明某会员在履行其职业义务过程中有违反本准则的行为，该会员将受到 CIPRA 的劝诫、警告、通报以及开除等处罚。

第二条　本《准则》中所指的“组织机构”，即通常所指的“客户”，包括政府机构、企事业单位以及非营利机构。

第三条　本《准则》最终解释权归中国国际公共关系协会。

【案例及案例讨论】

年轻化 IP 营销——让“中华老字号”五芳斋焕发新生

“五芳斋”创始于 1921 年，是国家首批“中华老字号”。该企业历经百年沧桑沉浮，凝聚几代人的心血努力，终于走上了现代企业发展之路，现已经成为集食品、农业、房产、准金融、智能制造以及贸易业务为一体的企业集团。五芳斋集团总部位于浙江省嘉兴市，并在上海成立了营销总部，在香港设有食品进出口公司，员工近 6 000 名。2018 年，集团共实现销售收入 47.43 亿元，实现利税总额 4.05 亿元。

五芳斋崇尚“和商”经营理念，以“糯米食品领导品牌”为战略目标，着力建设“从田间到餐桌”的食品产业链，横跨农业、食品制造、快餐连锁、电子商务等领域，形成以粽子为主导，集月饼、糕点、蛋品、米制品、卤味等为一体的产品群。五芳斋集团积极拓展食品上下游产业，打造食品产业链，在黑龙江建立了优质稻米基地，在江西设立了纯天然箬叶基地，在嘉兴、成都、广东、武汉建有四大食品生产配送基地。目前，五芳斋市场营销网络遍布全国，并开设了 470 多家连锁门店、700 多个早餐销售点，产品还销往我国港澳地区、美洲、澳洲等地。

目前,五芳斋集团以农业、高科技产业为转型发展方向,下设浙江禾天下种业股份有限公司和浙江远中冠兴自动化科技有限公司。种业公司通过“产”“研”“销”相互结合的创新模式,打造成为“育、繁、推”一体化的全产业链种业公司,立足嘉兴、面向浙江、辐射全国。自动化公司以“成为华东地区自动化控制首选厂家”为使命,以“提供稳定可靠的自动化解决方案”为宗旨,深掘客户需求、开拓解决方案以实现公司长远健康发展。

经过多年的持续努力和品牌积累,五芳斋品牌资产日益丰富。“五芳斋”被认定为“中国驰名商标”,取得“农业产业化国家重点龙头企业”“全国食品制造业纳税百强”“中国餐饮百强”“全国早餐工程示范企业”等一系列国家级荣誉,“五芳斋粽子制作技艺”被列入国家级非物质文化遗产保护名录,自动化科技公司成为国家高新技术企业。

如今,五芳斋集团正站在新百年的起跑线上,以“和谐、诚信、卓越、创新”为企业精神,致力于成为“中华美食的守味者与创新者”。

中华老字号企业有着悠久的历史,平均都有一两百年的历史。据有关部门统计,国家认定的“中华老字号”约有2000家,尤以食品行业居多。而如今,中华老字号企业却不再如往昔般红火,极少老字号企业发展仍然如日中天,生命力旺盛;然而大部分却逐渐衰落,走起了下坡路,甚至有些濒临破产。据相关数据显示,两千多家老字号企业中,生产有一定规模,效益较好的仅占10%,经营勉强维持原状,趋于衰落的约有70%,长久亏损,濒临倒闭的约有20%。

那么是什么导致了大部分的老字号走向衰弱呢?产品缺乏改进创新,营销模式落后,企业组织形式陈旧等都是其原因。然而从营销的角度分析,其衰弱的原因,主要归结于缺乏营销创新。为了帮助企业焕发新生获得更多年轻市场,很多老字号都开始在营销上下足了功夫。近来,中华老字号“五芳斋”在玩IP上玩出了不少花样,从整体品牌定位、产品设计和营销方式都开始转变。

一、搞怪营销:博取年轻人眼球

这要从五芳斋最近推出了的一个搞怪广告说起,这则广告内容中有一个衣着朴素的小妹,安安静静地拿着筷子,一粒、一粒、一粒……数粽子里有多少粒米,让观众摸不着头脑。

当然,除了“数粽子米”这种奇怪创意外,另外一支则是2017年圣诞期间推出的广告“手速大妈张改花”的故事也让人印象深刻:用无数个生活琐事场景“最好和张改花在一起”吊足胃口,手速大妈飞快救起假发、榴莲、鸟屎、肥皂的武功,原来是包粽子练就的。

这种以产品为恶搞的广告,似乎跟台湾全联超市黑色幽默的创意风格有些类似,都是用素人面孔的演员,以职业身份和具有反差感的场景产生幽默话题。

五芳斋的种种做法,无非是想要变年轻,捕捉年轻一代的喜好。

二、跨界合作：深挖IP化营销

从产品上来说，五芳斋这几年还研发了泡菜芝士粽、小龙虾月饼等这些看上去有些“黑暗料理”但又自带传播力的新品。而且不仅只有粽子，如今也在大规模投入月饼市场，在包装设计上，充分结合年轻人的审美，不再只是用传统金色红色主色调，还采用了 Tiffany 蓝、爱马仕橙这些颜色。

2016 年 3 月 29 日，五芳斋正式宣布与迪士尼合作，并于端午节前，推出正版授权的迪士尼、漫威系列创意新品。其包装的设计涵盖了迪士尼经典动漫卡通角色，如米奇、米妮、唐老鸭等，以及旗下漫威电影中的经典人物，如美国队长、钢铁侠、雷神索尔、绿巨人浩克等。

不仅包装上充满了漫画元素，在口味上为了符合复仇者联盟成员各自的特点，也推出了“英雄粽”系列，如红黄配色的钢铁侠，内馅为蛋黄肉，而浩克就配绿色风格的栗子粽，大块肉馅的是代表正义的美国队长，雷神之锤则是豆沙粽。

据五芳斋电商部数据显示，售价 268 元的漫威定制款粽子礼盒，配合《美国队长3》上映，从去年 5 月 4 日上线至今已卖出近 18 万盒。其中一款限量赠送美队仿真盾牌的礼盒，上市三天 1500 件就被抢光了。另外还有迪士尼卡通礼盒装、更亲民的漫威纸盒装，销量也非常不错，两款礼盒销售额已突破 1 亿元。

而 2017 年，五芳斋与星球大战达成 IP 合作。这个纪念款粽子大礼包不仅在包装上下了功夫，推出了黑色帆布包和铁皮桶两种包装，在口味上也解决了南北甜咸之争，做出了东坡肉粽、黑椒牛肉粽、栗子鲜肉粽、紫糯蓝莓粽、润香豆沙粽、红糖红枣粽。售价也非常合理，12 只粽子仅需 238 元。

不仅如此，为了赢得更多年轻消费者，五芳斋又联合天猫推出了 DIY 定制。拿起手机，动动手指，在 78 种上等馅料中，选择自己喜欢的馅料和口味，自由搭配，在支付账号中完成定制和支付，填写送货地址后就可以收到自己定制的独一无二的粽子了。

其实无论是社会化的传播方式，还是和 IP 合作，不外乎都是让品牌年轻化的一种方式，根本目的在于跟年轻用户连接的同时，也向他们输出自己的品牌与文化。不管是哪个行业，想要进军或者是保住自己的龙头老大地位，不是简单的讨好年轻人就可以做到的，关键是你用什么样的方式以及用什么样的产品和服务去抢占他们的心智，先理解，而后行为。

（资料来源：五芳斋官网及食品商务网．2018-01-19）

案例讨论：

1. 五芳斋在发展转型过程中做了哪些公关工作？
2. 老字号五芳斋焕发新生的原因是什么？为什么？

【思考题】

1. 什么是社会组织？社会组织有哪些特点？如何分类的？

2. 试举例说明环境与社会组织关系的重要性。

3. 试比较社会组织内部的公共关系部与社会组织外部的公共关系公司的异同点。

4. 一个优秀的公共关系从业人员应具备哪些条件？

第四章 公共关系客体

【案例导读】

"爸爸去哪儿"的爆红

2013年10月，一档名为《爸爸去哪儿》的亲子类大型户外互动节目，突然在荧屏上走红，不仅在电视上引发了又一轮综艺节目收视热潮，而且在搜狐、优酷、爱奇艺等视频网站上也有极高点击率，在微博、微信等社交网站中也掀起了讨论狂潮。权威调查CSM46显示首期收视率即获得1.423，第二期迅速涨到2.588，播出的第七期收视再创高峰，以收视份额20.22%的表现，刷新自己的收视纪录，遥遥领先于其他综艺节目。

此档节目的成功背后有着诸多深层次的原因，其中对公众的分析和研究是最为关键的。

2011年国家广电总局通报要求湖南卫视停止举办群众参与选拔类的电视活动。湖南卫视从2012年5月开始收视率下降，不得已让出卫视收视的第一宝座。

为了巩固收视龙头的地位，湖南卫视只能加快创新步伐，开发新节目。经调研决定采购了韩国MBC电视台的《爸爸！我们去哪儿？》这档节目的版权和模式。虽然此节目是明星爸爸和可爱宝宝的组合，卖点十足，有足够的受众基础，在韩国收视率一路飘红，稳坐该时段收视率冠军宝座。但是，湖南卫视并未简单模仿，而是对中国观众的特点进行详细分析：

中国观众在目前浮躁、快节奏的社会环境下，喜欢简单直接的刺激感受，韩版的《爸爸去哪儿》受韩剧影响，内容拖沓，节奏缓慢，不符合喜欢"快餐文化"的中国观众的收看习惯，为了迎合中国观众的心理和情感认同，节目组设置了更多的环节，加快了节目的节奏，加强了后期的剪辑。

中国观众对于千篇一律的选秀类、相亲类节目已产生视觉疲劳，泛滥的煽情手法，只会使观众产生厌烦，唯有突破传统综艺节目的窠臼，才能抢占收视率。于是湖南卫视节目组把综艺节目由室内升级到野外，将虚假的比赛变成记录性的真人秀，通过父子（女）搭档展现出的真实、温馨场景，唤起观众心中最温柔的情感，从而达到极强的共鸣。

利用普通观众的窥探心理，通过明星爸爸加星二代的组合满足观众的窥探需求。事实证明，湖南卫视对观众进行充分分析后，并有针对性地采取相对应的措施，最后获得了成功。

（资料来源：根据人民网相关资料编写.2014-02-13）

公共关系客体是公共关系三大要素之一。公众即公共关系的客体。公众是组织赖以生存和发展的基础,也是公共关系的工作对象。社会组织在其运行过程中,将要面对各种层次、各种类型的公众。社会组织如何将本组织的各种信息有效地传播给公众,从而在公众中树立良好的形象和声望,维系组织与公众的良好关系,必须深入研究公众及其分类,寻找并确立社会组织的目标公众,最终实现社会组织的目标。

第一节 公众及其分类

公众是公共关系学中的一个基本概念。正确理解这个概念、科学地对公众进行分类,对于把握公共关系的真谛至关重要。

一、公众的定义

公众是公共关系的客体,也是公共关系所要研究和工作的对象。因此,正确认识和理解公众是开展公共关系工作的前提和先决条件。

所谓公共关系的公众(Public),是指因面临某个共同问题而形成、并与社会组织的运行发生一定联系的社会群体。它是与公共关系主体(即社会组织)发生联系及相互作用的团体和个人的总和。或者说,公众是指与一个组织机构直接或间接相关的个人、人群和团体。这些个人、人群和团体对公共关系主体的生存、发展以及目标的实现,具有实际的或潜在的利害关系及客观存在的影响力。

在日常生活中,有人将公众等同于群众和人民大众。其实,公众与群众、人民、人群是完全不同的概念。人民作为一个政治哲学及社会历史范畴,量的方面泛指居民中的大多数,质的方面指一切推动社会历史前进的人们,其中包括劳动群众,也包括各个历史阶段推动社会发展的阶级、阶层或集团。

群众与人民相比,其内涵大,外延小。即本质含义很大程度上是一致的,从范围上看,群众包括于人民之中,但其内涵更具体、稳定。人民是个流动的概念,在不同的历史时期有不同的内容,但其主体和稳定的部分始终是从事物质资料和精神资料生产的劳动者,这部分人就是群众。

人群作为社会学用语,在量的方面,指居民中的某一部分,在质的方面,人群是个松散的结构,不一定需要合群的整体意识和相互联结的牢固纽带。凡是人聚在一起均可称之为"群"。

公众作为公共关系学的概念,特指公共关系主体交流信息的对象,它与公共关系主体有相关的利益,如果没有公共关系主体,也即没有公共关系客体的存在,而且不同的公共关系主体有不同的公共关系客体。

二、公众的特征

(一) 广泛性

任何组织都不能孤立存在于社会之中,都必须因面临共同问题而与其他组织发生联系,产生相互影响、相互作用,从而成为另外一些组织的公众。任何个人,只要同一定的社会组织在某一共同问题上产生相互关系、影响和作用,就成为这一社会组织的公众。

(二) 群体性

公众是由个人或组织组成的群体,是与公共关系主体发生联系并以特定的角色出现的。正是由于某个共同的问题而把一些人或一些组织联结在一起,形成了公众,所以,公众都是以群体的形式出现的。例如,消费者就是因为购买某种商品而具有的特定的角色,但购买商品的人不可能只有一个,因而具有群体性。

(三) 同质性

公众的形成是因为公众成员遇到了共同问题,是具有某种内在共同性的群体。公众的形成,是因为社会成员遇到了共同的社会事件或共同的问题,而且该事件或问题对他们有着不同程度的影响。当某一群人、某一社会阶层、某些社会集团因为面临某个共同问题而发生内在联系时,便自然而然地成为社会组织的公众。这种内在共同性即是指相互之间的某种共同点,比如面临的共同问题、共同的意识、共同的价值观、共同的需要、共同的目标等。

这样的共同点,使一群人或一些团体表现出共同或类似的态度和行为,如在某歌星演唱会上,为歌星欢呼或疯狂的观众;在足球体育比赛中,不同队伍球迷之间的互相诋毁等,这些都是公众具有共同性的体现:他们来自四面八方、各行各业,但共同的兴趣、爱好使他们聚集在一起,形成了歌星或演出单位、球星或某足球协会等社会组织或利益集团的一类公众。了解和分析一个社会组织面临的具有不同面貌和外在特征的公众,把握他们的内在共同性,在实际的公共关系活动中具有重要的意义。

(四) 可变性

公共关系要处理的公众群体,始终处于变化之中。作为一个社会群体,公众的构成、数量、态度、行为和作用都不是一成不变的。公众群体随着问题的产生而形成,随着问题的解决而自然消失。比如,百货商店每天接待的大批顾客,他们都带着“购买日用消费品”的共同问题,从而形成了这家商店的消费者公众群体。这些顾客买到了如意商品,离开商店,那么由他们组合而成的公众群体也就自然消失。但其中有部分顾客发现自己购买的商品有质量问题,回到这家商店来交涉,则彼此毫无关联的顾客因“商品质量不好,要求退换、补偿”这样一个共同问题而联结起来,形成了商店的公众群体。等到商店解决了他们的问题,保障了他们的利益,令这群公众满意而归,这一公众群体又随之解体。

(五) 多维性

公众存在的形式不是单一的,而是复杂多样的,可以是个人,也可以是一些社会团体或社会组织机构。即便是同一类公众,他们内部对问题解决的要求也不一定完全相同。这就导致公众的存在形式和公众层次呈现多维的性能。这是由公众内部的组织之间和个人之间因相互利益关系不同而显露出来的多样化、多层次所决定的。公众的多样性,决定了沟通方式和传播媒介的多样性。

(六) 可导性

由于公众的态度、动机和行动受到个体和环境两个因素的影响,所以公共关系主体经常借助于对环境因素的改变来达到逐渐影响公众态度和行为的目的。也即让有利于主体的公众行为发生和防止不利于主体的行为出现。如果没有公众的可导性,公共关系工作就失去了意义。信息传播、广告新闻发布、形象效应等公共关系工作和公共关系技巧都是利用了公众的可导性这一特点。

三、公众的分类

一个社会组织,经常面临着复杂而又广泛的公众,根据公共关系工作的具体目标,必须区别和选择公众,然后才能针对公众的特点采取适当的工作方法,有目的地开展公共关系工作。因而,对复杂多样的公众进行分类是社会组织开展公共关系工作的前提。

为保证公共关系工作的针对性,使公共关系工作富有成效,我们往往根据不同标准对公众进行重新划分,以下为几种常见的分类法。

(一) 公众横向关系分类法

按照公众与组织关系的横向分类,可将公众划分为内部公众和外部公众。

1. 内部公众

所谓内部公众,即为社会组织内部的所有成员。内部公众的内容不仅仅是指与组织具有人事关系的员工,而且还包括与组织具有投资关系的股东成员等。内部公众对公共关系来说是一种特别重要的公众。因为公共关系的工作目标是要帮助社会组织树立良好的形象,这一目标的实现需要依靠组织内部成员的共同努力,而如果没有良好的环境氛围和人际关系的氛围,这一目标就很难实现。所以,处理好员工关系和股东关系就成为公共关系日常工作的重点。

2. 外部公众

所谓外部公众,即为社会组织运行过程中除内部成员以外的、与社会组织发生某种关系的那部分公众。外部公众是社会组织得以生存和发展的重要条件,其内容取决于社会组织运行过程中与之发生关系的不同环节。如,与社会组织产品发生关系的外部公众有顾客公众、供销商公众,与社会组织产生管理与被管理关系的外部公众有政府公众,与社会组织在有关组织信息传播方面发生关系的有媒体公众,等等,归纳社会组织的外部公众,顾客公众、政府公众、媒介公众、社区公众等成为社会组织最为重要的外部公众。

(二) 公众纵向发展分类法

按照公众对组织的出现次序，我们可以将公众划分为非公众、潜在公众、知晓公众和行动公众。

1. 非公众

所谓非公众，就是指同本组织不发生任何牵连的社会群体。它既不受组织影响，又不对组织产生影响。划分出本组织的非公众可以帮助我们减少公共关系工作的盲目性，将非公众排除在公共关系活动范围之外，避免不必要的浪费。

2. 潜在公众

潜在公众指将来可能与组织发生利害关系的公众。组织的目标和行为已经引起了某个共同的问题，但公众还未意识到问题的存在，此时这个社会群体就是公关人员的潜在公众。如某自行车厂，由于工作人员的疏忽，使一批喷漆有问题的自行车(1000辆)投放了市场，估计半年之后，这1000辆自行车将会出现脱漆现象。也就是说，有1000名消费者将面临共同的问题——自行车油漆剥落。然而此时，消费者还未意识到问题的存在。如果该厂公关部门重视公众的利益，及早解决，就会使影响企业信誉的问题得到比较好的解决。尽早认识到潜在公众可以使公关人员有计划、有目的地调整公共关系目标，防患于未然。

3. 知晓公众

知晓公众是指由潜在公众发展而来的没有集中出现在组织面前的公众。作为知晓公众，他们已经意识到问题的存在，并急于了解问题产生的根源及解决的方法。因此，知晓公众对任何与他们所面临的组织及有关问题的信息都十分关注。作为组织，一旦知晓公众形成，就应该立即开展经过精心策划的公共关系活动。如前例，自行车厂如明知问题已发生，却抱着侥幸的心理，不采取措施解决问题，那么企业将面临1000个知晓公众和1000辆车漆剥落的自行车公之于众，自行车厂的声誉将大大受挫。但该厂公关部如这时醒悟还来得及，立即策划补救措施，全力投入问题的解决。

4. 行动公众

行动公众是由知晓公众发展而来的，并对组织的影响已作出反应，准备采取行动或正在采取行动的公众。在这个阶段，公众已不仅仅表达意见，而是采取实际行动，对组织构成压力，迫使组织必须采取相应的行动。无论公众的行为是积极的还是消极的，组织的反应已不能仅停留于语言、文字上，而必须有实际的行为。也就是说，行动公众必然促成公共关系行为的发生。面对着行动公众，除了采取相应的行动别无选择。当然，高超的公关行动方案，必将使行动公众的压力转变为动力，转变为对组织有利的合力，这乃是公共关系人员神往的最佳结果。

(三) 组织态度分类法

根据组织对公众的态度，可将公众分为受欢迎的公众，被追求的公众和不受欢迎的公众。

1. 受欢迎的公众

受欢迎的公众是指乐意与组织合作并且能给组织带来利益或存在着共同利益的公众,如股东、赞助者、为组织作正面宣传的新闻工作者等。

2. 被追求的公众

被追求的公众是指非常符合组织的利益和需要,但对组织很陌生或不感兴趣、缺乏交往的公众,是组织求之难得的公众。如意向尚不明朗的投资者、大批发商、大客户和未与组织有所联系的社会名流及新闻单位等。组织要想方设法地同他们建立联系。

3. 不受欢迎的公众

不受欢迎的公众是指违背组织的利益和愿望,对组织构成潜在或现实威胁的公众。如反复纠缠索取赞助的团体或个人,以势压人、多吃多占多拿的"电霸""水霸""路霸",专门揭露阴暗面的记者。对不受欢迎的公众,组织往往设置障碍,力图躲避,但应讲究策略,避免树敌。

(四) 公众态度分类法

根据公众对组织所持的态度可以将公众分为顺意公众、逆意公众和独立公众。

1. 顺意公众

顺意公众是指对组织的行为和政策等持赞赏态度,甚至支持态度的公众。

2. 逆意公众

逆意公众是指对组织的行为和政策等持否定意向和反对态度的公众。

3. 独立公众

独立公众又称中立公众,或边缘公众。这部分公众对组织的政策和行为持中间态度或态度不明朗。

在公共关系中,由于顺意公众的意见、态度和行动对组织的目标和活动具有至关重要的意义,他们不仅在行动上支持组织,还可以通过他们的社会关系,扩大组织在社会中的影响,提高组织的知名度和信誉度,所以,组织的公共关系人员要重视这支公众队伍。而独立公众由于其对组织各方面的态度不明朗,他们既可能转化为顺意公众,又可能转化为逆意公众。因而,争取独立公众转化为顺意公众常常成为公共关系工作的重点。对于逆意公众,公关人员要研究其产生态度的根源,要有针对性地开展公共关系工作,促使逆意公众的态度发生转变。

(五) 公众重要程度分类法

根据公众对组织的重要程度来分类,可把公众划分为首要公众、次要公众和边缘公众三类。

1. 首要公众

首要公众是对组织的生存、发展和成败有着极其重要影响力的公众。例如,对一个企业来讲,员工、用户和新闻界等都是首要公众,是组织要花费很大的人力、物力来维持和改善与他们之间关系的公众。

2. 次要公众

次要公众是对组织的生存发展有影响但不起决定作用的公众。比如与企业或组织有往来的金融、财政、税收、社区等。尽管这些部门对组织的生存和发展不直接产生影响，但它们从各个方面制约着组织。因此，组织在做好首要公众的公共关系工作的同时，要努力调节好组织与次要公众的关系，为组织的发展创造有利环境。

3. 边缘公众

边缘公众是指与组织有联系，但距离组织各项工作层次较远的公众。对这类公众，一般投入的精力、物力都较少。

对于公众的划分还有很多，其中按公众与组织的关系可划分为内部和外部公众，这部分的内容将在后二节着重论述，因为按这个标准划分的公众在公共关系工作中统称为目标公众。

第二节　内部公众和内部公众关系

在本章第一节中，我们分析了公众的概念、公众分类的方法。对于公众的划分，如果按公众与组织的关系的横向分类可将公众分为内部公众和外部公众。内部公众及内部公众关系和外部公众及外部公众关系是本节以及第三节所要具体分析的各种基本目标公众。

目标公众中的内部公众主要包括组织员工、股东、董事会、顾问、员工家属，社会组织与这些内部公众所发生的关系，便被称之为员工关系、股东关系等。

一、员工关系

员工关系是指在企业内部管理过程中形成的人事关系，其具体对象包括全体职员、工人、管理干部。员工关系又称职工关系或雇员关系。

(一) 员工在社会组织中的重要地位

任何一个组织，不管这个组织的性质、特点如何，它们都有一个共同的特点，即都有自己的员工。员工是组织的主人，是组织赖以生存的基本细胞，也是组织制定的一切方针、政策、计划、措施的对象。员工素质、精神面貌、团结程度的好坏，都将关系到组织的命运。因此，组织成员是组织“内求团结”的首要对象，组织要得以生存和发展，首先就必须协调好员工关系，使他们形成向心力和凝聚力。

作为组织的员工，每天要同许许多多的顾客打交道。员工可以说是任何一个组织的第一线的、无形的公共关系人员，他们的一言一行都代表着组织的形象，是组织与外界接触的触角。他们在工作中良好的服务态度、和蔼可亲的微笑、饱满的热情都会给顾客留下美好的印象，顾客们将会把自己的感受告诉给自己的亲朋好友和街坊四邻，从而为组织树立良好的形象和信誉，这对一个组织来说是一笔巨大的财富。由此，员工在维持组织生存、促进组织发展、树立组织形象等方面起着举足轻重的作用，它是组织"外求发展"的重要支柱。

(二) 处理员工关系的基本理论

如前所述,员工关系是一种内部公共关系,它是组织的公共关系人员要协调的最重要的关系之一。但同时,员工关系问题又是一个组织的管理问题。因此,要处理好员工关系问题,就必须首先在管理思想和管理理论上有所研究。在国际上曾经产生过较大影响的员工管理理论。主要有:

1. 泰罗的科学管理理论

泰罗(Frederick W. Taylor)是美国著名管理学家。他在整个管理理论发展史上享有很高的地位,被人们誉为"科学管理之父"。泰罗于 1911 年出版了著名的《科学管理原理》一书,标志着现代科学管理的诞生。泰罗认为,"管理人员和工人之间这种亲密无间的个人合作,是现代科学管理或作业管理的基础"。泰罗在书中探讨了如何最大限度地提高工人工作效率的问题,他把工人看作是受金钱驱使的经济动物,因此他认为采用工作定额、计件工资、超额奖励的物质手段可以解决这一问题,这与当时强制性劳动制度比较是一个极大的飞跃。

泰罗制管理理论是人类第一次尝试以科学的、系统的方法来探讨管理问题。列宁在分析泰罗制时就指出,它一方面是为资产阶级服务的,是榨取工人血汗的"科学制度";另一方面,它又是一系列最丰富的科学成就。因此,西方国家至今仍然非常重视"泰罗制"的研究。

2. 行为科学理论

行为科学理论亦称人际关系理论,行为科学理论是通过"霍桑试验"之后形成的一种专门研究人们需求、动机的理论。其主要代表人物是美国哈佛大学教授梅奥(C. E. Mayo)。该理论的基本观点是:工人生产效率的高低,不完全取决于物质条件的优劣,还同人的心理因素有关,同个人在集体中的融洽性和安全性有关,就是说人群关系对生产效率有很大的影响。这一发现,为行为科学的研究奠定了理论基础。

3. 需要层次理论

美国行为科学家马斯洛(A. H. Maslow)在 1943 年所著的《人类动机理论》和后来所著的《激励与个人》等著作中,提出了著名的需要层次理论。马斯洛认为,人的行为是由动机决定的,而动机又是需要引起的。人的需要是多方面的,这需要由低到高可分为生理需要、安全需要、社交需要、尊重需要和自我实现需要五个层次。只有当低一级的需要得到基本满足时,才会产生高一级的需要。一般来说,需要程度的大小和需要层次的高低成反比,也就是说,需要层次越低,程度越大。

马斯洛的需要层次理论对组织的管理或经营有着重要的意义。因为人们在不同的时候、不同条件下的需要是不同的。人们的需要是否得到满足,会直接影响到工作情绪和工作成绩。因此,组织应当设法尽可能地把员工的个体需要同组织的目标结合起来,并尽可能满足职工正当合理的需要,以调动员工的积极性。

(三) 搞好员工关系的方法

要实现公共关系的既定目标，就必须首先搞好员工关系。搞好员工关系的前提，就是力争了解员工的需求，对员工合情合理的需求应尽可能满足。我们将员工的需求大致分为两大类：一类是物质需求，另一类是精神需求。

1. 重视员工的物质需求

员工的物质需求，主要包括工资收入、福利待遇等物质利益。

工资收入，它既体现了组织对员工的认可程度，又是员工基本生活的一个保障，所以组织对此必须加以重视。首先在时间上要得到保障，其次要设法通过各种途径和方法，使职工的收入不断有所增加。当然，我国目前员工的工资水平不仅取决于本组织的经济效益，而且取决于整个社会生产力的发展水平以及国家的有关政策法规，因而，组织对于员工的物质奖励渠道还要通过其他方面的补充，如福利待遇。

福利待遇是员工物质利益中的重要组成部分，一个企业的效益如何、员工的物质生活水平如何，主要体现在福利待遇上。福利待遇包含很多内容：如员工的住宿、医疗、子女入托上学、伙食、员工工作环境等。这些方面如果解决不好，会给员工带来后顾之忧，由此影响员工的工作积极性。

2. 重视员工的精神需求

合理的经济报酬是调动组织成员工作积极性必不可少的条件，但是光有这一点还不够。因为人是社会的人，人的需求中还包括精神方面的需求，一旦人的物质利益获得了基本保证之后，精神上的需求就成为主要的需要。员工的精神需求主要包括这样几个方面：信息共享，参与组织决策，由此体现员工的个人价值以及主人公的地位。

在美国的成功企业中，对取得良好员工关系的公共关系工作的经验是：让员工分享信息和参与决策。美国夏威夷东西方研究中心有一份取名为“今日中心”的内部通报，它每天出一张 16 开大小的小报，报道研究中心当天的活动，目的是让全体员工知晓组织的情况。一些成功企业还在内部安装闭路电视，让组织的决策者有机会经常与员工进行“可视电话”，并且让员工及时了解本组织信息。美国的一些州政府和大企业组织还通过一些新法规的制定和实施，逐渐扩大职工权力，促使组织成员参加决策。

根据我国的实际情况，参照国外的经验，在重视员工精神需求方面要做到：

(1) 与员工共享有关组织的信息。信息分享，是唤起员工主人翁意识和对其地位确定的一个重要手段。尊重员工分享信息的优先权，使员工在信息分享中与组织融为一体，形成信任与和谐的气氛。目前，在我国一些企业中，已经比较重视这一公关手段。有的企业专门开辟了“企业信息栏”，将企业的动态和信息公之于众，使员工能够及时了解企业的经营状况、政策及发展方向，并进而产生一种归属感和向心力。

(2) 让员工参与组织的决策。让员工参与决策，其本身就表明对员工个人价值的肯定，它能使员工站在组织的立场考虑问题，形成员工的主人翁的意识。

(3) 使员工定期接受培训。对于员工来说,培训不仅仅是一种福利,更是一种自发和自我提升素质的迫切精神需求和更新知识的需求。而对社会组织来说,培训员工一方面是提高职场竞争力的一种必须手段;另一方面,也是对员工职业生涯的科学规划。

二、股东关系

所谓股东关系就是组织与投资者的关系。我国原来的企业大多是国有企业,是全民所有制。随着经济体制改革的深入,根据党的十五大精神,许多企业向社会广泛吸取资金,实行股份制改制,这样一些集体和个人投资入股就成了企业的股东。股东拥有企业的一部分股票债券资本,他们本身的利益与企业的利益息息相关。他们既是企业的支柱,是企业的"权源"和"财源",又可以成为企业活动最热心、最积极的关心者和赞助者,是企业产品最忠实的顾客。

股东有两类:一类是人数众多且分散的小股东,他们虽然不直接掌握企业的经营,但他们各自持有或多或少的股权,他们最关心企业的盈利状况。另一类股东是占有较多股份的大股东或社会名流,或由股东推选出来的董事会。他们人数不多,但代表股东管理企业,对企业重大决策和人事任免具有参与权和监督权。

股东实际上是组织的财政支持者,它为组织的发展提供额外的经济基础。股东公共关系的目的就是稳定已有的股东队伍,吸引潜在的投资者。根据这一要求,在股东关系上要做到:

(1) 尊重股东的主人翁意识。股东一旦投资于组织,就意味着其利益与组织休戚相关,便很自然地萌发主人翁意识。在涉及到股金运用和组织发展的问题上,应让股东享有决策层享有的知晓权利。平时也应建立经常的信息通报关系,让股东充分了解、关心组织情况。

(2) 吸引和激励股东参与组织经营活动。鼓励股东献计献策,提合理化建议;激发股东身体力行,使之既可以是组织的消费者,又可以是组织的宣传者、推销员。

(3) 保证股东应有的经济权益。这里有两个意思,首先是及时地发放真实的股金红利,二是股东有要求退还或转让股金的权利。

(4) 经常走访股东并重视董事在股东关系中的作用。走访股东,应被组织列入议事日程之中。美国电话电报公司的管理人员每年要访问 10 万名有代表性的股东,向他们说明公司的财经状况并回答他们的问题。

董事在股东关系中的作用是举足轻重的。选举产生并代表股东利益的董事是股东关系中的一个重要因素。董事是对舆论有很大影响力的重要的企业领导人,各种公司极力邀请董事出席股东的年度会议,并通过年度报告、中期报告、股东杂志等形式经常向董事通报公司业务和发展情况。

第三节 外部公众和外部公众关系

在现代社会中，社会组织的生存和发展越来越依赖于其外部的公众环境，因此社会组织除了要处理好内部公众关系，同时还要处理好与外部公众的关系，以争取外部公众对组织的理解、信任和支持，建立良好的外部公众环境。

目标公众中的外部公众主要包括消费者、社区、政府、新闻界、供货商和经销商等。社会组织与这些外部公众发生的关系，称之为顾客关系(或消费者关系)、社区关系、政府关系、媒介关系(或新闻界关系)和协作者关系。

一、顾客关系

所谓顾客关系是指社会组织与其产品(包括物质产品和精神产品)的购买者和消费者之间的关系。亦称消费者关系。

(一) 顾客关系的重要性

顾客关系是组织外部公共关系中最重要的一类。因为一个组织如果失去了顾客，那么它的生命就将停止，组织本身目标的最终实现与否就直接取决于它与消费者的关系如何处理，这是一个方面。另一方面，对社会组织外部公共关系来说，消费者也是与组织关系最为广泛、密切的一类公众，他们不但分布广、层次多，而且这一类关系往往表现为具体的、直接的人与人之间的关系，如销售与购买、服务与被服务等。当然，在顾客关系中，除了涉及物质方面的消费以外，还涉及精神产品的消费。

“顾客第一”在当今社会已成为成功企业的一个座右铭。美国福特汽车公司在其生产、经营和销售的过程中，时刻为顾客考虑。他们制定一项保护买主的计划，按照这项计划的要求，顾客新买的轿车如果在12个月内或行车19324公里路程内由于工厂的问题出了毛病，可以免费修理，包括免费提供零配件，在用户的汽车需要过夜保修的情况下，可以免费借用新式轿车代替使用。具有“经营之神”称号的日本企业家松下幸之助坚定地认为，强烈的顾客导向，是企业成功的关键。他要求手下的业务经理和业务人员对自己的顾客名单，必须提出和生产单位一样精通的统计数字，他常说：“我们每天都要测量顾客的体温。”松下公司组织了严密的顾客俱乐部“生命之泉会”，随时了解顾客的需要和改进意见。它还有遍布全日本的23000家松下电器系列销售店，就像23000支探针，使松下公司能够准确地把握顾客的脉搏和动向，结果松下电器产品始终拥有很高的市场占有率。

顾客对组织在其运行中表现的态度、行为，对组织的生存能力和竞争能力，甚至对组织的发展能力有重大影响。哪一个组织能争取拥有最大的消费者公众群，哪一个组织就可以在同行业竞争中立于不败之地。因此，消费者关系是不亚于员工关系的又一种重要公众关系。作为一个组织，在处理顾客关系中，应以争取顾客的信任和支持为核心。

(二) 顾客关系的处理

既然顾客关系对于一个组织来说是如此重要,则应重视顾客关系的处理。那么怎样才能处理好顾客关系?我们认为要处理好顾客关系,必须重视和做好下列工作:

1. 树立顾客至上的观念

"顾客第一"而不是"利润第一"的经营观念是不可动摇的,因为这一观念同公共关系根本宗旨是相一致的。要处理好顾客关系,组织上下必须首先要树立一个正确的顾客观念。因为只有树立正确的顾客观念,才有可能在处理顾客关系时,采取正确的行动,取得良好的效果。相反,如果在错误的顾客观念指导下,就会采取错误的做法,其结果必然使顾客关系恶化。因此,顾客观念的正确与否直接关系到组织与顾客关系工作的成败,进而关系到整个组织的命运。

日本日立公司广告课长和田可一曾在 20 世纪 60 年代就指出:"在现代社会里,消费者就是至高无上的王,没有一个厂胆敢蔑视消费者的意志。蔑视消费者,一切产品就会卖不出去。"在国外有许多组织都制定有关职工破坏顾客关系的处罚条例,明文规定,不准与顾客争吵,如与顾客发生争吵,不管职工的理由多么充分,都要受到严厉的处罚,轻则扣罚工资奖金,重则开除。例如,在美国缅因州弗里波特的 L·L·比恩公司里,贴着这样一张醒目的广告:

顾客是这个办公室里最重要的人,不管他是亲自光临还是来函接洽。

不是顾客依赖我们,而是我们依赖顾客。

顾客光临不是中止我们工作,他是我们工作的目的所在。我们对他的服务不是对他的照顾,而是他给予我们一个服务机会,照顾了我们。顾客不是我们与之争论和斗智的对象,谁也不能在与顾客的争执中取胜。

顾客带着他的需要来找我们,是为了我们。我们的工作就是通过满足他的需要,使他和我们共同受益。

2. 提供优良服务和优质产品

顾客关系的产生,是由于顾客对社会组织提供的服务和产品有了享用、购买的欲望和行为。如果没有优良服务和优质产品的话,顾客就会退避三舍,不愿同组织发生什么关系。可见,希望组织能有稳固而良好的顾客关系,必须有获得顾客好评的服务或产品为基础。

提倡优良服务的含义是多方面的。它包括事先向消费者公众传播有关产品及服务的信息;包括服务过程中的文明礼貌,细心周到。尤其应该重视的是,组织还应提供完善的售后服务。美国最大的汽车销售商吉拉德有句名言:"我坚信销售真正始于售后,并非货品出售以前。"他正是由于坚信这一条,在短短 11 年中,从一个普通的汽车推销员,成为全美位居第一的汽车经销商。为了做好售后服务,吉拉德每月要向顾客发出 13000 多封信,主动征询顾客对销出车辆的意见。一旦汽车在使用中出现什么问题,顾客只要同吉拉德联系,就一定获得最佳服务。因此,购买吉拉德销售的汽车的客户越来越多,顾客们不但感到放心,而且感到了人情的温暖。那种"货物出门,概不退换”的态度，拒顾客于千里之外，常常使顾客心存疑虑，望而却步。

3. 妥善处理各种纠纷，认真对待顾客投诉

纠纷、投诉的发生，通常是由于顾客对产品质量、售后服务、服务态度等不满而引起的，顾客与组织发生纠纷时，实际上已经对组织的行为有所不满。在这种情况下，组织应及时、正确地处理顾客的投诉，并帮助顾客解决问题，这是搞好顾客关系不可轻视的重要环节。顾客的投诉除书信及电话之外，主要是和顾客的直接对话。公关人员在处理顾客投诉时要做到诚恳、耐心、及时、认真。只有这样，才能使顾客满意，并能重新树立组织形象。

4. 正确引导顾客消费

引导顾客消费又称顾客教育，这既是一门科学，又是一门艺术，更是处理顾客关系的重要方法之一。

在日常生活中，人们常常由于对商品知识的匮乏，而使得顾客在购买商品时带有极大的盲目性。随着市场经济的不断发展，市场上生产同类产品的厂家越来越多，究竟选择哪家企业的产品，对很多顾客来说往往是很茫然的。因此，组织的公共关系部应该将这种教育贯穿于顾客购买商品的前后，将原先多少带有盲目性的顾客群，引入稳定的消费序列之中，使盲目消费变为自觉消费，为组织创造稳定的顾客队伍。顾客教育的方法是多种多样的，如技术示范、举办技术培训班、召开技术鉴定会、编印说明书等。例如，美国生产日用化妆品的克莱罗公司设立了永久性的训练中心，坚持对顾客进行培训。他们免费辅导美容院的工作人员使用各种新化妆品，聘用大量的专业美容师深入学校、美容院、产品陈列室、集会和展览会，传授和示范化妆品的使用方法。在训练中心毕业的学生都可获得一份精美的证书，一套教材和一本工作手册。这些免费的指导教育，使克莱罗的产品在激烈的竞争中不断吸引公众。

二、媒介关系

媒介关系亦称作新闻界关系，即与新闻传播机构（包括报社、杂志社、广播电台和电视台）以及新闻界人士（记者、编辑等）的关系。

（一）媒介关系的重要性

新闻界公众是公共关系工作对象中最敏感、最重要的一部分。这种关系与顾客关系、员工关系等有所不同，因为它具有明显的两重性，其一表现在新闻媒介是组织与公众实现广泛、有效沟通的必经渠道，具有工具性；其二是新闻界人员又是组织特别要重视的特殊公众，具有对象性。媒介与公众的合一，决定了媒介关系是一种传播性最强、公共关系操作意义最大的关系。因此，媒介关系往往在对外公共关系中被摆在最重要的地位之一。

（二）正确处理媒介关系

处理好媒介关系，是社会组织公共关系的重要课题。要建立并保持良好的媒介关系，社会组织应从以下几个方面去进行。

1. 熟悉新闻媒介

与媒体建立长期相互信任的关系需要时间、耐心和技巧。社会组织应了解并熟悉媒介组织的特点,了解记者编辑报道的范围,熟悉媒体的编辑方针、政策、风格,不同的媒介组织有不同的业务性质和影响范围,社会组织的公共关系人员应该对此了如指掌。即使对媒介组织内部的结构、各部门的职责和负责人,也掌握得越清楚越好。这样,社会组织需要通过新闻媒介进行公共关系传播时,就能有的放矢,不会强人所难。

2. 保持媒介渠道的畅通

社会组织应该建立与媒介公众经常性联系的渠道,有专人负责此项工作。了解业界刊物的运作过程,从而使有新闻价值的信息得到及时传播。主动沟通有关信息,提供新闻素材,交流信息动态。决不能有事有人,无事无人。公共关系人员应寻求机会让社会组织领导层与记者进行对话和交流,并努力在情感层次上取得良好效果。

3. 正视批评报道

假如新闻媒体发表了对社会组织批评的报道,就会给社会组织形象带来阴影,凡遇到此类事情,决不能采取消极、对抗的态度,更不能漫骂、指责新闻界,而应采取一些补救办法,挽回失去的损失。

一般来说,批评报道有两种情况:一种是内容属实,另一种是内容失实。

对于内容属实的批评报道,社会组织应该采取积极主动的姿态,一方面对于新闻媒介的报道予以肯定,并感谢新闻媒介的舆论监督;另一方面应迅速组织力量,查明事件真相及其原因,采取积极有效的补救措施,并认真总结经验教训,杜绝类似事件的再次发生,以实际行动表明接受批评的诚意,求得公众的谅解,逐步挽回影响。例如,社会组织立即根据批评改正错误行为,并制订切实有效的措施,防止以后的失误,然后再请媒介把社会组织的态度和做法作宣传报道。总之,切不可对批评报道毫无反应。

如果媒介的批评报道有失实之处,应该诚恳地向媒介提供真实情况,澄清事实真相,让媒介再作纠正性的报告。切忌暴跳如雷、兴师问罪的做法。

三、社区关系

社区关系亦称“区域关系”“地方关系”。它是指社会组织机构与所在地的地方政府、社会团体和其他社会组织以及当地居民之间的邻里关系。

(一) 社区关系的重要性

社区,即人们共同活动的一定区域,一般是指地域范围较小,居民相对集中的地区。如村落、城镇、区、街道等。一个社区一般由普通居民、地方政府机构、工商企业、各类社团组织构成。

社区关系从地缘的层面上体现了社会组织与相关公众的关系,这对于各个社会组织尤其是企业的生存和发展有着重要的影响。因此与社区之间保持良好的关系，构成了社会组织机构外部公众关系工作中不可忽视的重要环节。

社区关系之所以在公共关系工作中占有十分突出的地位，这是因为社区是社会组织机构赖以生存的环境。社会组织机构建立在某个社区之内，就必然要使用该社区的水电资源、公共设施，获得食品供应和其他方面等，并且社区还为社会组织提供了部分员工。因此，没有良好的社区关系，社会组织将会失去社区的支持和帮助，良好的邻里关系是社会组织机构做好各项工作的基础。有远见的公共关系人员最早注重的公共关系工作就是建立良好的社区关系，所谓“公关始于门前”，说的就是这个意思。

国外许多大公司都在搞好社区关系上大做文章。如美国的安塞公司在职工中大力提倡对公共事物持热心态度，他们组织了职工自愿抢救队，昼夜值班，社区内无论何处求救皆无偿地提供服务，自组队以来从未间断其援助行为，深得社区民众的欢迎。福特汽车公司在全国各地的主要城市中有近70个社区关系委员会，贯彻执行社区关系计划，每一个委员会由该公司的地方工厂和机构的经理构成。这些委员会负责计划和组织社区公众到工厂参观访问，安排接待工作并放映电影；和社区领导人保持联系，为公司做宣传；介绍公司对社区的贡献和参加的组织活动；参与社区的各种规划；评论公司涉及的每一个社区中的企业风气；在与公司或社区有关的政府问题上表明公司的立场。

（二）社区关系的处理

俗话说，“远亲不如近邻”，搞好邻里关系，能为社会组织创造一个和谐的生存和发展的环境。那么，如何才能处理好社区关系呢？处理好社区关系，应该做到以下几个方面：

1. 必须严格遵守地方法令、法规和其他规章制度，尊重社区居民的风俗习惯

社会组织必须服从地方政府、各级管理机构的领导和管理，不能因为自己是大公司而将地方政府的法令、法规置之脑后，尤其是对待当地居民的风俗习惯方面更要注意。我国是一个多民族的国家，每一个民族都有其特殊的、传统的、不可改变的风俗习惯。俗话说，“入乡随俗”，社会组织的每一名员工都必须做到严格尊重当地的风俗民情，这样才能得到社区公众的支持。

2. 社会组织应主动、积极地关心社区建设，尽可能给予支持和帮助

良好的社区关系，需要实实在在的行动。处在社区中的社会组织，应时时刻刻将社区的事当作自己的事来处理。诸如捐助或修建公共设施（如公园、道路、图书馆等）、维护社区治安、出资组织或赞助文艺表演或体育竞赛、提供义务性的专业服务、兴办产业等。如广东中山温泉宾馆出钱出力帮助所在地区发展生产，使该地区摆脱了贫困落后的面貌，一跃成为卫生文明乡。这一行动，赢得了社会的广泛赞扬，巩固了组织在社会上的地位，同时又使社会组织处于优美的环境之中，吸引了大量游客，从而使经济效益得到提高，一举数得。

3. 实行门户开放政策

为使社区居民能充分地了解社会组织机构，并进一步得到他们的理解与支持，国内外有些企业对社区组织和居民持十分热情的态度，不但平时热情接待，而且在节假日邀请社区公众代表参加社会组织的庆祝活动，加强联络，密切双方感情。这样做，一方面可以使社会组织和社区公众建立起较亲密的关系，使社区和社会组织融为一体；另一方面，有利于社会组织与社区公众增进相互了解，及时交流沟通各种信息，使社会组织更好地为社区服务，社区更有力地支持社会组织发展。

四、政府关系

所谓政府关系，是指社会组织与作为其公众对象的政府之间的关系。

(一) 政府关系的重要性

政府是国家的管理机构，是国家实现其统治意志、实施国家管理的实体形式。社会组织作为整个社会的一个细胞，是在政府的宏观管辖之内，社会组织与政府的各个具体执行部门，必然要发生形式多样的联系。因而，任何社会组织都存在着和政府的关系问题。

政府关系是社会组织与外部关系中最为重要的关系之一。社会组织所面对的政府公众，是一个特殊的公众，其特殊性在于政府公众是一个拥有权力的公众，是综合协调、宏观调节社会组织行为的权力机构，在政府关系中，政府是以客体的形式出现的(注意：政府关系不同于政府公共关系。前者，政府为客体，即公众；后者，政府是主体，它是政府对各个组织开展的公共关系。两者公共关系行为的主客体则刚好相反，不能混为一谈)。因此，作为主体的社会组织和作为客体的政府之间的关系如何，将直接关系到社会组织的生存和发展。社会组织如能得到有关政府部门的支持、援助和赞赏，往往能获得优越的竞争条件和有利的发展环境。相反，如果社会组织被政府有关部门批评、制裁，往往会给社会组织造成极坏的社会影响。因此，任何社会组织都必须高度重视政府关系，努力改善政府关系。

(二) 政府关系的处理

如何搞好政府关系，首先必须探讨搞好政府关系应遵循的基本原则。

1. 搞好政府关系应遵循的原则

(1) 局部利益服从整体利益

当社会组织利益与国家利益相冲突的时候，从公共关系角度讲，要在政府公众心目中树立起受欢迎的良好形象，以国家利益为重、服从国家利益是第一选择。如果社会组织处处都只将自己的局部利益放在前面，而置国家利益于不顾，那么社会组织必然会失去政府公众的信任和支持。

(2) 遵纪守法

任何社会组织都必须以贯彻执行党和政府的路线、方针、政策，坚持完成国家下达的各项计划任务为前提，服从政府的宏观控制。任何社会组织都必须以政府的政策来编制自己的计划，并在遵守国家各项法律、法令和纪律的前提下，获取最佳的经济效益和社会效益。

(3) 主动纳税

税金是国家财政收入的基本来源。缴纳税金是每个公民义不容辞的责任。国家政府将所得财政收入用于扩大再生产和改善人民的生活，因而主动纳税，并力争在经济效益的基础上缴纳更多的税金，其实质是为国家和人民多做贡献。

2. 处理政府关系的方法

社会组织在坚持原则的前提下，应与政府各具体部门搞好关系，具体方法如下：

(1) 及时了解和熟知国家政策、方针

社会组织必须详尽地了解、分析研究政府所颁布的各种政策和法令，并随时注意其变动情况和变化趋势，研究其适用范围，注意其变通性和灵活性，及时修正社会组织的方针政策和实际活动，只有这样，才能使社会组织得到更大的实惠。

(2) 熟悉政府机构的内部结构及职能

要保持与政府机构的经常联系，并全面了解和熟知政府机构的内部层次、主要职能、工作范围和办事程序。这样才能减少"踢皮球"和"公文旅行"等现象，提高办事效率。

(3) 主动向政府提供各种信息

尽管社会组织属政府管辖，但政府为管理社会而制定的政策皆根据所掌握的基础情况而定，政府也需了解各社会组织的基本情况和发展变动。因此，社会组织的公共关系部门应主动地向政府机关提供信息，以利政府制定出切合实际的方针、政策，为社会组织的发展创造宽松的外部环境。

第四节　公众心理分析

公共关系从某种意义上说就是"公众关系"，要对公共关系的客体进行全方位的研究，公众心理分析是研究的重要环节。

划分公众是为了更好地分析公众，对各类不同的公众施加影响，做到有的放矢、疏而不漏地影响公众的观念，改变公众的态度，从而使组织获得更多公众的支持。对公众的分析，可以从两个方面进行：一方面是针对公众的心理进行分析。从此角度的分析是对公众分析的深入，公共关系从业人员只有深入到公众的心理层面，对各类公众的状态进行分析，才能真正了解公众，进而把握公众。另一方面是从不同的目标公众入手进行分析，以目前公共关系应用最普遍的企业组织为例，企业公共关系工作的对象—公众，一般由员工、顾客、社区、媒体、政府、名流、国际公众等构成，这些是企业公共关系工作最基本的目标公众。对这部分公众关系分析会在第十章中详细阐述，在此暂不赘述。

在策划和实施公共关系活动方案的过程中，公共关系从业人员要想争取公众的支持,实现组织目标,就应该学会在不同场合、不同情况下认知公众心理,识别和预见公众的特定心理活动,掌握公众的心理需求和心理活动规律,预测公众的行为趋向,以便与公众进行心理沟通,对公众心理施加积极的影响。

公众不同行为的产生是由公众的不同心理所致。公共关系的公众,一般是由许多个体所组成的,而任何个体又均处于某种正式或者非正式群体之中,也就是说,一个个体不仅是个体公众,同时又是群体公众。因此,公众心理也就相应地包括个体心理和群体心理。

个体心理与群体心理相互独立、相互影响。个体心理具有稳定性和独立性,是群体心理的基础。公众的群体心理是同类公众共同的心理,它具有可变换性和可伸缩性。而且相对于个体心理,公众的从众或时尚等群体心理更体现了人类的普遍性这一特色,具有凝聚性和排他性。

一、公众的心理特征及结构分析

(一) 公众的心理特征

公共关系中的公众,是公共关系三要素之一的客体,也是公共关系实务开展的对象。对于组织来说,公共关系实务的展开都有特定的目标公众,如顾客公众、媒体公众、政府、公众、社区公众等这些外部目标公众,当然还有内部目标公众。因而,对特定的目标公众进行心理方面的研究,是开展公共关系活动很重要的环节。研究公众的心理特征,首先要研究人的心理特征。

所谓人的心理特征,是指人的心理特点的表征。人的心理是不能直观的,是一种内在的活动,要观察人的心理活动必然要通过其外部的行动表现。比如,焦虑的心理可以通过皱眉(脸部表情)、语速加快(声调)等表现出来,但并非人的所有行为都是人的心理特征。

而公众的心理特征,即是公众心理特点的表征。对于一个社会组织来说,所有的人都可能成为这个社会组织的公众,这是一个假设,假设又是必需的。因而,任何人都可能是公众,那么一般人类的心理特征也可认为是公众的心理特征。

(二) 公众心理特征的结构分析

公共关系的客体有个体和群体之分。如一个消费者购买了某组织的产品即成为该组织的个体顾客公众,而众多的消费者因购买了相同产品而形成了群体顾客公众,虽然这些个体公众还未意识到,但由产品作为纽带而形成的群体顾客公众实际上是存在的,一旦遇到相同问题,这一群体顾客公众的有形性就会显现出来。所以,公众心理特征的结构内容应包括个体心理特征和群体心理特征两大部分。

公众心理特征所包含的两个部分是相对独立、又互相影响的。公众的个性心理特征是群体心理特征的基础,它显示的是个体在心理特征上与其他个体的差异,最具有稳定性和独立性;而公众的群体心理特征是公众在群体互动中产生的和个体心理特征相对应的心理特征,它显示的是人类普遍的社会性和群体性的特点,具有凝聚性和排他性。

二、公众个体心理分析

公众的个性心理特征是指表现于公众个体身上的最稳定、最根本的心理特征，它主要包括能力、气质和性格。能力是保证公众个体成功地完成某种活动的潜能系统；气质是公众个体心理活动的动力特征；性格是公众个体在反映客观现实时表现出来的稳定的心理风格和习惯的行为方式。

(一) 公众个体的能力

能力是指直接影响活动效率、使活动顺利完成的个性心理特征。人的能力是在人的先天素质基础上形成和发展起来的，而且只有在活动中才能体现出来。因此，能否顺利进行并出色完成某种活动，是检验能力水平的重要标志之一。

在公共关系活动中，公众个体的能力往往表现为公共关系主体(内部公众)在公关活动中的操作能力，操作能力又是从以下四个方面体现出来：第一，发现问题的能力；第二，策划解决问题方案的能力；第三，解决问题的能力；第四，总结经验的能力。我们可将这四个方面的能力称为一般的操作能力。所谓一般能力，是指大多数公共关系活动所必需的，带有共同性的基本操作能力。由于公共关系的特殊性，只具备一般的操作能力还是不行的，应将一般操作能力和特殊操作能力相结合，才能顺利并出色地完成某项公共关系活动。所谓公共关系主体特殊操作能力，是指为某项专门活动所必需的知识和技能、如举办展览会的特殊技能，召开新闻发布会的特殊能力等。

此外，公共关系活动作为一项人际活动，主体还必须具备社会交往的能力。交往能力虽然不是个体能力的全部内容，但由于现代社会中交往活动的日益频繁，公共关系的开展在很大程度上要依靠交往这条途径。因此，交往能力也越来越显示出它在个体能力中的重要地位和作用。人们的社会交往能力表现在人与人交往的过程中。善于和各种人打交道；善于用合适的方式表明自己的看法、意见、要求；善于倾听和理解对方的意见，并能够在这样的基础上进行沟通，是交往能力强的表现。

(二) 公众个体的气质

气质是指决定一个人心理活动的全部动力，并为个体所独有的心理特点。通俗地讲，气质即一个人的“脾气”和“性情”。气质在一个人各种各样的行动中，都会始终如一地得到表现。

气质是在人的生理素质基础上，通过实践，在后天生活条件的影响下形成的，并受人的世界观和性格等因素的制约，它只能使人的个性带有一定的独特的色彩，但不能决定个性特征的内容。

有关气质方面的理论有多种多样。早在春秋战国时期，我国古代中医运用五行(金、木、水、火、土)分析人的气质类型，是人类最早研究自身气质的理论之一。这种理论认为，五行在体内运行，其平衡的程度不一致，于是就分别表现为金形人、木形人、水形人、火形人、土形人。这些理论因年代久远，实际运用的机会很少。古希腊的著名医生希波克拉底的气质体液理论与苏联学者巴甫洛夫的气质神经理论的结合，已广为现代人所接受。如表 4-1 所示。

表 4-1　　　　高级神经活动类型与气质的对应关系

高级神经活动类型			气质类型	体内占优势的体液
强　型	不平衡(兴奋型)		胆汁质	黄胆汁
	平衡	灵活性高(活泼型)	多血质	血液
		灵活性低(安静型)	黏液质	黏液
弱型	抑郁型		抑郁质	黑胆汁

希波克拉底认为，胆汁质性情急躁、动作迅猛；多血质性情活跃、动作灵敏，黏液质性情沉静、动作迟缓；而抑郁质则性情脆弱、动作迟钝。人们在日常生活中确实能找到这四种气质类型的典型代表，因而有其实践意义，一直沿用至今。但是，由于当时历史条件所限，这种理论缺乏生理学科依据。巴甫洛夫关于高级神经活动类型的学说，为气质学说的研究提供了生理学的基础。巴甫洛夫发现神经活动类型可分为四种，即兴奋型、活泼型、安静型和抑制型。

各种不同的气质，本身没有优劣之分，但是因为不同的工作有不同的要求，因此，就有一个什么气质的人适合干什么工作的问题，同时也有一个适应工作要求改变自己某种气质的问题。

(三) 公众个体的性格

性格是对客观现实的稳固的态度以及与之互相适应的习惯化的行为方式。性格与气质的区别在于：气质是高级神经活动类型在行为、活动中的直接表现，而性格则是在高级神经活动类型的基础上形成的联系系统；气质主要由生理特点决定，而性格则主要在社会实践中形成。气质的动力特征可以按照自己的动力方式渲染性格特征；而性格特征也可以在一定程度上掩盖和改变气质。

一个人的性格是区别于他人的集中体现。性格一般具有态度特征、意志特征、情绪特征和理智特征这四种特征。由于每个人的性格又有不同的侧重，因此，从不同的角度可以将性格划分为不同的类型。

如果按照对社会的适应性为主要参考系来划分，性格大致可分为摩擦型、平常型、平稳型、领导型和逃避型五种类型。摩擦型和逃避型的社会适应性最差。前者表现为性格外露，人际关系紧张、容易造成摩擦；后者表现为性格内倾，不善交际、与世无争。平常型指态度、意志、情感、理智等性格特征均为表现一般，层于中间型性格。平稳型和领导型的性格社会适应性较好。两者的区别在于：平稳型较多地表现为被动适应，而领导型较多地表现为自主能动；平稳型的特点在于善结人像，而领导型的特点在于影响公众。按照社会适应性来划分的性格分类法目前在国际上较为通用，摩擦型、平常型等五种性格类型依序又被称为 A 型、B 型、C 型、D 型和 E 型。

(四) 对公众个体心理的认知分析

在了解了个体心理特征的基础上，如何在公共关系活动中判别和了解具体公众个体的心理是公关人员所必须具备的技能之一。

一般来说，判别一个具体公众个体的心理首先从外部特征进行。公众的外部特征指的是公众的相貌、发型、体型、肤色、服饰等外观上的差别。它既包括总体形象，也包括局部特征。从一定程度上说，公众个体的外部特征是其个体心理的反映，因而通过细致的观察可以在一定程度上判别隐藏在外部特征背后的公众的个体心理。其次是从言语、动作进行。言语是说出来的话，动作是肢体或面部的活动。公众的外部特征是静态的，而言语和动作是动态的。因而，言语和动作更能够反映公众当时的心理状态。当然，这样说并不含有外部特征只反映一般心理状态，言语和动作只反映当时心理状态的意思。人的某些个性心理特征，例如能力恰恰是在言语和动作中才能更充分地显示，人的气质、性格在言语和动作中也能对外部特征作进一步的补充。另一方面，公众的外部特征只能够用眼睛来观察，而公众的言语和动作需要眼、耳并用，需要“听其言而观其行”。正是从这个意义上说，公众的言语和动作为我们认知公众的个体心理提供更可靠的依据。

三、公众群体心理分析

(一) 公众群体心理的一般特征

公众在群体中工作和生活，具有群体成员一般的心理特征。

1. 认同意识

群体一般指的是实际群体，实际群体分为正式群体和非正式群体。不管是正式群体成员还是非正式群体的成员，他们都有认同群体的共同心理特征，也即不否认自己是该群体的成员。他们对自己群体的目标有一致的认识，认同群体的规范，并在此基础上产生自觉自愿的行动，并且对重大事件和原则问题保持共同的认识和评价。当然，每个群体内部的认同程度是不一样的，一般来说，大群体内部的认同程度相对低于小群体内部的认同程度。

2. 归属意识

无论是正式群体和非正式群体的成员，他们都有归属于群体的共同心理特征，也即具有依赖群体的要求。而这种依赖和归属在正式群体中有两种特性，其一是自愿归属和自愿依赖，其二是不自愿归属和不自愿依赖。因为在正式群体中，归属某个群体多少受到制度的约束。而在非正式群体中，归属和依赖就变得比较自愿。不同的归属意愿有时会导致群体凝聚力的强弱，而凝聚力的强弱又反衬着归属意识的程度。

3. 整体意识

归属意识必然带来整体意识，而整体意识也有深浅、强弱之分。由于整体意识的程度不同，带来群体中人们的行为不同。一般来说，群体成员的整体意识越强，其行为易和群体中其他成员的行为达成一致，群体成员的整体意识越弱，其行为不易和群体中其他成员的行为达成一致。但是也有特例，即当群体某成员发现群体多数人的行为会有害于群体利益时，由于其整体意识强烈而采取与多数群体成员不一致行为；反之，当群体某成员发现群体中多数人的行为会有害于群体利益时，由于其整体意识的低弱而采取与多数成员一致的行为。

4. 排外意识

不管是正式群体和非正式群体，都具有相对独立性，这就在不同程度上具有排除其他群体的意识。排外意识是和群体成员把自己看作某一个群体的成员，或者说更倾向于把自己看作哪一个群体的成员相联系的。

(二) 对公众群体心理的认知

任何个体都归属于一定的群体，对个体心理的认知分析固然重要，但对群体公众的心理分析同样是公共关系工作的重点。

公共关系所面对的公众不外乎有内部公众和外部公众两大类，如再细分又可分为员工公众、股东公众、媒介公众、消费者公众、社区公众和政府公众等。这些公众群体都有各自的特点，对他们的心理分析也有差异。

1. 内部公众的心理认知

内部公众的内容有员工公众和股东公众，当然如果划分再细致的话，董事会成员、员工家属亦可纳入内部公众的范围。组织内部的公众，是组织得以维持和发展的基本力量；组织内部的凝聚力和向心力，是组织得以维持和发展的基本保证。因此，组织内部的凝聚力和向心力本身不是组织内部公众的心理，但它反映内部公众的心理，是组织内部公众心理的外部行为的表现。

在对公众群体心理一般特征分析的基础上，如何将组织内部公众心理引向有利于组织的生存和发展，是公共关系的重要任务。就公众群体一般特征而言，认同意识、归属意识和整体意识是群体公众中有利于组织生存和发展的心理特征，有了认同意识和归属意识、整体意识，组织内部的向心力和凝聚力才会增强。而排外意识则是在组织内部的凝聚力工程中必须淡化的一种意识。

2. 外部公众的心理认知

外部公众的内容有顾客公众、社区公众、媒体公众和政府公众等。组织外部公众是一个庞大的外在制约系统，是组织外在的环境力量。外部公众是组织生存和发展的依靠力量，但也是制约组织发展的极其重要的因素。因而，了解和分析外部公众心理，是协调组织和外部环境的重要条件之一。由于外部公众内容比较繁多，各外部公众群体又具有特殊性，因而，分析各自群体的心理和行为特征显然是必要的。

(1) 对顾客公众心理的认识

顾客公众亦可称为消费者公众群体。这一公众群体的心理特征往往表现为在与组织交往的过程中。顾客与组织的交往多数情况下是通过组织提供的商品或服务为纽带而建立起来的。因而，顾客公众群体的心理和行为特征经常表现为以下几个方面：

第一，具有知晓商品和服务信息和权利；

第二，具有选择商品和服务内容的权利；

第三，具有买卖公平的权利。

(2) 对媒介公众心理的认知

媒介公众一般指新闻媒介公众（排除本组织中从事新闻媒体工作的员工）。不可否认，媒介和公共关系之间存在着不同的侧重点和需求。媒介的存在离不开公关，公关的成果离不开媒介，二者是相辅相成的。媒介公众有其自身的心理特征，社会组织的公关人员在与媒介交往中一定要先做好功课，即充分了解媒介公众的心理特征，熟悉媒介的需求。一般而言，媒介公众群体的心理和行为特征的表现如下：

第一，猎奇心理；

第二，客观公正报道心理；

第三，出名心理；

第四，独家新闻心理。

(3) 对政府公众心理的认知

政府公众是国家机关的工作人员，是国家法律、方针、政策的监护者。任何一个组织都免不了和政府公众发生关系，因而需要对政府公众的心理进行认知。

政府公众的工作有别于其他外部公众的工作，具有自身的工作特点。如，管理内容的社会性、与管理对象非经济关系等，因而，认识政府公众的心理主要从认识其工作特点着手。

第一，创造社会影响的心理。由于政府公众管理内容的社会性，其心理上即表现为工作的社会影响力。

第二，政策贯彻心理。政府与其管理对象有着明显的监督者和被监督者的关系，监督的标准又往往是政府部门的政策、方针和法律等，因而，政府公众在其工作中，希望被管理对象理解、贯彻政府的法律、政策、法规等。

第三，彰显政绩心理。由于政府公众工作具有广泛性和社会性等特性，因而，政府公众工作的绩效有时难以评估。但政府部门考核政府公众的尺度又往往以政绩为标准，所以，彰显政绩就逐渐成为政府公众的心理。

(4) 对社区公众心理的认知

社区公众指组织所在地生活着的居民、各种社组织和各种群体中的人。社区对组织来说其实就是其生存和发展环境的一部分，而且这一部分的环境又显得较为特殊。因为社会区公众虽然可视为一个相对独立的群体，但这一群体又都是由各种各样不同的小群体所组成。如，社区中有学生人群（小学群体、中学群体、大学群体）、企业员工群体（合资企业群体、外资企业群体、国营企业群体）、政府公务员群体、社区中的居民等。对社区公众心理的把握主要从共同心理持有的角度出发。

第一，和睦相处心理；

第二，慈善救助心理；

第三,适度开放心理。

四、公众心理定势

公众心理定势是公共关系心理的一个重要内容。研究公众心理定势更是一个机构或组织的一切工作的出发点。顺应公众心理需要及其变化,才能取得公众的支持与合作,才能取得事业的成功。

(一) 公众心理定势的界定与特征

1. 公众心理定势的含义

所谓公众心理定势,是指在现实的社会团体中,人们对于某一对象的共同心理与行为倾向。人们共同的心理行为倾向,不是先天就有的,而是在一定的社会条件下,经过人们相互作用以后,使个人的社会经验积累凝结而形成的。如人们走进商店,看到"原售 150 元,削价处理,现售 75 元"的商品标价以后,不少人会产生购买欲望,继而促成购买倾向。因为希望便宜的心理普遍存在于消费者之中。这就是一种大众心理定势。也许,该商品的实际价格只有 65 元,商店先制造了虚假的"原价",然后再"削价",结果仍然超过实价,反而多赚了 10 元钱。这种利用消费者的心理定势经商牟利的行为,一旦被消费者觉察,立即会遭到公众舆论的谴责。此时的公众舆论也是一种公众心理定势,而谴责,则是它的表现形态。

在团体中,每一个人对于某一对象的看法、体验与意向是相互影响的,最后会自发地趋同,构成某种相近的看法和一致性的行为。社会心理学的实验证实了这种趋同倾向的存在。美国社会心理学家谢里夫做了一个著名的自动光的实验,他请受试者走进一间暗室,对一支烛光的移动距离作判断。其实,谢里夫只是平移或是静止烛光,并没有改变烛光的远近,但却发现受试者在单独观察时,每个人对烛光移动距离的判断各不相同,其中不存在任何反映"产生差异"的规则。可是当受试者一起共同讨论时,情况就发生了转变,受试者对烛光移动距离的判断大体相近了。谢里夫对每个人的判断进行统计、分析以后发现,在这些受试者的各自判断中存在着一个团体均数,偏离团体均数的当然也有,但是很少,而且偏离的程度与人数成反比,偏离愈远,人数愈少。其原因在于受试者的意向自发地趋向一致。

公众心理定势的一个重要组成部分,即共同的心理参考原则。所谓共同的心理参考原则,就是人们知觉或判断一个事物的参照构架,决定了人们的知觉选择性以及归因的方向。"参照"虽然是无形的、不成文的,但在制约着公众的行为,成为存在于公众之中的一种无形的影响力。

在日常生活中,公众的心理定势是普遍存在的。人们往往根据一个人的名字来判断他的性别、年龄甚至文化教养,根据别人的介绍来想象被介绍者的特点,根据以往的经验和习惯来思考问题。当人们去参观一所监狱或一处劳改农场的时候,罪犯和管教干部两种形象可能已经初步形成;当人们看到不认识的字或是写不出想写的字的时候,会理所当然地想到翻查字典;当人们推荐某个领导干部或猜测某个领导职务空缺的时候，首先想到的总是正在下一级领导岗位上任职的人。所以，公众的心理定势是一种不自觉的"惯性"。

2. 公众心理定势的特征

(1) 潜在性

心理定势的潜在性也即不自觉性。人们不一定能自觉地意识到自己的心理定势，但心理定势一定会在以后的某种活动中反映出来。教师第一次上课时喝到了学生沏好的茶，他会产生"这个班的学生会给教师沏茶"的心理定势，如果第二次上课看不到讲台上有茶杯，他就会感到奇怪。反过来，如果教师从来没有喝到过学生沏的茶，他又会产生"学生不会在上课前给教师沏茶"的心理定势，他就不会期望学生给自己沏茶。像这样的心理定势教师不会自觉地意识到，是自然而然地发生的，所以心理定势是潜在的，它作为心理准备状态是不自觉的。

(2) 固着性

心理定势的固着性也即习惯性。固着性指两个方面：一是指存在上的固着，它一经产生就在人的心理活动中占据一定的位置，不会轻易地消失；二是指功能上的固着，只要它存在就要发挥作用。心理学家曾做过一个有趣的实验，连续几次让被试者判断两根长短不等的直线，当长度一样的直线出现时，被试者仍然判断两根直线有长短。这个实验能够说明心理定势产生后的固着性。我国也有类似的俗语揭示这个现象，叫做"一朝被蛇咬，十年怕井绳"。本来能够准确判断的事物，在心理定势的作用下产生了迷惑，简单的问题变得复杂了。西方的教堂和东方的寺庙建筑风格一经成为心理定势，全世界的教堂和寺庙都保持了原来的形状。可见心理定势是不会轻易消失和改变的，是要固执地影响和驱动人们的行为的。

(3) 综合性

心理定势是认识、情感、意志等心理过程中诸心理因素综合作用的合成，而不仅仅是认识领域中独有现象。"一朝被蛇咬，十年怕井绳"既反映认识上的心理定势，又具有强烈的情感色彩，同时又反映意志薄弱；东方建造的教堂保持了西方教堂的风貌，更不是唯一的认识上的原因。正因为心理定势具有综合性、潜在性，所以它才不容易改变，所以它才会固执地驱导人们的行为。心理定势是一种综合效应，它综合反映人的经验、知识、文化和素养等。

(4) 规范性

公众心理定势，又是人们对某一自然现象或社会事物的共同反应方式、原则、策略、规范和标准。因此带有一定程度的规范性。比如"欢度春节""拜年""尊老爱幼"等，是我国传统的社会习俗，这种心理定势具有普遍的制约力，规范着人们的心理和行为。所以公众心理定势又是存在于人们心中的一把尺，它静静地在那里衡量着社会现象中的是非、善恶、美丑、智愚等。公共关系工作的基础在于了解、顺应、疏导公众的心理定势。

(二) 定势作用及定势心理机制

1. 定势的作用

公众的心理定势,无论从其主观认识还是从其客观效果来看,都具有两重性。一方面,它有时是公众正确认识事物的障碍,因而产生的效果不良;另一方面,它有时对公众正确地认识事物起推动作用,因而会产生令人满意的客观效果。正是心理定势的这种积极的和消极的两重性的既相对立又相统一的矛盾斗争,促进了人们从无知到有知、从知之不深到知之较深,从知其表象到知其本质、从知其一二到知其三四的逐渐深入和扩展的转化。

任何心理定势都是一定的经验、知识的积累,只是在以往经验和所学知识的基础上,人们才有判断事物的能力并对其倾注好恶的情感。经济、知识等留在人们脑际,有时是有意识的,有时是无意识的,同时又会有意无意地影响以后的活动。心理定势的积极作用在于它可能使人们怀着一种自信,自己辨别问题、自己解决问题,并且自如地应付日常生活中的多种琐碎事务,保持着生活的连贯性和稳定性。

一般来说,心理定势有意无意地影响人们的活动,大致有三种情况:第一,当人们遇到问题的时候,不同的观念、记忆、知觉、感情会激烈地冲撞、重组整合、定格,因此往往在人们认为"这种事情想都不用想,肯定是……"的时候,实现"想"的过程早已在一瞬间完成。如果没有以往的经验、知识,就不可能对新问题作出这么快的反应。第二,当人们遇到疑难问题,因而感到应想一想的时候,他也是在凭借以往的经验、知识思考,以一种习惯模式、一种自以为符合逻辑的顺序在思考,因而仍然摆脱不了心理定势的影响。同时,在这种有主题、有思路的思考中,被压抑了的、似乎与主题无关的观念、知觉、记忆、感情实际上仍然在潜意识中活动。正因为如此,人们才会在苦思冥想中突然出现"灵感""顿悟"。所谓"灵感""顿悟",实际上是有意识的思考和潜意识中的活动在某一点上的碰撞和结合。第三,大多数人认为日常生活中习以为常的活动是不需要花费时间去思考的,他们按照习惯生活。但是人并不是一架报时钟、一条流水线上的机械手,这种"习惯"依然是心理定势,是以往经验、知识的惯性的趋导。

由此可见,心理定势既是不可回避的,又是须臾不可离开的,它是人们巩固和保持正常的生活、认识新问题和解决新问题的动力。

但是从另一方面来看,心理定势又是一种思想禁锢,它是人们墨守成规、因循守旧的重要心理因素,是取人之长、勇于开拓的心理障碍。比方,我国把计划生育列为国策,有些地区已经采取多种有效措施保证父母老有所养,老有所乐,但有些人特别是有些老年人仍然希望有儿子、抱孙子,其难以改变的想法还是"续接香火"的落后的传统心理。他们对长期形成的心理定势抱有太深厚的情感,难以接受相反的观点或新的行为准则。再如老年人的婚姻问题,尽管近年来一再地提倡,但来自儿孙、邻居、同事的种种阻力往往使好事多磨甚至使好事夭折,"黄昏恋"的成功率更是微乎其微。这里面最大的阻力还是来自传统道德观念的压力,而传统道德观念也是一种心理定势。

2. 定势的心理机制

任何一种定势从心理结构上看，都包含有认识成分、情感成分和动机成分。

(1) 认识成分

认识成分是指具有关于该现象的知识，这些知识可以按范围大小和理由充足的程度加以区别。有时这些知识仅仅是事物模糊的表象和名称。知识是定势的基础，关于事物的知识量越大，形成该事物的稳定的定势的可能性也就越大。人们所具有的知识即使是歪曲的、片面的，也会为交往提供心理定势的依据。

(2) 情感成分

情感成分是对所有了解的事物或人的好恶程度，这种成分对形成定势有时具有头等重要的意义，它体现了人们对所交往的对象的主观评价，有强烈的肯定或否定的倾向。在日常生活中，情感成分常常是人们外露于言行的心理标志，即所谓喜怒皆形于色。

(3) 动机成分

动机成分是定势的重要组成部分。任何定势都可表现为渴望并准备行动的动机，人的行为就是受这些动机制约的。动机本身并不能代表所有的定势，但动机具有协调和综合认识成分及情感成分的作用。只有将三者完整地统一起来，才能形成较稳定的心理定势。

交往中定势的作用往往是发生在对某对象有了一些初步的了解以后，而不是发生在还不了解之前，像第一印象、先入为主等定势作用是非常强烈的，使人们看问题时戴上了有色眼镜。当然，定势本身并不是不可改变的，而且定势与定势之间也是相互影响、相互改变的，实验表明，一个人通过影响另一个人对自己的定势，从而也就会改变自己对他的定势，改变和利用定势的作用可以在人们的情感交流、思想交流以及许多实践活动中改变人们的心理倾向和固有观念。因此，我们应该学会根据具体情况，发挥心理定势的积极作用，抑制消极作用。

(二) 公众心理定势的基本形态

公众心理定势就其实质而言，乃是潜伏地存在于公众意识中的共同心理参考原则。它是无形的东西，但是它的表现形态是有形的，可以做定量分析研究。公众心理定势的表现形式虽是五光十色，千姿百态，变化无穷，但社会心理学家系统研究以后发现，各类表现形式之间存在着内在联系。若按其发展顺序归纳分类，绝大部分的公众心理定势都可以概括为四类基本形态：

1. 客观的物质需要

公众共同的物质需要乃是公众心理定势的基础，又是公众心理的表现形态之一。所谓共同的物质需要是指某一群人在其生存、发展时缺乏某种东西，从而出现人与环境之间的不协调状态。人们为适应环境，重新取得生态平衡，就要有所行动，直到所需事物获得为止。因此共同的物质需要具有动机作用，乃是人们行为、活动的重要动力。在四种基本形态中，它属于较低层次的心理形式。

在人们生活的客观环境里，只要出现物与物、人与物或人与人之间的不协调状态，都会反映在人们的意识中，出现某一物质上的需求。比如在城市道路建设跟不上城市人口发展速度或者物资交流发展的速度时，就会出现人与车争道等道路拥挤的状态。反映在人们意识中，就会出现改变拥挤的客观需求。所以物质需要带有一定程度的客观性，可称作客观物质需要。

共同的物质需要起源于社会生态环境中出现的矛盾，在人与环境的物质交流过程中出现任何一类问题，只要影响社会生态平衡，都会在人们中间诱发出物质需要。

从物质环境的角度来看，公众的物质需要可划分为三类：

(1) 因食物、水分、氧气、阳光等缺乏而引起的生理需要，这是涉及个体生存的基本需要，人是自然属性与社会属性相统一的物质，从自然属性来说，人也受到生物学规律的制约，人体要与自然环境保持生态平衡。一旦生物生态平衡出现失调，即会引起人们的生理需要。比如由于天灾人祸引起食物匮乏，城市卫生状况恶化导致疾病瘟疫流行，工业三废对自然环境的污染威胁着居民的正常生活等。这一系列的社会生态问题，会激发公众因客观物质需要而要求保护生态环境的活动。

(2) 由缺乏住房、用品、公共设施等而产生的物质需要。在当前我国社会中，由于仍处于社会主义初级阶段，市场化程度还不高，物质需要仍然是主要的需要。"购物难""乘车难""住房难"等在一定程度上仍然存在，所有这些都是物质需要未能充分满足而产生的社会问题。

(3) 由社会保险、社会地位、职业权利等没有充分保障而引出的"社会支持"的需要。人类生活在一个有组织的社会中，每个人都在社会体系中占有一定的位置，担负一定的角色任务。由于社会体系中的各个位置与角色是相互对应的，任何人不能离开社会组织而独立生存。因此，人们一旦感觉自己的权益受到侵害时，就需要寻求社会支持和帮助，在市场经济条件下，这一点尤为重要。

公众的物质需要是不断发展的，而且发展是无止境的。当初级的物质需要得到满足后，就会开始产生新的物质需要。如在一些大城市中，家用电器中的"老三件"(收音机、黑白电视机、电冰箱)早已被"新三件"(空调、电话、家庭影院)所取代。当然，在需要得不到满足或获取需要满足的行为受挫时，也会退回到较低层次的物质需要上。掌握需要变化的规律，对于预测公众的行为变化，具有重大的实际价值。

2. 时髦、时尚、流言等流行现象

这也是一种属于较低层次的心理形式。时髦一般指人们对新奇物质的追求，包括新颖的服装样式，新颖的发式，还有新颖的建筑结构和新家具摆设等。时尚是指在一定时期内一定社会成员中流行的生活方式中的某种样式，它具有反常规的特点，往往以"新"和"奇"吸引公众，又可以叫时兴。时尚具有时间性。时髦属于物质方面的流行，时尚则是人们在精神生活方面的流行。流言是指在一定时期内一定社会成员中传播的有关共同关心的问题的新闻。所谓"共同关心的问题"，有的是直接的，有的是间接的。流言能使本来关心的问题更加被关心、使本来不被关心的问题成为关心的问题，所以，它具有煽动性。流言的传播一般比时尚的时间更短，有时只有一天、半天的时间，在它被证实或证伪后自然消泯。

在社会变革时期，流行现象尤为突出。这是随着经济发展而产生的文化变迁现象。因为在流行的各种事物、行为与活动的形式中，都包含着一定的象征意义。透过各种流行事物样式与行为方式的表面，公共关系人员可以看到其中最一般的意义，了解社会动态。比如，公众中有些人在“赶时髦”，其实是为了争“面子”，避免被认为“保守”，怕遭人瞧不起。

各类流行现象虽然有各自的特殊性，但无论那一类流行的出现，必须具备三个共同的条件。

第一，要切合公众的某些共同需要，并有一定的物质条件。

人是有创造精神的。但人类的创造不管是物质的还是精神的，要在社会上广泛传播，被人们接受，必须符合公众的共同需要，具备必不可少的物质条件。

第二，与社会文化背景的变迁相符合。

时尚、风尚及流言在任何时代都存在，只有流行速度、周期、规模以及样式上的区别。物质生活条件制约着流行的速度、周期与规模，而流行的内容则受文化背景的制约。比如，在“文革”期间，流行的是军装、军帽、工装裤，人名、物名流行着“向东”、“志红”。这些都象征着“革命”与“斗争精神”，反映了当时的文化背景。

我国实行改革开放政策以后，城市中流行现象有了质与量的突变。比如曾一度被认为是西方生活方式的“牛仔裤”“迪斯科”，在我国城乡迅速流行起来。除了生活方式的变迁外，还有职业结构、思维方式的变革与流行，如“经商热”“社会科学热”“时间观”“竞争观”“平等效率”等也应运流行起来。

当然并不能任意地把某一新的事物都看作流行。流行作为一个特定形态，必须有特定的物质基础。比如“公共关系热”，尽管被我国自上而下地倡导，强调它代表着现代社会关系变迁的方向，具有强大的生命力，但因缺乏必要的物质条件，如社会主义的公共关系科学体系的建立和公共关系人才的培养、崛起，故难以很快地热起来，流行开来。

第三，必要的社会沟通渠道

流行现象，从信息论观点看，离不开大众传播。而传播必须在一定的沟通途径中进行。因此，必要的社会沟通渠道乃是流行出现的最基本的物质条件之一。反过来说，流行受沟通渠道的制约。现代城市社区，尤其是大城市的闹市区，乃是流行传播的中心，或称“时髦中心”。

时髦与时尚是公众对于某些流行物的迷恋，有时甚至达到疯狂的地步。如在 20 世纪 80 年代末、90 年代初，我国北方一些城市出现的对“君子兰”的狂热现象，就是最好的证明。由于过度的疯狂，一时间，君子兰成为珍奇时髦的象征。

3. 风俗、习惯与传统的礼仪

风俗、习惯、传统礼仪是地域性文化行为，也是传统的公众心理定势的又一表现

形态,相对于前面两种基本形态而言,它是属于较高层次的公众心理形式。它的基本特征是:

(1) 日常性

风俗、习惯、传统礼仪是公众日常生活的普遍行为方式,又称地域特有方式,如居住方式、建筑样式、服装款式、饮食习惯、婚丧礼仪以及教育子女的方式等文化行为,这些都具有相对的稳定性、社会性和日常性。从其产生的历史来看,任何习俗传统都有其存在的合理性,否则,它就不可能被人们所接受。从其对社会功能来看,是人们适应某一社会环境的定向工具,在社会环境的变迁中,某些习俗的社会功能若将丧失,人们会以新的文化模式取代旧的文化模式,从而与新的环境相适应。当然,所谓新的文化模式也不是对已有习俗的全盘否定,而是扬弃已有文化模式,吸取其精华,并吸收外来文化的长处,作出新的创造。

(2) 地域性

俗话说:"百里不同风,千里不同俗",风俗、传统等总是带有地域性的。每一地域的自然环境以及社会生活的历史演变各有特性,为适应这些特性的习俗,自然也有其特殊性。值得一提的是,现代社会生活条件对地域文化发展的影响与干扰是伴随着交通、邮电事业的发展,电视报刊、广播等大众传播的普及,以及各个地区之间交流的扩大,人际沟通的频率及速度的加快而进行的,从而相对地缩短了各地的空间距离,人们常说,科学技术的不断发达,使我们的地球村日益"缩小",正因为此,促使趋向一致的大众文化的出现,地域文化相对退缩,同时,地球村的"缩小",为地域风俗、传统的发展提供了良好的客观条件,越具民族性、地域性的风俗、传统,越容易为世界所接受。世界各地文化的交流以及商品的交换,有时会促进一个地方产品的文化素质的提高,促进世界各国各地域习惯文化的发展和繁荣。

(3) 象征意义

风俗、习惯、传统的行为方式与流行、时尚等一样,也含有象征性意义,所谓象征意义即某一地域的人们运用某一符号的共同规则。如我国民间的放鞭炮的习俗,是含有"吉利"的象征符号。所以这种象征意义是一个地域内约定俗成的观念。某些外来者由于不了解风俗所包含的象征意义,会感到不可思议。因此在不同地域的人们之间进行人际交往中,要"入境问俗"以避免沟通阻塞。在社会生活中,公众受习俗影响的各种行为方式,都含有特定的象征意义。

风俗的变迁要受整个地域的经济发展、社会发展以及文化发展的制约。如果脱离了一定的物质条件与文化条件,过度地依靠行政权力与政治压力去改变公众的某些习俗,往往难以取得实效。如我国云南省某县纳西族聚居地,不少家庭的成年男女至今仍过着走婚生活,在"文革"期间,曾强制推行"一夫一妻制"运动。由于脱离了当地的物质环境条件,以及文化背景,孤立地改变婚姻方式,这次运动最后以失败而告终。运动一过,"夫妻"分开,仍然恢复走婚生活。

4. 公众舆论

公众舆论，又称大众意见，是带有情境色彩的共同评论。它一般是在团体内有人违背大众心理参考原则时出现的。也就是出现一些超常行为，公众根据社会的习俗、规范或时尚对其作出一致的判断和评论。公众舆论是大众心理定势的表现形态之一，是公众心理活动的外部表现，是一种难以抗衡的力量。它和风俗、习惯与传统礼仪一样属于较高层次的公众心理形式。公众舆论按规模可划分为各种不同的类型，有国际舆论，这是指世界规模的公众舆论；有国内舆论，是指全国性的公众舆论；也有某一地方、某一地区的舆论等。

公众舆论对于公众行为具有巨大的影响力，是任何一个组织机构不能忽视的现实。公众的文化心理存在着先进与落后的区别，它对人们行为的影响有积极作用和消极作用之分。起着积极作用的舆论，能给人们的行为提示方向，并纠正不正当的意见，阻止妨碍社会生态平衡的行为。但是，起着消极作用的舆论，由于它根据了某种陈旧的观念或者错误的传闻，也可能深深地伤害某些个人或团体，从而造成不利影响。在现代社会中，由于存在着各种不同的文化观念，在某种情况下就可能对同一事件出现两种不同的舆论，这是正常的社会现象。我们不能强行要求各种舆论取得一致，应该允许不同意见的争论与交锋。

【案例及案例讨论】

一次特殊的公关活动——快递小哥被打，顺丰勇敢担当

1993 年，顺丰速运公司成立于广东顺德。2016 年 12 月 12 日，顺丰速运取得证监会批文获准登陆 A 股市场，2017 年 2 月 24 日，正式更名为顺丰控股，股票代码 002352。

顺丰是国内领先的快递物流综合服务商。经过多年发展，已初步建立为客户提供一体化综合物流解决方案的能力，为客户提供仓储管理、销售预测、大数据分析、金融管理等一揽子解决方案。

顺丰同时还是一家具有网络规模优势的智能物流运营商。经过多年潜心经营和前瞻性战略布局，顺丰控股已形成拥有“天网＋地网＋信息网”三网合一、可覆盖国内外的综合物流服务网络。

顺丰采用直营的经营模式，由总部对各分支机构实施统一经营、统一管理，保障了网络整体运营质量。

2016 年 4 月 17 日，北京市一顺丰快递小哥因剐蹭轿车被车主连续辱骂扇耳光，引起了社会的极大关注。这件事虽然已经过去了，但是此类现象还在身边频发。

当时一则关于顺丰快递员被打的视频在微博等社交媒体引发强烈关注，据了解，17 日，北京市东城区富贵园一区内，一名骑三轮送货车的顺丰快递员，在派送过程中与一辆黑色京 B 牌照小轿车发生轻微碰撞。黑色轿车驾驶员（中年男子）下车后连

抽快递员耳光,并破口大骂。视频中,中年男子至少5次击打快递员面部,并伴有辱骂,甚是猖狂。被殴打的瘦弱快递小哥全程没有一丝反抗,跟在驾驶员身后反复道歉,任由他打骂,有人生气地对司机喊话,顺丰小哥离你这么近,不是为了方便你扇他巴掌的!

据顺丰公司相关负责人介绍,事发时,视频中的黑色轿车阻挡了部分路面,快递小哥示意其挪动车辆。黑色轿车移动车辆后,快递车穿过轿车车头与路边的空档过程中,黑色轿车突然向右后方倒车,由于车头运动轨迹有弧度,因此与正在通过的快递车发生碰撞。

4月17日晚7点左右,顺丰官方微博对此事回应称:"我们的快递小哥大多是二十几岁的孩子,他们不论风雨寒暑穿梭在大街小巷,再苦再累也要做到微笑服务,真心希望发生意外时大家能互相理解,首先是尊重。我们已找到这个受委屈的小哥,顺丰会照顾好这个孩子,请大家放心。"针对快递员因与一辆京牌轿车发生剐蹭被打耳光一事,当日晚间,有网友在微博上上传了顺丰总裁王卫的朋友圈截图,在截图中,王卫表示,"如果这事不追究到底,我不再配做顺丰总裁!"截图中还有对于此次危机处理的一些具体措施,有明确的责任人,有明确的分工,有最新的进展。

随后,北京市公安局官方微博发布消息征集相关线索,并称网传快递小哥被打视频,警方已关注到,但不知道该事件发生的具体时间和地点,希望热心网友提供详细信息,以便进一步核查处理。

最终,打人的出租车司机被北京市公安局拘留,并受到法律惩罚。

【公关分析】

这场突发事件对于顺丰集团来说是一次极大的考验,因为对于该事件的处理可以看出顺丰到底能不能带给其员工安全感,能不能给公众一个合理的交代,自己在快递行业能不能更好发展。事实上,顺丰不仅及时地对该事件进行回应,而且相当出色地进行了一场企业公关秀。

1. 不敷衍的回应

相比于传统的失败公关,顺丰集团没有发表类似于"高度关注""深入调查""密切关心"等敷衍词汇,而是对快递小哥的服务进行高度评价,表达了对于快递小哥的同情,站在了当事人、有共鸣的群众、类似行业的群体等多方位的角度,发表了受众的心声。顺丰总裁王卫也通过私密朋友圈的媒体传播,表明了自己维护员工利益的决心,让广大代表正义的受众都站在了顺丰集团一边而忽视了快递业的交通秩序问题。树立了公司负责任的美好形象。

2. 有情感关怀的声明

2016年4月18日,顺丰集团官方微博正式发出声明:对于责任,我们不会因为愤怒而抛弃客观公允;对于尊严,我们也不会因理解而放弃追回!希望一线小哥恪尽职守的同时也要保护好自己,你们的安危牵动着每一个顺丰人的心。声明表示顺丰公司不接受对方调解诉求，以后有类似事件发生，顺丰公司将依法维权，对员工的合法权益保护到底，坚决维护社会公平正义。

在这篇充满感情色彩的声明中，不难发现，顺丰公司旨在建立一个给人安全感的共同体，充分得到公众的信任与认可。同时，快递小哥的委屈也会得到有效的缓解。

3. 有效利用了网络媒体的力量

在快递小哥被打的视频传出之后，网民很快就对打人者也就是那个司机进行了人肉搜索，并且表达出对于快递小哥的深切同情和对打人者的声讨，顺丰企业公关恰到好处地抓住了网民的情绪并且利用网络平台对打人事件进行回应，得到他们的大力支持，所以他们的危机公关得以有效的实行。

（资料来源：人民网．2016-4-19）

案例讨论：

1. 顺丰快递小哥被打事件中，顺丰面对的是怎样的公众群体？

2. 顺丰的公关带给我们哪些启示？

【思考题】

1. 如何正确地理解“公众”这个概念？
2. 试述各种不同的公众分类法有何作用和实际意义。
3. 建立良好的员工关系对树立社会组织形象有何作用？
4. 企业如何与顾客建立起良好的合作关系？

第五章　公共关系传播

【案例导读】

京东借助新浪微博打造公关盛宴

2013 年是京东进入电子商务发展的第十个年头，京东展开了一场以新浪微博为主要传 播阵地的公关活动，为京东 6 月促销季进行网络造势，打造了一场京东的社交媒体生日盛宴。

他们依托新浪微博平台，展开两大阵营的内容输出。一方面以京东官方微博为主，实时传递促销优惠信息，策划网友互动活动，实时咨询报告促销战况，与合作伙伴品牌官微一起微博庆生。他们在办公楼内布置 3D 绘彩蛋糕，给内部员工一个生日惊喜，并将整个制作过程制作成视频通过微博发布，让创意不止分享不止停留在内部；与品牌联动庆生，邀请其他超过 30 个以上的品牌制作以京东为创意的微博内容，为京东庆生，参与互动；发出“京东我要”活动，呼吁网友直接参与到京东购物中，向京东许愿，讲出自己的故事，京东满足你的愿望，并对微话题页面进行编辑，引导网友参与。发布“京东最”系列海报，回顾这十年来京东售出的一些特色产品；寻找在京东购物的第一人；随手拍京东线下 6 月店庆广告，收获定制赠品等与网友互动的活动。另一方面，他们与微博红人、段子手合作，通过“微博红人会如何策划京东 6·18”、“6·18抢购攻略”等内容将京东促销优惠消息扩散给更多人群，拓宽信息告知渠道；创造趣味微博(如欢乐快递员、我的极品老板、写给老婆的购物单)，让京东变得有趣生动。

整个活动期间，总共发布了 56 条创意推广内容，发布 78 条日常促销内容，总共影响超过 3.266 亿人次。

在 Web 2.0 时代，每个网民都可以成为信息的传播者，京东充分地利用社会化新媒体的互动性，真正做到了“宾主尽欢”。通过各个环节让消费者、员工、合作伙伴及每一个参与者成为主角，京东不仅讲述了自己十年来的故事，而且还让目标公众感受到被尊重和被需要，感受到京东浓浓的诚意，从而自然而然地对京东产生好感和亲近感。从效果评估活动影响的人数来看，该活动充分地发挥了新媒体的优势，是传统媒体无法企及的。

公共关系传播是公共关系三大要素之一。传播是公共关系工作的重要手段，是公共关系的基本要素。任何社会组织都必须运用传播这一手段与社会公众相互沟通、相互了解和相互适应，运用巧妙的信息传播，去影响公众，引发公众行为。要做好公共关系工作，就必须了解信息传播的基本原理，掌握科学的信息传播方法和手段，使公共关系工作取得成功。

随着社会的不断发展，计算机及网络的普及，信息传播的手段越来越多样化、速度越来越快，社会组织为了主动而有效地维护形象及塑造形象，必须了解公共关系传播的有关知识。

公共关系，既是一种客观存在的状态，又是一种交往活动，更是一种传播活动。传播是连接公共关系主体和对象的桥梁，公共关系工作的核心就是通过各种传播手段，沟通组织与公众之间的信息，在社会公众中树立起组织的良好形象和声誉，进而引发公众产生组织所期望的预期行为。因此，巧妙地、有效地传播组织的公共关系信息，是公共关系必须重视并加以研究的基本内容之一。

（资料来源：根据京东官方网站及相关资料编写. 2015-12-07）

第一节 公共关系传播

传播是公共关系实现的重要手段与机制，是社会组织联系公众的纽带和桥梁，公共关系工作从本质上讲是一种信息传播活动，通过科学系统和艺术的信息传播活动来发挥管理职能。因此，必须从传播的角度，研究公共关系问题。要了解传播的基本原理，必须先搞清传播的概念。

一、传播的概念与要素

（一）传播的概念

信息传播是伴随着人类的诞生、发展而发展的。人类发展过程中，每时每刻都离不开相互传递信息、交流感情和往来活动，这就是传播，也就是说，世界上有了人类就有了传播。

传播是人类信息交流的过程，是人与人之间信息的传播和分享。信息交流就是信息的相互联系、相互作用和相互制约的关系。信息交流的过程就是传播沟通的过程，重视信息就必须重视传播。

关于传播的概念，国内外对“传播”一词的解释不下 200 种。较有权威的也有六七种说法。简单说，传播是人们制作、传递、接收、储存信息的过程。“传播”一词与英语中的单词“communication”相对应，公共关系传播，是指一个社会组织为了提高自身的认知度、美誉度、和谐度，借助传播的方式，所开展的传播活动及其传播管理。公共关系本质上是一种传播活动。公共关系的过程是组织主体与公众客体之间的一种信息传播活动和信息交流的过程。

传播具有社会性、普遍性、工具性等特点。

1. 社会性

传播是人类为维持社会生活而进行的一种社会行为。任何传播行为都不能脱离社会，同样，社会也离不开传播行为。公共关系正是现代社会组织同各界社会公众、社会环境进行信息交流的活动。

2. 普遍性

传播行为无处不在,无时不有。小至日常生活琐事,大至报道消息、宣传政策、传授知识、国际交往等,都需要进行传播。公共关系人员要运用不同的传播方式,巧妙地传播信息。

3. 工具性

利用传播作为工具进行监测环境、适应环境而改造环境,公共关系工作者利用传播原理、传播方式、传播手段为社会组织服务。

4. 互动性

传播活动是在人与人之间进行的,是双向对称的、相互的行动。完全单向的传播是传统的传播,其传受双方不对等,与宣传相似。公共关系传播是科学的、双向的信息交流。

5. 符号性

信息的表现形式——符号,包括语言、文字、音响、图画、形象、表情、动作等。在传播过程中,传播的一方制作、传递符号,另一方接收、还原符号。公关人员善于运用各种符号的特征来传递特定的信息。

6. 共享性

这是传播的目的,传受双方共同分享信息内容,能与对方共享信息、立场、观念并建立共同性才是最有效的传播。公共关系就是希望通过科学的、有效的双向信息交流,同公众与社会达到相互了解和相互支持的效果。

(二) 传播要素

1. 传播者

传播者也称信源,即信息的发出者。传播者是指在传播过程中处于主动地位一端的组织或个人。如报社、广播电台、电视台、杂志社及其内部的编辑、记者等。公共关系人员向外传递信息时也是信源或传播者。

2. 传播内容

传播内容即信息,就是传播者制作通过传播手段传递的信息,反映传播者的意图和受传者同信息间的相互关系。信息表现形式为:语言、符号和图像。这里的传播内容即信息,是内容及其形式——“符号”的综合体。符号与内容的结合才成为信息,只有内容没有符号或只有符号没有内容的信息都是没有意义的。

3. 编码

编码指传播者根据传播对象特点,按照一定的规则将内容编制成符号系统传播出去,以便传播对象易于理解和接收。否则,即使既有符号,又有内容,如果不能科学地编制符号,传播也会失败。

4. 传播渠道

传播渠道指信息传播的中介和途径,也叫传播媒介。可分成三大类:人体、符号和实物媒介。其中符号媒介又可划分成四种类型:有声和无声语言媒介,有声非语言媒介和无声非语言媒介。大众传播媒介属于符号媒介，是现代传播中属于主导地位的传播渠道。

5. 传播对象

传播对象也称信宿、受传者或受众。指传播内容的接收者，如读者、听众、观众等个人、组织和群体。公共关系工作中的各类公众就是公关信息传播中的信宿。公共关系信息传播中，信源与信宿的地位是相互的，可以转变的。在信息反馈时，信宿就处于信源的地位。

6. 译码

译码即信宿接到信息后，将信息的符号码译成自己能理解的内容。公共关系人员发出去的信息能否为公众接收，接收后能否正确理解，就要看传播者的编码能力和受传者的译码能力。

7. 干扰

干扰是传播过程中放大或缩小信息量使信息失真的因素。干扰可出现在传播过程中的任何一个环节，是影响传播质量、降低传播效果的重要因素。公共关系人员要想尽办法排除各种干扰，保证传播质量，提高传播效果。

8. 共同经验范围

共同经验范围是传播者与受传者之间必须有的"共同语言"。共同语言越多，说明传播效果越好。公共关系工作中，公共关系人员要尽量寻找与受众体之间的共同经验范围。

9. 反馈

反馈也可称传播效果，是传播者对受传者的影响及受传者对信息所作的反应。反馈是检验传播是不是双向的重要标准，具有健全的反馈系统才能搞好传播的双向沟通。全面、准确、及时的信息反馈可以使传播尽快调整政策和行动，改进传播方式，提高传播质量。

10. 环境

所有传播活动都是在一定的环境下进行的，不同的环境会使传播活动取得完全不同的效果。传播者要根据不同的环境进行分析并制作相应的信息，选择适应环境的传播媒介，进行卓有成效的传播活动。

二、传播的基本过程

传播的起点就是传播者，其终点就是受传者，传播的内容称为信息，而信息，又是由各种符号来表达的。运用传播模式来说明传播过程及其内在各种因素的相互作用是帮助人们了解传播过程的有效方法。

美国学者申农和韦弗描述的传播过程模式是：信源是信息的来源，由传播者将信息编码，把要表达的意思转化成一定规则排列起来的符号或信号，通过信道即传播信息的通道进行传递，当符号或信号被受传者接收后，受传者对符号或信号译码，将信息内容进行还原及理解。在信息传播过程中使信息失真的因素统称为干扰,干扰可以出现在传播过程的任何环节。例如:电话系统就是一个典型的通信系统:信源是说话者的语言声音,话筒起到编码作用,通道是导线,听筒起解码的作用,信宿是受话者,电话线中的杂音是干扰。

随着传播理论的发展,国内外许多学者从自己的研究领域描述过不同的传播模式。现被国内学者普遍认同的是:传播模式中必须包括十个基本要素,即传播者、信息、编码、通道、受传者、译码、干扰、共同经验范围、反馈、环境。这十大基本要素互相配合,缺一不可。

信息从传播者发出,通过某种媒介途径,到达了受传者,受传者接受了信息后,引起了一定的反应,产生了某种效果,这种效果又反馈给了传播者。信息在流动的过程中还会受到种种干扰,如说话人口齿不清、环境喧闹、字迹模糊,乃至来自受传者自身对信息内容或传播者所持有的偏见(比如电视观众常常对电视节目中的广告有反感态度)。而整个传播过程,总是发生在某一特定的社会经济及文化环境之中,如时空环境。不同的环境条件会使人对信息有不同的感受,并产生不同的传播效果。传播又是一种文化现象,在传播过程中,传播双方的文化差异必然会对传播效果产生影响。不同的经济环境、风俗习惯、民族心理、性格特征、思维方式和价值观念等,使人们对同一信息内容可能产生不同的主观感受。此外,信息内容的权威性和受传者对传播者信赖的程度,都极大地影响着信息传播的效果。

三、传播模式与障碍

(一)传播模式

有关传播的模式很多,有政治学家、数学家和社会学家等提出的模式。大致可分成两大类:一类是传统的线性传播模式,即将传播过程确定为以传播者为起点,经过媒介,以受传者为终点的单向直线运动。另一类是新型控制论传播模式,是美国著名传播学专家韦尔伯·施拉姆提出的,他引进了反馈机制,将反馈过程与传受双方的互动过程联系了起来,使传播成为一种互动的循环往复过程。在这一循环系统中,传受双方要使传播维持发展下去,就必须根据反馈信息,调节自身的行为,从而使整个传播系统始终处于良性循环的可控状态。各种传播模式如下:

1.“五个W”模式示意图

美国传播学家拉斯韦尔提出了“谁(Who)? 说什么(Say What)? 通过什么渠道(In Which Channel)? 对谁(To Whom)? 有何效果(With What Effects)?”的“五个W”模式,见图 5-1。

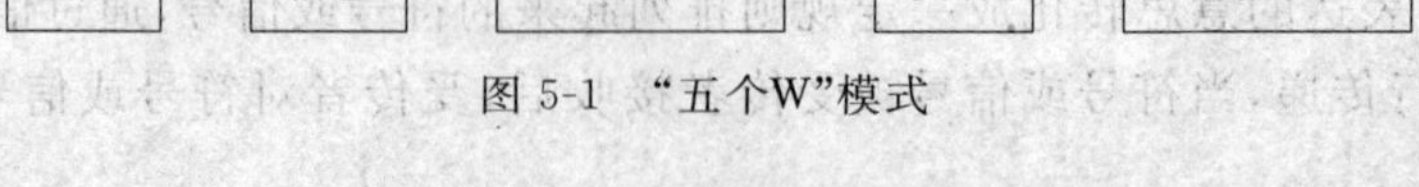

图 5-1 “五个W”模式

布雷多克对拉斯韦尔的“五个W”模式进行了修正扩充，在传递信息的具体环境和传者发送信息的意图等方面进行了补充，见图 5-2。

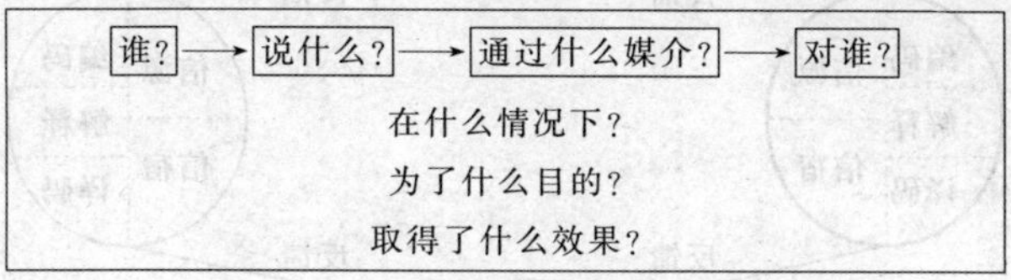

图 5-2 布雷多克模式

2. 香农-韦弗模式示意图

香农和韦弗从信息论角度，提出了直线性单向传播模式，该模式运用通讯电路原理对人类传播进行探讨，其特点是展示四个要完成的正功能和一个负功能因素。特别是噪声概念的提出，使人们受到了启迪，为精确地研究传播过程提供了有力的手段，从而影响了一代人的传播学研究。但也有不足之处，即没有涉及人的功能性因素；把传播看成了单向传播，忽视了信息的内容、传播的社会效果和传播环境。见图 5-3。

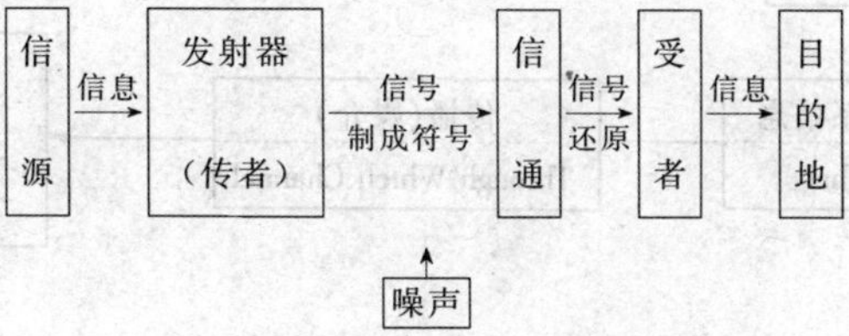

图 5-3 香农-韦弗模式

宣伟伯对香农-韦弗模式进行了修正，把传统的简单模式推进到更为复杂的模式，它是以人际传播的相互作用、以传者与受者的依赖关系为基础的。在传递信息时传者是主动的，受者是被动的；在反馈中传者是被动的，受者是主动的。在传播过程中两者都具双重角色。其模式示意图见图 5-4。

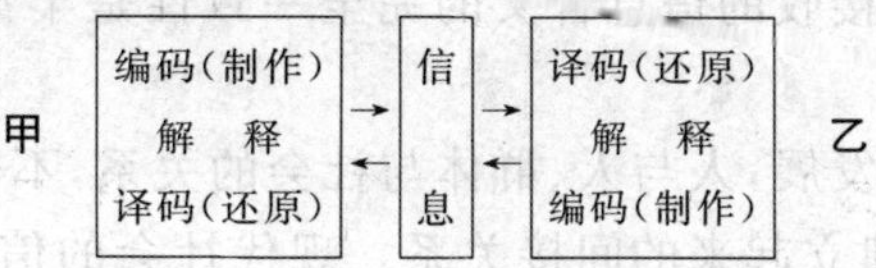

图 5-4 宣伟伯模式

3. 反馈传播模式示意图（韦尔伯 · 施拉姆控制论传播图 5-5）。

4. 公共关系传播模式示意图

该模式是根据新型控制论模式的理论提出来的，同时包含了“五个W”模式中的基本要素，见图 5-6。

从图中可看出公共关系的核心工作是采集和传播公共关系信息。社会组织机构发出信息，传播有利于在社会中建立良好的社会组织形象和声誉的公共关系信息内容，通过各种传播媒介向社会公众传播，以获得最佳传播效果。同时，根据反馈信息

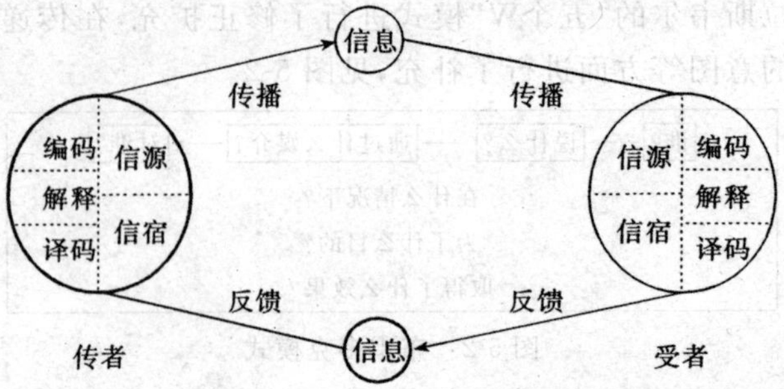

图 5-5　韦尔伯·施拉姆模式

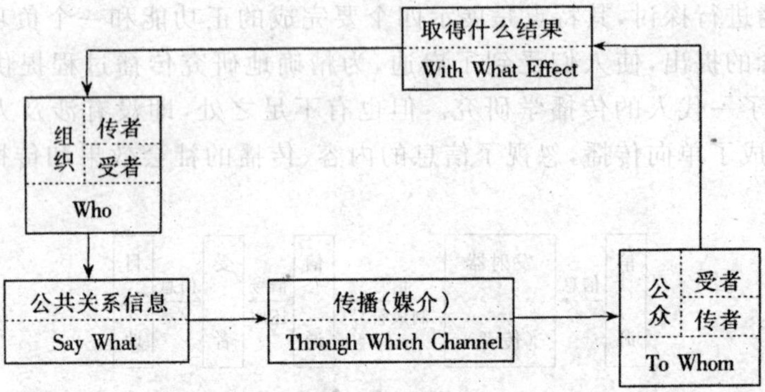

图 5-6　公共关系传播模式

调整修改原定公共关系目标,达到公众与社会组织利益的一致性,也为下一个公共关系目标提供可靠依据。

(二) 传播过程中的障碍分析

信息传播是一个动态的复杂过程,从众多的传播学者的论述中可看出,从信源发出的信息含义和在信宿接收的信息含义的完全一致性是罕见的,其原因便是传播障碍的问题。

现代社会高科技的发展,人与人、群体与社会的关系,不仅是面对面、直接接触的关系,而且是通过媒介建立起来的间接关系。现代社会的信息传播越来越多地通过媒介及机械进行。因此,研究传播规律,分析传播障碍,既要考虑人与社会系统,也要考虑人与机械系统。

1. 人与机械系统的障碍

主要是指不能维持传播通道畅通无阻的因素。

如印刷媒介中最常见的机械障碍是:印刷不好、字迹模糊不清、色彩紊乱,或者纸张不好、装订有误等会影响读者的阅读,从而影响传播效果;电子媒介中最常见的障碍是广播电台与电台之间所使用的频率极为接近而产生干扰,造成听众收听的困难;另外,电视台、发射台、接收天线的设备故障、高楼阻碍电波的传递等,都会导致电视影像不清、画面清晰度不够等现象，从而影响传播效果。个人对团体的面对面传播也会遇到机械障碍，如演讲者使用的话筒发生故障，或有杂音等都会使听众讨厌而影响传播效果的。

2. 人与社会系统的障碍

主要是指个体之间的不同的经验范围造成的。

任何传播活动，传受双方必须在相同的经验范围内，传播才会有效，双方的经验范围越大，传播效果越明显。美国传播学家施拉姆指出："参与传播关系的人，每一个人都带有充满一生的经验，用以解释别人给他的信息和决定如何反应。假如两个人要达到有效传播，他们储存的经验必须有若干相同的地方。"

不同的经验范围所造成的传播障碍主要有这样几个方面：

(1) 语言障碍。语言是由语音、词汇、语法等构成的符号体系。人类必须借助语言表情达意、协调关系，语言与思维是人类所独有的，是人类重要的沟通工具，语言出现障碍，会影响传播效果，所以语言障碍是重要的传播障碍。

语言障碍表现在三方面：首先是不同国家、民族的传播沟通会遇到语言障碍，如我们不懂英文，就无法听懂英文演说，如果对英美国家的文化背景、生活习惯不熟悉，也很难掌握英美语言的文字特性，就像许多翻译作品一样，无法表达作者的意愿，就是因为使用的语言符号不能完全沟通造成的。其次是同一国家的同一民族因地区的不同而造成的语音不同，也造成严重的传播障碍。生活中常有因语音不同而发生各种纠葛，造成严重后果。第三是同一国家、同一民族、同一地区的人的信息传播会遇到语义障碍。如一名公安人员在侦查专案过程中发现一个青年人有嫌疑，立刻向科长汇报，科长指示："可以搞来审查一下。"于是，那个青年便被铐来了。审查结果，证明被铐对象毫无问题。抓人容易放人难，这名公安人员请示科长如何处理，科长发火道："谁叫你把他铐来的？"公安人员回答："你说把他搞来审查一下，又没说过不准铐来。"科长语塞。问题就出在"搞来"这个词语语义含混不明，造成的语言障碍，影响了双向的沟通而造成的结果。另外，双关语、成语或典故等都会产生语义障碍。

(2) 符号障碍。符号是指语言文字、表情、动作、图案等。对于符号意义的认知，是由学习积存为经验，没有经验，对符号便无从理解。如手势语、标志语等，除非你曾学习认知过这些符号，否则无法理解，即使大量传播，对公众而言是无效传播。

另外，由符号与本体之间的距离、对符号的概略性认识和推论也会产生错误。因许多符号都是象征性的、笼统性的，在数量、形状与质量上绝不完全相同于本体。任何符号都可能帮助我们了解外在世界的各种现象和事物，我们也常用符号来想象、推测、追寻一个更宽广的世界，这些想象、推测、追寻常会产生事实与推论的混淆。如日本的"东芝"电器，一般都认为是日本的电器，但实际上是别国代加工的，不是真正的日本货。

世界是多变而复杂的，而符号是僵硬不变的，新事物、新发明、新学科、新理论、科学研究不断涌现，现代的符号难以完全代表世界的每一新事物，创造新的符号，一时间又难以使人适应。所有这些都会造成传播障碍,影响传播效果。

(3)观念障碍。人在生存过程中,都要经过社会化过程,家庭、学校、职业、宗教等常给人种植根深蒂固的各种观念。如果传播内容与人们固有的观念相违背,就会造成各种误解、曲解或拒绝。

韦尔伯·施拉姆在《大众传播媒介与社会发展》一书中举巴尼一家为例,说明在一个经济落后、文化封闭的山区宣传生活方式新潮流,是难以生效的。巴尼一家住在亚洲南部一个古老的国家里,文化生活继承了丰富的宗教、哲学、诗歌和艺术的遗产,但物质生活很贫乏。政府派出社团发展工作者,设法增加农业生产,巴尼家两个读过书的年轻人很快接受了,他们回家同家长谈起政府的变革设想,他们说:"这些人说,如果我们用这种方法耕种,我们的大米好换钱。"家长说:"钱是麻烦的东西。"年轻人说:"用这钱,你可以给母亲买一件新衣。"家长说:"她有衣服了,买了新衣放哪里?"年轻人说:"用这钱,我们可以把孩子们送到学校去。"家长问:"那他们会不会离开我们到城里去?"家长的态度是严厉的。对家长来说,他拒绝接受政府的新耕种法,他知道坏收成意味着饥饿。多少年来,他已学会用一种比较稳妥和安全的方法来耕种,他看到他们邻居和他父亲一样耕种,50 多年来的不断摸索使他掌握了耕种技巧,他相信这些学到的东西。他没有理由相信从远道而来的政府人员的变革现状的奇特的建议。老式的、经过亲自试验的、就近的总是保险的,而新的、遥远的总是不可靠的。现代社会同样充满着这种思想观念,故需要更多的沟通传播。

(4)心理障碍。指人的认知、情感、态度等心理因素对传播沟通造成的障碍。心理障碍的种类大约有以下几种:首先是感情失控导致传播障碍。如感情冲动、心情压抑等情境对信息产生厌恶情绪,不愿交流。其次是迷信权威的心理会导致传播障碍。美国某校心理系对大学生做过一项试验:在开始讲课前,教授给学生们介绍一位客人,他说:"这是约翰·斯密特先生,他是世界著名的化学家,我们特邀他来美国研究某些物质的物理和化学性能。"然后,这位斯密特先生用德语向学生说,他正在研究一种新发现的物质的性能,这种物质的扩散非常快,人们刚嗅到它的气味就立刻消失了。他从皮包里拿出一个装有液体的小玻璃管,说道:"我一打开试管,这种物质就会立即散发。这是一种无害气味,你们很容易嗅到。请大家一闻到气味就立即举起手来。"他打开试管后,从第一排到最后一排的学生立即都举起手来。事后,心理学教授宣布:"斯密特先生不是别人,他是德语教研室的教员。所谓具有强烈无味的物质,不过是普通的蒸馏水而已。"实验证明,迷信权威,往往会使人接受虚假信息,从而造成相反的效果。第三是不调和心理会造成传播障碍。许多人对于自己所拥有的经验、学识都有强烈的优越感,往往要排斥与自身的观念思想不相符合的传播内容,这样传播会失败。第四是两极化心理也会造成传播障碍。人们评价或者判断事物,常会呈现非此即彼的心理倾向,如不是成功就失败,不是聪明便是愚笨,常会忽略中间性。然而事物往往是复杂的、多层的,因此,要多发掘事物的各个层面,认识展现事物的多层面,才能减少传播障碍。

总而言之，传播过程中产生一定的障碍是不可避免的，传播障碍产生的原因是复杂的。从传播主体上讲，传播者、受传者会因自身经验、观念以及对各种符号意义的理解的局限造成传播障碍。从客体上说，环境因素、机械系统、符号实体等都会造成传播障碍。分析传播障碍，目的是为了尽可能地减少传播障碍，增强传播效果，获得最优传播效果。

四、传播的类型与方式

(一) 传播的类型

1. 自身传播

自身传播指个人受到外界信息刺激后，在头脑中进行的传播活动，也称人的内向交流或个人的自我沟通。如个人的自言自语、自问自答、自我发泄、自我陶醉、自我斗争和沉思默想等。自身传播是个人内心的思维活动，是一切传播活动的基础。

2. 人际传播

人际传播指人与人之间直接的信息沟通交流。人际传播有两种形式：一种是面对面的无媒介的沟通交流，另一种是通过媒介的非面对面的直接沟通与交流。这种传播有其优点：交流充分、反馈及时、信息真实、容易形成共识。但也有其缺点：传播范围小、速度慢。

3. 组织传播

组织传播即社会组织和其成员、社会组织和其所处环境之间的沟通交流。社会组织内部成员的关系通过交流达到和谐，社会组织与社会组织之间的关系、社会组织与其外部公众的关系，都必须通过传播沟通达到和谐一致，便利社会组织健康发展。

社会组织传播的方式一般有：下行传播、上行传播、平行传播、正式传播和非正式传播五种。下行传播是自上而下的沟通形式，是上级领导将政策、命令等传达给下级。上行传播是自下而上的沟通形式，是下层员工向上级领导反映情况、汇报工作和提出建议的正常渠道。平行传播是同级之间的沟通形式，是组织内外的同级机构或同级人员之间的横向沟通。正式传播是按行政体制和内部法定的程序所进行的传播，前三种大多属于正式传播，一般属于轴心化传播，有确定的传播网络。非正式传播指社会组织内部的自由传播，前面讲的传播中也存在自由传播，属于非轴心化传播。社会组织传播的手段是全方位的，视其性质和规模的大小，利用各种手段和媒介进行传播，也就是公共关系的传播。

4. 群体传播

群体传播即少数人直接面对多数人的传播。如专题报告演讲会、展览会、大型演出活动等。其优点是传播速度快、范围大、反馈及时，易于创造热烈的气氛和舆论，形成轰动性传播效果，是社会组织对内对外常用的一种有效传播手段。

5. 大众传播

大众传播即职业传播者通过报纸、电视、广播、杂志、书籍、电影、网络、新媒体等大众传播媒介,将大量复制的信息大规模地向社会公众传递。大众传播的信源可以是社会组织也可以是个人,但媒介是一个社会组织机构,如报社、电台、电视台等,传者与受者是间接的交流,受众一般是为数众多、范围广泛且互不联系的公众,传播渠道一般是单向的,由媒介到受众,即使有反馈也是迟缓和有限的。大众传播是影响力巨大的信息传播,是公共关系工作中最常用的、最现代化的传播类型。

以上几种传播类型是一种相互补充、相互渗透的关系,不能相互替代,他们在信息传播的数量、质量、速度、范围、效果上相互补充和渗透,在公共关系工作中,应根据实际情况,选择不同的传播类型,有时也可综合运用各种传播类型,目的就是为了取得最佳的传播效果。

(二) 传播的方式

1. 直接传播

直接传播是传播者不借助任何媒介直接向受众传递信息的传播方式。直接传播是应用最经常、普遍且最富有成效的传播方式。因为它具有传递信息速度快、信息不易走样、传递内容不受限制和反馈及时等优点。如面对面的群体传播、人际传播都采用这一工作方式。

2. 间接传播

间接传播是传播者通过媒介发送信息的传播方式。它可以大量复制、强化信息,是组织塑造形象、控制舆论、促销的重要手段,但它容易使信息中断和走样失真,而且反馈慢。

3. 循环传播

循环传播是传播者把信息传递给受传者,受传者又把这一信息反馈给传播者,传播者对信息修正后再行往复的传播方式。特点是传受者角色互换,强调反馈。社会生活中许多传播属于循环传播,有利于强化、完整传播的信息。

4. 螺旋型传播

螺旋形传播是信息的传播经过一个传播循环后,不再回到它原来的起点,而是向更高层次发展的一种传播方式。能产生新的发现、形成新的见解,开始新的信息交流。

5. 多级传播

多级传播是信息的传播要经过几个层次,才能达到受传者那里。这种多层次的传播很容易使信息走样,甚至传到最后受众那里的信息内容已面目全非了。

前面我们探讨了传播的概念、基本要素、过程模式和类型方式等,从中看到传播的重要性,可以说,没有传播就没有现代公共关系。

第二节 公共关系传播媒介与选择

媒介是指传播信息的载体与工具。媒介是传播学的核心概念之一,是信息发送的通道。公共关系工作者在制作好信息之后，必须考虑采用何种媒介来传递信息，熟悉各种媒介的性质、特点和用途，了解并恰当地选择媒介，这是公共关系工作的一项重要理论和实务。

一、公共关系传播媒介的分类

信息传播的媒介种类繁多。有语言媒介、印刷媒介、广播媒介、电视媒介、网络媒介和新媒体媒介。组织开展大规模的公共关系活动，必须借助于大众传播媒介。

在现实生活中，我们可以看到大众传播在公共关系里的重要作用。企业利用大众传播媒介，为自己树立形象，提高知名度的事例，已经屡见不鲜。大众传播就是通过大众传播媒介，为公众报道大量国内外新闻，为各行各业的人们传递和汇集各种信息。为了归纳和分析方便，我们将大众传播媒介分为两大类：

第一类为传统媒体，包括即以视觉为主的印刷媒介，如报纸、杂志等；以听觉为主的媒介，如广播；以视听兼有的音像媒介，如电视、电影。

第二类为新媒体，是报刊、广播、电视等传统媒体以后发展起来的新的媒体形态。它是利用数字技术、网络技术、移动技术，通过互联网、无线通信网、有线网络等渠道以及计算机、手机、数字电视机等终端，向用户提供信息和娱乐的传播形态和媒体形态。如：数字杂志、数字报纸、数字广播、手机短信、移动电视、网络、桌面视窗、数字电视、数字电影、触摸媒体、手机网络等。

（一）传统媒体

1. 视觉为主的印刷媒介——报纸、书刊等

报纸又称为新闻纸，它种类繁多，覆盖面广。报纸的优点是与全国的各社会组织有着传统的密切关系，是我国目前占首要地位的新闻媒介，其特点是弹性大、版面灵活，可以根据新闻内容、数量要求调整结构或安排版面，较少受限制。报纸报道较细致、深入，即易于处理反复思考的问题，也易于处理有深度的内容，一次读不懂可以再读一遍，直到读懂为止。另外，报纸上的资料便于检索和保存，可以剪贴、摘抄以供日后使用。报纸内容丰富，新闻性强，比较通俗，每期出得快，价格低廉，发行量大。报纸的主要缺点是受发行环节的限制，不如广播、电视等传递信息迅速、及时。

期刊又称杂志，是一种重要的印刷性大众传播媒介。杂志的优点在于种类繁多、发行量大、读者范围广，同时，其专业性和针对性强，读者群比较稳定，报道的内容深入细致。与报纸相比，新闻性杂志采编时间充足，经过细致加工，形成完整翔实的报道，既能给读者留下强烈深刻的印象，又具有学术价值和史料价值，易于保存、检索，便于读者重复阅读。杂志一般印刷精美，图文并茂，有较强的艺术感染力。杂志的缺点是：出版周期较长，时效性不如报纸、电视等。对于专业性杂志，受众较少，往往要求读者具有特定的专业知识和与专项志趣。

2. 以视听兼有的音像媒介——影视

影视是大众传播媒介中运用现代科学技术的产物，包括电视、电影。这些音像媒

介具有较大的传播力。传播时间具有同时性,传播空间具有同位性。它综合应用文字、图像、音乐等,传播的信息直观、形象,具有亲切感,便于人们接受和理解,男女老少皆宜,不需要受众有较高的文化层次和艺术素养。

这些音像媒介借助有线系统或无线电波,几乎不受时间、地域、气候或环境的影响,传达城市、边疆,传达千家万户。但是,电视节目按照一定的时间表播放,节目时间很可能与观众的工作学习时间相冲突,除了换频道,观众也没有选择节目的机会,而且节目制作成本高昂,广告的播出费用甚至要以秒计算。这样,许多机构和团体就花费不起了。电影制作成本高昂,对播放的设备、环境要求较高。但是这些媒介传播对受众的影响仍然不能小觑。电影《可可西里》的放映,直接促成了藏羚羊保护区的建立。自2012年国产片《泰囧》热播以来,无论是泰国旅游攻略,还是影片取景地都成为热门,泰国旅游一再刷新纪录并持续增长。

3. 以听觉为主的媒介——广播

广播是一种电子媒介,是以语言和音响等作为传播的主要手段。它可以通过语音、语调、语速的变化和丰富的表现方法加强传播效果,具有感染力,能激发受众的想象。听众可以一边做事,一边听广播,彼此不受影响。另外,广播覆盖面广,传播快,一般不受时空限制,能较及时、广泛地传播到受众;而广播节目的制作相对简单,费用低廉,接收设备普及。但是广播的缺点也是较明显的,它以口语化方式播放,节目内容不易深入,节目形式抽象,不像电视、报纸那样有影有形,对不感兴趣的节目内容,也不能像报纸杂志那样易于保存和反复使用。

(二) 基于数字信息技术,以网络为媒介——新媒体

新媒体是与传统媒体相对而言的。经过长期的磨合,如今已经形成相对稳定的发展态势。科学技术的发展带动了媒体技术的创新,虽然新生媒体还没有人能够给予它一个确切的定义,但它与生俱来的优势使传统媒体处于尴尬的境地。

与传统媒体相比,新形态、新特性的媒体内容非常丰富,有人认为新媒体的内容包括数字杂志、数字报纸、数字广播、手机短信、移动电视、网络、桌面视窗、数字电视、数字电影、触摸媒体等;也有人认为是微博、微信、SNS社区、视频网站、手机媒体等。但是所有这些新媒体都是基于数字信息技术,以网络为主要传播渠道,并不断地向移动化平台拓展着。媒体的演变影响了社会组织对外传播方式的改变,在Web 2.0时代,社会组织对外传播的形式在不断地创新,传统传播方式的生存空间越来越小。

2018年8月20日,中国互联网络信息中心(CNNIC)在京发布第42次《中国互联网络发展状况统计报告》。根据报告,截至2018年6月30日,我国网民规模达8.02亿,普及率为57.7%;手机网民规模达7.88亿,网民中使用手机上网人群的占比达98.3%。我国农村网民占比为26.3%,规模为2.11亿,城镇网民占比73.7%,规模为5.91亿;网络购物用户规模达到5.69亿,占网民总体比例达到71.0%;我国网上外卖用户规模达到3.64亿。同时我国网络直播用户规模达到4.25亿,较2017年末微增294万,用户使用率为53.0%,较2017年末下降1.7个百分点。

综合近年来网民规模数据及其他相关统计，中国互联网普及率逐渐饱和，互联网发展主题从“数量”向“质量”转换。由此可见，网络生存逐渐成为某些群体的一种生活方式。

虽然互联网有信息缺乏控制、网络信息交流的随意、进行信息交流的双方信任度不高、会受到黑客和病毒的入侵、安全性较低等缺点，它却拥有报纸、电视等传统媒体所不具有的所有优点。可以不夸张地说，传统的广播电视等渠道已经逐渐淡出人们的视野，这种时代背景决定了当今公关业发展的重点阵营已经转向网络公关。

对公共关系人员而言，应该努力改变固有的信息采编模式，充分地利用网络资源，将自己培养为适应新受众和驾驭新媒体的超文本记者，具体要求为熟练地运用新媒体，具有较强的验证和过滤信息的能力，具有深入研究和深度报道的能力以及平等交流的观念，提高公关运用水平。

1. 门户网站及搜索引擎

门户网站及搜索引擎是较为“传统”的网络媒体了。门户网站广义的概念是一个Web应用框架，它将各种应用系统、数据资源和互联网资源集成到一个信息管理平台之上，并以统一的用户界面提供给用户，并建立企业对客户、企业对内部员工和企业对企业的信息通道，使企业能够释放存储在企业内部和外部的各种信息。狭义的概念是指提供某类综合性联网信息资源及有关信息服务的应用系统。门户网站最初提供搜索引擎、目录服务等。

由于市场竞争日益激烈，门户网站不得不快速地拓展各种新的业务类型，希望通过门类众多的业务来吸引和留住互联网用户，以至于门户网站的业务包罗万象，成为网络世界的“百货商场”或“网络超市”。从现状来看，门户网站主要提供新闻、搜索引擎、网络接入、聊天室、电子公告牌、免费邮箱、影音资讯、电子商务、网络社区、网络游戏、免费空间等。在我国，典型的门户网站有新浪网、网易和搜狐网等。

门户网站的分类有搜索引擎式门户网站、综合性门户网站、地方生活门户网站、校园综合性门户网站、专业性门户网站等。下面着重以搜索引擎网站，谈谈此媒介对公共关系的价值。

互联网上的信息浩如烟海，一般用户查找资料时都带有一定的目的性，面对纷繁的信息，用户如何顺利找到自己所需要的信息，并且尽量减少遗漏是不得不解决的问题。搜索引擎的网络导航服务就可以满足用户的信息需求。目前，我国搜索引擎市场被百度垄断，呈现一家独大，多家并存的局面。

由于网民对搜索引擎的依赖，一些企业和个人就可以通过影响搜索结果的排序、屏蔽负面信息等手段开展公关活动。作为公关人员要了解搜索引擎相关的知识，才能更好地为组织塑造良好形象。

2. IPTV

IPTV即交互网络电视，它集互联网、多媒体、通信等多种技术于一体，是向家庭用户提供包括数字电视在内的多种交互式服务的崭新技术。它的发展给电视传播方式带来了革新。用户在家中通过计算机或者网络机顶盒+普通电视机两种方式可以享受 IPTV 服务。它集合了电视传输影视节目的传统优势,以及网络交互传播优势。互动性是 IPTV 的重要特征之一。IPTV 用户不再是被动的信息接受者,可以根据需要有选择地收视节目内容。它"颠覆了电视观众的'受众'定位与电视传媒的'传者'定位",数字交互电视的互动传播,使传播接收者之间的位置不再是固定的或预先规定的,而是不断地互相共享的、移动的。

网络电视在公共关系传播中的运用也较为普遍,有学者将之称为"博客公关",即组织机构借助互联网平台,在网络电视中播出自制的微电影、公益宣传、公关广告或现场活动视频,扩大宣传,提高知名度及美誉度。下面试以微电影为例谈谈播客公关。

随着中国网民素质的提高,网民自我意识的觉醒,开始对那些生硬、直白、单调的叫卖容忍度越来越低,有些浏览器甚至可以直接将这些广告过滤掉。因此,宣传需要采用更软性、更灵活、更易接受的方式,定制专属于品牌自身的微电影则成为新的行业趋势。微电影悄然成风。自制微电影一方面打破了传统媒体的高门槛,以其成本低,形式简单,短小精焊,契合了受众即时消费的诉求,保证了网站运营性,灵活性和投资决策风险可控性。另一方面,微电影比传统广告更有针对性,通过微电影,可以把产品功能和品牌理念与微电影的故事情节巧妙地结合,用精彩的视听效果达到与观众的情感交流,使观众形成对品牌的认同感。

3. Digital TV

Digital TV 即数字电视,与模拟电视相对,又称为数位电视或数码电视,是指从演播室到发射、传输、接收的所有环节,使用数字电视信号或对该系统所有的信号传播,是通过由 0、1 数字串所构成的二进制数字流来传播的电视类型。

数字电视提供的最重要的服务就是视频点播(VOD),VOD 是一种全新的电视收视方式,它不像传统电视那样,用户只能被动地收看电视台播放的节目,它提供了用户更大的自由度,更多的选择权,更强的交互能力,传用户之所需,看用户之所点,有效地提高了节目的参与性、互动性、针对性。数字电视还提供了其他服务,赋予了电视许多全新的功能,使电视被赋予了新的用途,扩展了电视的功能,把电视从封闭的"窗户"变成了交流的"窗口"。人们可以按照自己的需求获取各种网络服务,包括视频点播、网上购物、远程教学、远程医疗等新业务,人们能够使用电视现实股票交易、信息查询、网上"冲浪"等,电视机成为名副其实的信息家电。

2013 年亚太 OTT TV 峰会在上海国际会议中心召开,法国电信 Orange 数字通信部门副总裁 David Nahmani 在演讲时指出,在每个产业革新都有一爆发性阶段,进入者希望找到一新的商业模式,如整合。企业可以通过整合获得现实收入来源,社交电视正是如此。作为电视跟互联网的整合体,社交电视不仅可以提供评论,利用社交网络工具进行交流,用电视来玩游戏,也可以通过推荐电视节目来发现新的内容,获取更多信息。

但是数字电视潜在用户的经济承受能力，是影响数字电视发展前景的决定性因素。老年受众是付费数字电视的潜在用户之一。因此，付费数字电视要兼顾老年人，开启老年市场。

4. Mobile TV

Mobile TV 即移动电视，作为一种新兴媒体，其发展迅速是人们所始料未及的，它具有覆盖广、反应速度快、移动性强的特点，除了传统媒体的宣传和欣赏功能外，还具备城市应急信息发布的功能。

对于公交移动电视来说，“强迫收视”是其最大特点。传播内容的强制性有利于拓展“商业经济”的巨大利润空间，移动电视正是抓住了受众在乘车、等候电梯等短暂的空暇时间进行强制性传播，使得消费者在别无选择时被它俘获，这对于某些预设好的内容（比如广告）来说，传播效果更佳。但是，公交移动电视在为乘客提供了电视节目时，也应该适当地保护乘客的公共利益。

5. 4G——新一代移动通信技术

4G 是英文 4rd Generation 的缩写，指第四代移动通信技术。2013 年 12 月 4 日，工业和信息化部向中国移动、中国电信、中国联通正式发放了第四代移动通信业务牌照（即 4G 牌照），中国移动、中国电信、中国联通三家均获得 TD-LTE 牌照，此举标志着中国电信产业正式进入了 4G 时代。

4G 通信技术是继第三代移动通信技术以后的又一次无线通信技术的演进。4G 是集 3G 与 WLAN 于一体并能够传输高质量视频图像且图像传输质量与高清晰度电视不相上下的技术产品。除了拥有第三代移动手机的功能和服务外，4G 用户还可以体验到当前国内主流中国移动 3G（TD－SCDMA）2.8Mbps 的 35 倍，中国联通 3G（WCDMA）7.2Mbps 的 14 倍的最大的下行速度，几乎能够满足所有用户对无线服务的要求。此外，4G 可以在 DSL 和有线电视调制解调器没有覆盖的地方部署，然后再扩展到整个地区。它是一种超高速无线网络，一种不需要电缆的信息超级高速公路，这种新网络可使电话用户以无线及三维空间虚拟实境连线。

4G 时代使得最快、最便捷获取信息的方式已经不是互联网，而是手机移动终端。随着 4G 时代的来临，第一时间报道独家新闻的是手机，并且每个公民都有了广泛参与的机会，这些不仅是媒体形式的创新，更多的是媒体与消费者、读者关系的创新。手机不再仅仅是通信工具，无论从技术上还是政策上来看，手机媒体已经成为新的广告媒介。

4G 移动通信的信息能力越大，对社会组织的公共关系事业发展的挑战就越大。公关传播一定要与 4G 整合，使 4G 移动通信成为新时期开展公关最重要的工具。

这些都无疑说明，手机媒体正在开创公关传播的新时代。

二、公共关系传播媒介的选择

传播媒介的选择，要根据所传播的对象、内容和传播者本身的一些具体条件而定。这些具体条件包括需要的程度、目的、经济实力等。要想取得最好的传播效果，必然要懂得科学的媒介选择，需从三方面来考虑。

(一) 传播对象

1. 公众文化层次

受教育文化程度高低与媒介选择有密切关系，相对而言，一般受教育程度较高者常选用印刷媒介进行阅读分析，获取信息。反之，受教育程度较低者常选择电子媒介渠道获取信息。

2. 公众年龄构架

一般而言，年龄、水平较高者多选用印刷媒介，而年龄、水平较低者喜欢电子媒介。

3. 公众生活、工作习惯

不同公众的生活规律、工作习惯都各有所不同，他们所接受信息的时间和采用的方式也不尽相同。生活习惯不正常的公众无法在规定时间内利用电子媒介，印刷媒介适合于他们。

4. 公众经济状况

经济生活水平高者，有可能利用费用较高的媒介获取信息，而经济生活水平低者，只能接触费用低廉的媒介。

(二) 传播内容

1. 传播信息的难易程度

如果要传播的信息是较难理解的，需深入分析报道的，适用印刷媒介。相反，传播信息简单，易理解的则使用电子媒介。

2. 传播信息的价值大小

如信息有较大参考价值，必须保存，宜采用印刷媒介。相反，没有收藏价值，不需记录和保存的则使用电子媒介。

3. 传播信息内容详细程度和趣味性

如传播信息要求较详细但趣味性较小，宜用印刷媒介。如需声情并茂易引起兴趣的，则通过电子媒介传播。

4. 传播信息内容的性质

一般来讲，年龄大、水平高者愿意接收知识性、政治性、公共事业性较强的信息，应较多使用印刷媒介。而年龄小、水平低者更喜欢接受趣味性较强的信息，宜多使用电子媒介。

(三) 经济因素

运用传播媒介传递信息需支付一定费用，费用水平与效果大小成正比。如电视费用最高，效果也最好，通常以秒计算。其他媒介效果差些，费用相对也较低。因此，公共关系人员在选择媒介时，必须考虑组织机构自身的经济负担能力，精打细算，充分利用现有的人力、物力和财力，以最少费用争取最大传播效果。

(四)媒介本身的特点

不同的媒介特点不同,适用的传播类型也不同,媒介选用得当,可取得事半功倍的效果。

第三节 公共关系传播效果

传播效果涉及范围很广,对传播效果的研究也相当复杂。传播的目的在于让信息影响受众,使受众产生反响和共鸣,最终采取行动,这就是传播效果的问题,也是公共关系必须研究和解决的重要的工作目标和实务。

一、传播效果研究

(一) 传播效果及传播效果的三个层面

1. 传播效果

所谓效果,指的是人的行为产生的有效效果。这里的"有效效果"一词,狭义上指的是行为者的某种行为实现其意图或目标的程度;广义上则是指这一行为所引起的客观结果,包括对他人和周围社会实际发生作用的一切影响和后果。因此,在传播学研究领域,传播效果这个概念也具有双重意义:

第一,它指带有说服动机的传播行为在受传者身上引起的心理、态度和行为的变化。说服性传播,指的是通过劝说或宣传来使受传者接受某种观点或从事某种行为的传播活动,这里的传播效果,通常意味着传播活动在多大程度上实现了传播者的意图或目的。

第二,指传播活动尤其是报刊、广播、电视等大众传播媒介活动对受传者和社会所产生的一切影响和结果的总体,不管这种影响是有意的还是无意的、直接的还是间接的、显在的还是潜在的。第一层含义比较容易理解,第二层含义就比较复杂,因为有些传播效果并不是传播者的本来意图。如食品广告中夸张地将食物从高空抛进孩子的口中,其意图是增强广告的可看性,但所引起的社会效果是有些孩子模仿广告中的动作而导致窒息等不良效果。

2. 传播效果的层面

效果又可以分为不同层面。根据学术界一致的看法,传播效果依其发生的逻辑顺序或表现阶段可以分为三个层面:第一层面是认知层面。外部信息作用于人们的知觉和记忆系统,引起人们知识量的增加和知识结构的变化,属于认知层面上的效果;第二层面是心理和态度层面。作用于人们的观念或价值体系而引起情绪或感情的变化,属于心理和态度层面上的效果;第三层面是行为层面。这些变化通过人们的言行表现出来,即成为行为层面上的效果才能感知到态度再到行为,是一个效果的积累、深化和扩大的过程。

(二) 传播效果的两种理论

1. 传播效果“威力无比”论

这一观点最初始于20世纪20年代，主要注重传播者的作用，忽视受众的作用。认为在大众传播过程中，大众传播具有神奇的力量，它可以把“各种各样的思想、感情、知识或动机从一个人的头脑里几乎不知不觉地灌输到另一个人的头脑里”，就像子弹射中靶子和注射液注入人体那样迅速、神奇有效。这是早期大众传播学的所谓“枪弹论”。

1938年10月30日，美国广播史上发生了一件空前绝后的罕事，似乎证实了传播的“威力无比”理论。那天晚上，哥伦比亚广播公司根据英国著名科学幻想小说家威尔斯的《星际大战》而改编的剧本《火星人进攻地球》。这个广播剧制作得过于真实，虽然播送时间仅为1小时，而且在广播过程中不断说明这是演戏，但还是有成千上万的听众信以为真。不少听众给警局打电话，询问是否有火星人向地球入侵，并先在美国东海岸着陆一事等。一时间，不少人奔走相告，收拾行李奔向西海岸，以避火星人侵袭。

“枪弹论”观点一直持续到40年代开始动摇，到60年代雷蒙德·鲍尔的《顽固的受传者》为止，传播效果的“枪弹论”已经被人们彻底抛弃了，代之而起的是“影响有限论”。

2. 传播效果“影响有限”论

随着理论与实践的发展，人们发现大众传播效果是有限的，其作用可大可小，因人、因事或因时、因地而异。

受众的“顽固性”，源于个人性格和态度的千差万别，受众并不是被牵着鼻子走的或者是随风倒的芸芸众生，而是非常自信、非常主动并带有成见的。如日本报刊研究所曾对上层社会和普通百姓作过民意测验，结果显示，一部分读者对报刊上的新闻很不相信，对报纸新闻完全信任的读者只占44%左右。

这说明受众在传播活动中并非是一个消极的接受对象，而是一个积极的能动的反应者，他们对传播者所传信息具有“选择性”。美国学者约瑟夫·克拉帕将其概括为“选择性接受”“选择性理解”“选择性记忆”。

传播效果的大小与受传者关系极大，要认真研究受传者的情况，有针对性地选择传播内容、方式，采取有效办法减少受传者的选择性因素干扰，就可以达到预期的传播效果。

二、公共关系传播效果研究

公共关系的传播活动必须遵循一定的规律和原则，并选择科学方法进行，才能取得良好的效果。

(一) 制约传播效果的主要因素

传播效果的大小、有效与无效，受制于传播过程的各个因素和环节，这些因素和环节决定了传播的有效与否。

1. 传播内容的选择

受传者(公众)在接触传播内容时,有一个选择内容的过程。公众选择什么内容,是受其价值观、信仰、文化习俗、需求等影响。这些因素决定着传播者所传播的信息是否为公众所关心、感兴趣,也决定着公众对信息是否重要、新鲜、真实可信的判断。这就意味着传播者在传播信息时,必须充分考虑这些因素。当然,公众在选择信息时还受到信息表现形式的影响。如色彩、声响等。

2. 传播媒介的选择

随着传播技术的不断提高,公众有了选择传播媒介的余地。传播理论认为,人们总是选择那些既能满足自己对信息的需求,又方便、易得的媒介。用公式表示:选择的或然率与报偿的保证成正比,而与费力的程度成反比。所谓"报偿的保证"是指传播满足选择者需要的程度;"费力的程度"是指得到满足和使用媒介的难易程度。

3. 传播时空的选择

不同类型的公众有其不同的生活方式,他们在接受传播信息的空间和时间上也迥然不同。如儿童和老年人的作息时间不同,活动空间也不同,因而,他们对传播时空都有着各自的选择,这种选择必然会影响到传播效果。公共关系传播应该讲究传播的时机和传播的空间环境,选择恰当的传播时空,会有事半功倍的效果。

4. 传播内容的重复率

可以断言,如果哪个公司停止广告一段时间,那么,这个公司将在人们的记忆中消失。公共关系传播的目的,是通过传播信息,使公众将组织和组织产品形象牢牢记忆,而反复传播、持续刺激是强化公众记忆的重要手段。所以,传播内容的重复率的高低,也是影响公共关系传播效果的因素之一。

(二) 公共关系传播原则

为了获得最佳传播效果,必须遵循这样一些基本的规律和原则开展公共关系工作。

1. 实事求是原则

这是公共关系传播活动的首要原则,也是公共关系工作的生命。在传播活动中,不能隐瞒事实,不能故弄玄虚,不能欺世盗名,要创造传受双方相互信任和理解的气氛,才能达到公共关系传播活动的目标。

2. 简明清晰原则

传播的目的是为了让受传者了解、理解、分享所传信息的有关内容。这是涉及语言文字和声音图画等多方面的问题,必须在简明、清晰上下功夫。要让受众"听得清""看得明",否则会影响传受双方的传播沟通效果。总之,这一原则要求所有的文字、图画、色彩等语言和非语言手段都围绕主题和突出主题服务,尽可能使所传信息既全面、准确,又明了简洁。

3. 连续一致原则

要使受众接受一个完整的形象,并建立一种信念,必须将同一种信息连续不断而且前后、上下一致地予以传递,因为人们有时是很健忘的。作为一个公共关系传播工作者,必须在社会组织发展的不同时期,推出各个发展阶段相应的传播内容,总的目标和背景是一致的,但内容信息有所不同。

4. 艺术多样原则

公共关系面对各种类型的公众,不同公众的文化素质、生活习惯、经济状况及对不同传播媒介的接受程度都不一样,对所传信息有不同的接受、理解、记忆,因此就要采用多样化的传播形式。只有追求迎合受众的审美需要,才能使信息的传播更为有效。

5. 经济实效原则

公共关系传播工作的目的是为社会组织塑造良好形象,使社会组织更好地生存、发展,创造更大的经济效益和社会效益。尽量以最少的投入获得最大的效益为根本,这也是公共关系传播工作者应把握的原则。同时,要注意实际效果,坚持实效性原则。

(三)理想传播效果获得的方法和途径

1. 了解传播对象、明确传播目的

了解传播对象,明确传播目的,这是进行传播活动的前提条件和基础工作,也就是解决"对谁说"的问题。任何社会组织都有其目的,同样,任何传播活动也都有其目的。确立明确的目的,并且考虑经济效益与社会效益的统一性,考虑传受双方的目的一致,传播才能进行。

2. 树立有效传播者形象

有效传播者形象是一种为受众容易接受和乐于接受的传播者形象。必须具有良好的知名度、美誉度和权威性等特点。如利用名流、知名人士和权威专家等作为传播者,在传播活动中会起到轰动效应,容易为公众认可。

3. 恰当选择传播内容

传播的内容即传播的信息。有效的传播对内容选择要求有针对性、新鲜性和显著性。针对性是指所选择的传播内容要适合受众的特点和需要。新鲜性是指所选择的传播内容具有新颖独特的魅力,否则,就不会引起受众的兴趣和注意。显著性是指所选择和传播的信息具有明显的力度和刺激,能吸引公众的注意力。

4. 分析公共关系传播效果的逻辑顺序

(1) 认知层次效果

认知层次效果是指公众获得了组织所发布的信息,公众获得的信息越多、越准确、越全面越好。这一层次是公共关系传播效果的最低层次,也是基础,只有在这一层次获得了效果,才可能向更高层次发展。因此,公共关系必须重视这一层次传播工作的效果。

(2) 情感层次效果

情感层次效果是指组织机构与公众在传播活动中的感情联络。它是对所传播的信息的深层反应，如对信息的深层分析、判断和取舍。社会组织要注重组织内部之间和组织内部与组织外部之间的感情联络，缩小与公众的心理距离，使公众对组织产生好感。

(3) 态度层次效果

态度层次效果是指组织通过公共关系传播活动使公众形成对组织的正态度，改变公众的负态度。强化公众对社会组织的信任和理解的态度，为上升到更高层次效果奠定基础。

(4) 行为层次效果

行为层次效果是指社会组织通过公共关系活动引起公众的相应行为，而且是产生了对社会组织有利的行为。这是公共关系传播活动效果的最高层次，也是公共关系传播活动的最佳效果。这一层次的实现，必须有前三个层次的实现作为基础。

上述四个层次是一个由低级到高级的发展过程，它们是相互联系而不可分割的，只有这四个层次的传播效果都实现了，才可以说获得了理想的传播效果。对传播效果的检测，应注意到传播效果往往不是立竿见影的、大量的，是一种潜移默化的作用。

5. 排除干扰、及时反馈和评估调整

(1) 排除干扰

排除干扰是指影响传播的一切主客观因素。如传播者的知名度、美誉度不佳，或个人形象和组织形象存在问题等，都属于主观干扰因素。客观上干扰因素如线路故障，机器失灵或雷声、雨声等，再如社会环境、团体背景或公众受教育的水平、心理和需要等方面。

排除干扰主要从实际出发，研究公众的需求和特点，力求寻找双方共同的经验范围，增加理解与沟通，干扰因素就会减少许多，从而增强传播效果。

(2) 及时获得反馈

反馈有许多种，其中直接反馈最好。反馈是对所传信息效果的反应，是双向传播模式的重要环节。如能及时获得反馈信息就能迅速调整传播计划，如事后反馈要通过访问、座谈等活动，获取反馈信息，提供给决策层参考。

(3) 评估调整

评估是对传播阶段性或某一过程结束时的评论总结，通过评估把结果反馈给高层决策，有利于对原传播方案进行调整和完善，使组织的传播活动向更高水平发展。

从前面论述中我们看到，掌握了信息传播的基本原理和方法，就懂得了公共关系的精髓，也就掌握了公共关系的基本功。

【案例及案例讨论】

故宫的超级公关——故宫如何玩转IP公关

一、年轻人正在成为故宫IP的主力

继故宫文创口红系列爆红之后，故宫IP近日迎来2019年的第一个小高潮。

如果你关注故宫的推送，关注"紫禁城上元之夜"的点亮活动，一定已经第一时间冲到网站抢了票。

2月17日，先是故宫官网证实了"紫禁城上元之夜"的消息。2月19日和20日，也就是农历新年的正月十五和正月十六，故宫博物院将举办"紫禁城上元之夜"活动。

故宫博物院，其前身是明清两代皇宫紫禁城。2月19日和20日举办的"紫禁城上元之夜"活动，将是自1925年10月10日故宫博物院正式成立开幕后首次大规模的举办灯会活动。

2月18日晚间，已经有媒体拍到了故宫博物院提前将建筑群点亮造势。而这，将成为紫禁城建筑群首次在晚间被较大规模的点亮，"紫禁城上元之夜"活动也将是故宫博物院首次在晚间接受公众预约。

故宫博物院因此迎来巨大的客流量。在2月17日，正月十五晚间活动的预约票早早被火速抢光。小编尝试在2月18日凌晨预约正月十六晚间的活动门票，故宫门票预约网站服务器瞬间502(Bad Gateway)，门票系统长时间无法打开，用户登上社交网站开始吐槽。

如今，网络上不乏高价求票的爱好者。小编就在二手交易网站上发现不少出价3000元求票的用户，更甚者，传言网络上也有"出价10万元求名额"的爱好者。

对故宫夜场活动的极大热情透露出了人们对于故宫传统文化的喜爱。根据小编观察，求票的用户非常有特点，其中不乏上了岁数的传统爱好者、年轻的摄影师，甚至还有00后——二次元的汉服爱好者小姐姐。他们是跨年龄层的用户群。

这和这几年故宫博物院引发的热点不无联系。故宫文化曾登上电视——《我在故宫修文物》热播吸引了更多的人群，故宫甚至还创造了流行文化——故宫展经常会引发"故宫跑"，而为了吸引年轻人——官方微博时不时的会上传几张清代皇帝趣图；同时，故宫文创产品最近也登上热门爆款。

诚然，夜场故宫的第一次开放、第一次点亮，再加之在元宵节这种传统节日的点亮造就了人们参与故宫夜场的最大魔力。但故宫夜场开放的背后，其实是故宫越来越亲民化，越来越开放化以及越来越超级IP化。人们更喜欢故宫的理由都差不多——它背后，来自故宫这些年的主动转变。

现在回看故宫的转型，应该是从新一任院长单霁翔上任开始。根据资料，2012年上任的故宫博物院院长单霁翔出生在辽宁沈阳，却是江苏省江宁县人，他很小随父母来到北京，住过好几个四合院，没想到在58岁即将退休的年龄，接任故宫博物院院长，住进了世界上最大的一座"四合院"。

上任不到一个月，在接受《光明日报》采访时他就谈到了故宫管理的新政，大都是优化故宫博物院的内在结构，更注重来访用户的体验。

前任院长郑欣淼在职期间，将端门地区、午门雁翅楼、大高玄殿等处的管理权收归故宫。单霁翔要将这些文物重新修缮改造后科学、合理地利用起来，他认为不仅能够增大开放空间，而且可以通过这些空间提升综合服务接待能力，而达到间接增加开放面积的目的。他将端门地区改造为售票处、观众服务中心，用于缓解人流。“端门地区的商户和临时展览已被全部清退，新的售票窗口有望在‘五一’黄金周时启用。”“午门的雁翅楼收回后亦将改造为大型展厅，也会吸引更多的观众参观，从而缓解三大殿的压力。”故宫不少非公开区域经过修缮被陆续开放，而为了突出故宫博物院的文化尊严，他主动将办公区强制搬离故宫。

小编查询数据显示，2002 年故宫博物院开放面积为 30%，2012 年上任后单霁翔将开放面积增加到了 45.79%，达到 329717 平方米。而 2018 年，这一数据已经达到了 83%。

“红墙内在夜间就是一个完全封闭的安保区域，而白天则是对公众开放的参观区域。另外，建福宫花园不会成为‘顶级富豪私人会所’”

单霁翔还认为，传统文化要结合前沿技术。“要努力通过‘物联网’等先进技术，提高安全保卫的科技含量，实现对文物建筑、文物藏品和观众安全的多种手段、多重保障、全面覆盖。故宫的安全设施和技术手段必须是世界上最先进的。”

几年间，故宫博物院内打开了更多的参观区域，让人们更深入地了解故宫文化；人们有了更多的售票窗口，故宫还打开了午门的正门，缓解了排队；故宫修了更多的实木座椅供游客休息，以避免游客围绕古树席地而坐；故宫善用 LED 灯，既照亮了建筑群的层次又避免了破坏文物。另外，单霁翔还从细节做起，做到墙内禁草禁烟禁垃圾。

2017 年在接受新华社采访时，他再一次强调了改造故宫，要让观众有尊严，故宫有尊严以及让文物有尊严。在纪录片《我在故宫修文物》里有提到，故宫设立了文物医院，200 多位文物医生专门针对文物修复。还原更真实的故宫，他“希望大家来故宫看到绿地、蓝天、红墙、黄瓦。”

二、故宫的超级公关

注重博物院体验只是第一步，吸纳更多的年轻群体是第二步。2018 年，故宫文创产品火到引发了一场“宫斗”戏码。

2018 年 12 月 9 日，“故宫博物院文化创意馆”微信公众号推送了一篇名为《故宫口红，真的真的来了!》的文章，文中提到的 199 元的预售口红，订单量 48 小时内就超过3000支，其中，网红色“朗窑红色”的预定数超过 2000 支。

随后，故宫博物院相关店铺“故宫淘宝”官方微博发文：“目前市面上见到的所有彩妆并非我们所设计。”

12 月 10 日，“故宫淘宝”宣布发售 8 款彩妆产品，涵盖眼影、口红、腮红等，在文末“故宫淘宝”强调:“以上是故宫淘宝原创。”

12月20日,“故宫淘宝”发文称再推出口红套盒。这套含有蓝色、莹白、金色等小众颜色的口红套盒,又在开售后不到一小时,销量突破了5000套。

“宫斗”让故宫成为风口浪尖,这让人们主动去查询故宫博物院如今的商业版图。

根据天眼查,故宫博物院对外投资了3家公司,分别为北京故宫文化服务中心、北京紫禁城窑厂、故宫博物院餐饮服务部。

如果把故宫看成一个公司,单霁翔就是公司的CEO,文创礼品就是他们研发的文化产品,这形成了一个商业运转体系。

上述“宫斗”戏码的故宫博物院文化创意馆,和故宫淘宝,其实归根都属故宫博物院,他们形成了赛马机制,“左右互搏”。简而言之,都是为故宫博物院挣钱。故宫博物院常务副院长王亚民提到,故宫博物院专门成立了公共文化服务中心、经营管理处、故宫出版社和故宫文化传播公司等,专门从事文创工作的工作人员达到了150多人,分布在文化创意产品策划、设计、生产、销售各个环节。如今在网络平台上,故宫博物院相关的店铺有4家:售卖门票的故宫博物院官方旗舰店、售卖创意生活用品的故宫博物院文创旗舰店、出售书籍字画的故宫博物院出版旗舰店、主打萌系路线的故宫淘宝。

善于面对媒体,满嘴金句的单霁翔,在传统文化面前他是搞宣传的一把好手,为了给故宫文创产品带货,这期间还把自己带成了故宫博物院的第一“网红”。

三、让故宫成为超级IP

故宫的新媒体负责人表示:“故宫这两年最大的改变就是心态更开放了,希望通过社交平台传递出一个有温度的紫禁城,所以故宫的官方微信、微博发布的大量内容都是带着感情和色彩的。”社交平台的推出体现出了一名CEO该有的互联网流量思路。在接受新华社采访时,单霁翔说:“展馆再多,能来故宫看看的也是少数。”为了让更多的人可以感受故宫文化,故宫上线了“掌上故宫”“故宫社区”“皇帝的一天”等多个手机APP,推广故宫的生活方式。故宫微博一度成了网红,皇帝趣图、雪景图片被疯狂转发;文创产品在社交平台上被广泛讨论。故宫博物院全面拥抱数字化,焕发新的活力。

2019年春节,故宫博物院还特举办春节大展“贺岁迎祥——紫禁城里过大年”,“宫里过大年”数字沉浸体验展2019年1月23日在乾清宫东庑正式拉开帷幕。沉浸体验展融汇了故宫历史及院藏文物中蕴藏的过年元素,运用数字投影、虚拟影像、互动捕捉等方式形成春节文化与人的互动,传统文化元素与当代艺术设计交织,组成创新的文化体验空间。观众可以沉浸其中,感受新鲜有趣的浓浓年味。

快600岁的故宫博物院正变得越来越年轻,越来越亲民,它在社交媒体上拥有超过770万粉丝,2018年接待游客人数为历史新高,超过了1700万。2017年,故宫文创的营业额已经达到了15亿元。

年轻人也正在成为故宫的主力用户。故宫博物院公布的数据显示,来访故宫游客30岁以下观众占40%,30～40岁观众占24%,40～50岁观众占17.5%。

如今故宫已经是一个超级IP,而超级IP的标杆,其实是迪士尼。

故宫和迪士尼其实有很多相似的地方。它们不简单是那种狂热的IP流量,它们的IP构成跨越了年龄和社会阶层,去迪士尼和去故宫,都可以有老有小。这种超级IP来自历史积淀,是古老和创新的力量,不仅仅是卖个萌那么简单。

故宫模式成功背后依托的是故宫资源和品牌IP的独特性和唯一性,这些其他景区和品牌无可比拟的先天优势使得故宫模式不可简单复制。故宫的营销虽然看起来很接地气、很卖萌,但并没有把对历史严谨的研究态度、厚重的历史感全部抛弃,而是给自己了一种新的展现形式,让更多人可以了解到中国的历史和文化。

IP被视为营销活动的新能量源,将品牌IP化包装成为大势所趋。在这样一个快速消费的时代,原地不动的IP符号很难再有生存空间。企业/品牌需要结合自己的特性和需求来制定出合理的IP打造计划。

我们从"故宫模式"可以学到的,是如何用接地气的创意理念,将传统文化转化为IP,进而融入现代生活方式转化为商品以及商业的全新思维。

(资料来源:一品知识产权网.2019-02-20)

案例讨论:

1. 此案例中故宫的"超级IP公关"涉及了哪些传播要素?

2. 你认为"故宫模式"成功的关键是什么?为什么?

【思考题】

1. 传播的基本要素有哪些?
2. 传播的模式有哪几类?
3. 公共关系选择传播媒介应从哪些方面考虑?
4. 如何克服传播中的障碍?
5. 增强公共关系传播效果的逻辑顺序是什么?

第六章　公共关系调查

【案例导读】

发现中国 24 节气

2018 年 8 月 6 日，北京民生现代博物馆，路虎中国对其体验营销活动“发现无止境”以往活动作以总结，并对本年度主题及线路作以揭幕。

值得注意的是，当日 24 小时后，将迎来中国传统节气“秋分”，也正是借此契机，“发现中国 24 节气”将成为本年度路虎的营销主线之一。据了解，早于今年夏至时节，路虎便携手《中国国家地理》杂志，开启了这次贯穿整年的关于自然、人文及智慧的探索新征程，这也将再次定义体验活动的新境界。与此同时，活动现场“发现无止境秋分之旅”也正式启动全国招募，在实现品牌高质量传播的同时，这也加大了受众对该体验活动的参与感知。

从“发现最美 24 小时”到“发现最美前线”、从“未历之征”到“征越界限”、从“征所不能”到“发现中国 24 节气”，作为其在营销领域的品牌活动，路虎“发现无止境”探享之旅迄今为止已走过六届春秋。

捷豹路虎联合市场销售与服务机构市场执行副总裁胡波表示，之所以连续多年开展中国传统节气之旅活动，是因为通过前期严谨的调查发现，中国市场及消费者对节气的敏感度非常高，他是中国传统文化的重要组成部分，在中国人心中具有举足轻重的地位和独特的情感归宿，因此路虎希望通过对中国环境节气的探索，向消费传递出亲近自然的生活理念，同时与路虎产品的融入，也让更多客户对路虎的产品驾乘有更为直观的感触。

（资料来源：根据路虎中国官方网站及汽车之家相关网站内容整理编写. 2018-03-21）

公共关系调查是公共关系实务的基础和起点，是公共关系人员运用定量分析和定性分析相结合的方法，科学地、准确地调查社会组织的公共关系现状与历史，预测公共关系发展，检验公共关系效果的活动。在公共关系调查的前提下，制定科学可行的公共关系计划，建立组织信誉和形象，寻求自身效益与社会效益相结合的最佳途径。

第一节　公共关系调查的作用与指导原则

公共关系调查的目的，是为了了解组织情况和公众意见，掌握各类信息与社会发展趋势，找出组织公共关系中存在的问题，为组织决策提供依据。但必须遵循一定的原则展开公共关系调查。

一、公共关系调查及作用

(一) 公共关系调查

美国公共关系专家约翰·马斯顿指出:公共关系调查研究就是有计划地、精心组织地、准确地发现事实和倾听他人意见的过程。公共关系调查是在社会调查的基础上发展起来的,最早可追溯到公元前3000年埃及国王筹建金字塔而进行的人口和财产调查。英国于1801年开始了世界上最早的人口普查,后逐渐推广应用于西欧各国。随着社会进步和科学技术的发展,现代社会调查日益科学化、系统化,无论是调查的理论,还是调查的方式、手段都有了迅速的发展。19世纪30年代美国出现了一批应用科学方法的专门调查机构,最著名的是盖洛普于1935年创办的美国民意测验机构,成功预测了1936年美国总统竞选,成为风云一时的跨国公司。

到了20世纪初,公共关系逐渐引进了社会调查方法。在有"公关之父"之称的艾维·李的公共关系实务活动以及美国总统竞选活动的民意测验中,都使用了社会调查方法。公共关系调查由此而诞生。公共关系调查继承了早期社会调查的各种优势,又吸取了许多相关学科的新成就,如实验心理学、统计学、社会学、管理学等。特别是现代高科技的产物——电子计算机的普及应用,使公共关系调查的科学性与可靠性程度已能定量化地显示出来。随着公共关系活动的增多,公共关系调查已经成为组织公共关系实务操作过程中不可缺少的部分,其作用显得日益重要。

公共关系调查是指社会组织通过各种有效的方法和手段,获取社会公众对本组织各个方面的意见、态度和反应等信息资料,从而对组织的形象进行分析测定的活动。

(二) 公共关系调查的作用

1. 搜集整理信息,积累资料

公共关系调查的主要任务,就是广泛及时地搜集信息、整理信息并积累同组织有关的信息,形成组织的信息源和资料库,满足组织经营管理人员随时查询的需要,充分发挥信息在组织决策中的基础作用。

2. 制定政策,及时反馈信息

全面调查公众意见和社会环境,以详细系统的资料和数据为依据,制定正确有效的公共关系政策。在执行公共关系政策的过程中,随时进行公共关系调查,及时反馈社会环境与公众舆论等各种信息,随时发现问题或偏差,及时调整组织行为,使组织公共关系政策日臻完善。

3. 监测环境,调整公共关系活动

公共关系调查,可以起到监测政治、经济、文化等环境方面的作用。通过公共关系调查,收集有关环境变化的资料,加以分析研究,注意其发展趋势,保证组织作出符合公共利益与要求、与社会趋势相统一的正确决策,掌握正确的经营发展方向。

4. 了解公众意见,协调工作

通过公共关系调查,可以了解内外公众对社会组织的意见、要求、希望和评价,能准确、及时地处理公众的意见,进行正确舆论导向,使社会组织发展不受影响,并加强同公众的联系。同时,公共关系调查可以协调组织内部各部门的关系,有利于开展统一的公共关系工作。

5. 知晓自身状况,准确定位

通过公共关系调查,可以知晓社会组织自身的各种现实状况,如人事关系、舆论和形象等状况。就能确定社会组织的公共关系目标,进行组织形象定位,策划有效的公共关系活动方案。

二、公共关系调查的指导原则

(一) 客观公正

公共关系人员应实事求是,尊重事实真相,客观公正地了解和掌握各方面信息情况,准确分析社会组织问题的实质,并据此制定出正确的公共关系计划与方案。公共关系调查必须有一个统一的标准尺度,有自身相对的独立性,以保证其客观性;同时,公共关系调查还要求在同等条件下重复测量,以获得相同的结果,力求准确无误。

(二) 全面系统

公共关系调查必须注意要全面反映调查对象的内外特征。调查工作应全方位展开,第一是调查对象的广泛全面,但又必须具有代表性;第二是注意调查资料的全面性,即调查对象的正反面意见都得听取;第三是运用各种调查方法,进行分析和综合论证。

(三) 科学准确

公共关系人员应掌握科学的思维方式与调查研究方法,确保公共关系调查结果的准确性。同时,对调查问题的实质及相关因素做具体的、科学的分析与估计,从实际出发选择适当方法,从事实到结论都必须进行严密的逻辑推理,经受实践的检验。

(四) 定量化

定量化与定性化两种方法互相补充,已成为现代科学调查中普遍应用的方法。定量化方法就是将数学方法运用于调查中,对调查对象进行量的分析、描述、推导和计算,从量的关系上认识事物,使调查精确化、科学化。可以运用统计学原理做调查规划;运用数学模型进行搜集分析资料;运用数学关系显示和表达调查的结论;运用精确研究数据调查对象,对其做随机定量描述。这些都是防止出现误差的有效措施。

(五) 时效性

公共关系调查人员运用熟练的调查技术,及时合理地调配时间,准确地反馈调查结果。公共关系调查有时间性,迟滞的调查信息会使社会组织失去取胜发展的机会,必须注意调查过程中信息传递的及时和快捷。当然,社会组织也要坚持长期的公共关系调查,以求捕捉最新信息,使其在竞争中立于不败之地。

第二节　公共关系调查的内容与过程

公共关系调查的内容一般包括社会组织基本情况调查、公众意见、社会组织所处的社会环境以及组织形象等方面。在公共关系调查过程中，一般由四个基本程序，即调查课题的确定，制定调查方案，调查资料的搜集、分析，公共关系调查的总结。必须细心研究公共关系调查的内容与过程，以保证公共关系调查的科学性和可靠性。

一、公共关系调查的内容

（一）社会组织基本情况调查

社会组织基本情况是公众评价的主要对象，也是公共关系调查的背景资料之一。全面了解社会组织的历史与现状，才能正确评价公众意见。这是公共关系人员必须具备的资料，开展各项公共关系活动都可能用到这些资料。这些资料包括社会组织的经营状况和内部关系状况。

1. 社会组织经营状况

社会组织经营状况主要包括社会组织建立的时间、组织历史上的重大事件及影响；社会组织的经营方针与目标、生产管理状况及各项制度等；社会组织对社会的贡献；社会组织的市场竞争状况；企业文化和企业形象；新技术引进和新项目、新产品的开发等。

2. 社会组织内部关系状况

社会组织内部关系状况关系到社会组织内部是否具有凝聚力、向心力的状况。这种关系十分复杂，比如人际关系状况、经济关系状况等，通过公共关系调查，了解各类关系现状，为社会组织制定内部协调、沟通方案提供了科学依据，特别是内部员工状况调查，如年龄结构、文化程度、专业特长、兴趣爱好；对社会组织发展有重大贡献的员工状况；社会组织领导层、决策层的总体状况。通过公共关系调查，理顺上下关系，达到内求团结的目的。

（二）公众意见调查

公众意见调查是公共关系调查的重要内容，也是确定社会组织形象现状的主要依据。公众意见调查主要是调查公众对社会组织的认识、态度与印象，包括知名度、信誉度和公众评价调查，通过征求公众意见和同行业有关专家的意见，确定组织形象在公众心目中的地位。另外，还要调查公众的动机，探明造成这种印象和评价的主要原因；调查组织公共关系活动中内外传播活动的效果；调查内部公众意见。及时准确地把握公众意见及公众的变化动向，对社会组织开展公共关系活动具有重要意义。

公众意见调查主要集中在外部公众中，如消费者公众、媒介公众及其他外部公众。媒介公众在数量上虽逊于消费者公众，但其重要程度却绝不亚于后者，可以说是有过之而无不及。对媒介公众的调查也是公共关系调查研究中不可缺少的一部分内容,通过调查了解媒介的特征、覆盖面、受众构成等状况,以便有选择性地利用适合本组织的媒介传播途径。

外部公众中最大的公众群体是消费者,因此对消费者公共关系的调查就构成了外部公众调查中最主要内容。对消费者的调查可根据下列内容进行,见表 6-1。

表 6-1　消费者调查内容

分类依据		细分实例
地理因素	地区	城市、农村、山区、平原、华东、华北、内陆、沿海……
	大小	1 万人、10 万人、100 万人、1000 万人……
	气候	热带、亚热带、温带、寒带……
	人口密度	10 万人口的城市、300 万人口的城市……
人口因素	年龄	婴幼儿、少年儿童、青年、中年、老年
	性别	男、女
	职业	工人、农民、教师、军人、医生、学生……
	文化程度	文盲、小学、初中、中专、大学、硕士、博士、博士后
	收入	400 元以下,400～800 元,800～1000 元……
	宗教信仰	佛教徒、基督徒、伊斯兰教徒……
	民族	汉族、回族、藏族、维吾尔族、壮族……
	种族	黄色人种、棕色人种、黑色人种、白色人种……
	家庭生命周期	单身期、新婚期、满巢初、中、后期、空巢期
行为因素	购买动机	情绪、情感、理智、认知
	购买单位	个人、集体、家用、单身用
	购买地点	随意性、地点性、选择性
	购买原因	赠送、更新、新增
	购买追求	质量、服务、经济……
	购买方法	一次性、分期、现金、赊购
	购买者状况	从未用过、首次用、以前用过、多次用……
态度因素	品牌忠诚度	特强、强、一般、没有
	对产品态度	热衷、积极、一般、不关心、讨厌

(三)社会环境调查

进行社会环境调查,是为了使社会组织适应外部环境的变化,以求社会组织的生存与发展。社会环境调查的主要内容有:

1. 政策环境

政策环境包括国家对社会组织的各项方针政策,法律和规章制度。如经济合同法、环境保护法、劳动法等,还有新闻媒介的有关报道等,都可以作为公共关系调查的专题，进行追踪分析研究。

例如：在美国和苏联核潜艇技术的竞争期间，苏联有256艘攻击型核潜艇，而美国只有96艘，但美国的核潜艇噪声小，苏联的核潜艇噪声大。一般情况下，美国的反潜系统在距苏联核潜艇200海里时，便能发现它并辨别其特征，因此，苏联若不尽快设法消除噪声，一旦爆发战争，苏联的核潜艇将是一堆废铁。核潜艇的噪声主要是由螺旋桨造成的。1981年，苏联谋求从日本东芝机械公司进口MBP-10铣床。素有"经济动物"之称的东芝机械公司明知这种机床在巴黎的统筹委员会货单上是绝对禁止向经互会成员国出口的，便以符合"巴统"规定的TDP70-110机床申请出口。在装船时，要个掉包计，骗过日本通产省和海关的所有官员，甚至还派人员到列宁格勒安装调试机床。效果很快显出来：苏联新型攻击核潜艇的噪声降到原来的1/10乃至1%，美国潜艇必须靠近到20海里以内才能发现并跟踪苏联潜艇。美国若要保持其优势，必须改进反潜系统，估计需要花费200亿至400亿美元。事情败露后，日本通产省宣布在一年内禁止东芝机械公司向14个国家出口产品，仅此一项使东芝机械公司损失1亿美元。美国对见利忘"义"的东芝公司报复更为激烈，国会通过法案，禁止东芝公司电子产品进入美国市场。在日本，许多当事人被捕，东芝机械公司乃至东芝公司首脑先后引咎辞职，一时间东芝股票价格猛跌，企业陷入困境。

东芝公司这一行为就是有悖政治环境之举。它企图通过骗术来逃避可能由于政治因素导致的惩罚，但他们忘记了美国庞大的政治信息侦察网是不会放过任何与他们的政治利益有冲突的交易行为的。

社会组织对政治环境的调查，包括对现在和未来一定时期内国内外的政治势态、走向以及有关的已出台和将可能出台的方针、政策、法规、规章制度等的调查。对这样的调查可借助于对公开文件、内部参考资料、大众传播媒介的信息、各种评论及综述、重要人士的讲话和倾向性活动等进行形势分析来进行，也可向有关人士进行咨询。

2. 社会问题

社会问题包括国家财政金融、税收状况，社会的重大问题，如人口与就业问题、生态平衡与人类资源问题等，这些问题往往会影响公众的意见，而且还关系到社会组织的发展与消亡。国家、社会对这些问题采取的对策，往往是社会组织发展战略的重要依据。

3. 同行业环境

同行业环境包括社会组织在同行业中的地位、竞争与合作状况；材料能源供应状况；风险与机会和消费者需求状况；同行业社会组织相关的各种机构状况，如科研机构、金融机构等；社会组织开展公共关系活动的经验、教训和技巧等。这些内容都要进行调查研究，以求在同行业中处于领先地位。

（四）社会组织实际形象调查

社会组织实际形象往往与其自身期望形象有着差距，所以必须通过调查，来了解自身形象的准确地位。衡量实际形象的指标是依靠社会组织的知名度和美誉度,通过对公众的数量和层面调查,获知组织知名度的高低;通过对公众舆论和态度的调查,获知社会组织的美誉度。从这些调查中找出自身形象的差距与不足,从而在方针政策、服务水平和产品质量等方面确定方案,给予及时调整,使社会组织自身期望形象与实际形象相一致。

1. 社会组织自我期望形象调查

社会组织自我期望形象调查是指组织期望达到的理想形象,而并非真实形象状态。公共关系活动的目的之一就是将社会组织的理想形象外化为实际形象。社会组织的期望值越高,组织所做出的努力就越大,但切忌将组织的期望形象定得太高,因为不切合实际的期望其成功比例低。对于社会组织自我期望形象的调查往往通过以下几个方面进行:

第一,分析社会组织决策层的组织形象期望值。社会组织决策层对本组织公共关系状态的评价及对本组织公共关系目标的追求,是社会组织自我期望形象的决定因素和主要依据。因为公共关系的目标是服务于社会组织的总体目标,而决策层对组织自我形象的定位在实现社会组织的总体目标中具有决定性的意义。因而,必须首先调查和分析决策者所拟定的有关组织的宗旨、方针、政策及计划目标等,并研究决策者为组织生存和发展而制定的总体设想和意图、经营管理手段等,以此作为设计组织形象的依据。

第二,分析社会组织员工的组织形象期望值。员工是社会组织的重要内部公众,是组织成员的大多数,决策者对组织形象期望值的追求不能脱离内部多数成员,并取得他们的认可和支持。因而,通过调查分析组织员工对组织形象的期望值,使组织决策者与组织内部员工在组织形象期望值上达成一致,以便更好地实现社会组织的公共关系目标和总体目标。

第三,分析社会组织实现期望形象目标的条件。无论是决策者还是内部员工的组织形象期望值的确立,都应基于组织本身的特定条件而定。因而,对组织进行全方位的考察和分析,是确立社会组织期望形象的重要环节。

2. 社会组织实际形象调查

调查和分析社会组织实际形象的目的,在于掌握组织期望和实际形象之间的差距值,以确立可行的期望形象目标。社会组织的实际形象调查可通过以下程序进行:

程序一:公众细分调查。对于任何一个组织而言,其面对的公众是一个极其复杂的系统。公众的分布空间不同,公众纵向发展的程度不同。必须对各类不同的公众进行细分并研究,以确定哪一类、哪一级公众属于调查的对象和范围。

程序二:测量组织实际形象。在公众细分调查的基础上,实施具体调查分析(如:访谈法、问卷法等),然后运用组织形象地位图,设置组织形象知名度和美誉度两项指标,综合分析和评价公众意见,采用定量分析测定组织的实际形象地位,如图 6-1 所示。

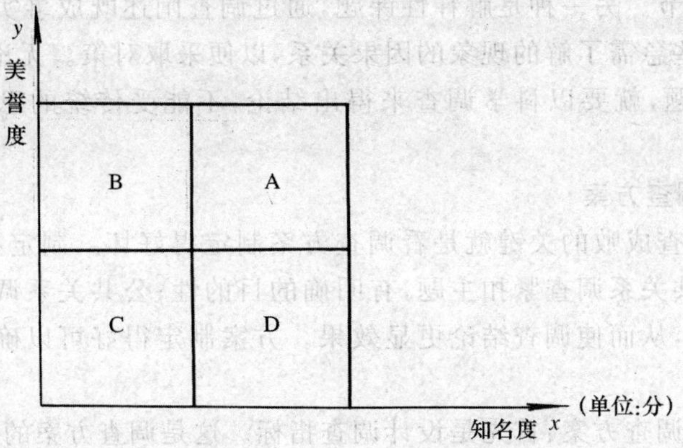

图 6-1　组织形象象限图

假设最高知名度和高美誉度度为 100 分。

A 区表示高知名度和高美誉度。处在这一区域的组织,有着良好的形象。

B 区表示高美誉度和低知名度。处于这一区域的组织,组织形象传播不力。

C 区表示低知名度和低美誉度。处于这一区域的组织,知名度和美誉度都处低谷。

D 区表示低美誉度和高知名度。处于这一区域的组织,极低的美誉度并扩散于市场。

程序三:形象要素的分析。组织形象的内容不是单一的。处于上述某种形象地位,总是由多种因素造成的。要正确评价组织的实际形象,还需要进一步分析调查形成某种形象的具体原因,以便有的放矢地制定改善组织形象的具体措施。

二、公共关系调查的过程

(一) 确定调查课题

公共关系调查的第一步,是要明确调查研究的主要内容和调查对象。课题的选择是多种多样的,可以是与经营、销售有关的问题,如公众的消费习惯或消费心理需求等,也可以是社会组织与各类公众间的关系状况,如社会组织与新闻媒介公众间的关系,与同行业竞争对手的关系等,重要的是要慎重选择课题,寻找与社会组织密切相关的实用、急需和针对性强的课题。

调查课题的确定一般分为三个环节:第一是提出问题,从社会组织的实际情况出发,结合社会组织的公共关系目标,选择有潜在发展价值的课题。第二是分析问题,对所提问题进行规范化和具体化。第三是确定问题,明确调查课题的目的和所要解决的问题之后,必须清晰地阐明课题,并以一种假设性的方式提出,最后形成可研究的题目。

公共关系调查课题一般有两种类型:一种是描述性课题,即通过调查来详尽描述对象的轮廓和细节。另一种是解释性课题,通过调查阐述既成事实为何或如何发生的原因,解释某些急需了解的现象的因果关系,以便采取对策。无论采用何种类型课题,一旦确定课题,就要以科学调查来得出结论,不能受传统的思维方法和观念的束缚。

(二) 制定调查方案

公共关系调查成败的关键就是看调查方案制定得好坏。制定科学、正确的调查方案,可以使公共关系调查紧扣主题,有明确的目的性;公共关系调查人员对调查的内容作通盘考虑,从而使调查结论更显效果。方案制定得好可以确保调查工作有条不紊地展开。

分两步制定调查方案:首先是设计调查指标。这是调查方案的主题部分,调查指标是公共关系调查的目的和科学假设的集中体现。因此,必须注意设计指标的可行性,在科学理论的指导下,进行综合分析,形成一套完整的调查指标系统。其次是设计调查具体方案。这一步涉及的内容相当广泛,一般包括调查的对象、工具、时间、地区范围和调查的方法等。在调查中每个环节必须仔细考虑,不可疏漏,才能开展卓有成效的调查,获得理想的调查效果。

(三) 搜集和分析调查资料

搜集调查资料的过程,是应用科学的方法和手段的过程。公共关系调查人员采取科学的收集方法,如调查统计表、统计图和调查问卷等,及时、真实而全面地反映与调查内容相关的各种资料。然后,对各种资料进行系统整理和统计分析。应用统计学知识,对调查资料进行更深层面的发掘,理清头绪,抓住问题的要害点,得出正确的调查结论。

(四) 评价调查结果

这是公共关系调查过程的最后一个环节,经过对调查资料的汇总统计分析,得出了公共关系调查的结果。将这一结果与第一阶段课题确定时拟定的目标进行比较研究,如取得一致,说明公共关系调查取得了成功。反之,则是失败的。但不论结果如何,都可以从中获知许多新的情况。

调查结果是用调查报告来表现的,当调查报告被决策层作为参考依据时,也就是结果已得到了应用,这是公共关系调查的最终目的。

第三节　公共关系调查的方法

公共关系调查的方法多种多样,形式各异。科学正确的调查方法,能保证调查取得事半功倍之效,它是公共关系调查的关键环节。公共关系调查最常使用的方法是:文献研究法、民意测验法、公共关系审查法、公共关系预测法。

一、文献研究法

文献研究是公共关系调查中运用比较普遍的一种方法。它是一种收集、整理、保存、检索和分析文献资料的方法，目的是为了积累整理资料，以便急需使用时迅速查出有关资料，分析事实与观点，及时发现问题，为公共关系活动服务。其主要步骤如下：

（一）收集资料

社会组织的公共关系部门必须购置常用的工具书，如各种辞书和各类年鉴，从中了解国内外重大事件，以及各行业新的进展和新的成就。从辞书中引用典故、丰富词汇，使各种传播材料制作得更加精彩纷呈。此外，必须了解本组织的历史和现状，以及基本的经营状况，这些情况资料的收集要从各种内部刊物、公众档案、企业报表、市场情报资料等方面才能深入地了解到。

（二）检索资料

对收集到的资料进行分类整理，建立检索系统。可以按汉语拼音或偏旁部首排序，也可以英文字母顺序，进行分类目录检索。如一般社会组织机构的汉语拼音排序是：

背景材料：本组织经营的历史与现状。

传播情况：本组织对内对外的传播工具、内容、对象和传播效果。

法律政策：同本组织有关的各项国家法规和组织规章。

公众意见：内外公众的意见、行为态度等。

剪报汇编：对本组织的各种新闻报刊报道；对同行业的报道；各种市场经济技术信息报道。

竞争者状况：同行业竞争者的经营、生产、技术管理，内外公众意见及公共关系状况。

人物传记：本组织创始人，各位领导者、劳模和各种获奖人员以及有重大发明创造或杰出贡献者。

政府关系：本组织同公安、财政税收、审计、环保等政府机构的联络情况。

（三）保存资料

随着时代的发展，现代保存资料的方法不再局限于剪贴、复印、装订、登记、编目和归档等工序，许多社会组织都已采用电脑储存来管理资料。建立电脑资料库，扩大了检索范围，提高了检索的速度。当然，这就需要既通管理又通电脑技术的训练有素的专门人才，才能使电脑管理取得理想的经济效益。

（四）分析资料

采用纵向和横向分析的方法，检索出有关资料，进行详尽分析，提出报告建议，为决策者提供参考咨询。公共关系人员在分析资料时必须保证观点的准确和可靠，广泛征询专家意见，在综合分析了丰富详实的资料和各方意见之后，再提出建议与方案。

二、民意测验法

民意测验也称问卷法,是公共关系调查中应用最广泛的方法。最早发源于美国,出现了许多专业性的民意测验机构,如非常有名的盖洛普民意测验组织、哈里斯组织、杨科洛维奇组织等。民意测验法是用书面回答的方式直接了解公众的要求,民意测验的步骤包括:确定调查目的和调查总体、拟定调查表、确定访问方式、进行抽样和访问、整理数据资料并撰写调查报告。

(一)确定调查目的及具体指标体系

首先了解组织领导者的真实想法,使民意测验顺利进行。其次是了解组织领导者进行民意测验的具体目标,即明确调查的主题是什么,以及从哪些方面来说明问题。目的越明确越好,但一次民意测验具体目标不可过多,设计的提问一般不宜过多,否则会让人生厌,降低质量。如果目标不明确,或未形成相关的指标体系,其结果将会毫无意义。

(二)确定调查对象

确定调查对象即明确向哪些公众进行调查。因为各个组织所面对的公众是一个复杂的人脉系统,在这个人脉系统中,有外部公众和内部公众,外部公众包括了消费者公众、社区公众、媒介公众、政府公众、供销链环节公众等,而内部公众则有涉及员工公众等。公共关系的调查有时并非涉及所有的公众,因而,根据调查目标来确定调查对象,可避免调查结论的不科学、不具有代表性。如果调查结论不科学或不具有代表性,那么,这样的调查无疑是偏离了公共关系的目标。

(三)拟定问卷

问卷设计具有很强的专业性、科学性和艺术性。拟定问卷,要围绕调查目标提问,探测调查对象的情况、认识和态度。

1. 两项或多项选择提问和开放式提问

前两项提问属于封闭式提问。列出所有的备选答案,内容规范,便于定量分析。但该方法容易忽略可能的备选答案,会产生偏差。开放式提问也称自由式提问,一般用于深度调查,让调查对象自由解答,答案十分广泛,给整理资料带来一定难度,不易统一标准,误差也较大。除这三种方式外,还有多种问卷方式,如组句法、填空法或采用图表测量等方式方法。

2. 组织问题、斟酌措辞和试测

首先是组织问题,在一份问卷前,一般要有简短的说明,解释调查的目的,言词委婉恳切,尊重对方;提问顺序上,要适应调查对象的心理,先易后难;把同类问题归纳在一起,按逻辑顺序提出。其次要斟酌措辞,提问要明白易懂,避免使用带有倾向性的措辞。再次,问卷拟好后,在小范围的具有代表性的调查对象中测试,检验问卷设计中的科学性和可行性。如发现问题要及时修正,最后才定稿。

（四）确定访问方式

有深度访问和问卷访问两种方式。

1. 深度访问

可以进行个别访问，也可进行小组座谈会。这种访问不用问卷，事先准备好访问重点。调查对象不受问题限制，可畅所欲言，双方互相启发，共同探讨，使调查更加深入。

2. 问卷访问

可分为当面访问、通信访问和电话访问。采用精心设计的问卷，其结果可以编码统计，进行定量分析。三种访问方式各有利弊，采用何种方式，取决于调查目的、人口总体、调查对象的分布、问卷长短等。还要考虑问卷复杂程度，以及经费和时间等因素。

（五）进行抽样

社会调查有普查和抽样调查两种方式。普查是对全部公众进行尽可能多内容的调查，使社会组织获得尽可能多而全面的资料。该方式虽比较准确可靠，但需要大量人力、物力、财力和时间，如全国人口普查就是如此。对一般组织机构和公共关系公司来讲一般采用抽样调查的方法。

进行抽样调查，需要有一份反映人口总体自然特征的基础材料，如地图、姓名地址目录或电话簿等，从中抽选一部分人进行调查，根据其结果推论整体情况的方法。它所产生的误差，可以用统计方法计算和控制。抽样调查一般分为随机抽样和非随机抽样两种。其中随机抽样又分为简单随机抽样、分层随机抽样、分层同比和异比抽样、多阶段分地区抽样等多种方式。

1. 随机抽样

在随机抽样方法中，简单随机抽样是用纯粹偶然的方法在总体中随机抽取若干个个体作为样本，总体中每一个个体被抽取的机会是相等的，抽样者不能作任何有目的的选择。分层随机抽样，先将总体按特征分类，即按个体的特性如行业、年龄、教育程度等分层次，然后在每一层次中选取部分作为样本。分层随机抽样包括同比和异比两种方法。即对各层次按同一比例或对各层次采用不同比例进行抽样调查。多阶段分地区抽样是对广大地理区域的公众进行访问时需采用的方法，是建立在分层随机抽样方法的基础上的。

2. 非随机抽样

即按照调查的目的和要求，依据一定的标准选取样本。总体中每一个个体可能被抽取的机会是不相等的。一般有任意抽样、判断抽样和配额抽样等形式。任意抽样是调查人员从方便的角度出发选择样本，比较简单而且节约经费，故常被广泛采用。判断抽样是根据专家或调查人员的主观判断来选取样本，能适应调查人员的某种特殊需要，配额抽样是将总体先按调查特征分层，并规定各层次的样本配额，再由调查人员按每一层的配额依判断抽样的原则进行抽样。这种方法比较省时、省力、省钱,只要在调查中认真执行规定,就能获得准确的结果。

三、公共关系审查法

公共关系审查法是用来对社会组织机构的公共关系现状进行全面审查,调查各类公众对该组织机构的印象,分析组织机构运转中出现的问题或有隐患的存在,从而提出公共关系工作的目标和实施公共关系活动的步骤。

进行公共关系审查时,主要通过广泛访问、舆论调查和仔细分析的方法调查公众的意见,然后有针对性地提出今后的公共关系计划。最后检测公共关系的传播效果,检测时主要采用受众调查法和内容分析法。

受众调查的基本方法有:日记法、机械记录法、面访法和有助或无助回忆法等等。内容分析法的研究对象是传播内容,其基本步骤,首先是确定分类,依据研究目的,对传播内容加以分类。其次是定量分析,对各类传播内容所占的篇幅或时间加以统计。再次是定性分析,请专家或传播媒介有关的人员共同研究,评价报道是否达到理想效果。

四、公共关系预测法

采用公共关系预测法,可以从出现的诸多社会问题中,预测组织机构可能遇到的公共关系问题。主要步骤有:

第一是识别问题,通过查阅资料、民意测验等方法,收集并罗列出各种正在出现或可能出现的问题。

第二是排列问题等级,按主次轻重缓急等划分问题等级。一般分为对组织机构有存亡决定作用的"战略性问题"和不决定组织机构存亡的"公共政策问题"。

第三是把问题与本组织机构的总体目标、经营理念等相联系。

第四是制定可供选择的行动方案,确定目标,划分具体指标,最终寻找到走向成功的最佳途径,列出几种方案供决策层选择。

上面介绍了公共关系调查的四种方法,其中民意测验的方法最多,可单独分开运用于实践中,通过调查获得有关组织的某些方面的认识或结论,为开展下一步的公共关系工作服务。

第四节　公共关系调查的分析研究和调查报告的撰写

公共关系调查的分析研究是指对调查所得资料、数据的研究,它通过对资料的分析研究,探讨把握事物发展的规模、程度,以及隐藏在大量资料背后的事物现象之间的本质联系、事物性质和发展趋势等一些实质性的关键问题。因此,从某种意义上可以说,没有公共关系调查的分析、研究就没有公共关系调查的意义可言。

公共关系调查作为一种实践活动,其成果要体现出来,并在一段时间里直接影响公共关系活动，必须借助于一定的文字载体或表现形式。这就是公共关系调查报告。

一、公共关系调查的分析研究

公共关系调查的分析研究需从两方面入手，即定量分析与定性分析。这两方面的分析是相互联系，互为条件，互相补充，二者的综合进行使公共关系调查的分析研究更全面、更完善、更科学。

(一) 公共关系调查的定量分析

在公共关系调查中的定量分析是对调查所得的数据资料等的分析。这种分析方法的应用，使公共关系调查从以往的只凭主观意向、经验等的纯理论分析转向了理论分析与数理统计分析相结合的科学分析的方法。

1. 定量分析的特点

(1) 技术性

定量分析的第一个特点是技术性。定量分析的主要手段是运用数学去进行分析，因此其突出的特点之一便是技术性。数学是定量分析的重要手段，定量分析的成果是以数学方程式表现出来的，一般讲，定量分析中所出现的数学公式并不十分复杂，但计算量较大，常需借助于计算机技术。因此，进行定量分析必须掌握数学方法和计算机技术。

(2) 综合性

定量分析的另一个特点是综合性。数学方法固然科学，但仅仅使用它来进行调查研究，又不免有失偏颇。因此，定量分析常需要与定性分析综合起来使用。在定性分析基础上进行定量分析，是保证使用定量分析的必要条件。这是因为，定量分析是数据分析，而公共关系调查中的数据并不是抽象的数字，而是反映事物属性的统计指标，因此这就要有定性分析为基础。再者，定量分析是依据一定的公式计算的，而这些公式的选择应用乃是依赖于一定的理论知识、专业知识和必要的经验。因此，定量分析要与定性分析结合起来应用。另外，定量分析的综合性特点还表现在它要与其他分析方法结合运用。使用定量分析方法进行研究时，必须把研究对象分解成单一因素，对每一个因素进行测量。就这一点讲，社会科学领域这样做的难度很大。因为，就公共关系调查而言，它所要研究的因素即有关于人的年龄、性别、文化程度等事实性因素，更有关于公众对组织的意见、评论、态度、需求等取向性因素。就测量来讲，事实性因素较易确定测量单位，如文化程度可用学历来测量。但取向性因素就不易确定测量单位，只能通过其他途径如量表去反映。因此，在对那些一时难以测量的因素进行研究时，必须借助于其他分析方法与定量分析法一同使用才行。

2. 定量分析的作用

定量分析对公共关系调查的作用表现为：

(1) 定量分析是提高公共关系调查效果的保证

由于定量分析是以数学为主要手段的研究方法。因此，在公共关系调查中，使用定量分析方法可以通过清晰、精确的数学语言，把调查的问题陈述得更清楚、简洁、明白，从而可以使公共关系调查对问题的分析，把握得更准确、深刻，以致提高公关调查的效果。

(2) 定量分析是公共关系调查科学预测的基础

每项公共关系调查活动的开展，总是从问题的提出，到问题的研究，最后是总结评价、探索发展趋向对今后的形势作出科学的预测，以便及时调整、改善组织工作。对问题的发展要作出科学的预测，单凭主观经验，自身能力去判断是不全面的，有时甚至会导致经验主义。而定量分析方法的运用可以使公共关系调查对未来的预测更科学。因为，定量分析不仅是对客观现象数量关系的描述工具，还是进行科学抽象的思维方法，它可以使公共关系人员发现仅凭直觉所不能领悟到的本质、规律，从而进行较准确的科学预测。

(3) 公共关系调查的一些方法的运用要求有定量分析作辅助

公共关系调查的一些方法，如抽样调查法、问卷法等需要有定量分析辅助运用。由于用这些方法收集来的资料有些是数据资料，而对这些数据资料的分析将要采用定量分析方法，以辅佐这些方法的更好运用。

3. 定量分析方法的种类

定量分析方法主要有两种：统计分析法和数学分析法。

(1) 统计分析法

统计分析的手段也较多，主要有平均数法、相对数法、动态数列法应用于公共关系调查领域中。

① 平均数法。平均数法是通过两个紧密联系而又独立的指数之比来说明事物在某一时期的一般水平的方法。平均数就是在同一质总体内，将各个个体的数量差异抽象化，用以说明各社会现象间一时期一般水平的统计数等，它是大量同类现象的概括描述，是将大量同类现象抽象化的一种手段。

平均数法在公共关系调查中的作用主要在于：

平均数可以用来进行组织与组织情况的比较，以反映各组织的生产销售状况和产品质量等。比如，就两个规模大小不同的企业比较它们的产品销售，用总销售额难以进行评价时，就可采用平均数指标——产品销售率来进行比较，以准确、公正地反映这两企业的产品销售情况。

平均数法还可用来在同一组织对不同时期的某一问题作比较。例如，某商业企业某年的平均商业额就可与其他年份的平均商业额进行比较，以便准确、清楚地掌握企业的发展情况。

平均数还可闲来分析现象之间的依附关系。例如，商业企业规模大小和商品流通费用之间存在的依附关系可根据商品流转额来划分。不同规模的贸易企业，计算出各类企业的平均商品流通费用率，从中可以看出商品流转额的增减和流通费用率升降的依附关系。

② 相对数法。相对数就是两个有联系的指标数值之比，用来表示某一社会现象数量的对比关系，它以一个抽象化的数字表明某些社会现象和过程所固有的数量比例关系，相对数是两个相互联系的统计指标的比值，它可以帮助了解事物在发展过程中不同阶段的情况，不同部分之间的相互联系以及它的发展趋势。从某些意义上可以说，相对数法可以弥补运用平均数法时所造成的缺欠。有了相对数指标，可以使我们对一些不能进行直接对比的事物，找出共同的比较基础。

③ 动态数列分析法。所谓动态数列，就是把综合指标所包括的绝对数、相对数或平均数，按时间顺序排列起来所形成的数列，从动态数列中，我们就可认识事物的发展规律、水平，观察事物发展趋势和速度，掌握事物发展的一般规律性。

事物都是发展变化的，事物在内部矛盾运动过程中，反映出自身发展的规律。在调查中，我们不仅要从静态上而且要从动态上去分析事物，因此，就要进行动态数列分析。

要想用动态数列去分析事物的发展程度，首先必须掌握认识动态分析的几个指标，即：

增长指标。是指现象在某一时期较比前一个某时期增加(或减少)的绝对值。增长指标又可分为逐期增长量与累积增长量。逐期增长量是指同某一项数值与和其相邻的前一数值相减的绝对值；累积增长量是某一数值与前项全体数值相减的绝对值。显然，逐期增长量之和等于相应的累积增长量。

发展速度指标。发展速度是现象的某期水平与前期某一水平相比的结果，常用百分比或倍数表示。用某一项数值与其相邻前项相比，得环比发展速度；用数列首项作为固定基数数列，各数列首数值相比，得定基发展速度。

增长速度指标。增长速度是现象的某期水平较比前某期水平增长的百分数。将定基发展速度减去百分之百，得定基增长速度，表明现象某期水平比数列最初期水平增加(或减少)的百分数。将环比发展速度减去百分之百，得环比增长速变，表明现象某期水平比其相邻的前一期水平增加(或减少)的百分数。

平均水平指标。动态数列的平均水平反映某种观象在一段时间中的典型水平。利用这种平均数在各段时期之间进行比较，可以更明显地反映出现象的发展趋势，因为它消除了原始数列数字的偶尔波动，它和静态平均数不同，因为后者是从同一总体在不同时间上的指标中求得的。期间的数列平均水平的计算方法，是把数列的各项数值之和除以项数，时点数列的平均计算时则比较复杂，需要将这段时期内所有时点的资料加以平均。

平均发展速度指标。平均发展速度是若干个环比速度的平均数。

平均增长速度指标。平均增长速度是若干个环比增长速度的平均水平。

掌握了以上动态数列指标，我们就可从分析这些指标入手，探寻出事物的变化、发展情况。

(2) 数学分析方法

数学分析法是定量分析的主要方法之一。它是以数学工具和电子计算机技术为重要手段,对事物数量关系进行分析,从而揭示事物的本质联系的方法。

① 数学方法的含义与作用。数学方法是指用数学理论对社会现象和自然现象进行定量分析,并用数学模型揭示事物的内在联系和运动规律的方法。

数学方法的作用主要表现在:

数学方法为定量分析提供了严格的推理工具和精确的计算方法,通过它的应用,可以把事物内在联系和规律直观地揭示出来。它不仅用于概括经验材料使之上升到科学理论,而且可以用来总结和发展科学理论,可以把某种观点按逻辑顺序加以综合整理,使之系统化,成为完整的体系。

由于数学方法在揭示事物内在联系时,主要的表现工具是数学模型。因此,有必要对数学模型进行一些探讨。

② 数学模型。数学模型,是依据大量的调查资料,经过数学处理,最后得到反映调查对象内在联系的数学表达方式。它对事物的描述是属于一种抽象的、简洁的数量关系上的描述,它像纽带一样,把调查对象紧紧地联结在一起。

建立数学模型的前提是对事物的一般定性理解,然后根据有关的科学理论,确定一些基本的量,以反映系统的量的规定性,接着进一步分析量的关系,明白哪些是常量,哪些是变量,哪些是已知量,哪些是待求量,在此基础上,对有关的量作进一步的简化,抽象为数学对象,形成数学模型。

对数学模型的求解,就是把数学模型进行一系列的逻辑转化和计算。在进行转化时,必须严格遵循逻辑规则,保持首尾一致,并要注意在求解过程中引入的中间变量和符号,必须在求出数学模型的解以前把它们消掉。

数学模型的意义在于,它可以把一些靠直观分析不十分明显的事物间的相互关系,根据不同的研究目的,制定多种多样的数学模型,以反映事物的某些特质和数量关系,从而为我们深刻把握事物的内在规定性提供可靠的依据。

(二) 公共关系调查的定性分析

在公共关系调查中,定性分析是与定量分析补充运用、综合发挥作用的。定性分析可以发现在大量的量度指标后的事物间的内在联系,对事物的内在属性、发展趋势作出解释,在定量分析的基础上提出新的见解。

1. 定性分析概述

定性分析是用思辨的方式,比较事物间的异同,概括事物的类型,把握事物的规律。定性分析的内容大体包括以下几个方面:

(1) 说明定量分析结果

定性分析的主要手段是语言文字,它属于一种描述性的工作。通过运用文字描述,定性分析可以弥补用数学手段分析研究的不足。它可以灵活运用人类丰富的语言及文字,把事物现象的内在属性及规律性的东西进行更加深入、详细的阐述,从而使人们对定量分析的结果有个更深层次的理解、掌握。

(2) 揭示事物的本质

定性分析的基本特征就是透过现象、把握本质，从而使定量分析的结论更丰富、更科学。不过，定性分析对事物本质的把握必须是以定量分析为基础和前提的，决不可脱离定量分析，随意解释事物的内在特性。

(3) 作出研究结论

任何理论分析最终都要作出研究结论，定性分析也是如此。

(4) 解释研究成果

研究结论的作出并不是定性分析的最后工作环节，关键还在于对研究的结论进行解释，以说明这些研究的结论较以往的理论有什么不同，其意义所在，及其对现实工作的指导作用所在。

2. 定性分析的方法

定性分析法最常见的有因果分析法、比较分析法、归纳演绎法和分析综合法。

(1) 因果分析法

客观事物之间存在这样一种关系：事物 A 是事物 B 的原因，事物 B 是事物 A 的结果。进一步说，事物 A 的变化引起事物 B 的变化，事物 E 由于事物 A 的变化而变化。我们称这种关系为因果关系，分析因果关系的方法称为因果分析法，或因果关系分析方法。

任何事物的发展变化都有其内部、外部原因，而且都会产生一定的结果，因此，因果分析往往是一种常使用的定性分析的方法，在使用时应掌握以下几点：①找出构成因果关系的事物。无论是一因多果，一果多因还是多果多因的关系，凡是因果关系都必须具备两个或两个以上的事物，作为因果关系的承担物。②确定因果关系的性质。常需解决两个问题：第一，判断是否真的存在因果关系，指出哪个为因？哪个为果？如果真的存在因果关系，那么其次就需考察因果关系的类型：是一因多果？还是一果多因？还是多果多因？③对因果关系的程度作出解释。因果关系的程度是统计分析给定的，通常用回归系数或净回归系数来表示，定性分析的任务是做出解释。

(2) 比较分析法

众所周知，客观事物之间都存在着共同点和差异点，确定事物之间的相同点和差异点的方法，称为比较法或比较分析法。进行比较分析时，应把握以下几点：①比较可以在异类对象之间进行，也可以在同类对象之间进行，还可以在同一对象的不同方面，不同部分之间进行。②比较事物或对象的同和异是比较分析的两项内容。首先是共同点的比较，确定事物或对象的共同点包括两个方面：一是找出共同性质，即同类事物的“同类”性，这是分析比较的前提；二是找出调查对象表现出来的共同特点，即一致性的地方。其次是差异点的比较，这是比较分析主要的和重要的工作，确定差异点，就是找出调查对象表现出来的不同特点，针对这些互具差异的特点，我们可以采取不同的手段和方法解决问题，也可提出不同的建议与对策。③要考虑可比性问题。要在可比的事物之间作比较,不要在不可比的事物之间做比较。一般讲,具有相同含义和相同计算口径的统计指标,都是可比的,反之是不可比的。在比较分析时,要选择可比的方面开展比较分析。④选择和制定精确的、稳定的比较标准,定量比较的计量单位应选择精确的统一的标准,如米、公斤、升等等。定性比较的标准应具有相对稳定性,只有选择和制定精确的稳定的比较标准,比较分析才有章可循,得以坚持。

(3)归纳演绎法

归纳和演绎是相关联的两种逻辑方法。归纳是指从个别的东西,推导出一般的东西,是从大量的个别事实形成一般性的理论认识的方法;而演绎则是指从一般的东西出发引出个别的东西,是从某一个一般性的理论认识引出个别性的结论的方法。调查资料的定性分析,在概括个别经验事实上升为理性认识,形成研究结论时,需要归纳方法,而在表述研究结论并力求说明研究结构的普遍指导意义时,需要演绎方法。因此,调查资料的定性分析应当注重对归纳和演绎两种逻辑方法的使用。

(4) 分析综合法

分析和综合是相互关联的两种理论方法。

把研究对象的整体分解为各个部分、方面、因素和层次,分别考察这些部分、方面、因素和层次在整体中的地位和作用,从而把握它的特殊本质。或者,把研究对象整体中的某些部分、方面、因素或层次暂时割裂开来,把需要分析的部分、方面、因素或层次从整体中抽取出来,暂时孤立起来。以便让其单独地起作用。这种方法称为分析方法。

综合就是将通过分析得到的关于研究对象各个部分、方面、因素和层次的认识联结起来,形成对研究对象的统一整体的认识。

二、公共关系调查报告的撰写

公共关系调查报告是指在公共关系活动中,调查主体根据对某个公共关系组织的问题或事件进行调查而获得的结果所写成的文字性或数据性的报告。

(一) 公共关系调查报告的类型

公共关系调查报告的内容大体上划为一般状况和特殊情形两大块,但其内容是千差万别、包罗万象的,因而这样的内容决定了公共关系调查报告可以划为很多类型。

1. 公共关系一般状况的调查报告

这是一种反映情况的调查报告。

它着重反映和揭示某一地区、某一阶段社会组织的各个方面进行公共关系活动的基本情况,包括公共关系活动的潜在状况、现在状况和未来状况,主要由有关需要倾向和心理定势的文字概括和描述表现出来。

这类报告帮助公共关系组织确认自己的存在,并为自己所制定的系列决策提供依据。

它涉及的范围广、内容多、情况错综复杂，常常采用多种多样的调查来综合完成。

2. 对公共关系活动的史料追溯和遗迹追踪的调查报告

这是一类分析比较的调查报告，它以反映情况为基础。它在公共关系调查中占据的数量很少，有时甚至包含在第一类报告中，而不单独成为一类调查报告。

但这类报告的内容或类似于这类报告的材料常在公共关系调查报告中出现。

3. 研究公共关系活动中的典型事例的调查报告

这可称为总结经验教训的报告，它无疑包括以成功的事例和失败的事例为主的两类调查。它们都是对事件进行来龙去脉的周密调查、详尽分析，得出如何总结经验、吸取教训的启示性意见，以在今后的公共关系实践中加速或减缓积极和消极的行为倾向和作用，以点带面，从个别到一般，探索公共关系活动的内在规律。

4. 公共关系流程的各层面的解剖分析报告

这是专业性比较强、文学要求比较规范、具有一定的研究性质的严格的专题调查报告。它大多由专业技术人员撰写，是在研究理论问题的同时，把这些理论化解为公共关系流程中的具体的层面和过程，通过对这些具体情况的调查，分析和研究所得出的结论，再去比照相对抽象的理论本身，以要求理论和实践的严密衔接，力求在理论上突破，使理论更具超前性和指导性。

(二) 公共关系调查报告的文体格式

公共关系调查报告的文体格式包括以下几个部分：

1. 标题

标题是调查报告的眼睛，可以高度概括公共关系调查报告的内容，或点明主题，或开宗明义。总体上要求醒目、精练、新颖，能够一语破的，揭示全文，使读者既有读前的强烈欲望，也有读后的深刻印象。

2. 正文部分

正文部分由导语、正文和结尾三个部分组成。

(1) 导语。导语又称前言、总述和开头，以高度概括性的精练、简短的文字来介绍公共关系调查对象及调查本身，开门见山点明主题。

(2) 正文。正文是公共关系调查报告的主体和精华。它由确凿材料和典型事例组成，但又非简单的原封不动的现实的反应，而是对现实进行适当的分类加工，并围绕主题，有层次、有步骤地表达出来。因而，正文讲究层次、条理、段落等环节。

(3) 结尾。结尾是全文的总结，其作用可概括为“渲染全文、启示决策、加深印象、提高认识”，结尾是公共关系调查报告水到渠成的归宿。

结尾有两种形式，即自然结尾和用正规的相对独立的总结性文字来结尾。

3. 署名

署名的要求是简单明确。主要有两种：一种署在标题下；一种署在文后。

年、月、日或与单位作者的名字同署，或单独署。但都需署在文后。

一般来说,署名单位在文前标题下比较正规,署名个人则可上可下,比较灵活。

4. 附件及特殊材料的增设和选用

附件的增设及特殊材料的选用,在这里都是就公共关系综合调杳报告而言的。

特殊材料实际上就是附件的一种,附件还可以包括公共关系调查的各种量表;企业活动的各种统计报表;调查对象意见书,对公共关系调查者采访与谈话的记录(文字记录、录音、录像)等,内容与形式都很多。

(三) 公共关系调查报告的写作要求

1. 写作准备要充分

公共关系调查报告既要以调查活动所得材料为内容,又要靠具体执笔者把这些内容化作文字。所以,没有具体的公共关系调查就无所谓公共关系调查报告。只有做好公共关系活动的充分的实践记录,即具备调查这一前提,获得各种类别的点面材料和正反材料,文字材料和实践材料,才谈得上写出思想性、科学性、艺术性兼备的公共关系调查报告。

充分准备的内容包括:

(1) 深思熟虑,慎重选择调查对象,周密拟定调查提纲;

(2) 认真分析调查研究所得的材料和初步结论。

2. 观点和材料要统一

公共关系调查报告要鲜明地突出观点;要有问题、有结论,并对结论要有赞成或否定,即赞成有指导性意义的可供决策者参考的那些经验、观点;如实反映事实并从中鉴别出失败的教训、不足。

这样,读者看了公共关系调查报告之后,才能真切地感觉到其言之有物,才能既从总体上如实地把握事物的客观的本来面目。又对那些具有本质特征的规律,不断省悟,从中受到启示。

3. 严格规范行文顺序、语言风格和结构安排

公共关系调查报告首先必须符合一般调查报告的基本文体格式和语言要求,讲求规范化。

公共关系调查报告是公关实务中的文书,兼有新闻性应用文和总结性文书的一些特征,亦即作为一个既定的调查报告,它可以用来作宣传公众的新闻性应用文,也可以是上呈决策者的总结性文件。所以,根据报告用途的不同,在文采上、语言上及附件中可根据侧重,略有增删、修饰,具有一定的灵活性。

公共关系调查报告应体现公共关系活动的艺术性特征,正如公共关系活动首先是一种艺术技巧,所以公共关系调查报告也应反映这些特色,在语言上除了要求言简意赅,又不乏生动性、丰富性,特别是一些形象用词,可以在对公关事例描述中灵活使用,使公关状态跃然纸上,生动活泼,使主题更见深刻,寓意深长。

【案例及案例讨论】

吉利汽车，用外事用车彰显品牌实力

2018年9月7日，35辆吉利博瑞GE外事礼宾用车交车仪式在北京钓鱼台国宾馆举行，北京外交人员服务局局长袁卫民和吉利汽车集团副总裁林杰作为双方代表完成了交付仪式。摩洛哥、圣多美和普林西比、黑山、亚美尼亚、津巴布韦五国驻华使节参加了交付仪式，并成为吉利博瑞GE的新用户。

这是吉利博瑞连续4年成为外事礼宾用车和驻华使节指定用车。十八大以来，党中央和国务院在政府公务用车方面陆续出台多项政策，积极倡导公务用车优先采用中国汽车品牌。伴随着国家公务用车改革的春风，2015年3月20日，首批20辆吉利博瑞外事礼宾用车正式交付，外交用车首次刮起了"中国风"。

这一具有里程碑意义的时刻，对推动中国自主品牌发展和公务车改革起到了积极示范的作用，激发了全体国民对民族品牌的自尊心和自豪感。

随着车型的不断升级，博瑞产品的品质和市场认可度也在不断提升。博瑞还多次被选为中国—中东欧博览会、G20杭州峰会等国际盛会的官方指定用车，成为世界看东方的一张"中国制造新名片"。此外，在阿拉伯、俄罗斯、古巴等国际市场，博瑞车型也实现了热销，并亮相白俄罗斯阅兵仪式，堪称一张"行走的中国名片"。

外交部外交人员服务局副局长陈闯表示："经过之前三年多的外事礼宾用车服务合作，吉利博瑞凭借出色的品质圆满完成了多次用车任务，在各项外事活动中展现了我国自主品牌汽车的优质性能，我们对吉利汽车的产品实力完全信任。汽车制造业是技术集成度极高的高端制造行业，极大地体现了一国的综合国力。此次吉利博瑞GE的加入，充分代表了中国的先进制造水平和新时代下的中国力量，向世界传递着中国的实力与魅力。期待博瑞GE带来更环保、更出色的表现。"

中非有着悠久的合作历史，中国和包括摩洛哥在内的很多非洲国家有着兄弟般的合作情谊。去年11月，摩洛哥加入了"一带一路"倡议。"中非友好深入人心，'一带一路'伟大倡议下的摩中关系将进一步加深。中国制造一直是非洲的榜样，吉利博瑞GE的造型设计充分体现了中国特色，作为摩洛哥大使用车，能让我们更好地了解中国文化。同时，吉利博瑞GE驾乘空间与智能配置都非常优秀，我们充分信任中国制造。"摩洛哥驻华大使梅库阿尔在交车仪式上表示："相信吉利博瑞GE能为摩洛哥在华使馆提供优质的绿色出行服务保障，也希望未来有更多吉利产品能进入摩洛哥，让摩洛哥国人都能感受吉利汽车的高品质。"

"当前中国经济进入了从高速度发展向高质量发展，从全球价值链的中低端向中高端迈进的新阶段。国家经济实力的强大，必然催生与之相匹配、令国民自豪的汽车工业和汽车品牌。"浙江吉利控股集团总裁、吉利汽车集团CEO兼总裁安聪慧表示：吉利从未停止在汽车主动安全、车联网、新能源和自动驾驶等前瞻技术领域探索的脚步，致力于为消费者带来超越期待的精品汽车生活。面向未来，吉利将继续大胆实

践、努力探索、勇于创新，持续提升吉利汽车工业全球竞争力，让中国汽车跑遍全世界。

吉利汽车一步一个脚印，在外事用车到深耕“一带一路”，不仅做到了为品牌背书的作用，更向全世界彰显了中国品牌的硬实力。

(资料来源：根据吉利汽车官方网站内容编写.2018-09-07)

案例讨论：

1. 吉利汽车是如何通过外事用车来为产品和品牌进行背书的?
2. 作为国家外事用车能够为吉利汽车的品牌起到什么作用?

【思考题】

1. 公共关系调查的作用与内容有哪些?
2. 公共关系调查有哪些主要方法?
3. 用于公共关系调查的分析研究法有哪些?

第七章　公共关系策划

【案例导读】

里约热内卢成功申奥的原因

北京时间2009年10月3日凌晨，国际奥委会主席罗格宣布，2016年奥运会的主办城市是巴西的里约热内卢，顿时桑巴军团一片沸腾，而在最后一轮落败的马德里申奥代表团和在西班牙等待的全体国民只能黯然神伤互相安慰。

此前，马德里的申奥工作几近完美。西班牙申奥代表团以超豪华阵容赶赴哥本哈根，除了国王、首相和皇马队长劳尔等外，89岁的前奥委会主席萨马兰奇感人的陈述也是全亮点。另外，在全部4个申奥城市中，马德里拥有最高的民众支持率，而且综合硬件软件设施也比较出色。

然而，马德里却最终败在了一张小小的地图上。这张地图就是里约热内卢申奥主席努兹曼在作个人陈述时向全世界展示的：代表举办过奥运会的奥林匹克圆点，欧洲30个，北美洲12个(美国8个)，亚洲5个，大洋洲2个，然而整片南美大陆则空空一片。"请给个新的大洲打开一扇门，南美洲已经为推动奥利匹克运动的发展做好准备。"努兹曼在陈述中说。而亲临现场的巴西总统卢拉则称现在是时候正视这个"不平衡"了，该到让里约热内卢举办2016年奥运会的时机了。努兹曼发言透露出一个主题：奥林匹克精神将因为南美洲的参与得到完善，也将使得奥运会赢得世界上所有大洲的民心。

事实证明，里约热内卢的这一"优势"成为它最终战胜马德里的关键，众多国际奥委会的会员都表示奥林匹克运动的长期发展需要奥运会在新的地点举行。

2016年当奥林匹克的圣火在里约点燃时，南美大陆也将拥有一个代表奥林匹克的圆点，奥林匹克精神将真正的在世界各大板块传播和延续。

一个社会组织要想在激烈的竞争中取胜，不仅要进行科学严谨的公关事前调查，还要进行精心的公关策划。本案例中牢牢守住地处南美大陆的优势，目标明确地打出最有针对性的王牌，成为里约热内卢在这场奥运会承办权的激烈竞争中最终胜出的关键。

（资料来源：新浪新闻.2009-10-03）

公共关系策划直接决定着公共关系活动的成败。公共关系策划是在公共关系活动之前，为了逐步实现公共关系工作的根本目标，在认真调查研究，全面准确掌握信息的基础上，找出社会组织需要解决的具体公共关系问题，分析整理各种材料，遵循科学原则和方法,充分发挥想象力、创造力,确定公共关系活动的主题与战略,并制定出最优活动方案的过程。公共关系策划学是由理论和实践二部分构成的,它们都必须遵守诚实性原则、创新原则、可行性原则和效益原则。

第一节　策划与公共关系策划

一、中国策划思想探源

如果说公共关系策划是现代经济发展的产物,起源于西方经济发达国家,那么,策划活动却是古已有之。中国有着几千年灿烂文明的优秀传统文化,追溯中国传统文化中的策划思想,必将有助于推动中国公共关系理论的向前发展。

策划是一种独特的创造性思维活动。人类从产生的那天起,就有了最为原始的策划活动。在漫长的古代社会,人们不断地利用自身的聪明才智,征服自然与改造自然。从上古的神话到钻木取火的发明,无不渗透着祖先们善用策划的印迹。

进入奴隶社会以后,随着生产力水平的提高,社会分工越来越复杂,人们的文化程度、教育水平、社会地位也分为不同等级。国家有了统治者和被统治者、奴隶主和奴隶、决策者和执行者之分。这时,一批专门为统治者、奴隶主和执行者献计献策,并且以此为职业的人出现了,他们便是中国最早的谋士和军士。

据史料记载,中国夏商时期的家臣,西周时期的命士,春秋战国时期的食客、养士,就是专门从事策划活动的人。如辅佐成汤灭夏兴商的伊尹,帮助武王伐纣建国的姜尚,协助齐桓公兴国安邦的管仲等。

春秋战国初期,形成了秦、楚、齐、燕、赵、魏、韩七国群雄称霸的局面。战争不断,胜则扩地,败则割地。为了自身的生存和发展,各国都在寻求自己富国强兵之策。

与此同时,由于奴隶制度的解体,庶民获得了一定程度的人身自由,人口急剧增加,生产力有了大幅度的提高,产品有了盈余,加上城市的形成并逐步扩大,商业也迅速发展起来,出现了社会繁荣景象。

但是,由于地理环境和经济、文化状况的差异,一方面各国统治者对内要争取团结和谐与经济发展;对外则需竭力宣扬自己,寻求和了解盟友。另一方面,在分封基础上兼并的各国之间,历史上存在并延续下来较为普遍而密切的联系。因此,各国、各社会群体之间的交往更为频繁,出现了历史上罕见的社会大开放、思想大解放的现象。

士,是当时的知识阶层,他们对社会的发展以至治国齐家之术,都有各自的见解。许多国家和社会群体的统治者,都力图从他们那里获得治国良方,把国家和领地的命运,系于这批学士身上,于是纷纷招士、养士。当时最著名的有齐国孟尝君田文、魏国信陵君魏天忌、赵国平原君赵胜和楚国春申君黄歇,养士均达数千人之众。由这些养士组成的"智囊团",不仅给各自的领主及其宗主国出谋划策,也常奉命游说他国,以争取更多的盟友。为此,他们给养士的待遇和条件也十分优厚。齐宣王曾下令招天下著名学士到齐讲学，把他们集中安排在国都附近的稷下，食大夫禄，天下学士趋之若鹜，思想十分活跃。到齐盍王时，讲学、入学者竟达数万人，对当时齐国的繁荣起了重要作用。

从局部看，大凡重士、用士的国家和社会群体，都获得了一定的实效。以养士闻名的前述齐、魏、赵、楚“四君”，在面对强秦的不利条件下，通过相互之间的战略联盟，巩固了统治地位，获得了相对的安定。那位平原君赵胜，在秦兵围困国都邯郸，民有“炊骨易子而食之时”，倾家之所有“尽散以向士”，得敢死之士 3000 人，却秦军于三十里外，直到楚、魏援兵赶到解围，免除了一场国破城毁的灾难。特别是来自东周洛阳的苏秦，在游说秦惠王未被赏识之后，发愤读书，最后分别说服东方六国实现了合纵，佩六国相印，使秦兵不敢窥视函谷关 15 年。

从全局看，养士的频繁周游列国，对促进整个社会的发展与进步，起到了不可低估的作用。首先，是推进了经济的繁荣和生产力的提高。战国时期，随着奴隶制社会的崩溃，加速了原始农业向传统农业的转变，手工业和商业也开始兴起。在这个过程中，许多学派都付出了巨大努力，像荀卿、农家的农耕理论；商鞅的“重本轻末”战略决策；吕不韦以大商贾身份被尊为相，对说服各国统治者支持科学技术的传播，促进生产力的发展，起了很大的促进作用，因而在学术上出现了“百家争鸣”和社会开放的态势。加上春秋时期以来长期战争带来的兼并，形成了绵长而广泛的文化交流和融会，使周王朝初期还处于蛮荒时代的东夷、南蛮、西戎、北狄等若干少数民族，接受了较为先进的文化而绵延至今，久盛不衰。尤为重要的是，在列国争霸的过程中，地处西部东周王朝时期还相对落后的秦国，由于自秦孝公推行卫公子公孙鞅（就是后来的商鞅）变法之后，六位丞相，除当时就号称“智囊”的樗里子属于秦宗室之外，其余王相，均为外宦。他们仍然尽心竭力，治理国家，实现了国富兵强，并适时调整了以“连横”为指导思想的对外政策，分化了曾一度“合纵”的六国，予以各个击破，终于实现了我国历史上的第一次统一并得以法诸后世。这一过程，虽为历史的必然，但从历史的分析中，不难看出，以士为主的知识阶层有效的“公共关系策划”活动，在其中有不容忽视的历史贡献。

在中国 2000 多年的封建社会历史中，历代君王都继承了先帝重视谋士的遗风。谋士的智慧往往成为王朝更替、两军胜负的关键。秦末汉初，刘邦战胜项羽的原因之一就是更善用谋士；三国鼎立，使诸葛亮等军师的才华得到充分的展示；唐初的兴盛与魏徵等谋士密不可分；朱元璋的成功，谋士冯国用和朱升功不可没。

在诸子百家的著述中，尤以兵法及治术为中国策划思想的典范。如《孙子兵法》这部人类军事学经典著作，总结了春秋末期及以前军事斗争的治军思想、原则和经验，从头至尾都贯穿着策划思想。是集前人策划之成果，树后人策划之典范的传世之作。

除了兵书之外，在众多的历史著作、学部书籍中，也蕴藏了丰富的策划思想。以《三国演义》为代表的一批古典文学名著，就充分体现了政治谋略与军事谋划的作用。

发生于公元208年的三国赤壁之战,是曹操与孙权、刘备在今日湖北江陵至汉口的长江沿岸地区进行的一次重大战役,这是运用策划和智谋的经典战例。诸葛亮为实现联盟抗曹的战略目标,对联合孙、刘两家的行动方案进行了精心的策划。首先,他在东吴军中陈言力辩,大肆宣传"共治曹操"的形势,舌战群儒,排除干扰,争取多数,进而采取诱导方式,向孙权讲明抗曹和除曹的利害关系。而后,又利用"二乔"之说,激起周瑜对曹操的气愤,进而促使周瑜作出抗曹的决定。从"草船借箭"到巧设"连环计",以及"借东风"等计谋,都显示了诸葛亮足智多谋的策划才能。相反,尽管曹操拥有83万大军,却由于他一意孤行,骄横轻敌,策划欠周,决策失误,导致连连失利,大败于孙刘联军。

中国历史上大自两国交战、权力争夺,小到双方对弈、唇枪舌剑,无不蕴含着丰富、深邃的策划思想。是世界上其他国家和民族无法比拟的,它是我国公共关系事业建设的宝贵遗产。

二、策划

策划一词,古时也叫做策画。在中国若干汉语辞书中对策划一词的解释,基本上大同小异,皆是出谋划策的意思。

《辞源》中解释:策,寓意很多,其中一解为谋略。《吕氏春秋简选》中解释:画,谋划、计策。《辞海》中解释:"划"亦作"画",意指计划、打算。

日本《策划学》专家高桥宪行认为:"所谓策划,就是为达成目的,组合一些因素,而付诸实行的计划,是效率、智慧综合的结晶"。

我国台湾哈佛企业管理丛书编纂委员会编辑的《企业管理百科全书》认为:"策画是一种程序。在本质上是一种运用脑力的理性行为。基本上所有的策画都是关于未来的事物。也就是说策画是针对未来要发生的事情做当前的决策。换言之,策画是找出事物因果关系,衡量未来可采取之途径,以为目前决策之依据。亦即策画是预先决定做什么,何时做,如何做,谁来做。策画如同一座桥,它连接着我们目前之地与未来我们要住之处"。

赵承宗等著述的《策划学》认为:"策划又称策画。包含有策划、计划、打算之意。策划活动,在本质上是人类特有的一种自觉能动活动。——策划活动就是自觉运用脑力的一种理性行为,它是人们对自己所要进行的活动,事先在观念中做出打算,也就是预先做出计划、安排。对要达到什么目的,如何来达到目的,依靠什么来进行,具体步骤怎样等等一系列问题,进行具体的设计、计划、筹划。"

李飞编著的《策划王》中认为:"策划是一个制定可行性方案的过程,可行性方案中常常包含有创意和实施步骤,通过方案的实施达成一定的目标。"

舒咏平著述的《实用策划学》认为:"策划的含义应该是:为实现特定的目标,提出新颖的思路对策,并制定出具体实施计划方案的思维活动。"

人们从不同的角度为策划下了很多定义,在此,我们不一一列举。但归纳那些定义，我们可以看出：策划是依据已有的信息，遵循一定的程序，发挥人的想象力和创造力，设计出一套可行性方案的过程，通过方案的实施达到一定的目标。

策划不是采取行动本身，而是事先决策做什么，何时做，如何做，谁来做的过程。换句话说，策划在本质上是一种运用脑力的理性行为。

策划不同于计划。策划把握的是原则和方向，计划把握的是程序和细节。计划是连接策划与实施的桥梁，是策划过程与实施过程之间的产物。

策划也不同于战略、战术。战略是动脑的过程，策划是动手的过程，战术是实施细则。如：对于企业来讲，战略是为了提高企业生存和发展能力而设定的较为完善的概念；策划是构想如何提高企业的生存和发展能力；战略就是使策划方案付诸实施的具体方法。

三、公共关系策划

什么是公共关系策划，目前尚无统一的定义。但从“策划”和“公共关系”的内涵来分析，公共关系策划不外乎以下内容：

第一，公共关系策划是公共关系人员在对已有信息进行分析整理的基础上，利用掌握的知识和手段，充分发挥想象力和创造力，对公共关系活动的整体方案进行规划。

第二，公共关系策划是对提出的公共关系方案的全过程作出预先的考虑和设想。它不是具体的实施过程，而是公共关系决策的形成过程。

第三，公共关系策划是围绕组织目标而设计的，旨在影响特殊公众行为的一整套方案。

由此，我们可以这样认为，所谓公共关系策划，就是公共关系人员为塑造社会组织形象或改善社会组织环境这一根本目标，在分析整理现有信息的基础上，遵循科学的原则和方法，凭借自身的知识和经验，充分发挥想象力和创造力，设计出旨在影响特殊公众行为的最佳方案的过程。

公共关系策划包含着四个基本要素：策划主体（公共关系人员）、策划依据（信息）、策划方法（手段）、策划对象（公众）。

上海航空公司成功完成春节台商包机任务就是一个很好的公共关系策划案例。

随着两岸关系的不断发展，越来越多的台湾同胞来祖国大陆投资、工作、生活，仅从上海口岸入境的台胞 2004 年已超过 60 万人次。按照中国的民族传统，每年春节台湾同胞都要回乡过年或接家人来大陆团聚过年，这成为台胞和民航承运企业共同关心的事。由于台湾当局的阻挠，台湾与大陆之间没有直达班机，往返两岸的旅客主要依托台湾航空公司和大陆航空公司在澳门或香港中转衔接完成，比直航多 3 个小时，且多花钱。这对于春节时提着大包小包、扶老携幼的旅客非常不便。春节前后是客流量最集中的时期，以致一票难求，春节台商包机的愿望呼之欲出。

春节台商包机是在两岸直接“三通”尚未实现、空中直航无法进行的情况下，由广大台商和岛内有识之士提出,祖国大陆考虑到广大台商的切身利益而促成的一项在春节期间运送台胞往返两岸的务实个案。

在2003年春节台商包机构想提出后,祖国大陆即表示,本着平等互利原则,大陆航空公司应能参与包机运输。然而,台湾当局拒绝了这一合情合理的要求,坚持只有台湾民航业者包机才能运送大陆台商回乡。考虑到广大台商的切身利益,大陆方面表面出最大的诚意和善意,最终由台湾航空公司单向单程,中停港澳第三地落地不换机,航点仅限春节上海的台商包机。

随着2005年春节的临近,为广大大陆台商提供包机返乡的呼声再度高涨,海峡两岸再次呼吁开通春节台商包机航班。2005年1月4日,国务院台办正式对外发布了"共同参与、多点开放、直接对飞、双向载客"的台商包机十六字方针,两岸间正式提出了春节台商包机事宜。1月15日,两岸民航业者在澳门进行沟通,就2005年春节台商包机业务安排达成共识。确定2005年春节台商包机采取双向对飞、飞经香港不落地的方式进行,包机时间为2005年1月19日至2月20日,飞行地点为上海、北京、广州、台北、高雄,由两岸各6家航空公司参与飞行,双方各24个往返航班,搭载对象为台商及其家属。1月18日,民航总局公布了6家承接春节台商包机任务的大陆航空公司名单,上航榜上有名,至此该公司正式获得了执行春节台商包机任务的资格。正如一位台商所说:"包机一小步,两岸一大步。"春节台商包机对实现两岸"三通"确实有着积极的意义。在确定首批执行包机任务承运人的关键时刻,上航董事长周赤亲自带队去国台办、民航总局主动请缨,汪道涵老先生也通过秘书向国台办、民航总局表达了对上航的坚定支持。最终上航顺利地拿到了首飞权,成为上海出发飞台湾的第一架飞机,是真正意义上的首航。

在项目策划之前,上航通过对此次包机工作的调查和分析,总结出了此次任务的几个难点:

1. 因是包机首航,无先例可循,如何做好首飞工作;

2. 如何让台商感到上航与其他航空公司服务上的不同,让他们感到宾至如归;

3. 上航怎么利用好首飞这一契机,做好公关宣传;

4. 首飞台湾,由于经验上的不足,可能会出现某些突发事件,上航如何利用预警并妥善处理;

5. 如何利用首航欢迎庆祝仪式,加强两岸团结,争取早日实现两岸"三通"。

基于以上几方面的调研分析,上海航空公司对这次首飞进行了策划。策划的内容主要包括以下几个方面:

(1) 提前准备,尽量赢得有利时机;

(2) 召开新闻发布会,透露部分设想,吸引媒体注意;

(3) 争取成为春节台商包机出票第一人,抓拍镜头,吸引媒体,以此作为今后宣传的形象;

(4) 举办隆重的上海——台北出发欢送仪式,并精心设计好方案,请台湾地面代理航空公司帮忙，合作举办抵达台北、高雄的首航欢迎庆祝仪式，扩大在台湾当地的影响，因春节将至，庆祝仪式在“一个中国”的前提下，可反映大陆、台湾两地的欢庆气氛。

在公共关系项目实施阶段，上航正是由于有了缜密的策划方案，才使得项目得以顺利实施并取得非凡的效果。根据项目策划方案而实施的内容，主要体现在准备事宜、领导小组、宣传策略等几个方面。

(1) 准备事宜

2004年底，公司就对2005年执行春节台商包机任务做了充分的思想准备，并要求公司有关部门保持密切联络，提前做好包机运行的准备工作。2005年1月4日，两岸间正式提出了春节台商包机的具体事宜。公司很快以企业的身份提出了当年包机应比2003年更进一步，要实现“对飞、不经停”，并表达了上航将积极参与此次包机的愿望；同时公司董事长、总经理多次与台湾有关航空公司高层接触，商谈有关业务合作事宜；与上海台商协会会长会晤，商议台商购票服务方案。1月7日就将包机申请报告上报民航总局和华东管理局。这些具体行动都为日后包机任务的实施打下了基础。

上航还成立了包机领导小组，对春节台商包机工作进行了总体部署，通过分析，对上航参与的可能性、承担的包机数量、航路的大体走向，以及销售方式都作了判断，并在此基础上做了详尽的布置。这些都为上航从容不迫地提前做好各项准备赢得了有利时机。

(2) 领导小组

取得春节台商包机经营权后，公司成立包机领导小组，由总经理亲自担任组长，并由两个总经理助理分别担任总指挥和总督办，并下设6个工作小组，分别对口有关任务与国台办、民航总局、市台办、台湾代理航空公司沟通落实。

(3) 宣传策略

公司领导事先对外宣传要点问题统一口径，邀请部分媒体在公司召开新闻发布会，透露部分观点及打算，回答媒体提出的有关问题，让媒体对公司包机活动的态度及做法有所了解，引起关注，以吸引媒体跟踪报道。

(4) 力争做到服务至上，让台胞感到宾至如归

上海航空公司在上海市区、江苏和浙江地区开辟共21个售票服务点，并于当年1月18日晚率先在上海举行了信息发布会；为确保台商的飞行安全，选用了最新引进的B2498号飞机作为包机主机，而B2570号飞机作为备机；选派了资深机长和客舱全国劳模为首飞担任飞行任务，并事先抓紧时间学习闽南话，以加强沟通；餐饮方面，上航通过采集资料、调查询问等方法，了解了台胞的口味和饮食习惯，据此制定了4套餐食方案。

(5) 隆重而热烈的包机首航仪式

包机首航仪式是整个台商包机工作的重中之重，是全世界媒体的聚焦点，作为上

海首飞的上航将上海出港欢送仪式、抵达台北、抵达高雄迎接仪式作为重点。由于涉台问题的特殊原因,加重了承担任务的政治敏锐性,策划部门在严格按照中央"一个中国"的原则下,几易其稿,反复推敲在台庆祝活动细节内容,坚持每天数次与台湾同行斟酌操作细节,掌握台湾方面的任何态度变化,调整活动方案,确保在台活动万无一失。

当上航首航飞机抵达台北桃园机场时,受到台湾各界人士的热情迎接。一出廊桥,上航董事长周赤及机组人员就被当地几十家媒体包围,舞狮队踩着欢庆的鼓点舞动着,当"台北,上航来了"以及"历史见证,世纪飞航"的条幅打出时,前来迎接的台湾同胞立即爆发出热烈的掌声。乘务员将带去的象征吉祥如意的同心结等礼物送给台湾同行,更是给他们带去了意外的惊喜和感动,乘务员热情、礼貌、大方的举止给台湾同胞留下了深刻的印象,为大陆、为上海、为公司争了光,添了彩。

2 月 7 日上航首航上海到高雄的小港机场后,复兴航空公司表演了"财神到"节目,在表演结束后打出了一条"开启中国文化心,开通两岸方便门"的横幅,表达了两岸同胞一家亲的情义。随后,上航空姐身穿上海航空公司的红色职业套装和靓丽的旗袍,颈系各色艳丽领结,面带喜悦,在《茉莉花》乐曲伴奏下,表演了喜庆舞蹈。当乘务员拉出"高雄,上航来了"的红色条幅和"年年喜迎四季福,日日笑纳八方财"的春联时,全场气氛热烈。

最后,上航总经理范鸿喜即席赋诗:"闻鸡起舞万象新,双向对飞路已近。两岸同胞齐声唤,早日直航路更近。"使庆典气氛达到了高潮。当地节目主持人高兴地说:"早日直航路更近,表达了我们共同的心愿!"

(6) 合理利用预案,妥善处理问题

证照问题是这次包机中很特殊和敏感的一项工作,无先例可借鉴,稍不留神就会引出大麻烦。上航总办和保卫处按照上级指示要求,事先与公安、边防等进行了大量的沟通,十分稳妥地做好了这项工作。由于有了很好的预案准备,对现场临时出现的情况都做了很好的处理。比如,2 月 7 日复兴航班抵沪后,发现在未事先通知我方的情况下,临时更换了一名随机人员,保卫处立即对此情况按预案进行了紧急妥善的处理,既符合了政策规定又使对方顺利下机。

在 2 月 7 日晚上 6:00,客舱服务部接到要将"直航"更准确地改为"首航"的通知,这就意味着 2000 个包装纸袋和 5000 份已粘贴完工的礼品必须重新返工。那时离首航仅一天多时间了,企业文化部和商务部的同志立刻与制造商进行联系.连夜加班,用了整整一个通宵的时间把所有宣传品上的"直航"都改了过来,客舱部对所有纪念品中出现的"直航"标签也全部进行了更换,都按时完成了任务,保证了 2 月 9 日首航时使用。

第二节　公共关系策划的运作过程

每一项公共关系策划虽然都有其特殊性，但作为一个过程来讲，它自然有其自身的规律性。公共关系策划的运作过程一般有四个环节：分析整理与公共关系策划相关的材料、公共关系目标策划、公共关系方案策划、公共关系策划效果评价，它们既是一种顺向运动，又是一种双向运动。而在公共关系策划的整个过程中始终贯穿着公共关系方案的创意。

一、分析整理相关的材料

分析整理与公共关系策划相关的材料，是公共关系策划一般过程的首要环节。古人云："知己知彼，方能百战不殆"。准确、有效、及时的信息是公共关系策划的重要依据。缺乏必要信息支持的公共关系策划，势必造成判断失误，措施不当，最终破坏组织的形象和声誉，使公共关系目标难以实现。

材料分析是在广泛收集有关材料的基础上，抽取出与公共关系策划直接相关的各种材料。分析的方法有定性分析法和定量分析法。如果将两种分析方法有机地结合起来，那么得出的结果就更为可靠。

分析、整理材料的程序一般有三个阶段：

第一，获取材料阶段。主要内容有材料的收集、记录、汇总、整理等。

材料可从社会组织内部和外部两个途径获取。社会组织内部一般是从部门工作报告、组织销售报告、财务记录、产品成本资料、员工建议等方面收集；社会组织外部材料的获取有两种方式：一种是组织公共关系人员亲自到现场搜集与社会组织有关的政府决策信息、立法信息、产品形象或社会组织形象信息、竞争对手信息、消费者信息、市场信息等第一手资料；另一种是利用传播媒体，搜集各种与社会组织有关的材料。

第二，处理材料阶段。将已获取的信息，根据去粗取精、去伪存真、由此及彼、由表及里的工作方法，综合提炼出对公共关系策划具有价值的材料。

第三，材料整理汇编。将第二阶段处理的材料，通过分类整理，编制成各种资料归类存档。并把有关材料和建议迅速提供给领导，作为策划的依据。

马耳他女总理芭芭拉访问上海时，曾下榻锦江饭店。锦江饭店公关部的同志接到任务后查阅了大量资料，了解到女总理的生活习惯和爱好，并进行了周密的准备。当芭芭拉一走进总统客房后，意外地发现了化妆台上放置了全套"露美"化妆品、烘发吹风器、珠花拖鞋，房内还放置了一架高级的钢琴，以及一些她所喜爱的物品时，她高兴地笑了，并愉快地弹起了钢琴，临行时她亲笔留言："在上海逗留期间，感谢你们给予我第一流的服务，并祝你们幸福，前途美好。"可见，分析整理材料对公共关系策划来说是非常重要的。

二、公共关系目标策划

公共关系策划是将公共关系目标具体化的过程。通过公共关系策划，将企业的总体奋斗目标转化为具有可操作性的各种活动方案。

(一) 公共关系目标的分类

公共关系目标策划是公共关系人员在掌握大量的真实信息材料基础上，运用科学方法，来确定组织公共关系所要达到的目标过程。目标可以有不同的划分方法，如从时间上分，一般可以确定为四类目标：长期目标，近期目标，一般目标和特殊目标。

1. 长期目标

长期目标是指和社会组织长远发展战略相一致的，塑造社会组织在公众中应该具有的总体形象，推动社会组织的发展，通过社会组织长时间努力才能达到的目标。

2. 近期目标

近期目标是长期目标的具体化。它内容具体，方向明确。一般在短期内可以完成，是长期目标的积累过程。

3. 一般目标

一般目标是按照社会组织各类公众共同的要求而制定的公共关系目标，它是构成社会组织总体形象的要素。

4. 特殊目标

特殊目标是针对那些与社会组织目标、信念、发展以及利益相同或相近的公众中的特殊要求制定的。

美国有一家叫保业姆的瓷器公司，在其老板娘从故世的丈夫手中接过来之前，只是一个规模很小，名气不大的专门生产花草禽兽等瓷雕艺术品的小公司。老板娘接管之后，决定策划一系列的公共关系目标，从根本上改变公司形象。她给公司确定了两项长远的宏伟目标：一是本公司要以艺术家形象著称于世，其产品要跻身于美国国家博物馆的珍品之中，以此抬高身价；二是本公司要以慈善家形象著称于世，其产品象征人类保护的野生动物，并向保护自然生态环境的世界组织捐款，以此提高声誉。为了实现这两个长远目标，她又制定了近期目标：将公司的产品分为三条线：一条生产高档艺术品，不挣钱，目的是创名牌，扩大声誉；一条生产中档艺术品，盈利，并拿出部分利润捐助一些慈善机构，逐步扩大影响；一条是生产低档产品，目的是培养人才，各种产品均以手工操作，以显示其艺术价值。由于该公司树立起与众不同的形象，很快引起公众的瞩目。1972 年尼克松总统访华前夕，正苦于寻找一种能代表国家的礼物。该公司闻讯后，抓住良机，迅速向尼克松献上该公司生产的一尊天鹅群瓷器珍品。因为瓷品的英文正是 China，尼克松非常惊喜，于是把这尊具有双重意义的艺术品带到中国。小小的保业姆公司也因此而声名大振，营业额急速上升。

(二) 确定公共关系目标公众

任何公共关系目标策划都是针对特定的工作对象——公众而进行的，所以，确定公共关系对象是与确定公共关系目标相伴随的一项策划工作。

确定公共关系目标的同时,也就在明确公众范围。公众是一个庞大而又复杂的系统,任何一次公共关系活动都只能针对该系统中与本次公共关系目标相关的那部分,根据公众分类标准,来确定公共关系的对象。如前面提到的美国保业姆瓷器公司,他们开展的每一项公共关系活动都是为达到一定目标,针对特定的公众对象开展的,而每一次公共关系活动又都是围绕公司改变原有形象,提高知名度这一长远目标进行的。

英国公共关系专家杰弗金斯认为分不清公众对象,会产生如下严重后果:① 力量和资金被不加区别地分散在企图达到的过多的公众中;② 发表没有针对性的消息,而不顾其对不同人群的适用性;③ 工作将不会有计划地按时进行,使得人力与时间、物资和设备不能得到最有效的使用;④ 目标将不会实现;⑤ 管理部门或委托人将会对缺乏成就感而失望。因此,公共关系目标策划必须和公共关系对象的确定一并进行。

三、公共关系方案策划

整理分析公共关系信息和确定公共关系目标是公共关系策划过程中的准备阶段。公共关系方案的策划则是这个过程中的实质阶段。

值得注意的是公共关系方案作为开展公共关系活动的指导性文件,一旦确定后是不能轻易改变的,否则很难保证公共关系方案的贯彻落实。但是,由于组织的主观条件和外部环境随时随地都在发生变化,因此,公共关系人员在策划时,应使所选定的行动方案有充分的回旋余地,具有较强的灵活性。

(1) 公共关系活动方式的设计可以是多种多样的,没有固定的统一不变的模式。但在设计活动方式时,应根据活动目标的需要来加以合理的选择,使之从不同的层次、不同侧面充分地展现活动目标。

1986 年,正当我国开始在深圳兴建大亚湾核电站之时,发生了苏联切尔诺贝利核电站核泄漏事件,核电站的安全问题顷刻间成为世人关注的热点。这一偶然事件不可避免地引起了香港公众对大亚湾核电站的担忧,很快形成了反对在大亚湾建立核电站的社会舆论。他们为此组织了专门机构,并以“保卫香港公众安全”为题,发起香港各界人士的签名活动,先后有 125 万人参加了这一活动,又派出请愿团赴京请愿。面对这种情况,有关部门经过认真研究,对事态作了客观的分析,认为香港反核舆论产生的根本原因是由于我们对大亚湾核电站缺乏全面的宣传,未就如何防止发生类似美国三里岛和苏联切尔诺贝利核泄漏事件的各种有效措施作出充分的说明,致使香港公众不了解大亚湾核电站在设计上的高度科学性、安全性以及它将给华南地区和香港经济发展所带来的重要作用。

于是,有关部门立即决定策划一起多方位、多层次的公共关系宣传,以“软处理”的方式化解公众的抵触情绪,促使公众舆论发生转化。首先,立即组建核电站公关处,由一位高级工程师任处长,加强对公共关系宣传的组织协调;通过新华社等各大新闻媒介如实报道切尔诺贝利核泄漏事故的援救工作与调查结果——主要是工作人员操作失误而非技术性问题,并介绍大亚湾核电站的安全技术与各种防范应急措施。其次,为了消除香港公众的疑虑,一方面邀请世界有关权威机构对大亚湾核电站的安全系数进行检测和论证,另一方面由著名的核科学家和核电专家在港举办各种核电站知识讲座,耐心细致地向公众说明:我国在核电建设中一贯坚持高标准、严要求的原则,采用具有国际先进水平的安全标准、技术和设备,核反应堆无论遇到什么情况都保证万无一失。因此,大亚湾绝不会成为第二个切尔诺贝利。再者,大亚湾核电站距香港 50 公里,符合国际上通行的选址要求,不会对香港造成任何辐射。最后,组织香港各界人士参加大亚湾核电站施工现场及设备,使他们了解核电站的设计、施工、管理及安全技术,并请中央有关领导会见请愿团,回答其成员提出的各种问题,进一步沟通信息和感情,达成共识,与香港有影响的公关公司合作,在中国香港和日本广岛等地举办和平利用原子能的展览会,宣传核知识。

方案按计划实施后,逐渐缓解了香港公众的核恐惧心理,使他们对大亚湾核电站有了全面的认识。一场轩然大波终于烟消云散。

(2) 选择活动的最佳时机。时机是公共关系活动的命运之神。善识时机者,往往可获得事半功倍之效;不识时机者,则错失良机。因此,公共关系人员要善于无机创机,有机乘机,见机借机,审时度势选择活动的最佳时机。

时机选择要遵循两条原则:一是要服从整体公共关系策划,有利于目标达成;二是要使公众的心理期望得到满足。一般开展公共关系活动的较好时机是在:社会组织创办或企业开业之际;企业推出新的产品或新的服务项目之际;社会组织发展很快但声誉尚未树起之际;社会组织更名或与其他社会组织合并之际;社会组织在某方面出现失误或遭到误解之际;遇到突发性危机事件之际;各种节假日、重大社会活动之际。

法国白兰地之所以在美国一炮打响,最重要的原因之一,就是选准了进入美国市场的时机。

20 世纪 50 年代,法国白兰地公司准备将自己的白兰地酒打入美国市场。担任这次推销设计的专家经过详细推敲,周密策划,决定把时机选在美国总统艾森豪威尔 67 岁的寿辰时。在总统寿辰前一日,美国各种新闻媒介传出了下列信息:法国人民为了表示他们对美国总统的友好感情,将赠送两桶极为名贵的、酿造时间长达 67 年之久的白兰地酒作为贺礼;贺礼将由专机运往美国,白兰地公司为此付出了巨额保险费;总统寿辰那天,两名穿着宫廷侍卫服装的法国人将抬着这两桶酒中的一桶步入白宫呈献给总统;盛装白兰地的酒桶是法国艺术家精心制作的……这些连续报道成为当时美国人的热门话题。当贺礼由专机送达首都华盛顿时,华盛顿竟出现了万人空巷的盛况。关于名酒驾到和赠送仪式的新闻报道、专题特写、新闻照片挤满了当天各大报刊的版面。法国白兰地就在这种气氛中昂首阔步地走上了美国的国家宴会和普通市民的餐桌。

（3）选择传播渠道。一切公共关系活动的目的都是为了实现组织与目标公众的沟通。有效的沟通需要最佳的传播渠道。传播渠道多种多样，策划时应根据公共关系活动目标、公共关系活动项目、公共关系目标公众以及组织的经济条件等实际情况加以抉择。

被誉为"'野马'之父"的传奇式英雄人物李·亚科卡是如何使野马牌小汽车驰骋奔腾，取得巨大成功的呢？他自己说："新闻传播无疑起了重要作用"。

1961 年，亚科卡还在研制野马牌小汽车时，就精心策划，选中 1964 年 4 月 17 日纽约世界博览会这一天，作为推出"野马"的最佳时机和最佳的场所，并别出心裁地设计了传播渠道。

第一，赶在博览会开幕之前，要求分布在全国各地的每个福特汽车商，在正式推出"野马"的时候，至少有一辆"野马"在陈列室里与顾客见面，吸引顾客注意。

第二，展开攻势凌厉的"野马"公共关系宣传活动。亚科卡把一些大学的校刊编辑们邀请到迪尔伯恩，给编辑们提供"野马"试用几个星期。在距"野马"参加正式展出的前四天，邀请 100 名报界人士乘坐 70 辆"野马"，组成车队从纽约到迪尔伯恩进行旅行，长达 700 英里的安全行驶，完全证实了野马牌小汽车的良好性能。新闻界表现出了前所未有的热情，几百家报刊在显著的位置刊登了大量"野马"的文章和照片，图文并茂，声誉鹊起。《时代周刊》和《新闻周刊》同时以"野马"的英姿作为封面图案，封面特写报道胜过两个巨型商业广告的效果，仅在参展的一周内十几万辆"野马"销售一空。博览会开幕的当天，亚科卡在 2600 多家报纸上刊登整页的广告，在电视节目中推出了"野马"的形象。

第三，配合纽约世界博览会的展览，亚科卡在全国范围内进行了有力的公共关系宣传活动。选择 15 个最热闹的机场和 200 多家度假旅馆的门厅陈列"野马"。密执安大学足球赛期间，他们租用停车场里一块几英亩的开阔地，竖起了大牌子——"野马"停车地，并向全国所有的小型汽车用户直接发出了几百万封信函，致以敬意，宣传"野马"。

亚科卡在短短几个星期创造了奇迹：顾客买"野马""饥不可待"。第一年的销售量达到 418812 辆，创世界汽车销售的纪录，头两年"野马"为福特公司带来了 11 亿美元的纯利润。

（4）活动经费预算。任何公共关系活动，都需要一定的经费支撑。在策划公共关系方案时，必须进行经费预算。通过经费预算可以确定活动规模的大小，合理地分配人力、财力和物力。同时，在活动结束时，可以及时评估活动的效果。

活动经费预算通常是由项目开支和行政开支两大部分构成。项目开支是实施公共关系活动项目所需的费用。尤其是那些大型的专项活动，所需经费较多，日常固定开支难以支付，必须专门立项拨款。行政开支是维持公共关系部门或专业公共关系公司生存与运作的基本费用。具体包括：劳动力成本、办公费用、材料费等。

四、公共关系策划效果评价

效果评价是公共关系策划运作过程中的最后一个环节。它是用已经确定的目标标准对在一定时间内所取得的成绩进行对比。通过评价,一方面可以激励公共关系人员的积极性、主动性和创造性;另一方面,可以及时找出问题,为采取措施进行纠偏指出方向。公共关系策划效果评价既是对上一阶段的工作进行评估,也是对下一阶段的工作提出更科学的指导,起到承上启下的作用。

做好公共关系策划的效果评价工作,除了要有正确的目标标准和全面而又准确的数据资料外,对参加评估的人员还要有一定的理论水平、敏锐的思维能力和过人的胆略等素质要求。

公共关系策划的效果评价常分两种情况:其一是定性的,这方面涉及那些难以用统计数字而仅能以事实衡量的内容;其二是定量的,这些工作的内容可以用数字来衡量效果。

公共关系策划的效果评价,就其内容涉及四个方面:① 检查原定目标是否达到;② 检查实际公共关系所用的人员、时期及其费用,是否基本上与计划的预期相符,并分析所花费的人力、时间和费用是否合理、合算;③ 分析公共关系成果与既定公共关系目标的差距表现在哪些方面,其差距是多少,原因何在,需要采取何种措施进行补救;④ 写出公共关系工作的成果分析评估报告。

公共关系策划的效果评价可以分四个阶段进行:① 重温公共关系目标;② 收集和分析资料;③ 评估成果;④ 总结报告。

五、公共关系方案的创意

创意是指公共关系方案在策划过程中,应有自己鲜明的个性和特色,而不是简单的模仿和重复。创意贯彻在公共关系策划的整个过程中。在竞争激烈的公共关系活动中,创意是公共关系方案取胜的关键,同样也是公共关系机构和人员水平高低的主要衡量指标。

创意是以创造性思维、形象思维为主要思维方式的创新性活动,它没有固定的程序和统一的格式。

1989 年 5 月,保加利亚普罗夫迪夫市,第九届春季国际博览会在此举行。来自 50 个国家 1000 多家公司的 10000 多种产品参展。贵州鸭溪窖酒作为中国的名酒之一,素有“酒中美人”的雅号,在与参展的1000多种外国名酒的角逐中,力挫群芳,夺得唯一的一块酒类金牌。鸭溪窖酒的成功,给我们一个重要的启示:公共关系策划在于创意。

如此好酒,如何能在名酒林立的国际博览会上,让洋人认识它呢?温故而知新。鸭溪酒厂的负责人没有忘记,贵州茅台酒在巴拿马国际博览会上,是靠摔碎酒瓶让香气四溢征服了所有评判官而获得金奖的。在普罗夫迪夫市,鸭溪酒厂的与会人员决定如法炮制。他们主动打开酒瓶，让人来亲口品尝，一显“酒中美人”特有的风姿。

这一招果然灵验。酒厂工作人员倒出一大碗鸭溪酒，放在冷风机下，美酒芳香顿时弥漫整个展览大厅，闻者无不上前探视。刹那间，人群像潮水般涌向鸭溪酒柜台，围观、品尝、询问，令工作人员应接不暇。

短短7天展期中，普罗夫迪夫市掀起了一股“鸭溪热”，近5000名不同国度、不同肤色的人品尝了鸭溪酒，近千人在留言簿上写下了赞美之词。宣传资料、空酒瓶，就连空纸盒也天天被一抢而空。“中国—鸭溪”声名鹊起，博得了与会者的好评。

在新闻发布会上，鸭溪酒再次征服了各国新闻记者。虽然会议上不准为夺奖产品呐喊助威，但是与会的记者、客商、观众及各展团的工作人员到处传说着“酒中美人”的魅力，更给鸭溪酒做了不花钱的广告。

博览会评委、专家通过对参展的38度、48度、54度三种鸭溪窖酒的色、香、味进行了严格的品评，结论是：“包装典雅，华丽庄重，给人以美的享受；风格独特，色泽清透，香气迷人，味道纯正；酒体丰满，质量过硬。”在博览会决定颁发的所有120块金牌中，鸭溪窖酒成为唯一获得全票通过的金奖产品。

鸭溪窖酒的名声不胫而走。苏联、波兰、匈牙利、捷克斯洛伐克、罗马尼亚、越南、前民主德国、蒙古等国大使都到展厅品尝了鸭溪酒。莫斯科糖酒公司一名客商品尝后，立即要求购买200吨。意大利的客商则要购买100万美元的酒，并且要求马上交现款提货。当他们得知无现货时感到十分遗憾，立即提出要到厂里考察，建立长期供货关系，并表示愿意成为鸭溪窖酒在欧洲的总代理商。

第三节 公共关系策划的基本原则及其内容体系

为使公共关系策划过程更加科学合理，使所形成的方案更加符合实际，我们无论在构建公共关系策划理论时，还是在实施公共关系方案时，都要遵守公共关系策划的原则。

一、公共关系策划的基本原则

一般来讲，公共关系策划必须遵循以下四条原则：

(一) 诚实性原则

诚实守信是公共关系的最基本的原则，也是公共关系策划的最基本原则。诚实性原则在公共关系策划过程中主要体现在三个方面：

(1) 公共关系策划必须建立在对事实材料的真实把握基础之上，并在此基础上，根据事实的变化，不断调整原有的公共关系策划方案。只有符合实际的公共关系策划，才是确实可行的方案。

(2) 公共关系策划必须建立在对公众真诚的基础之上，即向他们提供的信息应是真实可靠的，所作出的各种承诺要及时兑现。愚弄、欺骗公众的结果，会使社会组织最终失去公众。

(3) 公共关系策划要建立在对同行竞争对手公平竞争的基础之上,不能以不正当的手段来损害竞争对手的利益。违反公共关系策划原则,必将导致公共关系活动的失败。

"水门事件"就是一个很有说服力的典型事例。1971 年 6 月,美国总统尼克松批准建立一个白宫监视组,它的任务是堵住机密情报失密的漏洞。同年 9 月 3 日,这个小组的成员闯进埃尔斯伯格精神病医生的办公室,想找到可以破坏埃尔斯伯格个人名誉的私人材料,因为他把"五角大楼文件"交给《纽约时报》发表了。翌年 6 月 17 日,这个小组的 5 名成员在华盛顿水门公寓民主党主席奥布赖恩的办公室安装窃听器,被警察当场逮捕。水门事件开始被披露于《华盛顿邮报》。美国国内舆论哗然,社会上关于尼克松政府采取了不道德做法的传闻广为传播。这时尼克松对此保持沉默,奉行"鸵鸟政策"。他对他的两名高级助手说:"我们对此少说为妙,传闻自会过去,不必为此顾虑。"尼克松还试图以控制政府方面的新闻发布来控制新闻界的消息来源,他对一名助手说:"我们得留神这件事,只能给他们提供其中的一些情况,而不能提供全面情况……"尼克松政府为采访调查设置的障碍以及"闭口不言,充耳不闻"的做法,并未能熄灭水门之火,反而使人们对水门事件的关注更强烈了。

新闻媒介拒绝停止调查。记者充分运用了"让事实来说话"的策略,把有关水门事件的信息由外向内一层层地报道给读者,一般没有评述,没有议论,水门事件的端倪渐渐显示露出来。这时尼克松命令他的助手开列一份记者和反政府人士中的"敌对分子名单",他是为了使用"可应用的联邦机器去勒紧我们的政敌"。事态向激化的方向进一步发展。1973 年初,参院水门事件调查委员会请总统和他的助手出面接受调查,他们以"行政特权"为由拒绝委员会的调查。这一做法更加愚蠢,因为这个调查委员会起着影响全国新闻报道的关键作用。总统与新闻媒介的关系越来越恶化。显然,这对尼克松是极为不利的。在水门事件中,"国家安全"一词也同"行政特权"一样得到了广泛的解释。1973 年 3 月,尼克松和他的两名助手商讨了如何解释在一年半前闯入埃尔斯伯格的精神病医生的办公室这一问题,尼克松表示,可以用"国家安全"的理由为闯入行为辩护,并说:"为了国家安全,我们不得不获得情报,不得不在机密的情况下做这件事。联邦调查局和中央情报局都不可信任。"用这种解释来应付舆论的谴责和有关部门的调查,使公众越发失去了对尼克松政府的信任。

1973 年 7 月 24 日,最高法院表决迫使尼克松交出 64 盘秘密录音带。这些录音带上可能有关于水门事件的证据。尼克松拒绝交出,并下令首席检察长理查森解除水门事件一案特别检察官考克斯的职务,但考克斯坚持取回总统的秘密录音磁带,理查森也拒绝执行总统的命令并辞去职务。最后,副检察长博克解除了考克斯的职务。继此之后,水门之火燃烧得更加炽烈了。

1973 年 11 月,尼克松当着几百名报纸编辑的面说:"我不是一个不正直的人。"过后,尼克松指示他的新闻秘书,在回答新闻媒介的实质性提问时说:"你要避而不谈，但要做得像平常那么自信，要自我掩饰。”然而，所有这些努力都是徒劳的了。1974年7月末，尼克松以“妨碍司法程序，滥用职权，以及因不肯交出录音带犯了蔑视国会罪”而受到弹劾。8月8日，尼克松宣布辞职，第二天生效。

（二）创新原则

公共关系策划是公共关系人员充分发挥想象力和创造力的过程。

当今社会已进入了一个信息化的时代，社会组织或个人都处在各种信息的包围之中，应接不暇的信息时刻冲击着人们的感官。要想在这个信息海洋里独树一帜，为公众所注目、接受，就要在策划公共关系方案时，树立创新意识，敢于打破常规，设计出为公众喜闻乐见，难以忘怀的公共关系活动。

创造性的策划要求公共关系人员要有敏锐的思维能力和捕捉战机的能力，要有丰富的知识面和社会经验，要掌握大量的事实材料。

创造性的策划不是胡编滥造、虚构事实和玩弄公众，它必须以真实性原则为基础。同时，创造性的策划还要和可行性联系起来，没有可行性的创造性，只能是空中楼阁。

我们以案例“鸽子事件”来说明创新在公共关系策划过程中的作用。

美国联合碳化钙公司一幢52层高的、新造的总部大楼刚竣工，一大群鸽子就飞进去，并把一个房间当作它们的栖息之处。不多久，鸽子粪、羽毛就把这个房间弄得很脏。有人建议把这一大群鸽子赶走，但公关顾问却敏锐地意识到：扩大公司影响的机会来了。他认为，一大群鸽子飞进52层高的大楼内，是一件很吸引人的新奇事，如果再能够巧妙地在这件事上做点文章，一定能产生更大的轰动效应。在征得公司领导同意后，他立即下令关闭这个房间的所有窗门，不能让一只鸽子飞走。接着，他设计并导演了一场妙趣横生的“制造新闻”活动。

首先，这个公关顾问别出心裁地用电话与动物保护委员会联系，告诉他们这里发生的事情，并且说，为了不伤害这些鸽子，使它们更好地生栖，请动物保护委员会能迅速派人前来处理这件有关保护动物的“大事”。动物保护委员会接到电话后果然十分重视，答应立即派人前往新落成的总部大楼处理此事。

公关顾问紧接着就给新闻界打电话，不仅告诉他们一个很有新闻价值的一大群鸽子飞进大楼的奇景，而且还告诉他们在联合碳化钙公司总部大楼将发生一件既有趣而又有意义的动物保护委员会来捕捉鸽子的“事件”。

新闻界被这些消息惊动了。他们认为，如此多的鸽子飞入一幢大楼是极少见的，又加上动物保护委员会还将对它们采取“保护”措施，这确是一条有价值的新闻，他们都急于想把这条信息告诉更多的公众。于是，电视台、电台、报社等新闻传播媒介纷纷派出记者进行现场采访和报道。

动物保护委员会出于保护动物的目的，在捕捉鸽子时十分认真、仔细。他们从捕捉第一只鸽子起，到最后一只鸽子落网，前后共花了3天时间。在这3天中，各新闻媒介对捕捉鸽子的行动进行了连续报道，使社会公众对此新闻产生浓厚的兴趣，很想了解全过程，而且消息、特写、专访、评论等题材交替使用，既形象，又生动，更吸引了广大读者争相阅读和收看。这些新闻报道把公众的注意力全吸引到联合碳化钙公司上来，吸引到公司刚竣工的总部大楼上来，结果，联合碳化钙公司总部大楼名声大振，而且公司首脑充分利用在荧屏上亮相的机会，向公众介绍公司的宗旨和情况，加深和扩大了公众对公司的了解，从而大大提高了公司的知名度和美誉度。同时，借此机会，他们将联合碳化钙公司总部大楼竣工的消息巧妙地、顺利地告诉了社会，使公众全盘地接受了这一消息。通过"制造新闻"，终于事半功倍地完成了向公众发布此消息的任务。

(三) 可行性原则

公共关系策划既要有一定的水准，又必须切实可行。

公共关系策划围绕组织的总体目标，开展高水准的公共关系活动，而无法实施的方案是无意义的。在策划时，一定要尊重客观实际，对收集整理的信息做可行性分析，在公共关系组织力所能及的范围内进行制定。任何策划都要根据组织的现有条件和环境因素来制定目标，制定目标要恰到好处，否则目标太高了不能实现；但也不能定得太低，太低了，就失去了公共关系的业绩。

台湾亚洲电器贸易有限公司总经理李悌被同业人士评价为：常常不按牌理出牌，却有令人叫绝的理由。用他自己的话说，我做别人认为不可能的事，是因为我认为这是可能的。

在台湾，花十几元新台币就能买一副太阳镜，而且动不动就打对折，在这地方，像宝丽来这样名贵的太阳镜，售价由 240 元到 980 元新台币，怎么能有销路！销路是每一个经营者首先要关心的问题，李悌当然也不例外。有一天，他看到报上的一则广告，内容是某眼镜钟表商店为庆祝迁址，所有眼镜对折优惠，钟表八折优惠，但劳力士与欧米茄表除外。这则广告引起李悌的深思，有很多商品售价不但高，而且价格稳且不二价，销售仍蒸蒸日上。那么，宝丽来太阳镜能否实行"不二价"呢？

李悌对眼镜市场进行了一番分析：以目前这种混乱的眼镜市场，的确有很多人能买到价格优惠的眼镜，但即使对折以后是否真的便宜，是否价廉物美？当然不是，相反，像宝丽来这种摔不破，又能过滤紫外线的高质量的太阳镜，如果从使用寿命、性能、对人眼的保护功效等等去衡量，宝丽来就真正的物美价廉了。

经过这一番分析和调查，李悌对经销宝丽来充满了信心。因此，当数千副宝丽来太阳镜由美国运到台湾后，亚洲电器贸易公司对经销商的首要要求，就是遵守"不二价"的规定，如果发现不按定价卖，马上取消经销资格。基于"价廉物美"的原则，这种对高级品的不二价的经销方式，无论对经营者，还是消费者，都是有百利而无一害的。

由于李悌及亚洲电器贸易公司的努力，宝丽来高级太阳镜已经和劳力士、欧米茄手表一样，由可能性转变为可行性，成为比同类商品质量好，又不二价，经销商与消费者都叫好的商品。

(四) 效益性原则

公共关系策划要着眼于社会效益和经济效益的双丰收。但当两者发生矛盾时,公共关系人员应将社会效益放在第一位,而宁肯牺牲眼前的经济利益。只有放眼长远,才能获取最大的经济效益。同时,公共关系策划要考虑以最小的投入,去取得最佳的公共关系效果,达到公共关系目标。

湖南新乡家电厂就通过策划一系列公共关系活动,为企业带来了巨大的经济效益。这家厂生产远红外食品电烤箱和远红外医疗器,过去,由于企业没有注重公共关系工作,人们对他们的产品,对他们的企业不了解、不认识,所以迟迟打不开销路,企业处于半死不活的状态。

近几年,该厂在激烈的市场竞争面前,策划了一系列形式多样的公共关系活动,取得了显著的效果。在体育界,他们把"神灯"赠送给中国女排试用,姑娘们南征北战,神灯为她们减轻不少痛苦。为答谢新乡家电厂的深厚情谊,1987 年,中国女排专门到新乡表演比赛,使新乡人民目睹了世界冠军的风采。中央人民广播电台、《工人日报》《河南日报》等新闻媒介纷纷报道,新乡家电厂的知名度得到空前提高。1990 年,该厂又聘请排坛名将郎平为顾问。郎平曾两次来信称赞神灯"效果良好",从而大大提高其产品的美誉度。在新闻界,该厂发动厂内的"土"记者和厂外的"洋"记者们,积极为该厂写新闻报道。仅两年时间,各类新闻媒介有关该厂的报道达 280 多篇,不仅节约了大量的广告宣传费用,而且对塑造企业良好形象起到了不可低估的作用。

二、公共关系策划的内容体系

由于公共关系学是一门崭新的学科,目前理论界对它的体系还没有统一的看法。如同一般学科体系都是由理论部分和实践部分构建而成的,我们也暂且按这个框架来构建公共关系策划学的体系。由此,我们可以给它下一个大概的定义,即公共关系策划学是关于公共关系策划的一般理论及其如何应用于公共关系实践的一门新兴学科。

(一) 公共关系策划的一般理论

公共关系策划的一般理论是由阐述公共关系策划的历史发展、基本含义、基本原则、基本内容及其运作过程所组成。它们的内容在前面都已介绍过,这里就不再重复。

(二) 公共关系策划的实践

公共关系策划的实践是论述公共关系活动常见的一些专题性公共关系策划的基本理论、方法及应用技巧。

1. 公共关系调查策划

公共关系调查策划,是社会组织的整体公共关系策划的前提和逻辑起点,是公共关系策划的重要环节。它是运用科学的方法,准确地搜集有关社会组织形象、社会环境等方面的资料,有步骤地考察公共关系现状,寻求公共关系存在的问题,预测民意和社会环境的发展趋向,从而为社会组织的整体公共关系策划提供信息、资料和科学根据。从实质而言,公共关系调查本身不是目的,其目的在于为社会组织的整体策划服务,但公共关系调查不能盲目进行,盲目的调查只会浪费人力、财力,不能获得精确而有益的信息。因此,做好公共关系调查本身的策划便是前提的前提。

2. 公共关系广告策划

公共关系广告策划是集公共关系与广告的特点于一身而形成的一种特殊的广告,其注重企业在社会竞争中所需要建立的稳固、主动的地位,注重企业的战略目标。要成功地策划公关广告,常常从公众的立场与利益着眼,以企业政策作为广告主题来强化企业形象。

3. 公共关系谈判策划

一个社会组织与它的公众之间有着多种关系。如内部的职工关系、股东关系,外部的社区关系以及国际公共关系等。公共关系人员应和自己的公众保持联系,协调社会组织与公众之间的关系,平息出现的争端,排除外部环境中对社会组织发展的不利因素。公共关系谈判是公共关系中最经常的活动之一,策划谈判目标、谈判计划、谈判策略等,是使谈判应付自如的先导工作和基础。

4. 公共关系新闻策划

公共关系新闻的巨大影响力是其他任何公关传播手段无法比拟的。公共关系新闻策划对于最普遍赢得公众,最广泛地宣传本组织,在同行业竞争中率先产生对社会的吸引力无疑是特别重要的工具。

公共关系机构在有益于社会和公众的前提下,有计划地策划具有新闻价值的活动、事件,吸引新闻界和公众的注意和兴趣,争取报道的机会,并使本组织成为新闻报道中的主角,以达到提高本组织知名度的目的。如与新闻机构联合发起和举办一项有意义的社会活动,邀请名人主持剪彩、落成、庆典等活动;创新经营方式,搞别出心裁的特别节目等。

5. 公共关系推销策划

利用公共关系促进产品销售,既是企业顺应商品经济发展的客观要求,也是企业自身生存与发展的现实需要。

策划公共关系推销时,应主动去做好以下几方面的公共关系工作:① 要使公众对企业有充分的信心;② 要诚心地、设身处地地为对方着想;③ 要时常访问用户,积极拓展新的用户。

6. 公共关系突发事件的处理策划

所谓突发事件是指突然发生的、危及到生命财产的重大事件,诸如飞机失事、火车脱轨、轮船沉没、毒气泄漏、食物中毒、火灾、爆炸坍塌、产品漏电、漏水、漏油等恶性事故。当突发事件发生时,对企业来说,不仅可能会带来直接的人、财、物损失,而且可能会严重地损害企业形象,使企业陷入巨大的舆论压力和危机之中。因此,企业处理突发事件的效果如何,是关系到企业生死存亡的大事。

一般来说，企业对突发事件的处理策划集中反映了企业的公关水平。

当社会组织发生这类事件的时候，公共关系从业人员应主动地协助组织负责人调查突发事件的原因，并及时采取对策。公共关系突发事件处理的策略有三：①忍："小不忍，则乱大谋"；②诚："精诚所至，金石为开"；③速：立即采取措施，挽回不利影响。

【案例及案例讨论】

"宜春，一座叫春的城市"口号出台的始末

"宜春，一座叫春的城市"，这条2010年红遍全国的政府旅游宣传语，当年争议巨大，并获得首届"休闲、旅游营销创新奖"。这背后实则是有一系列不为人知的幕后故事。时隔九年，宜春的旅游发展延续着"春意"态势向好。日前，"宜春叫春"的广告语幕后策划者——"月亮姐姐"任桃英首度发文，详细解密这句广告语的来龙去脉、前因后果、舆论发酵、回应举措等细节故事，拳拳之心溢于言表。

那时候的互联网还没有现在的移动互联网这么发达，人们关注新闻、讨论热点，主要还是在网站、在论坛。经过仔细思考，我们做了这样一个策划：用一句亦正亦邪的口号——"宜春，一座叫春的城市"；挂到一个亦官亦民的网站——宜春旅游政务网；选择一段亦工亦休的时间——春节前后，亲友相聚，便于传播；期待产生一场不大不小的影响。

2月8日，距离2010年农历春节还有6天，宜春旅游政务网在网站首页以通栏横幅的形式推出了网络宣传语"宜春，一座叫春的城市"。

试探很快有了反应。2月13日，农历除夕那天，网友"虫虫特工"在宜春新闻网明月论坛发布了"惊爆宜春旅游政务网虎年雷人标语'宜春，一座叫春的城市'"的帖子，迅速引起宜春网友的密切关注。

三、四天之后，议论开始升温。不少宜春市民知道了这件事，于是，有市民拨打市长热线12345反映情况，认为挂这句网络宣传语有损宜春形象！

再之后，秀江的水就不平静了。很多宜春市民、网友在春节期间走亲访友、茶余饭后，都对宜春旅游政务网的"别出心裁"表示愤慨，可谓"声讨"如潮："宜春因你而耻！你们怎么想到用这么一个有'创意'的广告啊？""如此雷人的广告，让宜春人感到汗颜！难道以后旅游者想起宜春就是因为'叫春'吗？""作为一个宜春人，我觉得很丢人。发展旅游你好好发展啊？想什么歪招啊？宜春人落一个什么名声啊？"……

这个时候，宜春市信访局也找到市旅游局，称已接到市民投诉，希望宜春旅游政务网撤下那条宣传语。雷恩奇向我请示怎么办，我悄悄叮嘱雷恩奇说："我好不容易才推出这条宣传语，怎么能随便撤下呢？市民的反映是爱家乡的表现，不要大惊小怪。"

传播——激起千层波浪

春节过去了,元宵过去了,“宜春叫春”一事不但没有沉寂,反而在更高层面、更大范围传播开来,秀江的小小涟漪聚变为五湖四海的滚滚波浪。

3月4日,当宜春网友将“惊爆宜春旅游政务网虎年雷人标语‘宜春,一座叫春的城市’”的帖子转发到国内著名网络社区猫扑网后,一石激起千层浪,这个帖子迅速蔓延到全国各大网站论坛。当日下午,宜春旅游政务网迎来海量点击,联系电话几乎被新闻媒体和网友打爆。从这个时候开始,这句网络宣传语在网络串红的速度和影响,老实说,是我始料不及的。

传播范围超出预料。围绕宜春旅游政务网推出“宜春,一座叫春的城市”网络宣传语这件事,大多数中央及省市媒体进行了报道。从新浪、腾讯、网易、雅虎、搜狐等门户网站,到人民网、新华网、央视网、中国广播网等官方网站,从天涯社区、土豆网、猪八戒网、优酷网等专门网站,到新民网、齐鲁网、荆楚网、大江网、浙江在线等地方网站,特别是随着《中国青年报》《中国日报》《南方都市报》《华西都市报》《成都晚报》《东方早报》《江南都市报》《潇湘晨报》等纸质媒体的重磅跟进,大量的消息、图片和评论使“宜春叫春”迅速成为国内最瞩目的热点新闻事件。3月5日,“宜春,一座叫春的城市”在百度的搜索量急剧飙升,当日的相关搜索结果就有31600多个。

观点交锋超出预料。围绕“宜春,一座叫春的城市”是否低俗和炒作,网友和媒体有强烈反对的,也有拍手叫好的,观点碰撞,论争如潮。

反对者说——“作为宣传语,实在是无聊至极了。要是一个城市的政务网页也发布这样的宣传语,恐怕就不是无聊了,而是低级庸俗了。”“为了推广旅游、吸引大家的目光,做些惊人之举或者设计一个令人耳目一新甚至雷人点的宣传语,当然无可厚非,但这应该建立在健康向上的基础之上,不宜突破道德底线。”“‘宜春,一座叫春的城市’这条宣传语的确打得很响,但不是一鸣惊人,而是一鸣吓人、一鸣雷人,让宜春的城市形象在公众之中瞬间就大打折扣。”“本来宜春这个名字很好听,可经过当地旅游部门这么一折腾,让大家把宜春与叫春联系在了一起,名是出了,可恐怕得不偿失!”“这条宣传语显然没有把握好分寸,即使出发点没有读者所理解的那层意思,也容易让人产生不雅的歧义。假如是有意打擦边球,用这样的方式炒作宣传宜春,那么这种自虐性的宣传也会伤害当地美誉度,不仅欠斟酌,也显得没有文化涵养。”……

叫好者说——“敬佩宜春春民的勇气和智慧,长春的春民显然不作为!”“我觉得这样诙谐幽默的宣传没什么,何必那么古板,拘泥于字面。”“这句话,看第一眼确实觉得不够雅观,看第二眼你就会会心一笑,觉得这个旅游宣传做得相当有趣。至于说低俗啥的,谈不上吧?这只是一个善意的玩笑而已。”“江西的旅游业确实是很落后,不要指责宜春的宣传太雷人,至少人家有提高宜春知名度的良好愿望!”“引用邓小平的一句话:‘不论白猫还是黑猫,抓到老鼠就是好猫’,要的是最终结果!”“其实是一条很好的旅游宣传标语,却被心里阴暗的人想歪了,拜托大家心里都阳光一点,别太较真了。”“广告很好,坚决采用。一句好客山东,给山东提高了多少知名度。同样,‘宜春,一座叫春的城市'，很简练，又很好宣传，定能叫响中国，打通世界！支持你们！我一定到宜春去旅游！""看到贵市雷人宣传语，小惊大笑了一下。私以为贵市很有才很有胆魄，效果很明显。通过这个我知道了贵市，还知道了贵市的四季如春，还有明月山等，原来地方很美呢！""'宜春，一座叫春的城市'的文字背后其实有暗运的匠心，由自然的春到汉字中的春、文学中的春，纵横捭阖，情思饱满，做足了文章，这些地方真值得我们深入揣摩、品味。"……

现实影响超出预料。随着这句网络宣传语在全国的传播，宜春人的生活和心态也迅速受到影响。许多人开玩笑说，宜春成了"叫春"的城市，宜春人就成了"叫春"的人，这让很多宜春人受不了，特别是在外地的宜春人，更感到难以接受。有许多外地宜春网友就说："这个名出大了，不少朋友现在都拿这个来开我的玩笑，真是丢人！"最典型的是一个在上海工作的宜春女孩，那段时间，同事们一见到她就说："看啊，叫春的来啦！"女孩气不打一处来，想办法找到雷恩奇办公室的电话，一口气就骂了半个小时。许多网友还将"宜春，一座叫春的城市"列为中国十大雷人城市口号之一，偏偏宜春市旅游局局长又姓雷，雷人雷语，这一来，雷恩奇想不出名都难了。他的父亲知道后慌了手脚，跟雷恩奇说："你犯了这么大的错，这下估计位子都保不住了吧……"雷恩奇实在耐不过，找到我诉苦，我只说了一句："恩奇呀，对你的遭遇我深表同情，但你必须顶住，死人也不能把我卖出去！"

3 月初，是全国两会举行的时期，作为全国人大代表，龚建华市长当然要赴京参会。他一到北京，就享受了被记者围追堵截的"明星待遇"，搜狐网的一名记者，居然在电梯里拦住了他，要他对宜春推出"宜春，一座叫春的城市"这句网络宣传语谈谈自己的看法。无奈之下，建华市长便说，我个人也很反感低俗广告，但宜春确实是个好地方，也有很多很好的宣传语，比如"一年之计在于春，一生之计在宜春""宜春是月亮之都、禅宗圣地、温泉之乡"，欢迎你们到宜春去走走、看看。很快，随着搜狐网的报道，全国的网络、纸媒、电视等各类媒体纷纷跟进，让宜春成为了 2010 年全国两会关注的热点。

持续关注超出预料。按照新闻传播规律，一般的新闻事件最多热两三天，但是，媒体和网友对"宜春叫春"的关注却始终保持了高热度，可谓是一波未平一波又起。

舆论高峰之后往往是低谷，这个时候，宜春旅游政务网果断撤下"宜春，一座叫春的城市"，换上了"一年之计在于春，一生之计在宜春"。3 月 5 日，随着新的宣传语的发布，许多媒体为之欢欣鼓舞，说宜春迫于舆论压力，终于撤下了"叫春"口号。一时间，宜春又成了新闻的热点。当天，宜春旅游政务网的访问量再创历史高峰，访问量达 12 万多人次。有网友称，地方政府网站一天之内能引来这么高的点击率，不敢说后无来者，最起码是前无古人。

"宜春叫春"的持续高热，让许多人对宜春到底是怎样的一个城市开始感到好奇。我们敏锐地抓住这一舆情趋势，决定让宜春的优质旅游资源借船出海、借势扬名。3 月 12 日，宜春旅游政务网将宣传口号再次换为"宜春，一座处处是春的城市"，并发布了4篇宣传文章:《有"锂"走遍天下——宜春全力打造"亚洲锂都"》《宜春归来不看月——月亮之都宜春》《宜人宜业美如春——宜居之城宜春》《江山多胜游——森林宜春》。让我们没想到的是,即使是这样的正面宣传,也引发了很多关注,许多网友说,"看啊,宜春不叫春了,现在处处是春""我们上当了,人家是有意炒作,我们当了义务宣传员"……一名山东卫视的记者也在微博上表示,他以前不知道有宜春这个城市,更不知道宜春有这么丰富的旅游资源,现在觉得宜春真是一个好地方,有机会一定要去游玩。

2010年12月,在中国休闲创新奖大会上,宜春市旅游局的"宜春,一座叫春的城市"网络宣传语获得休闲旅游营销创新奖。很多在现场采访的记者迅速把宜春获奖的事情作为一个重磅消息予以发布。很多媒体惊呼,那条曾轰动一时的"雷人"宣传语,原来竟是宜春市旅游局的营销策略。于是,在沉寂许久之后,宜春又一次成为新闻的热点。

(资料来源:节选自口号策划者时任宜春市委副书记任桃英《子规啼血荐轩辕——解密"宜春,一座叫春的城市"始末》)

案例讨论:

1. 此案例中哪些内容是公共关系策划的四要素?
2. 请讨论策划此项公共关系活动的难点和意义是什么?

【思考题】

1. 什么是公共关系策划?
2. 公共关系策划的一般运作过程有几个环节?它们各自起到什么作用?
3. 公共关系策划的原则是什么?

第八章　公共关系活动的实施与评估

【案例导读】

“我陪你控烟”万色城大型公益活动

5 月 31 日，第 27 个世界无烟日。中国作为高达 3 亿吸烟人口的国家，在国民健康维护上“如何让国民摆脱烟草的侵害?”成为不容忽视的第一大问题。为了响应国家的“禁烟”号召，让广大的烟民朋友、被吸烟者可以早日远离由吸烟带来的危害，万色城举办的“5・31 我陪你控烟”大型公益活动，活动在北京奥森公园拉开序幕。

控烟第一站：奥森公园

百名天使们在集合完毕后，本次公益活动也正式拉开序幕。没有华丽的服装、没有盛大的表演，有的只是一颗对公益事业的真诚，有的只是对健康生活的热爱。奥森公园里简单的骑行宣传，也让天使们燃烧着无法阻挡的热情，带着满心的期待。乘着满载的欢笑，美女天使们的身影遍布奥森公园，她们向每位过路的市民宣传吸烟的危害，倡导国民健康生活的理念。

天使们在奥森公园里集体亮相，醒目的橙色形成一道靓丽的风景线，壮观的骑行队伍，万色网商郭银菊女士全程带队，带头高喊“被吸烟，我不干!”的公益口号。

伴随着第一站奥森公园活动的结束，万色城 CEO 才华煜女士接受记者采访，精准地总结了国内烟民现状，同时明确地表达了主办此次公益活动的初衷，那就是希望全国的烟民与“被吸烟”者远离烟毒与二手烟侵害!

控烟第二站：南锣鼓巷

顺利结束了第一站的活动，天使们的热情也更加高涨。怀揣着更多的期待，美女天使们来到了本次公益活动的第二站——南锣鼓巷。人潮涌动的街头，身着橙色的公益文化衫搭配白色百褶裙的美女天使无疑是人群中的焦点，天使们在用行动诠释万色城的控烟理念。

不管是男女老少，烟民还是深受二手烟毒害的非烟民，尼古盾的价值与作用适用于每一个人!健康无法用价值衡量，尼古盾却可以带来健康，是一笔属于所有人的无价财富!

尽管肤色不同，国籍不同，但大家对健康的认识是相同的!公益无国界，万色城 CEO 才华煜女士用流利的外语现场为外国朋友讲解尼古盾，传达本次活动的公益理念。赢得外国朋友对万色城与尼古盾的一致认可!

许多烟民在了解尼古盾的作用后，都进行了现场试用，相信这次完美的体验会让他们对“吸烟有害健康”有更深入的了解，让戒烟不再是一句没有行动的口号。

控烟最后一站:西单老佛爷广场

伴随着夜幕的降临,北京城已经灯火阑珊。天使们再次启程,这次她们来到了公益活动的最后一站——西单老佛爷广场。这次活动不同于之前的两站,天使们用快闪的方式为本次的公益行拉下圆满的帷幕。

唯美的舞姿,婀娜的身段,美女天使们用舞蹈诠释健康、积极、活力。行人纷纷拿出手机记录天使们的舞蹈画面。

随着一舞结束,万色城世界无烟日"陪你控烟"大型控烟公益活动也圆满落幕,在这个全世界共同倡导健康的日子里,万色城将独有的健康理念带给了众人,让万色尼古盾"健康吸烟"的全新绿色概念广泛流传!所有美女控烟天使,更让这一天变得斑斓缤纷!

万色城大型公益活动"我陪你控烟"得到了广大媒体朋友的支持,北京电视台也为本次活动做了直播报道。公共关系活动成功的根本在于找准公众利益、自身利益和新闻价值的三线交汇点,此次活动无异于为万色城做了一次大型宣传,既实现了公众利益,又间接促进了企业的经济效益。

(资料来源:中国企业网.2014-06-30)

在公共关系策划和调查的基础上,开展公共关系活动是公共关系的一项工作程序。公共关系的工作程序主要是拟定公共关系活动计划、公共关系活动的实施和评估公共关系活动。

第一节　公共关系活动计划的制定

把调查研究收集来的信息进行分析整理之后,针对需要解决的问题,着手制定公共关系活动计划。拟定计划是公共关系活动的总体设想,它包括寻找实施计划的最佳时机,拟定计划的必要性和原则,制定具体的行动方案,选择传播渠道,起草书面报告等各项工作。

一、公共关系活动由头和时机的研究

在制定计划之前,除考虑所要解决的问题外,还必须考虑对外界来说搞这次活动的原因,即寻找"公关由头",就如新闻工作中的"新闻由头"。没有"公关由头",公共关系活动不好开展,即使开展了,也不会引起公众的注意,也得不到新闻媒介的报道,有时甚至因为虚张声势而招致公众和新闻媒介的反感。现在许多社会组织大搞开业剪彩、周年庆典、记者招待会等活动,非但未取得预期效果,反而招致公众的反感和新闻媒介的批评,原因就是缺乏实质性的"公关由头"。因而他们开展的那些活动不是真正的公共关系活动,而是"宣传性现象"或"假事件"。

公共关系由头是一个公共关系活动得以开展的价值和依据。它由三个要素组

成：第一是符合公众利益，为公众提供信息、知识、思想或服务。第二是符合社会组织的总体目标和自身利益，即公共关系活动的内容要与社会组织的工作性质相联系或与社会组织的总体目标相一致。第三具有新闻价值。凡具有新鲜性、接近性、公益性的事件往往都具有新闻价值的。总之，实质性的公共关系由头应是公众利益、自身利益和新闻价值的三线交汇点。寻找到"公关由头"理想的三线交汇点，是公共关系人员的一项基本功，也是公共关系工作者可以大显身手的地方。

"公关由头"三线交汇的实现可从宣传时机方面考虑。

第一是运用各种固定的特殊机会来开展公共关系工作。这种固定的特殊机会非常多，如中国的元旦、春节、端午节、植树节、青年节、教师节、国庆节等；西方的圣诞节、万圣节等；国际妇女节、劳动节、儿童节等；国家、组织的重大纪念日和其他有规律性的假日和时机。在一般人看来是日复一日、年复一年的流逝光阴，但对公共关系人员来说却是天天有新意、年年有奇想，是大有文章可做的。

在运用各种固定的特殊机会开展公共关系工作时，必须注意要使其与公共关系活动的内容有直接或间接的联系，使活动内容具有公益性或突破性的新闻价值。要使公共关系工作内容不落俗套，具有新奇性也非易事。因为一般公共关系活动极易落入俗套，如一提起重大纪念日，就想到周年庆典：领导讲话、宾朋祝贺、鞭鼓齐鸣、酒足饭饱。这种活动让人生厌、既浪费人力钱财，也毫无实际意义。因此公共关系活动要及早准备，精心策划，才有可能别出心裁。

第二是运用现成的事件、设施、条件或形势来开展公共关系活动。社会上时刻都会发生许多事件，公共关系工作人员只要精通公共关系的精髓，注意细心观察，就可以不失时机地借用这些事件来开展公共关系活动，使社会组织与外界及时沟通信息、开拓市场。具有公共关系意识的领导者，处处都能捕捉到公共关系的机会。

第三是运用各种信息传播的事件来开展公共关系活动。如各种学术研讨会、调研活动、发布活动、比赛活动和艺术展览会等。重要的是把传播事件的形式和公共关系活动的内容浑然一体地融合起来，不能把毫无联系的两张皮强拉硬扯，牵强附会地结合在一起。例如，美国鲁特劳公共关系公司曾建议其客户列诺克斯水晶玻璃制品公司指派三名青年摄影家去探索欣赏水晶玻璃的新方式。结果大约有120幅图片的展览组织起来并在美国各大百货公司展出。这次展览的目的是显示列诺克斯公司对玻璃制造艺术及摄影艺术的兴趣，同时以一种艺术的方式展现了该公司的水晶玻璃制品。

上面探讨了公共关系由头和宣传时机的重要性。有经验的公共关系工作者都极其明白，公共关系由头是公共关系工作成功的基础和依据，而选择时机不当会使公共关系活动功亏一篑。

二、拟订计划的必要性和原则

(一) 制定公共关系计划的必要性

计划是管理的最重要的职能之一，它贯穿在组织管理工作的全过程。社会组织的公共关系，是为了改善内外关系，实现公众利益与组织利益的统一的管理工作，必须按计划才能顺利进行。组织公共关系是通过有目的、有组织的集体活动展开的，离开了计划，活动就缺少纲领和指南，将会导致公共关系活动的失败。再说，社会组织公共关系需要投入人、财、物等，组织的公共关系应在取得预期公共关系效果的基础上使投入最少，这就需要最优的计划方案。因为计划的节约是最大的节约，计划的失误，是最大的浪费。有了公共关系计划，可以把具体的公共关系活动及工作任务合理分配到社会组织的各个部门，真正做到分工协作，协调发展。

（二）制定公共关系计划的原则

1. 全局性

制定公共关系计划必须从社会组织全局和整体出发，考虑树立或影响组织形象的重大问题，全局性不是平均地兼顾各类公众的多种要求和各种利益，更不是不顾社会组织需要和利益去进行公共关系活动。

2. 适应性

由于社会组织外部环境中的突发性或偶然性事件的不可预测，加上公共关系活动中涉及的因素和其变动的范围，都不可能在事先计划时做到准确无误。因此，制定公共关系计划应具有弹性、灵活性，在社会组织遇到意外变化时，能够及时调整计划或采用备用计划。

3. 效益性

计划方案必须是先进的、可行的、合理有效的。从中选择最优方案，使社会组织达到公共关系目标的投入最省，取得的效益最高。

（三）确定公共关系目标

公共关系目标，是指一定时期能控制社会组织公共关系活动全过程的总目标和指导公共关系活动方案的各层分目标。确定社会组织公共关系目标是编制公共关系计划的起点和基础。没有公共关系目标或目标不明确，计划就无的放矢，公共关系计划质量就无从谈起。

1. 确定公共关系目标的依据

通过公共关系前期调查研究所发现的重要问题和紧迫问题，常被确定为社会组织的公共关系目标。还可通过比较社会组织自我期望形象与公众对组织形象评估的差异来确定公共关系目标。社会组织的自我期望形象是组织行为的动力，但并不等于社会组织的实际形象，更不等于公众对组织形象的评价。所以重要的是了解公众的愿望，从中确定公共关系目标。当然，公共关系目标的确定，必须建立在社会组织发展战略的基础上，按照社会组织发展战略阶段和重点内容的要求，确定与其相适应的公共关系目标。

确定公共关系目标的原则即：一致性原则；具体化原则；有效性原则；现实性原则。

一致性原则就是公共关系目标必须与社会组织经营的总目标保持高度一致。公共关系人员在选择公共关系目标时，必须有助于实现社会组织的整体目标，有助于树立社会组织的整体形象，有助于影响和纠正组织决策和行动中出现的偏差。这种一致性原则决定了社会组织公共关系目标要从整体利益出发，做出通盘的考虑。

具体化原则目标应该是结果式的、具体的、可测的，才便于进行计划、执行、检查和评价。抽象的目标不便于管理和执行，要明确具体的日期、范围、问题、内容，而且能定量化，可控制的。尽量细分目标层次，形成多层次的目标保证体系。

有效性原则公共关系目标的内涵，不可能兼顾各类公众的多种要求和各种利益，在社会中享有平均形象，重要的是要塑造社会组织的有效形象，即考虑公众的利益和要求，同时考虑社会组织发展的利益，找到两者的均衡点、共同点，把它作为公共关系目标。这样才能有助于社会组织的发展和为社会公众造福。

现实性原则公共关系目标不宜订得太高，竭尽全力仍达不到反而让人失望，但也不可订得太低，太低则让人感到这次活动可有可无，目标的积极意义就不存在了。因此，公共关系目标要与社会组织的资源条件相适应，应是积极的、可行的，符合实际的，既是先进的，又是可实现的。

3. 公共关系目标分类

公共关系目标体系包含不同类型的多种目标，一般分为五类。

按时间长短分为长期、中期和近期目标三种。长期目标是塑造社会组织的总体形象；中期目标是围绕长期目标的战术实施目标，它具体规定为实现社会组织在公众中总体形象需要加强的某些要素和解决某些方面的战术问题；近期目标是公共关系的年度工作目标。

按目标值的高低分为期望目标和必达目标两种。期望目标是需要经过努力和创新才可达到的目标，而必达目标是最低要求。

按公共关系问题的轻重缓急分为优先目标和缓行目标。

按公众要求异同性分为特殊目标和一般目标。特殊目标是针对那些与组织目标、信念、发展以及利益相同或相近的公众中的特殊要求制定的，往往能获得组织的特殊形象。一般目标是针对各类公众要求或行为的共同性制定的，它是构成企业总体形象的要素。

按公共关系所起的作用分为传播信息目标、联络感情目标、改变态度目标和引起行为目标四种。这是一个由低级到高级的发展过程，传播信息目标是最低的目标层次，大量的公共关系工作都是围绕它而展开的；联络感情目标要与公众建立感情，社会组织要进行长期的感情投资；改变态度目标是组织的主要目标，是引起公众行为的关键，必须制定详细的公共关系计划，为组织发展铺平道路；引起行为目标是公共关系的最高目标，激发和导致公众的具体行为，促使社会组织发展问题的解决和整体形象的完善。

(四) 确定目标公众

关于公众的含义及其分类在"公共关系客体"一章中已有详细的论述，此处不再赘述。

社会组织在制定公共关系计划时,最不可忽视的即是公众。公众是构成公共关系的必要因素,公共关系活动的对象是具体的公众。凡公共关系问题的起因,主要是没有处理好与公众的关系,所以,公共关系活动的计划,当然要确定目标公众或对象公众。

公共关系人员可以把社会组织面临的各种类型的公众,根据他们与社会组织间各种利益关系的相交点,来确定公众对象。这对于制定具体的公共关系活动计划是有帮助的。

三、拟订方案的具体内容

(一) 确定公共关系活动的主题

主题是统率整个公共关系活动、联结所有公共关系项目的核心,它使公共关系活动形成一个有机的整体。主题是确定公共关系计划和实施方案的方法之一,每一项公共关系活动都包括一个主题,以保证该项活动所包含的若干项目都围绕着主题展开。主题的表现方式多种多样,可以是一个简洁的陈述,也可以用醒目简短的口号来表示。主题的确定不是闭门造车,既要考虑社会组织的资源条件,又要考虑公众易于接受以及接受效果,所以要实事求是地认真加以分析研究才能确定。

比如,广州大酒店在实施"提高营业额"的公共关系项目时,就拟定了一个反映该店先进而完善的服务特色的主题"中外通商之途,殷勤款客之道",目的是向来中国经商的人们传递来华做生意,便来广州大酒店的信息。比较真切中肯,而且易于记忆的主题特点也反映出来了。主题一旦确定,就具有相对的稳定性,当然也不是一成不变的,随着时间的流逝,环境的变化,主题也该适应新的情况,主题应具有新意和灵活性。

(二) 确定公共关系活动项目

公共关系活动目标的实现,总是伴随着一系列有组织的行动,任何规模较大的公共关系活动,都是由若干项目组成的。因此,公共关系计划必须要确定具体的公共关系项目。公共关系一般有以下几种项目:

1. 以信息传播为中心内容的宣传型活动项目

包括新闻发布会、记者招待会、演讲会、各种竞赛活动、庆祝活动、颁奖仪式、新产品与新技术展览会、宣传教育运动、印发公共关系刊物、制作视听资料等。

2. 利用社会组织已有设施建立社会关系网络的交际型活动项目

包括举办各式各样的招待会、座谈会、参观内部设施、联谊会等。

3. 服务型活动项目

主要是为公众提供实惠的服务,满足公共关系的需求,赢得公众的信任和好感,从而可以维持社会组织与公众间的良好情感,并建立更好的外部形象。服务型活动项目包括售前服务指导、售货现场咨询服务、售后安装、调试、维修等,还包括公共事业的完善服务、政府机构和党派组织的服务等。

4. 社会性服务项目

主要是社会组织为社会和为全体公众所作的贡献，借以提高社会组织在公众中的知名度和美誉度。包括支持各种社会事业的发展，对生态环境的关注和消除污染的措施，赞助“希望工程”及各种高雅文艺事业和科技事业的发展等。

一般而言，社会组织公共关系计划所包含的具体公共关系项目，既不是某一类项目的全体，也不是以上四类项目的总和。要考虑公共关系目标要求和公众对象的特点，也要考虑公共关系活动的规模性质，有重点地选择若干项目进行排列组合，形成公共关系计划行动方案。

(三) 编制经费预算与进度安排

公共关系计划最后一项工作就是编制经费预算。公共关系工作需要资金投入，为讲究经济效益，在制定公共关系计划时，必须事先确定经费预算。公共关系预算要求公共关系工作按预定时间，以一定的经费投入，实施公共关系活动。

1. 公共关系预算分类

一般分为两大类：一类是公共关系管理工作开支。具体包括公共关系人员的工资报酬、日常办公费用、各项设施费用，如通讯费用、摄录器材、印刷品、展览设施等。另一类是开展公共关系活动的项目开支，包括原有项目的开支、新定项目的开支和突发事件的开支等。

2. 公共关系预算的方法

常见的有两种方法，一种是“按销售量抽成法”，就是根据报告期组织公共关系经费占销售额的百分比，并按照这个百分比从计划期组织总额售额中提取公共关系经费，以此作为控制界限，不得突破，其优点是经费预算的速度快，总体控制强；缺点是缺乏弹性，预算不一定符合实际需要，特别是突发事件的应付无法支持。另一种是“目标作业法”，就是按照提出的公共关系目标和计划方案，把计划完成的项目所需开支详细列出来，经过核定，预估的金额就是预算的极限。其优点是计划性强，弹性足，且符合实际。采用这种方法需要审慎的计划和预测，否则会影响预算的控制。

实际上，各类社会组织的情况各不相同，每个年度公共关系工作的需要和预算都会发生变化，因此必须与社会组织的整体目标和计划方案的实施密切配合，才能决定公共关系的预算。

3. 公共关系工作的进度安排

主要是把社会组织开展各种公共关系活动项目在时间上和人员上进行分配落实。每项活动项目的起讫时间、地点等要十分明确。各部门各相关人员所承担的责任和完成的任务应明确无误地告知。有些社会组织创造了人员—时间—活动—费用一览表，十分清晰地表达了工作人员在何时何地所要完成的哪种公共关系活动及所需经费，从而有利于较好地完成社会组织公共关系计划并尽可能地节约经费，达到预期的目的。

4. 起草书面报告

这是公共关系工作建立自己完整的文书档案系统所必需的。作为职业化的公共关系工作必须有文书档案,每一项公共关系计划形成书面文字存档,不仅便于回顾和检查工作,也有利于提高公共关系工作者的水平。当然也便于向社会组织的决策层报告,有利于决策层随时掌握各种情况,有效地完成社会组织的总目标。经过以上诸多步骤的规划,才形成一个完整的组织公共关系计划,应该进入组织文书档案检索系统,以备查寻和保存。

第二节　公共关系活动的实施

公共关系人员根据调查研究的资料确定公共关系活动的对象、目标、项目和实施计划后,下一步就是将目标和计划方案付诸实际行动。在实施公共关系活动时,策动传播是整个公共关系活动的中心环节,是计划具体落实、付诸执行的过程。在这一过程中,公共关系人员将以公共关系目标和公众的需要为出发点,选择最有效的途径和手段,通过自身的努力和社会组织中全体人员的配合,在公众中树立本组织的美好形象。

一、选择传播媒介

实施公共关系工作方案、实现公共关系目标要借助一定的媒介。因为公共关系活动实质上是针对公众进行的信息传播活动,要使这种活动获得最佳效果,必须选择能为公众所接受的传播媒介。根据受众的数量、分布范围、年龄、文化水平、兴趣爱好等选定媒介。可供选择的传播渠道有以下几种:

1. 人际传播渠道

人际传播渠道是社会组织通过派员访问、通信、电话等方式与公众成员保持联系,传播和交流信息。

2. 群体传播渠道

群体传播渠道是社会组织通过举办公众代表会议、专题座谈会、讨论会、信息发布会等会议,向公众部分群体传播和交流信息,建立经常性联系。

3. 大众传播渠道

大众传播渠道是社会组织通过各种新闻传播媒介,如报纸、杂志、广播、电视等,最迅速最大范围地向公众对象全体成员传播信息。

运用不同的媒介传播,往往会有不同的效果,公共关系人员在实施公共关系计划方案时,要注意灵活选择传播媒介。每个社会组织都有自己特长的传播手段,每一类公众都有自己乐意接受的传播媒介,每个地区也有自己独特的传播模式。因此,选择、确定最佳传播渠道,必须结合公共关系目标、公众对象、不同传播媒介的优缺点,进行充分的论证分析,保证所选定的传播渠道及其组合取得预期成效而耗费最省。

4. 新媒体传播渠道

新媒体是新的技术支撑体系下出现的媒体形态，如数字杂志、数字报纸、数字广播、手机短信、移动电视、网络、桌面视窗、数字电视、数字电影、触摸媒体等。相对于报刊、户外、广播、电视四大传统意义上的媒体，新媒体被形象地称为“第五媒体”。

对企业而言，当品牌公关进入新媒体时代后，不再仅是与主流媒体记者搞好关系、投放广告就能一劳永逸，这个时代对企业品牌公关提出了全新的要求。企业必须能做到随时关注网络媒体的最新动态和相关评论，尤其要在百度或搜狗等搜索引擎平台将企业名称、行业名称等关键词进行新闻订制，以形成新闻信息第一时间主动推送的功能，监控负面信息的出现，未雨绸缪。

新媒体公关时代，企业品牌公关要遵循“快速、诚实、负责”三原则。快速即需要第一时间发出自己的声音，不能让互联网等新媒体单边猜测形成一边倒态势，此外还要持续发出自己的声音；诚实即真诚相待，避免刻意隐瞒，还原危机事前的前因后果，并以真相示众；负责也即以负责任的态度对待问题或给予受害者同情，并强调企业将会主动承担起自己应有的产品和社会责任等。

二、排除沟通障碍

在实施公共关系计划过程中，可能出现各种矛盾和问题，对此应有所预测和预防。对可能出现的各种干扰因素要防患于未然，不能等到事情闹大或问题堆积才想到去解决，应该把矛盾和问题消除在萌芽状态。这样才能扫清实施公共关系计划过程中的一切障碍，使公共关系计划得以顺利实施。

在方案正式实施之前，为了增加可靠性，可以进行一些必要的测试工作。如测试信息内容的可读性，可以找一些目标公众来试读，看他们能否正确理解？测试设备的可靠性，如录音、录像设备运转性能是否良好？检查标语的内容、展牌的位置、资料袋的内容等，这一些准备工作需要尽可能周全、检查仔细，做到有备无患。

公共关系活动涉及面广，持续时间长，应做好各项协调工作。第一要协调好各个部门间的关系，特别是宣传部门、供销部门、广告部门等部门与团体之间的关系，避免互相脱节、互相牵扯甚至互相矛盾的现象产生，否则会产生各部门间的抵触情绪，影响公共关系计划的实施进程。第二要协调好各个项目之间的联系。各个项目在实施过程中既相互区别又相互关联，要做到有机过渡，必须精心协调。第三是协调好人员、物资与运转的关系，大型公共关系活动人员的调度、物资运输是一门技术，可以用图表形式将人员、物资和运输之间的相互关系明确地呈现出来。

在公共关系活动实施过程中，难免会出现一些预想不到的情况，如发生重大新闻事件或者发现原计划方案中的疏漏等，为此必须对计划方案和实际行动进行调整。一般包括人员配备的调整、经费预算的调整、选择媒介的调整、信息内容的调整和目标公众的调整。当然，一个经过认真调查、周密计划的专项公共关系活动是不宜作大幅度调整的，但小范围的调整是必不可少的。

三、优化传播效果

公共关系计划的实施过程就是一个信息传播过程,社会组织的计划目标与计划方案的贯彻执行,就是通过信息传播得以实现的。传播活动就是向目标公众解释和宣传本组织的方针、政策、计划,了解公众的意见、看法、态度和情感,以期得到公众的理解、支持及舆论的配合的过程。为了获得最佳传播效果,必须注意这样三个方面:

(一) 信息传播要考虑目标公众利益的需要

公共关系活动实质上是针对目标公众而进行的信息传播活动,如果要使这种传播活动取得最大的效果,就必须使发出的信息全部或大部为目标公众所接收。这就需要选用目标公众所习惯使用的传播媒介来传播与目标公众利益相关的信息。

(二) 信息传播要考虑目标公众的特点和兴趣

公共关系人员在设计制作信息时,一定要充分考虑在调查研究过程中了解到的目标公众的文化、社会和心理等各方面的特点,制作编写适合公众胃口的新闻稿件、广告稿、展览说明和小册子等,从而引发公众的兴趣,这样才能使传播活动达到最优化的效果。

(三) 公共关系计划要实施控制

没有计划就没有控制,反之没有控制或控制不好,计划也不能顺利实施和实现。计划是控制的基础,控制是实现计划的保证,两者从组织公共关系计划实施开始直至终结,始终紧密联系在一起。两者关系处理不好,优化公共关系传播效果也就无从谈起。

公共关系计划的控制程序包括这样四个方面:一是检查公共关系计划的执行情况和衡量执行结果;二是建立控制标准,把计划执行结果与控制标准进行比较;三是发现偏差、分析原因;四是采取纠偏措施,保证公共关系计划的顺利实施和公共关系目标的实现。这一控制程序可以运用统计控制、预算控制和进度控制等方法完成,这些方法有效地确保公共关系计划的顺利实施和公共关系目标的如期实现。

第三节 公共关系活动的评估

评估公共关系活动的效果是公共关系工作程序的最后一个步骤。公共关系活动计划实施的效果如何,是公共关系人员和社会组织的决策部门共同关心的问题。

一、评估的意义

公共关系活动结束以后,必须对活动效果进行评估。其原因是:

第一,是为了检验传播的效果,了解哪些信息传播有效?哪些无效?为以后改进传播质量总结经验和教训,亦是为检验方案的设计是否圆满?有无重大失误?为下一次的方案设计提供经验。评价这次活动的效果,也就是为以后活动打基础。

第二,是为了报告活动成果。运用有效的检测方法考察和评价公共关系活动的效果,向决策部门报告公共关系工作完成情况。当我们实施任何一项公共关系计划以后,总要了解该计划方案在社会上,在组织内部外部造成了什么影响,产生了什么效果,还有哪些问题和不足,都需要有个评价。评价得越充分,成绩与不足也就越明显,评价得越客观,对今后开展公共关系工作的方向就越明确,对现存的差距和不足改进得就越彻底。

第三,可以利用公共关系工作方面的成果,对社会组织内部成员进行激励。公共关系成果,特别是新闻传播媒介对社会组织成就的宣传和报道,具有权威性,利用它对社会组织内部员工进行教育,有助于内部员工凝聚力的增强,扩大公共关系成果。

二、评估的内容

(一) 对公共关系计划合理性的评估

《公共关系学》(第二版)第八章公共关系活动的实施与评估公共关系活动的实施是按照公共关系活动计划进行的。虽然在制定计划的时候,对计划的可行性也进行了论证,但其毕竟是“纸上谈兵”,未经过实践的检验。在公共关系活动实施后对计划进行再次的检验,有利于今后工作的开展。检验的内容主要是从已经发生的实践过程中,原有的公共关系计划在执行中是否与组织的整体目标保持一致,是否与社会环境条件相适应。

(二) 对公共关系目标的评估

原定的目标是否达到?社会组织内外对公共关系活动目标与主题是否透彻了解?是否产生了预期的效果?测量活动效果的目标,既不要提高,也不要降低标准。实际评估时,最好用定量分析,这样才能比较准确地反映公共关系活动的效果。

(三) 对受众反应的评估

从受众的覆盖面有多大着手去了解受众的接受面。覆盖面不等于接受面,所以必须了解覆盖面中有多少人接收了信息,从中了解接收者的各种特征,由此可以进一步分析接收者当中有多少是既定的目标公众,算出目标公众的接收率。接收后受众的反应在哪一层次上发生变化,是认识上还是行动上?从中可知何种信息产生的作用大,何种信息产生的作用小。

(四) 对公共关系活动效益的评估

良好的公共关系必然会转化为经济效益,可以把公共关系活动的成果换算成可以测定的经济效益或社会效益。例如通过这次公共关系活动使产品的销售与去年同期明显增长了多少?如果与去年同期相比没有其他外界因素的话,这种增长可以看作是公共关系活动的效果。这种情况即可以根据经济效益的统计数字对公共关系活动的成果进行评估。

(五) 公共关系活动的评估报告

评估完毕,应向组织机构的决策层写出报告。在报告中将计划和预算的具体实施结果与原计划、原预算加以具体的分析比较,就公共关系的长期目标、近期目标、一般目标和特殊目标的实现情况作说明,指出达到的程度和存在的问题,引用有影响力的或权威性的外界评价,以增进决策层领导对公共关系业务的信任感,让领导们充分了解公共关系的成效,并做出判断和评价,为下一步决策打下良好基础。

三、评估的方法

公共关系评估的方法有许多种,各种方法各具特色,并有一定的适用性,常用的方法有:

(一) 目标管理法

采用这种方法,应在制定计划时就考虑到效果测评。把公共关系目标具体化、定量化,在活动实施后,将测量的结果与原定目标相比较,就能衡量和评价出公共关系的成果。

(二) 舆论调查法

一是比较调查法,在公共关系活动前后分别进行一次调查,比较两次的结果,得出公共关系活动的成效。二是公众态度调查法,对主要公众在活动结束后进行调查,从中了解他们对社会组织的评价和态度的变化,分析公共关系的活动效果。

(三) 专家评估法

聘请有关方面的专家,采取咨询、座谈、评估等方法,对组织公共关系活动作出各自的客观评价。将专家的意见进行综合整理,从中得出较科学的评估意见。

采用多种方法进行公共关系活动的评估,不仅是为了证实公共关系工作的成绩,更重要的是不断地发现问题,为制定新的公共关系计划提供依据,保证公共关系工作有计划、有步骤地进入下一个循环过程。

【案例及案例讨论】

人保财险嘉兴分公司赞助创意保险产品设计大赛

中国人民财产保险股份有限公司(PICC)是经国务院同意、中国保监会批准,于2003年7月由中国人民保险集团公司发起设立的、亚洲最大的财产保险公司,注册资本122.5598亿元,其前身是1949年10月20日经中国人民银行报政务院财经委员会批准成立的中国人民保险公司。凭借综合实力,中国人保财险相继成为北京2008年奥运会、2010年上海世博会保险合作伙伴,为北京奥运会、上海世博会提供全面的保险保障服务。

互联网保险,指实现保险信息咨询、保险计划书设计、投保、交费、核保、承保、保单信息查询、保全变更、续期交费、理赔和给付等保险全过程的网络化。互联网保险是一种新兴的以计算机互联网为媒介的保险营销模式,有别于传统的保险代理人营销模式。人保财险嘉兴分公司作为同济大学浙江学院的校企合作单位,每年赞助学院举办互联网保险设计大赛，促进了企业所需和学生所学之间的有效衔接，也无形扩大了自己的社会影响力。

一、活动概况

1. 活动对象

同济大学浙江学院所有在校学生，不限专业。参赛学生可自由组成1～8人的团队，鼓励跨学科、跨专业、跨年级组队。

2. 大赛主办方/承办方

同济大学浙江学院经济与管理系/同济大学浙江学院经济与管理系国贸金融教研室、国际经济与贸易学生党支部、同路人俱乐部。

3. 大赛赞助方

中国人民财产保险股份有限公司嘉兴市分公司。

4. 大赛专业顾问

严俊，中国人保财险嘉兴市分公司人力资源部/教育培训部经理。

二、比赛流程

1. 参赛者报名参赛，提交初赛作品；

2. 初选阶段：评委会按照比赛要求进行初选，选出入围决赛的优秀作品；

3. 复选阶段1微信公众号进行投票，票数排名作为最终成绩的一部分；复选阶段2现场答辩评审

三、作品要求

1. 创意设计要求：打造新产品，创意拓宽"保险＋"，由保险＋互联网、保险＋场景、保险＋服务、保险＋跨界等打造出好玩又实用的互联网保险产品。

2. 产品关键词：生活场景化、碎片化、定制化、跨界、叫座又叫好。

3. 创意设计作品方案：采用Word和PPT两种形式，Word版要求字数在3000字左右，包含方案设计思路、方案应用、方案评价等内容。

作品内容须遵守赛事主办方公布的作品要求；禁止一稿多投。

四、相关法律条约

1. 知识产权

(1) 参赛人承诺并保证：参赛人按照本规则向大赛组委会提交的参赛作品不存在侵犯他人著作权、专利权、商标权或其他知识产权的指控，也不存在侵犯他人的其他合法权益以及违反中华人民共和国法律法规。若他人与参赛人提交的参赛作品发生纠纷，参赛人承诺自行解决并承担由此可能产生的一切法律责任，并尽所能采取措施使大赛主办方和赞助方不牵涉到纠纷中，不被任何司法机关传唤或作为纠纷的任何主体。否则，参赛人应赔偿大赛主办方和赞助方因此遭受的损失

(2) 参赛人同意：参赛人按照本规则向大赛主办方提交的创意方案如被赞助方采用并据此开发或优化产品、服务，赞助方享有无条件、无期限、无偿使用其创意方案的权利。

2. 参加本次大赛的一般性条款

(1) 赛事主办方保留全部或部分奖项空缺的权利,而不承担任何因上述原因而须支付给参赛人酬劳或补偿的义务。

(2) 如果参赛作品以小组方式提交,则该小组的所有成员应对参赛作品承担连带法律责任。

(3) 参赛人提交的作品内容应不涉及反动言论和不健康话题,不违反相关法律法规,不侵犯他人合法权益。如违反上述规定给大赛主办方和赞助方造成损失,主办方和赞助方有权要求参赛人赔偿。

(4) 所有参赛作品一经提交,即视为参赛人认可和接受本规则及其附件所规定的所有条款。

3. 法律

(1) 本次互联网保险创意设计大赛规则适用中华人民共和国法律进行解释。

(2) 对本规则及其附件产生的任何疑义,大赛主办方保留最终解释权。任何与本次大赛有关的未尽事宜,均由赛事主办方进一步制定相应规定并进行解释。

附:中国人保财险第四届互联网保险大学生创意创客大赛嘉兴地区入围作品目录

01 电影未消费险

02 送餐延误损失综合保险

03 视力险

04 缺考险

05 退档险

06 合租险

07 银行逾期还款险

08 高档服饰维修险

09 移动无忧

10 教育培训保险

(资料来源:同济大学浙江学院经管系官方微信公众号. 2018-05-03)

案例讨论:

1. 新媒体传播背景下,公共关系活动策划会产生哪些变化?

2. 对此次人保财险赞助的公共关系活动计划的合理性进行评估。

【思考题】

1. 试述公共关系由头的重要性。

2. 实施公共关系活动中要注意哪些问题?

3. 为什么要进行公共关系活动的效果评估?

第九章　公共关系实务及操作

【案例导读】

看腾迅如何做公关

风靡公共关系业界的《腾讯公关手册》，在2012年出版，其实并没有公开发行，因为仅限腾讯公关部内部学习交流使用，但有公关公司愿意出价上千元收购这本书，可谓炙手可热。以下从四个角度，进行一次大曝光。

（一）如何处理上门负面新闻采访

案例1：某大腕记者A上午十点采访公司CEO，八点A打电话说来不了了，派根本不熟悉公司和行业的B代为采访，结果B来了就是把A的问题读了一遍，CEO很不开心。

马上做啥：与A记者联系，告诉他现场情况，希望由A来完成稿件或对内容把关。后期紧密跟进，提供更多资料。如果开头不够完美，过程的努力也能打磨出一个理想结果。

时光倒流：如果能提前知道出现问题，考虑延期甚至取消，比勉强采访更明智。不管时间多紧，与B记者在采访前进行充分沟通。采访前，告知被采访者相关情况。

案例2：中午接到通知，说有电视台带用户来公司采访用户投诉事宜，且用户情绪激动，已经和保安有言语冲突，电视台正在录像。

马上做啥：向媒介通报此事，并请他赶快到现场。面对媒体和用户，做的第一件事就是"降温"。请用户到公司会议室，打开空调，送上水。向用户和媒体了解情况，如无法当场解决，也要表明公司态度。与电视台记者沟通，争取报道中立。当你不得不面对镜头时，必须表现出冷静和真诚。如果沟通不太好，要后续给出书面回复，以便保持统一口径。

时光倒流：发生危机后，第一时间制定统一的对外口径，并将其统发给客服、公关等相关部门，并通报此事的进展和准备采取的策略。

案例3：下班前，你接到记者电话说需要公司的一些数据用于写稿，1小时内截稿。这几个数据之前未公布，内部确认一小时无法完成，直接拒绝，可能会让记者觉得你不愿意配合。

马上做啥：回答："现在就去问，不过这么短时间不确定能否要到准确的数据，第一时间回复你。"表明态度，也打了"预防针"。放下电话，马上与相关部门问询。实在没结果，在承诺时间内告知记者。即便不能满足媒体，也要让对方看到你的努力和诚意。一旦得到数据，尽管错过截稿时间，也要发给记者，希望对方在将来的报道中选用。

(二) 会场遇有用户举牌抗议

公司新品发布会正在进行到高潮部分,突然会场门口一阵骚乱,几个自称用户的人高举"反对××"的牌子进入会场,许多记者正在围观拍摄,如何处理?

1. 马上叫来会场保安将他们"请"离现场,即便发生肢体冲突也不要犹豫。如果保安不能马上到达,本公司同事和协作公司男士要上场。

2. 主持人随机应变,将参会者注意力尽快吸引到舞台,让活动继续进行。

3. 对于闹事者,公关部专人与其沟通,尽量安抚,要确保他们不会重回现场或与媒体接触。如果可能,现在就能联系到客服人员处理问题。

4. 如果有媒体希望了解,公关人员应告知其情况,同时尝试与媒体沟通,说服其取消或淡化对此事的报道。

(三) 演讲被"扔鞋"

一家上市公司的新品发布会上,CEO讲话环节,观众席一个人将手中不明物体掷向CEO。如何处理?

保护领导安全的同时,尽量遮挡、避免CEO被拍照。靠近生事者的工作人员用于上前制止,将其尽快带来现场。

领导人无大碍,可稍作冷静后,由主持人或CEO幽默地带过,活动继续进行。如果袭击导致实际影响(CEO受伤或衣服被弄脏),可暂停或终止活动。

与媒体沟通,尽量淡化处理,同时表现公司和领导的大度和宽容。

进行媒体监测,发现问题及时沟通并正面引导。

(四) 如何和媒体沟通

1. 建立联系

(1) 按照150定律,每个公关人员应将联系媒体记者数量控制在150人之内,这样的沟通效率最高。

(2) 除了150人媒体名单,还应该有"核心媒体人咨询名单"。他们未必能帮你解决具体问题,但可以从媒体圈视角提出有价值的建议。此名单建议在10人之内。

(3) 时刻思考,除了适当费用,这位媒体人还需要什么?媒体人需求的第一位是"认同",尤其是对于业务水平的认同。第二位需要的是"分享"。"求助"的效果通常不如"求教"。第三位是"机会",潜在的职业可能性,如转行、独家报道等。

(4) 切忌人走茶凉。

(5) 永远不要用"交情"交换"利害"。

2. 媒体沟通—见面篇

(1) 不要安排在周一,大多数报社有选题会。

(2) 初次与媒体见面,研读至少三篇以上该记者近期的报道,关注所在媒体。

(3) 与媒体闲聊时要特别注意企业信息的保密。特别是用非正式沟通工具,比如微信、QQ等。

(4) 尽量不在闲聊时探听其他媒体的隐私。

3. 媒体沟通—电话篇

(1) 自报家门，称呼对方老师。

(2) 初次电话，建议先发短信。

(3) 理顺谈话思路，最好写一个要点纸条。3分钟时间最佳。

(4) 如果记者挂断，要赶快和他确认下个电话的时间。

(5) 媒体晚上赶稿，黄金时间应该定在中午11点到下午6点之间。晚报记者沟通最好在上午。

(6) 记者的座机和手机同时存入。来电时，喊出他的名字，增加亲切感。

4. 媒体沟通—邮件篇

(1) 邮件主题一定要清楚，让媒体收到后可一眼看到核心内容。记者每天收到大量邮件，建议标题至少包括2部分：一是公司名称，二是邮件核心内容。

(2) 邮件正文逻辑清楚，语言简单，避免大段文字。

(3) 邮件必须有附件时，最好把附件内容黏贴到正文内，避免媒体无法打开。

(4) 使用公司正式签名文档，发送前再次检查信息。

(5) 给媒体群发邮件，一定要选择“密送”方式。

(6) 不要将公司内部邮件直接转发记者。

公共关系活动充满了应变性和随机性，但不是无章可循，掌握一定公共关系活动策划和应对的策略，可谓是公共关系从业人员的看家法宝。

（资料来源：改编自蓝鲸日报文章《腾讯公关手册—史上最实用公关攻略！》. 2014-10-30）

公共关系实务是公共关系科学体系的重要组成部分，是公共关系学原理和规律的实际运用，它在公共关系科学体系的发展中占有极其重要的地位。学习公共关系实务，必须了解公共关系实务的概念和基本特征，把握公共关系实务工作的基本要求，熟悉公共关系实务的具体知识和艺术技巧。

第一节　公共关系实务概述

公共关系学是一门高度综合的管理科学，包含着许多研究方向，公共关系实务是其中一个重要方面。

一、公共关系实务的概念

“实务”一词源于英文“Practice”，意为实践、应用等。公共关系实务是现代公共关系学的一个基本概念。从字面理解相近于“公共关系实践”，“实用公共关系”，“公共关系应用”等意思。当然真正理解公共关系实务概念，必须掌握公共关系实务的科学含义。有种观点认为:从广义方面理解,可以把公共关系实务等同于公共关系。因为,就其产生的时间来看,公共关系实务早于公共关系理论;就其发展速度来看,公共关系实务快于公共关系理论;就其影响程度来看,公共关系实务远远超过公共关系理论,就其内在本质而论,公共关系实务是公共关系的实质内容,是全部的公共关系学的核心与灵魂。因此,许多学者也是从公共关系实务的角度来给公共关系下定义的。

因此,公共关系实务可以定义为:社会组织运用传播手段,实现自身与公众的双向沟通,以树立良好形象为目标的公共关系实践活动的总称。认识与理解这一科学含义,应当把握以下五点:

(一) 公共关系实务是公共关系思想的具体表现

公共关系思想来源于社会实践活动,又在实践中不断丰富、发展和完善,形成公共关系的基本理论,并指导公共关系活动有目的地、自觉地进行。公共关系实务则是这些有目的的、自觉的公共关系活动的总称。因此,公共关系实务是公共关系思想的具体表现,只有那些在公共关系思想、理论指导下的公共关系活动才能被纳入公共关系实务的范畴。

(二) 公共关系实务具有自己特殊的行为或活动领域

首先,公共关系实务不同于公共关系理论,公共关系理论是人们对公共关系认识的高度概括,属于认识范畴;而公共关系实务则表现为一种行为或活动过程,它属于实践范畴。其次,公共关系实务的日常工作内容主要是通过调查分析、发现问题、确立目标、制定计划、选择传播媒介、实施计划、评估活动结果、举办各种公共关系实务专题活动或公共关系会议,以及处理社会组织的危机事件、预测组织决策结果,来促进公众对社会组织认同和理解,增强公众对社会组织的信任和信赖,使社会组织与公众的关系建立在互谅、互让、互利、互助的基础上,甚至一旦社会组织面临困境,也能博得公众的同情和支持。因而,公共关系实务有着区别于其他社会实践活动的自身特殊的行为或活动领域。

(三) 公共关系实务的宗旨是通过具体活动满足公众利益

在公共关系活动中,公共关系的主体是社会组织、公共关系的客体是社会公众。公共关系的核心问题是要处理好社会组织与各种层面、各种类别的社会公众的关系。这对任何一个社会组织的生存、发展,都有着决定性的影响。公共关系实务就是通过一系列行为或活动,为公众带来物质方面和精神方面的利益,满足与社会组织存在密切利害关系的直接对象的利益要求。因而,有效的公共关系实务工作必须以服务公众为前提,以满足公众利益为宗旨。

(四) 公共关系实务的目标是通过具体活动树立社会组织的良好形象

尽管公共关系实务活动类型各异,形式多样,面向不同层次的公众对象,但公共关系实务的目标就是通过策划各种活动来树立组织的良好形象,使社会组织在公众心目中具有好的信誉。

（五）公共关系实务的基本手段是大众传播

公共关系实务主要运用大众传播媒介手段实现工作目标。在传播媒体高度发达的今天，仅仅依靠口头或书面语言作为人际传播与组织传播是远远不够的，必须充分利用印刷传媒和电子传媒等大众传播媒介，向为数众多、分布广泛的群体沟通信息。因此，具体的大众传播方式是公共关系实务的基本手段。

二、公共关系实务开展的基本原则

公共关系实务的一切活动都是围绕确立社会组织信誉和形象这一最高目标进行的，社会组织要在公众心目中提高自身的信誉、树立良好形象，必须认真贯彻公共关系实务的四条原则：

（一）真实可信的原则

公共关系实务活动必须坚持实事求是的精神，向公众传递真实的信息，介绍社会组织的产品、服务与理念，杜绝虚假和夸大社会组织信息。

（二）公平互利的原则

社会组织要积极寻求双方利益的共同点。由于社会组织在公共关系实务活动中处于主动地位，因此首先要创造各种条件满足公众的要求，为公众利益着想；同时又要积极引导公众认同双方一致的利益目标，使公众与社会组织同舟共济，保持长久稳固的合作关系。相反，如果违背公平互利原则，一味追求组织利益而漠视公众利益，必然造成公众对社会组织亲善度的降低，社会组织就会失去发展所必需的良好公众环境，最终社会组织利益也无法得到保证。

（三）整体效益的原则

注重发挥整体功能优势，以取得公共关系实务的整体效益，这是公共关系实务活动的内在要求。从单项公共关系实务活动的角度分析，每项活动过程都应当包括调查分析，确立目标，制定计划，选择传播媒体，明确操作计划，以及总结反馈，评估调整几个主要环节。这些主要环节构成了单项公共关系实务活动的整体。从实现公共关系实务总体目标的角度分析，每项有效的公共关系实务活动都是实现总目标的一个具体措施，是实现总目标过程中量和质的积累。

（四）经济效益与社会效益相统一的原则

经济效益是社会组织开展公共关系实务活动、求得生存和发展的重要基础，也是显示其社会价值的重要参数。因此在追求社会组织和公众共同利益的过程中，争取社会组织自身的经济效益合情合理，无可非议。但是，社会组织作为社会结构中的一部分，还应为实现社会目标作出努力，为促进整个社会进步作出贡献。因此，公共关系实务活动的主体必须坚持经济效益与社会效益相统一的原则。

三、公共关系实务开展的基本要求

公共关系实务是一项实践性极强的工作，且活动种类很多。这些活动虽然形式多样,方法也各不相同,但都有一定的规律可循。因此,要确保公共关系实务活动取得良好效果,必须遵循以下基本要求。

(一) 活动目标要明确

公共关系实务都是为了实现社会组织的总目标,在总目标的统领下,每项实务活动也必须确立子目标。子目标越明确,工作效率越高,对公众影响就越大,实际工作效果就越好。每项公共关系实务活动的子目标都要具体化、有针对性。如让公众了解社会组织的最新发展;让公众接受某个产品信息;引导公众支持社会组织作出的有关决策;解决社会组织危机等。目标太抽象、太概括,或者含糊不清的实务活动,往往是难以奏效的。

(二) 活动的主题要精选

公共关系实务活动的主题选择是否恰当,将影响到活动的实务效果,关系到活动目标能否实现。因此,精选主题是一项不可忽视的重要工作。选好主题主要考虑三个方面的综合因素:一是围绕目标,离开目标就会偏题。二是吸引公众,主题不能引起公众的共鸣,实务活动就失去参与对象,显得毫无意义。三是与活动所处的环境相吻合,设计主题应考虑社会环境、社区环境、工作环境,特别是文化背景,只凭主观臆想,常常会有东施效颦的尴尬,给社会组织带来不良影响。

(三) 活动筹划要周全

公共关系实务活动涉及面广、工作量大,因此社会组织筹划活动必须考虑十分周全。一般情况下,无论哪种形式的实务活动,第一,要定好名称。一个好的名称可以起到画龙点睛的作用,增强公共关系实务活动的吸引力。第二,选好时机。节假日、周年纪念及某些社会公益活动时间都是开展公共关系实务活动的最佳时机。第三,择好地点。公共关系实务活动最好安排在社会组织所在地或公众熟悉且有好感的地方进行。第四,邀好来宾。许多社会组织活动的成功,取决于根据目标邀请相关的公众,包括请公众欢迎的社会名人出场,以起到活跃、烘托气氛的效果。第五,搞好接待。搞好接待工作与实务活动是否能够取得良好效果关系极大,通知、请柬的及时发送;活动场地的精心安排;接待人员的事先培训;公众来往的组织接送都是十分重要的。

(四) 活动宣传要深入

充分利用传媒深入开展宣传是公共关系实务活动的重要环节。一项活动影响太小,无法产生轰动效应,难以达到理想效果。因此,必须利用传媒搞好活动宣传。如向传播媒体介绍活动的内容和特色,引起传媒关注和报道;自办专刊、黑板报或印发宣传资料,使公众了解活动内容,从而积极参与;搞好活动文字记录和摄影录像,争取在报刊、电台、电视台上“亮相”,扩大社会影响。

(五) 活动操作要灵活

公共关系实务是一种创意性、灵活性、艺术性都很强的实践活动,不仅事先要周密设计、安排,而且在操作过程中组织者要随时根据公众的反响,以及活动中各种因素的变化机智灵活地作出对应。如果不随机应变，只是机械地照搬预先设计的程序，往往会使公共关系实务活动半途而废；而掌握了灵活操作的工作技巧，就可以事半功倍，达到活动预期目标。

第二节　公共关系日常实务活动

公共关系日常实务活动是相对于公共关系专题实务活动而言。与公共关系专题实务活动组合构成了公共关系实务系统的两大内容。

一、公共关系日常实务活动的内容

公共关系日常实务活动是指社会组织经常的、持久的公共关系工作及活动。这些工作主要包括维持和发展公众关系、进行员工培训、完善信息资料库等。

(一) 维持和发展公众关系

一个社会组织面对的公众客户有两大类：内部公众和外部公众。与内外公众经常进行沟通、交流，是公共关系工作人员也是公共关系日常实务中的一个重要内容。在外部公众中，经常与消费者公众、媒体公众、社区公众保持经常的联络，可保持公众对组织或组织产品的忠诚度并扩大公众面。如在信息爆炸的社会，组织与媒介关系的维持和发展就显得特别重要。作为组织的公共关系工作，应负责保持与媒介组织的日常性的交流，保持与媒介主动积极的关系，并积极准备题材，向媒体推销组织，帮助媒体获取组织信息。这样，就会避免媒体渠道的堵塞，使组织与外界的交流保持经常的畅通。与内部公众经常性地沟通，可适时了解内部公众的需求并在条件允许下适当地满足其需求，提高内部公众工作和投资的积极性。

(二) 员工系统培训

知识经济时代，组织竞争的武器愈来愈依靠人力资源，人才也愈来愈成为组织制胜的幕后隐形利器。在瞬息万变、竞争激烈的市场中，知识的更新之快是前所未有的，就像电脑芯片发展的速度一样。有识之士指出，知识的半衰期是5年，即每一个5年，每个人的知识和技能都有一半被淘汰，因而，“终身学习”的概念被普遍接受。有效地激发出人的潜在能力是组织培训员工的目的。只有保持旺盛的求知欲望并不断学习，才有可能不落伍于时代，不会在激烈竞争中被淘汰。对于员工来说，培训不仅是一种福利，而且是一种自发和自我素质提升的迫切需要、更新知识的需要。而且对组织来说，最终的竞争归根到底是人才的竞争，未雨绸缪，培养自己的人才，挖掘内部员工的潜力，永远是组织最为明智的选择。一个组织的员工的整体素质上去了，才有可能提高整体的竞争力，降低企业成本，提高组织效益。培训员工因而就成为组织公共关系日常实务的重要内容。

(三) 完善信息资料库

随着人类信息化进程的不断加快，信息资源的意义愈加明显，信息被视为像人力、资本、物资一样的基本管理要素,在组织的管理中发挥着史无前例的作用。公共关系活动的始端就是从收集信息开始的。从公共关系角度而言,积累信息是组织公共关系职能范围,所要采集的信息,即是组织的形象信息、组织产品形象信息、组织运行状态及其发展趋势。组织形象信息包括公众对于组织领导机构的评价、公众对于组织管理水平的评价以及公众对于组织内部一般工作人员的评价;组织产品形象信息包括消费者公众对产品或服务的价格、性能、质量和用途等主要指标的反映,也包括对产品的优点和缺点两个方面的反映和建议;组织运行状态及其发展趋势信息主要包括组织自身运行情况及其与组织预定总目标的要求之间的距离,以及它可能发展的趋势,同时包括所有对社会组织运行及其发展趋势发生或将要发生影响的情况。

意识是建立和完善信息库资料的前提条件,只有自上而下地重视信息资料的收集以及认识到信息对组织生存和发展的重要性,那么,信息收集就会成为组织公共关系日常工作的重要内容。建立和完善信息库的渠道主要是运用各种传播媒介,了解公众的反映、新闻媒介的社会舆论以及政府政策和同行状态。

二、公共关系日常实务活动的实施

(一) 完善公共关系人力资源系统

公共关系日常实务活动的展开需要专业的公共关系人力资源。公共关系日常实务活动主要包括维持和发展公众关系、进行员工培训、完善信息资料库等,这样,就需要有这些日常实务想对应的操作人员,如,为了维持和发展组织与公众的关系,必须有专职人员定期或不定期地与内外部公众进行联络,而为了提高员工的整体素质,建立培训机构或委托培训公司对组织员工进行定期培训,也需要专门熟悉员工知识结构与组织人才需求吻合程度的人才,包括信息资料库的建立,更需要有专业的信息收集员和管理人员。

(二) 运用科学的方法实施公共关系日常实务

方法的科学与否关系到公共关系实务能否真正落实到实处,也就关系到公共关系的目标能否围绕着组织的目标进行。无论是维持和发展组织与公众关系,还是员工的培训和信息资料库的完善,都需要运用一定的科学方法。比如,公众关系的维持和发展,一方面要运用科学的管理理论与之进行有效的沟通;另一方面,为了达到有效的沟通效果,又必须深入了解各类公众的心理状态、不同的需求等,当然,还得施展一定的沟通技巧。又如,对于信息资料库的建立,要树立信息系统建设是一项长期工作的观念,不存在一劳永逸的最终产品和信息的观念。为保证信息系统的持续有效性,必须不断更新和扩充信息系统的资源,并加以合理配置和有效维护。一个组织的信息系统资源应该有这样一些因素所组成:信息人员、信息技术、数据和信息,以及信息系统开发与运行所必需的财力、物力和人力和有关管理制度、政策法规等。

第三节 公共关系专题实务活动

公共关系专题实务活动是相对于日常实务活动而言的。主要内容有赞助活动、庆典活动、新闻发布会、展览会等。

一、赞助活动

赞助活动是指社会组织通过不计报酬的捐赠方式出资或出力，支持某项社会活动或某种社会事业的公共关系实务活动。

(一) 赞助活动的作用

赞助活动是公共关系实务活动中的一种常见的形式，其作用在于：

1. 树立良好形象

赞助社会公益事业，能够给公众留下良好的印象，使公众认识到社会组织关心公益事业，承担社会责任，为社会作出了贡献，从而获取公众的赞美，在公众的心目中树立良好的形象。

2. 培养公众感情

赞助社会福利和慈善事业，能够密切与社区公众及其他社会组织之间的关系，融洽社会环境。同时，赞助活动也可以证明社会组织自身的经济实力，得到公众的信任。

3. 扩大知名度

开展赞助活动是一种有效的广告形式，既可以通过新闻媒体扩大影响，迅速提高社会组织自身的知名度，又可以增强商业广告的说服力。

4. 提高经济效益

开展赞助活动可以提高社会组织的知名度和影响力，加深与公众之间的感情，当然也会给消费者留下深刻的印象，并有利于推销产品，从而为社会组织带来更大的经济效益。

(二) 赞助活动的类型

赞助活动的对象和内容非常广泛，选择最合适的对象，开展最有效的赞助活动，是社会组织得以发展的有效手段，这里介绍几种常见的赞助类型。

1. 赞助体育活动

体育活动拥有广泛的观众，体育活动往往也是新闻媒体报道的对象，对公众的吸引力极大。因此赞助体育活动，可以大大提高社会组织的知名度，广泛而深刻地影响公众对社会组织的态度。

赞助体育活动常见的方式有：赞助体育设施的购置、场馆的建立、某些体育活动的开展、某项目运动队的训练等。赞助体育活动一般常以大型体育比赛为主，可以由一个社会组织独立举办，也可以由数个社会组织联合举办。

2. 赞助文化活动

文化生活是社会生活的重要内容之一。社会组织赞助公众的文化生活，不仅可以促进文化事业的发展，提高民族文化素质，丰富公众的生活内容，而且可以培养社会组织与公众的良好感情，提高社会组织的社会效益和美誉程度，如1987年北京内燃机厂赞助中央芭蕾舞团，被新闻界广泛报道，从而使该厂获得了明显的公共关系效益。

常见的赞助文化活动方式有：赞助广播电视节目的制作、播映；赞助电影的拍摄；赞助报刊开辟新专栏；赞助图书的出版；赞助科学与艺术研究；赞助文学艺术创作、文艺表演活动；赞助节日庆典与游园活动；赞助各种展览、竞赛等。

3. 赞助教育事业

教育是立国之本，发展教育事业是国家的基本战略。社会组织赞助教育事业，既有利于教育事业的发展，也可树立社会组织关心社会教育的良好形象，还能融洽社会组织与教育单位的关系，为社会组织吸纳优秀人才和开展业务培训创造有利条件。如香港邵氏集团公司董事长邵逸夫先生出巨资赞助我国高等教育事业，在各省为一所高校建造一座建筑，并冠其名。随着各地高校"逸夫楼"的崛起，不仅邵先生的美名传遍全国各地，并且有力地促进了我国高等教育的发展。

赞助教育的形式还有很多，诸如在贫困地区捐资建校办学；修缮校舍或场地；购置教学设备、器材；捐献图书；赞助学校专项经费；赞助设立奖学金等。

4. 赞助设立专项奖励基金

社会组织赞助设立专项奖励基金是其承担社会责任、推动社会进步的具体表现，不仅能促进所奖励的专业或事业的发展，而且可以产生综合的社会效益。如香港"金利来"集团有限公司从1993年起以公司董事局主席曾宪梓先生的名义，设立曾宪梓教育基金会，设立高等师范院校教师奖，即使该公司的美名在公众中广泛传扬，又促进了我国师范教育事业的发展，树立了良好的社会形象。

赞助设立专项奖励基金，可以是支持某一行业、职业或某一专业的发展，如护理人员奖、新闻奖、社会科学论文奖等；也可以是用于支持某种社会活动的推广，如发明家奖、计划生育奖等；还可以是弘扬某种社会精神，如见义勇为奖、优秀家庭奖等。

5. 赞助学术理论活动

社会组织赞助学术理论活动，既可以利用学术理论活动在公众中的影响，提高社会组织的知名度，又可以直接得到理论工作者的科学诊断和积极建议，从而改进社会组织的工作。赞助学术理论活动提供会议地点和会务安排、资助会议经费、设立学术研究基金等。

6. 赞助社会福利和慈善事业

社会组织出资参加市政建设，为各种需要社会照顾的人提供物质帮助，义务开展服务活动，是密切社会组织与政府、社区和公众关系的重要途径，既能体现社会组织的高尚风格，赢得政府公众的依赖和赞誉，也为社会组织的发展创造了良好的外部条件。

赞助社会福利和慈善事业常见的有：修建马路、天桥、公园、路标、车棚、卫生环境设施、少年宫、养老院、福利院以及赞助残疾人活动等。具体方式可分为临时性捐助和定期性捐助或两者相结合。

此外，随着社会组织对赞助活动重要性的不断认识，公众对赞助活动表现出的积极态度不断高涨，社会组织赞助对象还会进一步扩大。

(三) 赞助活动的步骤

赞助活动要取得成功，达到社会组织的预期目标，具体步骤如下：

1. 进行赞助调研

社会组织要开展赞助活动，进行赞助调研是非常重要的。不论是主动选择其他组织或项目予以支持，还是在接到其他组织或个人的赞助申请，社会组织都应首先进行详细、周密、科学的调查论证，主要做好以下几个方面的调查工作：

(1) 研究社会组织自身的有关情况

比如本组织的公众关系现状、公关目标与政策等，以此作为制订赞助政策、选择赞助对象、决定赞助金额的基础。

(2) 调查掌握赞助对象的有关情况

包括赞助对象(社会组织)的业务内容、经营状况、经济实力、社会信誉、公众关系、面临问题等，以便有选择地进行赞助。

(3) 了解赞助项目的具体情况

包括项目提出的背景，对公众的影响力，公众对项目的心理反映，项目所需花费的财力、人力与物力情况，以及操作实施过程中可能出现的困难和问题等。

(4) 进行赞助成本与综合效益的比较

成本分析包括社会组织付出的全部财力、人力、物力；综合效益包括赞助活动所能获得的经济效益与社会效益。

2. 明确赞助目标

社会组织应在调研的基础上明确赞助目标，即社会组织需要通过赞助达到什么目的、能否达到预期目标，从而决定有无必要进行赞助。明确赞助目标应考虑以下几个方面因素：

(1) 树立社会组织形象

赞助活动的目标之一是要做到让公众知道赞助社会组织主张什么或生产什么。因为许多社会组织的名称相同或相近，公众有可能对谁生产(或制造)什么产品不甚了解。赞助目标明确可以更好地展示社会组织形象。

(2) 增强公众对社会组织标志的识别

通过赞助，一个社会组织能重复利用它的商标、代表色、特有的印刷工艺手段及其他有形图像刺激公众的感官，以增强人们对其组织标志的识别。

(3) 让公众熟悉社会组织的名称

赞助可以使一个社会组织或商标的名称重复展现,满足公众习惯于信任自己熟悉名称的心理特征,并使社会组织的主张及其产品(或服务)的名称渗透到对其尚不熟悉的地区、市场及公众的心理中去。

(4) 培养与公众亲善友好的感情

赞助的受益者不仅是受赞助者及其项目,还包括成千上万的参加者、观众、读者等,他们都可能从中得益。从他们的愉快感受中能产生对赞助者的亲善和友好感情。

(5) 帮助公众对社会组织及其产品有进一步的了解

公共关系的基本目的就是要建立公众与社会组织的相互理解关系,通过赞助活动,可以帮助公众对本组织的主张及其产品(或服务)加深了解。

(6) 协调各界关系,有助于推销产品

赞助活动有助于加强、协调各类相关企业及其他组织的关系,帮助推销其产品,如受益者帮助或允许在自己场地为赞助企业设立橱窗,陈列、展销商品,使公众产生好感的同时也接受其产品。

(7) 吸引大众传媒的兴趣

赞助活动可以帮助赞助者获得极大的新闻价值,以激起大众传播媒介的兴趣,并通过它的报道,传播有利于社会组织生存发展的信息,以提高组织知名度。

(8) 得到政府与社区的支持

赞助活动是社会组织向社会表示其承担责任与义务和与政府、社区搞好关系的有效方式之一。因此,社会组织致力于举办社会公益事业的赞助活动,可以得到政府与社区的支持,获得公众的普遍好感。

3. 制订赞助计划

制订具体详实的赞助计划是确保赞助活动取得预期效果的必然条件。赞助计划一般应包括赞助的目标、形式;赞助的财政预算;为达到最佳效果而选择的赞助主题和传播方式;赞助活动的具体实施方案等。同时也要考虑应变方案。如中国人民财产保险有限公司嘉兴分公司连续几年赞助同济大学浙江学院举办"PICC 杯"同济大学浙江学院互联网保险大学生创意设计大赛的计划就很具体详实,包括赞助目标——同济大学浙江学院;赞助对象——所有参赛选手;赞助形式——奖金和工作岗位;重点传播对象——嘉兴市民众;选定传播方式——嘉兴市主流新闻媒体;具体实施方案——参赛报名、初选阶段、网上投票、复选阶段、现场答辩;物质准备——为大赛提供奖金,更重要的是提供专业人士对参赛选手进行培训和指导,为大赛的成功举办保驾护航。

一份好的赞助计划可以使赞助负责人更好地控制赞助范围,做到有的放矢。

4. 建立严格的管理与财务审计制度

(1) 科学管理

社会组织的赞助活动应纳入科学管理的轨道,即以本组织的公共关系目标、本组织面对的社会环境为出发点，制定出切实可行的政策、方针和策略，将赞助活动纳入整个组织公共关系的管理系统中，科学有序地进行，防止盲目赞助或因个人主观感情色彩而影响赞助。

(2) 建立严格的财务审计制度

赞助活动在财务上应严格管理与审计，以免资金被挪用，被私人侵吞或被非法的、不正当的组织与活动骗取。

(3) 成立基金会或同类组织

社会组织若想长期向社会公益事业提供稳定的长期赞助，并以此取得长时期的公共关系效益，最好成立某种名义的基金会或其他同类组织，以基金会的名义单独或联合提供赞助。这样做有利于确保对赞助活动进行科学的管理，以保证其长期、有序地正常运行及取得良好效益。

5. 实施赞助计划

在以上工作的基础上，赞助组织应派出专门的公共关系工作人员或组织专门的工作班子，负责赞助活动的具体实施。

(1) 分工严密，各负其责

对整个赞助活动中的子项目或各个环节，应分派具体人负责落实，各负其责，互相配合，以免某些环节落空或出现失误。

(2) 充分运用各种有效的公共关系技巧

在实施过程中，公共关系人员应充分运用各种公共关系技巧与方法，以求最佳效果。如 1987 年在广州举行的第六届全国运动会上，富士公司赞助每名摄影记者 15 卷富士胶卷，并设立免费冲洗服务台，同时还赠送给每名记者一件色彩鲜艳的太空背心。此时广州天气恰逢降温，四处奔波争拍新闻的记者们纷纷穿上了“富士背心”，背心上赫然一行“富士胶卷六届全运会指定胶卷”的字样映入公众眼中，记者们便成了富士公司的活广告，赞助活动效果极好。

(3) 尽可能扩大宣传和影响

赞助活动本身就是为了扩大社会组织的影响，因此在赞助活动中，应尽量利用多种传播方式、途径，帮助主要活动的开展，扩大其影响。如利用大众传播媒介广泛宣传报道，利用广告传播烘托气氛，强化效果，像场地广告、路牌广告、车辆广告、空中广告，甚至工作人员身着统一的广告衫，都是灵活有效的方法。

6. 测定赞助效果

赞助活动是组织重大的公共关系实务活动，因此在活动结束时，应进行效果检测与评价。第一，应广泛调查、收集各方面的看法，如公众、传播媒介、受赞助组织对此次赞助的评价与反响。第二，应将赞助效果与原计划对照，分析出哪些达到了预定目标，哪些未达到，其原因是什么。第三，要总结此次赞助活动的经验与教训，找出不足之处，以便今后把赞助活动搞得更好。

二、庆典活动

庆典活动是指社会组织为了引起公众的关注,扩大自身的知名度,最终获得更大的经济和社会效益,而利用重要节日和重要事件举行的庆祝或典礼活动。在现代社会中,许多社会组织都善于利用庆典活动,借助喜庆和热烈的气氛,渲染社会组织形象,给公众留下深刻的印象,使自身获得认同和应得的利益。

(一) 庆典活动的类型

公共关系活动中有各种各样的庆典活动,主要类型有:

1. 节日庆典

节日庆典包括法定的节日(国庆、元旦、春节等)和某一具体单位的成立纪念日,如“校庆”“厂庆”等。这类庆典活动不仅可以扩大社会影响,同时可以总结一段时间的工作,并借此机会谋求新闻媒介宣传社会组织的形象。

2. 开工、竣工典礼

开工、竣工典礼包括某个新设施奠基、新设施落成、企业开业剪彩、通车竣工典礼,甚至包括社会组织进行转产、迁址和整(装)修结束,以及开设新的分支机构。

开业典礼与纪念活动有所区别,纪念活动指向过去,而开业典礼指向未来,标志着社会组织工作的开端或新的转机。这类庆典活动是社会组织第一次亮相于社会,引起公众与社会关注的公共关系专题活动。

3. 签字、发奖、授勋仪式

它是以举行签字仪式、互换正式文件,或表彰先进、授予荣誉为载体的公共关系实务活动。虽然参加仪式基本上是参加会谈的人员或内部人员,但也可以邀请上级部门、相关单位、特别是新闻媒体参与。这种仪式活动是创造本组织内外“人和”的好方法。

(二) 庆典活动的组织

庆典活动具有较浓重的表演色彩,虽然实施形式灵活多样、不拘一格,不同的活动过程与具体环节也不尽相同,但为了达到预期的效果,一般应当做好以下组织工作:

1. 前期策划

由于受思维定势影响,社会组织容易将庆典活动的重点局限在即刻的庆典过程中。其实应在庆典之前就着手做文章。有许多成功实例都在策划之中,或在距离庆典开始前一段时间就首先为庆典埋下“伏笔”,以引起公众的关心和社会舆论的注意,从而取得外界与公众的支持。如某食品饮料公司决定打开冷饮市场,赶在夏季将临之际,统一制作了500个小售货亭运抵某市,并分别安放在事先选定的地点。一天之内,该市主要商业区、居民点、交通要道口与旅游点同时出现了统一别致的小售货亭。这种做法立刻引起了市民的关注与评议。虽然冷饮制品尚未上市,开业典礼还未举行,但这家公司整齐、迅速、富有创意的策划与运作,已经给该市市民留下了深刻的印象。这是准确把握并运用公众期盼心理,形成开业前先声夺人的公关杰作,同时也是一次成功的广告宣传与促销活动。总之,切忌将庆典活动与前期策划实施孤立起来,否则会事倍功半。

2. 调查、宣传

社会组织在安排庆典活动前,要针对社会组织自身的性质、特点和对象的情况,在其所处地区进行广泛的调查研究,充分了解公众对社会组织的认同程度,大力宣传组织的性质、目的,宣传组织对公众的益处。如果出现公众对组织的性质不甚了解,或者对组织的性质存有偏见,甚至对组织怀有敌意等情况,则应在调查研究的同时,做一些有针对性的公共关系传播活动。一般情况下,调查应包括了解公众对本组织的兴趣所在,以便在选择庆典活动形式时,最大可能地迎合大部分公众的心理。甚至在庆典活动总体设计中,安排某些独特的活动,以迎合与组织发展有极其重要关系的部分公众;了解周围环境对社会组织发展的一些不利因素,并且开展有针对性的宣传,激发公众的兴趣点或消除公众的疑虑点。

3. 选择时间

选择最佳时间举办庆典活动容易产生广泛的社会效应。通常经营妇女儿童用品的商场,开业典礼时间宜选择在"三八妇女节""六一儿童节";经营学生用品的商场,开业典礼宜选择在新学期将至之时;以名人姓名命名的基金会,庆典活动宜选择在名人的诞辰纪念日等。如日本电通广告公司曾举办过一次成功的庆典活动。该公司决定在组织成立66周年纪念日这一天从银座的旧址迁入筑地新楼,当天清晨,2000名员工在公司总经理的率领下,举着"谢谢银座各界人士过去的照顾"、"欢迎筑地各界人士以后多多赐教"的旗帜,浩浩荡荡地由银座向驻地进发。沿街公众目睹了这一盛况,日本各大报纸和电视台也纷纷报道这一周年纪念日的乔迁之喜。使电通公司名闻遐迩,给广大公众留下了美好的回忆,当然并不是任何性质的社会组织都能找出某个"日""节"来与之相对应。关键在于公关人员的灵活运用和创造,善于选择组织性质与社会效应巧妙相融的时机并开展庆典活动,以获得公众的广泛关注。

4. 形式、规模

确定庆典活动的形式、规模应当考虑社会组织自身的性质、特点和与公众关系的密切程度等因素,同时还应考虑社会组织自身规模大小、经济实力等条件。一般而言,与公众日常生活密切相关的餐饮、娱乐、服务行业等社会组织的庆典活动,最好选择能使社区公众最大范围地知晓该组织的庆典形式。如果业务性质具有重大意义或具广泛影响的社会组织,策划最好采取具有轰动效应的庆典活动形式。那些规模大、资金实力雄厚的社会组织,可以采用大规模或豪华的方式进行庆典活动,反之则以小巧简朴取胜。

5. 邀请嘉宾

庆典活动的形式、规模一经确定,便要选择并邀请出席庆典活动的嘉宾。庆典活动的主要目的是:向组织协作方进行答谢,表示继续友好合作的愿望;获取社区公众和其他组织的信任、理解以利于对今后工作的支持;向员工与社区公众昭示本组织的创立是得到社会各界与有关机构的大力支持的。因此,一般选择的嘉宾主要有当地行政官员、上级组织的负责人、该地区或社会的知名人士和“明星”、协作单位的负责人、各类传媒机构的新闻记者、与社会组织性质有关的公众代表、兄弟单位的代表等。

邀请嘉宾的方式可以通过电话、发请柬、上门邀请等。不论何种邀请方式,公共关系人员态度要诚恳、言辞要委婉,力争各方面的嘉宾都能到场。

6. 组好班子

大型庆典活动包括许多方面和许多工作环节,宾客众多、场面宏大,方方面面都要关照周全。为此一般都要组织一套精干的工作班子。该班子主要有三个层次的人员组成。

(1) 策划管理人员

他们对整个庆典活动进行整体构思和策划,并分工主管各部分、各环节的工作,是智囊人物。

(2) 实施操作人员

他们主要负责策划阶段的材料准备、文字撰写、摄像印制、美工制作、广告设计、公共关系游说、迎宾礼仪、主持司仪、摄影摄像、乐队调音等各类具体工作。

(3) 其他勤杂人员

他们主要根据庆典活动的实际需要,负责司机、厨师、清洁、勤杂、电工、木工等后勤工作。三个层面的班子人员都应当是具有公关意识的人员组成,不仅要分工明确、各司其职,而且必须随机应变,互相配合。当然最重要的是这个班子要有一个精明强干且能统筹全盘的领导人。

为了防止出现意外情况能及时调整活动安排,因此最好准备若干备用方案和备用人员,以确保庆典活动的正常进行。

7. 物质准备

庆典活动对物质条件的要求比较高,需要社会组织事先周密细致地筹划并分工完成。这些物质准备主要包括:

(1) 场地选择

主要是根据庆典活动的形式、规模、出席人数和一些附加活动等因素选好庆典活动的场所。

(2) 设计制作组织标识和宣传品

应该在筹划阶段就提前设计、制作组织标识、招贴画、广告词、主题词、条幅等。因为这些事情往往要受到印制工期的制约。另外在宣传品设计上要突出本组织的公共关系意图、活动的主题、组织标识与代表色,主题词、广告词制作要求新颖、活泼、生动诱人、富有情感。当然在设计制作组织标识和宣传品等工作中如能导入 CI 工程,那么庆典活动就会更加有效。

（3）撰写打印各种文稿

庆典活动一般需要安排演讲、致辞、报告、讲话，切忌忽视讲话的统一设计，否则各个发言人都作一通内容重复的讲话，会令公众趣味索然。因此在庆典筹划阶段就应结合公共关系实务活动的目标、主题，设计好迎宾词、介绍词、演讲报告内容，注意简明扼要、突出中心，而且各个发言人所讲内容各有侧重。这样既能节省时间，又符合来宾的心理。同时，需要分发给来宾、公众和新闻记者的各种文字材料也应撰写、打印、装袋，及时分发到参加人手中，以利用参加人的渠道广为传播，也便于记者筛选材料，有选择地予以报道。

（4）布置会场

布置会场应以隆重、热烈、大方得体为原则。主席台及主宾位置应放在会场前方突出显眼的部位，并根据庆典活动的需要放置桌椅、铺上台布、摆置鲜花和茶具、悬挂横竖条幅或张贴主题词、宣传画，以及安装调试好音响扩音器材、空调等设施设备。也可在室外悬挂气球、宫灯、插彩旗。

（5）其他物品的准备

如剪彩用的彩带、剪刀；奠基、植树用的铁锹；烘托喜庆气氛的唱片、录音带；收受礼品用的登记簿；赠送客人的纪念品；供公众提意见、建议用的留言台（簿）等。

8. 编排程序

庆典活动程序一般是：宣布活动开始，介绍重要来宾，组织领导人或重要来宾致词、剪彩或其他活动，结束。活动安排程序应当事先印制好，宾客人手一份，以便了解掌握活动安排。

9. 安排其他活动

其他活动是指一般在庆典活动结尾时安排的专项活动。社会组织可以根据业务内容、性质和特点作相应的安排。一般有参观、座谈会、观看表演、宴请招待。

（1）参观

安排嘉宾或部分具有影响力的公众参观本组织，有利于组织形象的传播，可以扩大组织的影响。参观内容可以因社会组织的业务性质不同而异。如企业可以安排参观生产车间、厂容厂貌、新产品陈列室、尖端工艺、重点生产设施等；商业、餐饮、娱乐、服务业可以结合开展销售经营业务，或在开张时实行优惠销售、免费服务；教育、文化、科研机构可以参观校舍、研究室、实验室、图书室或教学科研成果展等。

（2）座谈会

安排座谈会既可以向嘉宾、公众宣传本组织，又可以与广大公众、上级机构、协作单位、同行代表、新闻记者等建立联系，听取意见、建议，中心议题应当围绕本组织的生存与发展。

（3）观看表演

安排表演可以是有关业务生产操作表演，可以是与业务间接相关的表演，也可以举行文艺表演等。

(4) 宴请招待

宴请招待形式有正式宴会、自助餐招待会或酒会、茶会等。

10. 善后工作处理

庆典活动之后仍有大量工作要做。主要是:敦促新闻界客观、迅速地报道本组织的情况,收集传播媒体以及公众舆论的有关反应,做好新闻报道剪报资料的存档工作,制作庆典活动的声像资料,写好庆典活动的总结报告。

(三) 庆典活动注意事项

庆典活动是一种技巧性很强的公共关系实务活动。因此在策划和实施过程中应当注意以下事项:

1. 注重庆典活动安排的计划性

庆典活动作为一项具体的公共关系实务活动,应当纳入社会组织整体公共关系规划进行通盘考虑。力求与提高组织信誉、树立组织良好形象这一目标相一致。

2. 突出庆典活动的艺术性

庆典活动的策划设计和制作应当体现新的创意,突出活动的艺术性。如太阳神营养液的广告主题词"当太阳升起的时候,我们的爱天长地久"就非常具有语言的艺术性,足以给公众留下美好深刻的印象。

3. 加强庆典活动的新闻性

新闻媒体对庆典活动的反应是衡量活动成功与否的标尺,因此努力使庆典活动本身具有新闻价值极其重要,同时强化新闻制造,争取新闻媒体广泛宣传报道也是值得社会组织十分重视的重要问题。有些社会组织由于只注意新闻媒体的一般参与,不注意新闻制造、让新闻产生轰动效应,造成社会公众对庆典活动反应平平,影响效果的事例值得引以为鉴。

4. 认真做好庆典活动的总结工作

社会组织的公共关系实务活动强调整体性和连续性。庆典活动作为整体公共关系实务活动的一部分,应与其他公共关系活动协调一致,并使其符合社会组织整体效益提高之目的。因此,一项庆典活动结束,必须认真做好总结工作,使庆典活动的实践过程上升为理性认识,以利于指导社会组织今后开展公共关系实务活动。

三、新闻发布会

新闻发布会也称记者招待会,是社会组织和某一个人向新闻记者发表某种新闻信息,并就此展开问答的一种特殊会议。新闻发布会是社会组织与新闻界保持联系的一种重要活动方式,也是公共关系人员广泛传播各类新闻信息的最好工具之一。

(一) 新闻发布会的特点

新闻发布会是一种具有传播性质的特殊会议,比较其他会议具有以下特点:

1. 新闻传播的及时性

新闻传播主要有两种途径,即人际传播和大众传播。记者招待会属于大众传播方式中的一种重要形式，它能使记者迅速掌握第一手信息，并通过报纸、杂志、广播、电视等媒体及时把信息传播出去。

2. 新闻传播的广泛性

新闻发布会总要邀请各地各类各级记者参加。记者在得到有价值的新闻后，必然通过自己的传播媒介，在全国各地或各层次的社会成员中进行传播，由此引起社会公众的广泛关注。

3. 新闻传播的准确性

新闻发布会上发布的新闻信息，一般是社会组织中最高领导者或是经授权的发言人，他们代表本组织发布的新闻是经过组织确认的，具有不容置疑的准确性。因而可以避免信息传播中的"失真"现象。

4. 新闻传播的持久性

通过新闻发布会，社会组织能与记者群建立良好的人际关系，从而可以形成记者长期持久地为组织传播信息的网络。同时，这种关系一经确立，就会超出记者招待会本身的影响。有利于树立起社会组织的良好形象，提高社会组织的知名度和美誉度。

5. 新闻纠偏的有效性

一个社会组织在发展过程中难免会遇到许多错综复杂的问题或危机事件。如受到公众批评、同其他社会组织发生不可澄清的纠纷、组织工作发生差错等。遇到这种情况，社会组织可以通过举行新闻发布会向公众作解释、说明或澄清，取得公众的支持和谅解。

(二) 举办新闻发布会的原则

新闻发布会可以根据本组织的需要确定会议形式和规模大小，如要获得好的效果，应坚持以下原则：

1. 发布新闻针对性要强

对于政府来讲，新闻发布会主要是发布重大消息、公众突发事件，或者是对国际国内、省区内外的重大事件发表看法。但对于其他社会组织而言，新闻发布会或是宣传某一新产品的问世与销售；或是宣传组织的观点和主张；或是发布组织的重大改革措施以求公众知晓等，主题很多，但切记每次记者招待会必须集中针对某一主题，绝不能左右兼顾多主题。

如果必要的话，宁可多次召集或分别举行新闻发布会。另外，邀请到会的记者要与宣传发布的新闻主题对口，如邀请与主题相关的新闻单位，并有针对性地选择与主题最相关的部门和栏目记者，而不应将与之无关的记者邀请到会。否则既浪费经费，又不能使所有的报道都能有效传播。

2. 发布的新闻要有价值

新闻学十分强调新闻的价值。如果发布的新闻没有价值，就无法起到宣传的作用。而要使某新闻具有价值，应该注意：

(1) 新鲜

它包括时间新和内容新，即时间上要求及时，内容上要有新意。时间上的及时性主要是指活动与发布时间的衔接点的把握，即不能发布得太早也不能太晚，而且活动的内容应未见诸过报端。内容上要有新意，主要是指其价值性、创新性。

(2) 意义

意义大小与新闻价值大小成正比。一般评价新闻意义大小，首先要从新闻与接受对象、传播对象的关系去评判。这种关系包括人数和程度，新闻关系到的人越多、关系到的程度越高，其价值就越大。其次还要从新闻和实际生活的关系去评判，新闻与现实生活的联系越密切，其价值也就越大。因此社会组织召开新闻发布会前，要以此为标尺，审核一下所要发布的新闻信息是否有价值。

(3) 接近

包括地理上和心理上的接近。一般情况下距离公众越近的事情，越能引起公众的兴趣。如本地区发生的新闻就要比外地同类新闻更易吸引本地公众的关注。

(4) 显著

这主要是指所涉及的人物、地点知名度高。著名人物的活动易引起人们的关注，从而提高新闻的价值。

公共关系人员要了解掌握新闻价值的要素，主动策划新闻信息，即"制造"有价值的新闻。如1957年法国白兰地公司策划向美国总统艾森豪威尔赠送寿礼的公共关系事件中，巧妙地借助了"显著"这一要素来制造新闻，创造了强烈的名人效应，引起了轰动，使得白兰地酒迅速地打进了美国市场。

3. 发布新闻的机会要恰当

过多地召开新闻发布会，以及不考虑最佳时机随便召开新闻发布会都不利于社会组织的公共关系策划。比较好的做法是选择在重要的庆典活动、知名人士和社会名流的来访、重要会议召开、拟定新的发展规划前后；新的管理方案试行成功、新的科技发明和新的产品研制成功、社会组织取得显著成绩之后；消费者投诉、突发事件发生之时。

(三) 新闻发布会前后的主要工作

要使新闻发布会取得良好的效果，必须做好以下几个环节的工作：

1. 策划准备阶段

(1) 策划

就是如何主动地去"制造"新闻。这里所指的"制造"新闻并不是违背新闻真实性原则，而是指公共关系实务中的独具匠心，是公共关系人员开展公共关系活动的艺术和技巧。如有家制药厂研制出一种保健药品，可能这种药的名称早就有了。但厂家可以别出心裁地请广大消费者来为其命名。在大张旗鼓地评选最佳命名之后，厂家再刻意召开一次新闻发布会，一方面向公众宣布最后确定的最佳名称；一方面回答记者们有关新药品的提问。其结果不仅仅可以使厂家获得一个比原先更好的药品名称，更主要的是使新产品和厂家的知名度都大大提高了。这样一个并非虚假的新闻，经过策划就“制造”出来了，其巧妙的广告效果往往出人意料。

(2) 预算经费

新闻发布会的成本较高。开支的项目一般有场租费、音响器材租用费、会场布置费、电话通讯费、交通费、印刷费、文具用品费、礼品茶点费、聚餐费等。整个会议经费应当在策划之后尽快做出预算。

(3) 选择地点

首先应当考虑交通是否便利、是否方便与会记者及其他人士的进出和乘车、会议厅是否能够容纳得下所有记者与嘉宾、供记者联络发布信息用的通讯设施是否便利畅通、是否能提供录音、摄像、书写等配套设施、能否提供播放电影、电视、录像、录音、幻灯等设备条件。

(4) 布置会场

新闻发布会的会场布置很重要。会场要整洁，应摆放适量的绿化盆景，气氛以高雅大方为好。主持人、发言人、嘉宾、记者、特邀人士等各种区域与席位都应布置安排合理，书写并按席位顺序摆放席位卡，准备好的文件材料袋和文书用具应放于每个席位上，并适量放置简单饮料。最后检查进出通道与上下台的路线是否安全畅通，检查并组配好会场所有电路等。

(5) 确定主题

新闻发布会最好突出一个主题，而且最好提炼成鲜明突出、言简意赅、形象温情的主题词，从而给公众留下深刻的印象。主题确定之后，要迅速组织有关人员成立发言起草小组，收集资料，写出发言提纲。提纲中重大的原则性问题措辞要确切。重要的原始材料数据应附后。还可以写出报道提纲，口径应与发言提纲一致，以免在记者中引起猜疑。

(6) 确定日期

新闻发布会具体日期的确定应尽量避开节假日和有重大社会活动的日子，以确保记者能如期参加会议。另外在不同的地区还应注意避开有特别民风民俗的日子，如欧美地区 4 月 1 日为“愚人节”。这时召开新闻发布会，有可能被公众理解为是一种善意的欺骗而影响记者招待会的成效。

(7) 邀请和迎接记者

根据招待会主题，尽量广泛邀请各级各类记者参加，请柬应较早送到记者手中，临近召开日期还应用电话联系落实到会记者情况。对交通不便的被邀记者应提供交通服务。

2. 会议召开阶段

(1) 迎宾签到

召开新闻发布会目的是为了让公众了解组织形象，因此主办者应在会议开始阶段就重视迎宾工作，负责迎宾者应提前恭候在门厅或会场门外，待来宾到达时亲自迎接、问候，并将来宾引领至签到处，恭请来宾签到。签到后应有专门的礼仪、服务人员引导来宾至会场或休息室，安置席位、奉茶或饮料等。

(2) 宣布开会

主持人宣布开会时，一般应向来宾介绍出席的领导、嘉宾、知名人士等，介绍出席会议的各新闻机构及其记者，向到会者表示欢迎。主持人还应向与会记者陈说本次发布会的目的、背景、会议准备情况等，并将本组织发言人的姓名、职业、职位、发言内容等介绍给来宾。

(3) 发言、答问

发言人的发言要紧扣主题，内容忌杂，时间忌长，避免错漏，并适时公布原始材料以作凭证。每人发言时应排好顺序，发言内容上不要重复。答记者问时应按分工范围，做到责任分明；同时也要随机应变。

(4) 闭会、欢送记者

新闻发布会最后，主持人应简短评述会议，对与会者致谢，并传达日后继续合作的意图。闭会后应善始善终做好欢送记者的工作，并可巧妙地向记者提醒及时将报道情况反馈给本组织。

3. 总结评估阶段

(1) 会后总结

闭会后应对会议的策划组织、布置安排、发言问答过程进行总结，分析成功得失，总结经验教训，尽快详细地整理出记录材料，以备日后参考，同时写出评估总结报告归档备存。

(2) 分析报道

会后应当注意搜集所有到会记者在各种媒体上的报道，并进行归纳分析。方法应当是：首先对照签到簿检查与会记者是否都发了稿件，哪位记者报道内容效果良好，并可确定一部分记者为今后记者招待会继续邀请的对象。其次将发布的报道内容与原拟定的主题、预定目标进行对照，检查报道内容是否有谬误或有不利于本组织的偏差倾向。若存在问题应及时拿出补救办法。如说明真情，要求更正、登报致歉。

(3) 收集反映

主要是收集与会记者以及其他与会公众对记者招待的反应，检查接待、安排、提供方便等方面的会务接待工作是否有欠妥之处，以便进一步改进工作。

(四) 主持人、发言人应注意的事项

主持人不仅仅是会议召开时形式上的主持人，而且应当是本次公共关系活动中所有环节的总指挥。发言人是代表社会组织出面的，记者招待会成败与发言人的素质密切相关。为此主持人、发言人务必注意以下事项：

1. 要以轻松、富有幽默感的言谈和感染力活跃会议气氛，引导记者踊跃提问。当记者的提问离开会议主旨太远时，要善于巧妙地将话题引向主题；会议出现紧张空气时，要及时调节缓和；不要随便拖时间。

2. 有些数据、资料不愿或不可发表的，应婉转地向记者做解释。记者一般会尊重组织意见的，吞吞吐吐反而会引起记者追根寻底，造成宣传报道上的失真。

3. 不要随便打断记者的提问，也不要以各种动作、表情和言语对记者表示不满。即使有些提问很片面、很偏激，甚至带有挑衅性，也不能失控发怒，要充分体现涵养，以平缓的言语、确凿的理由给予纠正或反驳。

4. 遇到回答不了的问题时，不能简单地说“不知道”“不清楚”“我不能告诉你”等，应采取灵活机智的办法给予回答。如陈毅同志任外长时曾遇到一名记者提问，中国击落一架进入我国境内的某国军用飞机是用的什么武器。由于涉及军事机密，因此陈毅用手在空中做了一个用杆子捅东西的动作面带笑容地说：“我们是用竹竿子把它捅下来的呀！”在场的记者无不佩服这种机敏、绝妙的回答。

5. 所发布的消息必须准确无误，若发现错误应及时予以更正。因为发布会是信息传播和信息渠道的重要环节，如果这个环节没有把握，那么，通过该渠道传播出去的错误信息对社会组织的形象是有害的。

四、展览会

展览会是社会组织通过实物、文字、图表来展现其成果、风貌、特征的一种公共关系实务活动。它是一种综合性的传播媒介，可辅之以动人的解说、优美的音乐和精巧的造型艺术，立体式地宣传社会组织的形象，推广其产品，是现代公共关系实务中的一种重要的活动形式。

(一) 展览会的特点

社会组织在公共关系实务活动中经常采用展览会的形式宣传自己，是因为展览会与其他传播形式相比较有着以下几个特点：

1. 传播的复合性

所谓传播的复合性，是指同时使用多种媒介进行交叉混合传播。通常举办展览会都会同时运用多种传播媒介，包括声音的媒介如讲解、交谈和广播；文字的媒介如印刷的宣传资料、产品说明；图像的媒介如照片、录像、幻灯片等。由于展览会这种复合性传播方式综合了多种传播媒介的优点，所以展览会比较一般的文字和口头宣传更有效。

2. 沟通的双向性

展览会可以给社会组织提供与公众直接双向沟通的机会。一方面社会组织介绍产品、宣传自己；另一方面公众通过洽谈、讨论、咨询，甚至对产品提出意见等方式反馈信息，有利于社会组织和公众的沟通、交流，从而收到较好的效果。

3. 印象的直观性

展览会是一种直观、形象和生动的传播方式。一场展览会主要是以实物展出为主，也可辅以现场示范表演，或专人讲解操作，从而使参观者对展品有深刻的印象，也增强了公众对产品、对社会组织的可信度。

4. 参展的高效性

展览会是一种效率高且高度集中的产品展示方式。在展览会上可以集中展示许多行业的不同产品,也可以集中展示同一行业中不同牌号的同类产品。从而为参观者提供了了解产品的极好机会,节省了参观者的大量时间和费用。同时,也为参展者树立形象、打开产品销路提供了条件。

5. 新闻的关注性

各类展览会,尤其是大型综合性的展览会,往往会引起各种传播媒介的关注,成为新闻媒体追踪报道的对象。而新闻媒介对展览会和展品的传播,会对公众产生很大的影响力。

(二) 展览会的类型

展览会可根据其性质、内容、规模等的不同而划分为五种类型。

1. 按展览会性质分

有贸易型展览会和宣传型展览会。贸易展览会主要是商业、企业等行业的实物展示,这种展览会旨在商品促销,做实物广告。展品以商品、产品等实物为主,以文字、图片、图表为辅。宣传展览会是为宣传某一思想、观念、信仰等,其展品以照片、图片、艺术作品、文字、幻灯、录像资料等为主。

2. 按展览会内容分

有综合型展览会和专题型展览会。综合展览会参展项目繁多,内容全面,如广州商品出口交易会。这种展览会通常由专门性的组织机构或单位负责筹办。一般规模较大。展览的范围更大,展期在三个月以上甚至长达一年的,一般可称为博览会。博览会多是国际性的,它是世界范围某一领域发展的缩影。专题展览会通常是围绕某一特定专业、某个行业或某项内容而举办的展览,它的内容单一、规模较小,但展示的内容集中且有深度,如"全国书展""最新电子产品展示会"等。专题展览通常由企业或行业性社会组织举办。

3. 按展览会规模分

有大型展览会、中型展览会、小型展览会和微型展览会。这种大、中、小的划分主要是从展品的数量多少、范围大小来确定的。大、中型展览会通常由多个社会组织联办,或由某些权威机构主办,其他组织报名参展。小型展览会多是社会组织自己举办,以宣传自己的产品、商品、主张和观点为主。微型展览会则是指橱窗展览和流动展览车等。这类展览看似简单,但技巧性要求较高,要求更具有吸引力。

4. 按展览会场地分

有室内展览会和露天展览会。机械、汽车等工业展品多在露天展出。组织者要注意的是天气状况。室内展览一般较为隆重,举办时间较长。

5. 按展览会目的分

有商品展览会和展销会。社会组织定期或不定期地参加和主办商品展览会,其目的是展示产品的样品,向参观者做宣传,一般只展不销。组织举办展销会,以其规模大、厂家多、商品全招徕公众，一般边展边销。

(三) 展览会的组织工作

举办展览会应当达到的理想状态是：展览主题思想明确，布局结构合理，布景美观大方、经济，解说精练、流畅、动人，给人以深刻的印象。为此必须注意做好组织工作。

1. 策划方案、组织好班子

展览会的社会影响广泛，宣传效果显著，但支出经费较大。因此社会组织必须充分论证举办展览会的必要性和可行性。一旦经过组织决策或有关领导批准，应当及时组织班子，班子人员包括：领导与管理人员、设计与制作人员、讲解人员、接待与服务人员、后勤供给与保安人员。

2. 设计好主题，明确内容

展览会应该明确主题。即明确展览会宣传、主张及主旨。并以此决定展览会中将使用哪些沟通方法，展览的形式和接待安排。

3. 预算展览会费用

主要包括：场地租用费、展品规模图表制作费、设计装修费、交通运输费、广告宣传费、交际联络费、水电费、劳务费、保险费、便餐费以及估算不可预见费。

4. 搞好展览会设计制作

展览会组织者要根据展览主题、类型等要求，构思展览会总体布局和规划，设计制作总体设计图与各展区的展品、展板布置小样，待确定后再做成实样。还要精心制作好展览会的会标、主题画、宣传海报、说明书、解说词。

5. 选择展览时间和地点

选择时间大多按社会组织需要而定，有些展览则要顾及到季节性，如花卉展览、农副产品展览等。选择场地要考虑交通便利，会场空间要能够容纳展览内容，最好做到选择的会场环境能与展览主题相得益彰。

6. 培训工作人员

展览会工作人员的素质和展览技能的掌握程度，对整个展览效果起着重要作用，因此必须对展览会工作人员，如讲解员、接待员、服务员和保安人员等进行公共关系训练，对展出的商品、产品进行起码的专业知识培训。以满足展览会的要求，使参观者满意。

7. 成立专门对外发布新闻的机构

成立专门对外发布新闻的机构是必要的。它主要负责和新闻界进行联系的一切事宜，如积极为新闻媒介提供具有新闻价值的新闻稿，主动邀请新闻记者进行采访等，以扩大展览会的影响。

8. 邀请重点嘉宾

展览会组织者应重点邀请与展览主题相关的各级各类组织负责人、社会知名人士、专家学者、评论专家等作为展览会开幕式的嘉宾，以提高展览会的地位与声誉。

还应重点邀请有关新闻媒介的记者采访、报道展览会,以扩大传播效果与影响。

9. 开幕式

展览会开幕式虽然一般时间不宜太长,但却关系到展览会的传播效果,因为新闻媒体报道展览会活动情况,开幕式总是聚焦点。通常开幕式内容应包括主办者致辞,说明举办展览会的目的、宗旨,向协办组织致谢,向各位嘉宾、与会者表示欢迎与感谢;来宾代表讲话,表示祝贺之意;嘉宾代表、知名人士剪彩、开展。

10. 观展和闭展

观展阶段主要是接待参观者,讲解展品,做好服务咨询工作,并注意利用观展机会向其他组织提出合作意向。为了增强展览会的趣味性、知识性、生动性,组织者可以安排现场演示,相关的知识测验和竞赛、小型节目表演,也可赠送一些资料、纪念品。

闭展阶段工作量同样较大,包括展品的撤除、工作总结、展览会效果检测、答谢合作者及公众。还可根据需要,再度吸引新闻媒介对展览会总体情况作分析报道,强化公众印象。

(四) 展览会的效果检测

对展览会的效果进行检测,以了解公众对组织形象的评价和产品的反映,对整个展览会形式、过程的看法等是一项十分重要的工作,组织者务必认真对待,具体检测展览效果的方法主要有:

1. 举办有奖测验活动

根据展览内容,有选择地制作以填空、选择、判断为主的问答题,当场解答,当众发奖。这种方式既是活跃展览会气氛的有效手段,也是检测展览会效果的第一手资料。

2. 设置公众留言簿

组织者可在展览会出口处设置公众留言簿,主动征求公众的意见。这些意见可作为检测效果的依据。

3. 召开公众座谈会

组织者可随机请一些公众进行座谈,听取他们对展览会的观后感,或讨论一些技术性、程序性的问题,征求他们对本组织的意见或建议,这是最直接的效果检测法。

4. 借助记者采访

展览会期间,组织者可以邀请一些新闻记者对公众进行采访,并做好录音或记录。以便组织在检测效果时参考。

5. 开展问卷调查

闭展时,组织者可安排专人向公众发放调查问卷,或根据签到簿上掌握的公众名单邮寄问卷调查表,甚至选择重点对象登门拜访请他们填写问卷调查表,以了解展览会的实际效果。

【案例及案例讨论】

1015 万色城未来盛典

期待太久远，盛开降来临。1015 万色城未来盛典于 2016 年 10 月 15 日在西子湖畔隆重举行，所有沸腾的心情即将沉淀，一场空前绝后的盛宴即将开启。

现场直击：上半场大咖云集

本次盛典由央视著名主持人张羽、浙江卫视著名主持人葛天笑共同主持！盛典各界大咖莅临现场！——云计算领域的思想家，被称为云经济学之父的乔·韦曼先生、华平中国总裁魏臻先生、中金前海董事总经理胡祺昊先生、YIC 国际教育集团董事长 Avi H、万色水母核心成分“双态蛋白”主要研发人王菊芳教授、万色颜如钙调喷雾产品研发总工程师刘国助先生……数不尽的各界大咖大碗人物，都来到盛典现场！从未有过的盛世局面，从未有过的嘉宾阵容！杭州市滨江区金志鹏区长为未来盛典做开场致辞！

电子商务成为经济发展的源泉和动力！庆典有幸请到了中国电子商务协会执行秘书长、国家职业教育研究院电商分院副院长万东辉先生莅临现场致辞！他讲述了电子商务的发展状况，近年来，电商、网购在市场中的不断上升！全国电商市场总额达到 10.5 万亿元，其中网络交易占 2.3 万亿元！这个数据让你惊呆了吧！万秘书长还为带来一个好消息，电商协会将加强对万色城的扶持，通过万色城独特的创业模式带动更多的移动网络创业！选择一个正确的方向，将让你的努力收获丰硕的果实！选择万色城创业，潜力无限！

发明家、战略家、作家、思想家……汇聚如此多的称号，这会是怎样一位大咖？他就是“云经济学之父”、云计算领域思想家、顶尖企业战略家、畅销书《云经济学》的作者，同时他还有用 22 项美国国家和国际发明专利！这位神奇的外国人名字叫乔·韦曼，他带来了电商领域的前沿解读，深度剖析了全球电商经济趋势。

乔·韦曼讲解了未来云计算，正如主持人所说，可能我们没有听懂，但是“云经济”必将成为未来的趋势！接下来万色城集团董事长、联席总裁朱海滨先生在全场热烈的掌声中走上舞台，为我们讲述 7 年万色城梦想之路！朱董受到乔韦曼先生云系统的启发，以道德经的理念创立量子态银河系生态系统。小小的梦想走到今天移动社交电商 2.0 时代，朱董感恩一路走来，所有网商及各界相关人士的支持！万色城从一个朴素的梦想开始，不断完善轻创业设施和服务体系，7 年来为 1.5 万网商和 8.5 万轻创业消费商提供系统的服务！投资少、能量大、量子企业开始崛起！未来必将迎来爆发式发展！霸气恢弘的量子态银河系生态图全球首发，第一次看到这个架构的你，是不是也满怀激动呢！量子生态系统将是企业家、研发机构、投资人、创业们的共同愿望，携手万色城，共同走入移动电商生态系统时代！

关于量子态，关于银河系，关于朱董的雄伟壮志，关于一切万色城势不可挡的宏伟未来，数十家知名企业了解了过这些共生共赢的政策后，选择了与万色城合作。对于未来的抉择近在咫尺,此时此刻他们所相信的,也正是万色城矢志不渝的坚守,未来属于你我,携手共创共生。

在万色城的量子星系中,率先与万色城集团合作的企业机构代表人上台发言!到底是什么理由让他们选择了万色城呢? 教育、猕猴桃、电商公司,这些和万色城又有怎样的关联? Avi H,这位国际大咖来自以色列,他是 YIC 国际教育集团董事长、前以色列国防军司令官,YIC 教育社群,关心未来教育、关注青少年未来的教育和发展! 万色城关怀和陪伴式的成长、量子化平台,对道的理解和探索! 万色城背后的力量——人性关注、人性成长! 让他最终跨越国界不远万里与万色城达成合作!

盛典带来的第一条重磅消息! 就在今天,万色城获得了中金前海、华平这两家投资巨头的注资,总共 1 亿美元!! 朱董与中金前海的胡总、华平魏总现场签约。中金前海具有多年境内外 VC&PE 市场投资经验,行业资源广泛,兼具本土经验与国际视野;华平成立于 1966 年,是美国历史最悠久的私募股权投资公司之一。自成立以来,已在 40 个国家的 760 多家企业中累计投资了 580 多亿美元,在全球 9 个国家设有 12 个分支机构。

圆桌论坛投资大鳄与我们共话投资万色城的缘由!——投资谨慎的中金华平为什么投资万色城?——中金胡祺昊胡总说不会轻易投资市场估值不够突出的企业,万色城空间大"天花板"高,独特的运营模式和发展空间。——中金胡总和华平魏总也认可万色城"生意更简单、生活更精彩"的价值观!——乔韦曼先生则表示,除了商业利润,世界主流关注点放在女性创业、女性领导力这些引领世界进步的地方! 万色城为众多女性创业者提供的平台和服务,让更多女性为人类进步作出贡献!——全球唯一的万色城,不可模仿的商业模式和利他、包容的价值观! 让商界大佬们共同选择万色城!——万色城走出电商"第三条道路",一直被模仿,从未被超越!

朱董宣布了又一个激动人心的消息! 感恩大家长达 7 年的陪伴,朱总拿出总值 1.5 亿元的期权,分给万色城 7 周年生日之前注册的网商! 厚重的生日礼物,博取全场网商欢呼!

现场直击:下半场惊喜连连

巨型屏幕打碟! 这样的开场让你嗨了吗? 炫动的灯光,炫酷电音,全场舞动双手,强劲的节拍直击心跳的频率! 外籍知名 DJ,带领全场进入嗨起来的状态! 1015 未来盛典下半场,更多重磅嘉宾,更多重磅消息!

万色城 7 周年专题视频唤起了在场人们的万分感慨,7 年,弹指一挥间,但对于一个创业公司来讲,这是一段漫长的成长。从蹒跚学步到挺拔激昂,万色城经历的起起伏伏一言难尽,而一起见证蜕变的人们所给予的陪伴,不仅仅是 7 年须臾。

万色城 7 年了,万色城的发展,离不开众多网商的支持,尤其是那些陪伴万色城走过 7 年的老红军们!

万色城集团董事长朱海滨、联席总裁李旭光先生与万色城老红军同台共唱生日快乐歌! 最朴实的歌声往往最打动人心! 走过 7 年不易,万色城 7 年不痒,未来更美好！

著名歌手崎君献上独唱《不离不弃》！三年、五年、七年，我们不离不弃、坚决追随，祝福万色城7周年生日快乐！

樊登，他是曾主持过《实话实说》《12演播室》《商界传奇》等知名节目的前央视知名主持人，他也是樊登读书会发起人，樊登为我们解读电商未来趋势，区别于数年前电商环境中比谁价格更低的“屌丝生意”，更深一层的“中产生意”才是电商未来的出路。

拿什么震撼你？万色城战略正式起航——万色城联席总裁李旭光先生，从团队、产品品牌、走向国际化三个方面，为我们带来万色城【三年战略规划】。选择世界性大企业合作，产品品质更有保证。万色城走向国际化，成立北美分公司，还有【重磅消息】——万色城启动上市计划，与所有万色网商分享财富。酒香不怕巷子深的时代已经过去，万色城将展开高逼格的全面推广。

万色城产品战略高级顾问华彦俊先生为我们带来万色城健康产品十年规划。健康意识已经逐渐被越来越多的人认可，我们要做到“防病于未然”，远离亚健康。其中，益生菌已经进入迅速增长时代，它作为万色城大健康产品的星空第一击。作为“取经人”的万色城，开发更多的健康产品，为人类的健康事业做出贡献。充满商机的大健康，你可别错过。

生活水平在提高，而全民健康情况并没有得到很大改善。绝症趋于年轻化，从一个方面反映出现代社会虽收入富足，衣食无忧，但健康的问题变得越来越严峻。根据浙江万色城生命科学研究院院长胡荣贵的数据分析，中国有70%的人正处于亚健康状态，中国也拥有世界上最庞大的肥胖人群，正因如此，针对国人健康状况开发产品是万色城未来方向之一，让健康永存，传播幸福，万色城匹夫有责。

医学科技大科普。中国再生医学研究院副院长黄永昌老先生带领我们探索医学尖端领域。再生医学作为科技新发展，将推动健康发展。再生、修复也是你的梦想吗？中美再生医学与万色城将展开战略合作，开拓市场最核心的竞争力的产品。

硬度是钢铁的300倍，导电速度达到光速1/300，世界上最轻最薄的材料——石墨烯，以它为内核的眼罩，石墨烯智能眼罩在万色城全球首发！改善睡眠质量、假性近视，缓解眼部疲劳等，科技引领健康。supper modle展示了石墨烯系列智能穿戴，更有盛典专属抢鲜哦。微信扫DM单页左下角二维码，即可参加石墨烯智能眼罩全球首发抢购。

历经多年发展，万色城的广告遍布全球，雄立于各国地标建筑。盛典现场，分别与英国、美国、日本、韩国进行了连线，展示了在各国繁华地段的万色城广告。万色城正在成为一个国际化的企业，万色城的精彩，从你的全世界路过。

有多少产品研发的初衷，是为了让身边的人更安全、更健康？当你在庆幸抗生素治愈许多疾病时候，却有人因为口不能言而不能听而在痛苦中煎熬。失去听力、不能和小朋友一起玩耍，摔东西发脾气，其中重要原因就是滥用抗生素。有人因为他失去听力、失去语言能力、截肢，孩子痛苦，妈妈痛心，他们都痛不欲生。这两段开场的视频，让在场的所有人，无不为之动容，因为这些事情可能就发生在我们身边。万色益＋本着提升中国人身体素质的初心，为各类人群：宝宝、宝妈、老年人提供健康食品，倡议万千中国家庭，拒绝滥用抗生素。

做好一个品牌，少不了一个强大的合作伙伴。万色城的背后有百年美国杜邦，强强联合，通力合作，共同打造打造中国益生菌领军品牌！杜邦营养与健康事业部亚太区总裁李永敬博士(美国马萨诸塞大学油脂化学博士、中国食品科学技术学会副理事长、)以及 John Rea 博士(BU Leader-Probiotics, Cultures and Food Protection Ingredients)两位大咖人物亲临现场，他们十分看好中国的益生菌市场，万色城的经营模式、经营理念，让他们选择与万色城进行合作。

万色城走在行业前端，与百年杜邦合作，在益生菌领域研发更多新品！在市场中心总监 Miranda、李博士、John 博士以及在场所有嘉宾、网商还有场内外全网的共同见证下，万色益＋【新品重磅发布】。

第一款：万色益＋益生菌蜂胶牙膏：全国首款二联菌牙膏。

第二款：万色益＋进口鱼胶原蛋白肽：三联女性益生菌。直接服用，为女性健康带来福音。

登场的是可爱的萌宝们，原来这款产品是专为宝宝定制的哦。

第三款新品：益生菌巧克力正式发布。菌株来自美国杜邦，巧克力原料取自全球，好吃不蛀牙，宝宝吃的开心，辣妈也会更放心。益生菌已经让越来越多的家庭受益，万色益＋新品的加入，将全方位多角度的呵护家人的健康。

世界冠军和万色益＋会擦出怎样的火花？打造中国益生菌的领军品牌我们还有她——中国女排主攻朱婷。这个在里约奥运会上让所有国人骄傲的年轻女孩，到底和万色城有怎样的关系呢？益生菌发布会投出又一重磅消息——朱婷将成为益生菌的形象代言人！她将和我们一起扛起中国益生菌领军品牌的大旗。万色益＋全新起航。

还记得万色城最初的光芒吗？没错，那就是万色城当之无愧的看家品牌——万色水母，从最初的类人系列，到如今全新的双态系列，万色水母可谓是万色城一路走来最清晰的印记。这一支万色水母的跳舞，讲述的正是双态发系列发展历程写照，华美的特效与韵律，彰示着双态水母已化茧为蝶，绽放今朝。

万色城产品总监 Emily 讲解全新双态系列核心升级。双态蛋白系列旨在与国际一线品牌接轨，升级第一点为原料膏体的升级，新系列产品膏体从原先的国内生产，均转至国际一线生产线，只为“一流”二字，而成为一流的执念，不仅仅是从万色城自身出发，更是要让所有万色网商拥有国际一流的产品可销售。升级第二点为包材升级，与国际一线包材商合作铸模，全新外观迎合时下潮流；升级第三点为科技的升级，核心科技力双态蛋白，现已是万色城独有专利。

“双态蛋白”首席工程师王菊芳对万色水母双态蛋白系列进行全面剖析，双态蛋白结合人源性蛋白与生长因子科技,取两者优势,注重主动修护,打造肌肤屏障,成就双态蛋白核心科技力量,双态系列产品包材均由韩国顶尖设计师设计,与双态科技相互呼应,由内自外精雕细琢,彰显卓越之风。

双态系列发展至今共7款产品。双态蛋白抚纹舒缓喷雾,经通过300多种质量检测保湿,锁水效果大幅度提升;双态蛋白抚纹精华喷雾,不仅仅对外观与包材进行了升级,容量也由30ml提升至35ml,但价格不变;双态蛋白抚纹精纯液纯粹核心成分溶液,冻干粉与液体分离设计,保证了原液强大活性;双态蛋白抚纹眼霜&面霜,霜体渗透率更高、体验更清润、功效更强大;双态蛋白抚纹洁面乳,由80ml提升至100ml,价格依然不变!肌肤得到全新舒缓体验;双态蛋白抚纹精华液,双态水母明星产品,淡化皱纹,逆行青春!还有更多双态新品蓄势待发,万色水母双态系列会将万色城的理念继续发扬光大,志在成为业界标准!

未来盛典压轴好戏——核心力量发布!万色颜如稳态钙调修护喷雾,万色颜如国际首创,经皮吸收、经皮补钙,由万色颜如钙调喷雾产品研发总工程师刘国助先生、侯玉庆、张鹏教授、海峡两岸重大联合课题等联合研发"万色颜如稳态钙调修护喷雾"——新品正式发布!其核心成分双亲钙将解决传统钙无法达到表皮的难题,智能调节,更易吸收!开创美容护肤新纪元,引领肌肤护理的新潮流!其功效和全球绝无仅有,新品即将与大家见面!

管理需要与时俱进,落后的管理将影响到一个企业的前进脚步。同济大学党委副书记、常务副校长,同济大学经济与管理学院院长,上海工商职业技术学院院长、浙江省量子研究管理院(筹)首席专家、教授、博士生导师周箴先生,带来了量子管理的分享。而万色城注重团队与创新,与量子管理有着不谋而合的相同。

(资料来源:万色城企业官网.2016-10-15)

案例讨论:

1. 结合万色城的庆典活动,讨论一次成功公共关系活动成功的关键是什么?
2. 谈谈万色城是如何去主动制造"新闻"的?

【思考题】

1. 公共关系实务应遵循的基本原则是什么?
2. 你认为在什么情况下社会组织应举办新闻发布会?
3. 展览会有些什么形式?
4. 赞助活动的开展有什么技巧?
5. 在社会组织庆典活动程序中,哪个环节最重要的?为什么?

第十章　公共关系演讲与写作

【案例导读】

俞敏洪的“女性论”

2018年11月18日本来是一个寻常的星期天，却因为俞敏洪在公开场合一席关于女性的言论，而变得分外热闹。

俞敏洪何许人也，想必不用多做介绍。新东方创始人、新东方教育科技集团董事长兼总裁、洪泰基金创始合伙人，也是记者和很多同龄人心目中的“留学教父”。

俞老师是这么说的：“如果中国所有女生找男人的标准都是这个男人会背唐诗宋词，那全中国的所有男人都会把唐诗宋词背得滚瓜烂熟。如果说所有的女生都说中国男人就是要他赚钱，至于他良心好不好我不管，那所有的中国男人都会变成良心不好但是赚钱很多的男人。这正是现在中国女生挑选男人的标准。所以实际上，一个国家到底好不好，我们常常说在女性就是这个原因。现在中国是因为女性的堕落导致了整个国家的堕落。”

记者又仔细听了他说这段话前后的语境。在谈到这个话题之前，俞敏洪在向大家阐述衡量、评价的方向决定了教育的方向，接下来他就以“女性”为例子来佐证了这一结论。而在话题结束之后，他又回到教育评价机制，开始侃侃而谈。

从这个角度上来说，“女性”之于俞老师的这则演讲，相当于一味佐料，并无实质意义。甚至完全去掉，前后衔接也不会出现任何问题。那么问题来了：俞老师为什么要在公开场合说这番话？

有意思的是，18日晚深夜，风口浪尖上的俞老师发了一则致歉微博，这则致歉公告有几个关键语句：母亲素质高就能教育出高素质的孩子；男性被女性的价值观所引导；女性强则男人强，则国家强。

这段逻辑颇有强行挽尊的意味。毕竟俞敏洪在引发争议的公开发言里丝毫没有提到女性强，他只说了女性对于男性的负面影响。微博上的补救，又把女性推向了另一个极端。因此，作为一个公众人物，一言一行都代表着企业的形象，一着不慎便会将自己和自己所代表的企业推向公众的风口浪尖，如何进行公共关系演讲以及掌握相应的技巧应是公众人物的必修课。

（资料来源：每日经济新闻. 2018-11-19）

公共关系演讲与写作是公共关系实务操作过程中必不可少的技巧之一。社会组织与其公众之间的联系通常是通过传播和交流各种信息而实现的。演讲和写作是实现这种交流的形式。本章就公共关系的演讲与写作及其技巧进行阐述。

第一节 演讲与写作的作用

众所周知，公共关系实务活动是一种传播活动，演讲与写作从公共关系角度讲其实质是社会组织的言语传播和文字传播。

一、演讲的作用

演讲，即是言语传播，是人际交往最为常见的方式之一，也是公共关系实务活动开展中运用最为广泛的方法之一。演讲技巧是一种公共关系实务的基本操作技术，它不仅是专业的公共关系人员所必须掌握的，也是社会组织的各级管理人员所应具备的。演讲在公共关系实务活动中的作用主要体现在日常接待、新闻发布、沟通性会议、谈判和游说策动等领域。

(一) 在日常接待中的作用

人们在日常接待中往往会碰到这样两种情形：约好的和没有约好的接待。对于约好的公众接待，也即对于主动邀请上门的公众的接待，人们会有一定的物质和心理的准备，如通过言谈了解对方的需求，接待人员会将组织的基本情况向来访公众进行介绍，接待人员阐述可以满足来访公众的哪些需求，对来访公众的所有疑问都要尽量解释清楚。但对于没有约好的公众的来访，由于没有预先的准备，如果没有一定的演讲技巧，有时会出现难于驾驭的场面。因而，是否具有演讲技巧，效果会有天壤之别。所以，公共关系工作人员一定要注意以下几点：

1. 礼貌接待

不管是约好的还是没有约好的、熟悉的还是不熟悉的上访公众，都应做到一视同仁，不能依衣着、外貌区别对待。在了解公众来访目的时，语言要讲究文明、礼貌，并技巧性地询问来访者来访的目的。

2. 不含糊其辞

对于来访者提出的问题不要含糊其辞。做到能回答的就明确回答，不能当场答复的要给出理由，作出适当的解释，或约定“容后再谈”的时间。要使来访公众获得一定的信息，不能让公众带着遗憾回去。

3. 送别环节不能省略

对于访问完毕的公众，人们最容易忽视的环节就是送别。不要小看了这一环节，它可能会改变来访者对组织的态度，使原来好的态度变为对组织的不利态度，或使原来不利于组织的态度转化为有利的态度。当接待工作结束后，接待人员要始终保持着礼貌的言语和行为，要关心地询问来访者的去从或为其指点交通线路，在力所能及的范围里给予帮助和关心。这种礼貌的送别，往往会给对方留下深刻的印象。

(二) 在新闻发布会中的作用

新闻发布会常常是社会组织中由专门人员用口语形式通过新闻媒介机构和媒介人员向社会公众传播特定的信息,以达到社会组织目的的一种活动。新闻发布会的成功与否,包含了这样几个要素:发言人、发言内容、发言人的形象和言语水平、发言人的礼貌程度、接待人员的接待水平。

首先,接待人员的用语必须讲究礼貌,任何在记者面前的无礼用语和怠慢的态度都不应该发生。而主持新闻发布会的人员应该善于辞令、语言幽默,要能调节发布会的气氛。

其次,接待人员应该始终保持镇静,因为任何提问都可能在新闻发布会上出现,如果没有恭谦和镇定的态度和回答问题的技巧,可能会影响信息的传播甚至使社会组织的形象受损。

(三) 在公务谈判和沟通中的作用

公务谈判和沟通是公共关系实务活动中的重要形式。所谓公务谈判是社会组织为了协调与公众之间的关系而进行的磋商以达到双方观点和利益上一致的活动,而沟通活动相对于谈判来说,虽然不是那么正式,但沟通无论从空间上还是时间上都要比谈判都来得广和长,这是二者的差别。沟通和谈判有一个共同点,那就是二者都需要言语传播或演讲的技巧。所以,演讲技巧在谈判和沟通中有着不可忽视的作用。如能化解社会组织与公众的矛盾、能说服对方接受已方的观点,并且通过在谈判和沟通中的演讲,能有效树立社会组织的形象。

二、写作的作用

公共关系写作实质上就是文字传播。就时代而言,文字传播是人类社会信息交流的最重要工具之一,也是公共关系传播赖以运用的手段。公共关系实务活动常常要借助于大众传播媒介来进行,而大众传播的开展也需要运用一定的文字传播,因此,在公共关系实务中,涉及公共关系传播活动内容的,通常是通过文字进行传播的。如新闻稿的撰写、广告语词的设计、宣传资料的制作、礼仪柬帖内容的构思、一般文书、通告或通知的编写等,都属于文字传播的范围。

文字传播由于本身的特点,有着言语传播不可替代的作用。其作用主要体现在以下几个方面。

(一) 在撰写新闻稿中的作用

新闻稿的写作是公共关系实务中的基础性工作,它要求公共关系人员必须具备撰写新闻稿的写作基础和技巧。由于新闻稿是一种特定的写作文体,有着自己特定的客观描述的要求,即在尊重事实基础上的客观描述要求。一切违背事实真相的新闻稿,不管其技巧水平多么高,轰动效应多么大,都与社会组织的公共关系目的相违背。因为公众在获取信息时,不会顾及信息背后的所谓原因,公众作为信息的接受者,一般来说是比较相信新闻稿内容的。因而,公共关系人员在撰写新闻稿时,一定要通过写作,使新闻稿发挥它应有的作用,通过发送信息,提升社会组织的形象。

（二）在广告文词和宣传资料制作中的作用

广告和宣传资料的制作是一种综合性的公共关系活动，公共关系常常借助于广告和资料的宣传形式来树立社会组织的形象。如果说宣传资料的制作与新闻稿的撰写都要本着客观事实描述的原则，那么，广告词的设计与新闻稿的撰写和宣传资料的制作有着不同的特点，即它的吸引性、概括性和新颖性的特点更突出。

（三）在公共关系常用文书中的作用

公共关系常用文书有柬帖、函牍、海报、标语口号等。在公共关系实务中，常用文书工作是日常事务之一。公共关系范围内的常用文书与一般的秘书工作不同。秘书工作是属于领导工作的辅助工作，它涉及的一般文书是组织日常运作中的文字材料，包括文字联络、通讯、指令等公文性质的文字材料。而公共关系常用文书的应用范围要比秘书的文字材料小，其影响要比秘书文字材料大，专业要求也更高。

第二节　公共关系演讲

一、演讲的表达技巧

（一）开场白的技巧

演讲的开场白十分重要，一次成功的演讲必须有一个精彩动人、出人意料的开场白做铺垫。因为开场白在演讲中具有第一印象效应，担负着组织听众注意力、引发听众兴趣的使命。开场白没有固定格式，应视演讲的内容、对象和场景而变。常用的开场白有以下几种：

1. 悬念式开场

常以一句话、一个问题或一个意想不到的事实为开端，制造悬念，引发听众的好奇心。例如：某大学的一次"假如我是校长"的主题演讲会上，有个同学是这样开头的："请问在座的教师和同学，有哪位带马列著作和毛选的？如果有带的，请借我用一用。"这一问，便一下抓住了听众，引起了好奇心。

2. 幽默式开场

以幽默开端，往往亦庄亦谐，妙趣横生，既语带双关，又不失犀利，让听众在轻松愉快的氛围中开始接受讲话的内容。如：一名黑人先生面对白人听众的第一句话是："女士们、先生们：我来这里与其说是演讲，还不如说是给这一场合增加点'颜色'"。听众大笑，气氛马上活跃起来。

3. 提问式开场

以提问开端，能使听众一下子变被动为主动，迅速进入角色。例如：一次关于女性要自信的演讲，开场第一句话就是："女人是什么？"引人思考。

4. 赞扬式开场

赞美听众开场，使听众高兴，以活跃气氛，缩短双方的心理距离。例如：李燕杰在一家医院演讲，看到会场气氛不佳，便在演讲开头即兴朗诵了一首歌颂“白衣战士”的诗，一下子缩短了与听众的感情距离。

(二) 结束语的技巧

演讲的结束语是演讲走向成功的最后一步，是演讲给听众留下一个“最后印象”。拿破仑有句名言：“兵家成败决定于最后五分钟。”演讲也是如此，结束语比起其正文来说，更能被听众注意。演讲结束语的技巧有以下几种：

1. 呼吁式结尾

以感情激昂、动人心弦的语言对听众的理智和情感进行呼吁，并指明具体的行动方向来结束演讲。例如：周恩来总理在万隆会议上的演讲结束时，大声呼吁：“让我们亚非拉国家团结起来，为亚非会议的成功努力吧！”这种结尾干脆有力，富有号召性。

2. 借用式结尾

演讲者借用一些名人的话或诗歌、格言来结束演讲，可以把演讲推向高潮，为演讲者的思想提供最有力的证明。

3. 对比式结尾

以对比的方式来结束演讲，可以使听众从比较中得到鉴别，更能辨别真伪，具有一种征服听众的力量。

(三) 语言节奏的技巧

演讲语言节奏是指用语言的音乐性，构成演讲语言的抑扬顿挫，使听众赏心悦目，得到精神享受。演讲中调节语言节奏的技巧主要如下：

1. 快慢结合，起伏自如

语音和语速是构成语言节奏的基本因素，它们与演讲中的情感紧密相关。一般用来表达急切、震怒、兴奋、激昂的情感时，语言的音量较高且速度较快，能使听者产生亢奋的心理和紧迫感；一般用于表达沉郁、悲哀、思索等情感时，语言的音量较低且速度较慢，可使听众细细品味，引发深思。

2. 张弛有度，变换节奏

这主要是通过演讲内容的变换来实现的。听众的注意力每隔 5～7 分钟便会有所松弛，出现兴奋性抑制。因此，演讲应有张有弛，才能始终吸引听众的注意力。演讲中应将理论与生动的形象结合起来，适当地穿插轶事、幽默、诗文之类。内容的变化，必然带动语言节奏的变化。

二、演讲的心理效应

在公共关系演讲中，合理适度地利用心理效应，有利于增强演讲的效果，达到演讲的目的。常见的效应主要包括首因效应、晕轮效应、权威效应和移情效应等。

(一) 首因效应

首因效应是指第一印象对人的认知能起到“先入为主”的作用，能够改变后续刺激物的意义。例如：某人在初次见面时给人留下良好的第一印象，人们就会对他的一系列行为作尽可能好的解释,反之则不然。因此,演讲者塑造好自身形象,给听众一个良好的第一印象十分重要。走上演讲台,应沉着、自信,并自然地向听众行礼致意;表情要自然大方,与演讲的内容、气氛相适当;衣饰要整洁端庄,显得精神而又沉稳;演讲的开场白要紧紧抓住观众。总之,要使听众对演讲者产生一个良好的第一印象,这样听众会更容易接受演讲的内容。

(二) 晕轮效应

晕轮效应是指从对象的某种特征推及对象的总体特征,从而产生美化或丑化对象的印象的一种心理定势。“情人眼里出西施”就是典型的一例。在公关演讲中,演讲者常利用晕轮效应来进行自我宣传。例如:演讲者在塑造组织形象的演讲中,常提到本组织所占的土地面积有多广、建筑面积有多大或历史有多悠久,这样该组织实力雄厚、产品畅销欧美等后面的话就自然很容易被听众接受。在利用晕轮效应时,一定要注意实事求是。本身是“月亮”,可以产生晕轮;但如果只是“石头”,再去利用晕轮效应,那就是蒙骗公众、坑害公众。

(三) 权威效应

权威效应是指人们对“权威”容易信从的心理倾向。人们往往认为从“权威”那里获得的信息、知识是可靠的,以至于无条件地接受。在演讲中可利用权威效应,由有一定权威性即专业水平高、人品良好的人士充当演讲者。也可在演讲中把自己的观点与权威的观点联系起来,或直接引用,或以其作论据。总之,利用权威性能大大增强演讲的效果,容易说服听众。

(四) 移情效应

移情效应是指人们对特定对象的情感迁移到与该对象相关的人或事物上来的心理现象。“爱屋及乌”便是典型的一例。移情效应首先表现为“人情效应”,即以人为情感对象而迁移到相关事物的效应。我们常说“你的朋友就是我的朋友”,就是这个意思。移情效应还表现为“物情效应”和“事情效应”。例如:从喜爱围棋到喜欢上聂卫平;厌恶抽烟,便会对一切抽烟的人抱有成见。在演讲中,自觉地运用移情效应会取得良好的效果。“名人效应”实际上是一种移情效应。设法把听众对名人的情感迁移到自己的产品上来,或是迁移到自己组织的知名度和美誉度上来,是公关演讲常用的手段。

三、演讲的情感调动

“感人心者莫先乎情。”充满情感的演讲,可以感染听众,使听众产生同样的情感,从而达成演讲者与听众情感上的共鸣,进而左右听众的观念乃至行为。在演讲中,以情感人才能取得良好的效果。

(一) 设置“情境”

演讲时,围绕着主题,制造相应的氛围。例如:严肃的主题需要肃穆庄严的氛围,而轻松的主题需要一个“其乐融融”的氛围。制造氛围实际上就是在设置一种情境,也就是设置一个听众易于动情的环境。具体做法有两个:①通过演讲场所的选择和布置来制造相应的氛围,这主要是由演讲的组织来完成的。②靠演讲者动用语言、表情、动作等技巧来完成。例如:明快的音调、和谐的服饰装束、诙谐幽默的语言有助于制造一个轻松愉快的会场气氛,而低沉和严肃的语调、不苟言笑的表情等有助于形成一个庄严肃穆的氛围。

(二) 晓之以理,动之以情

道理讲清,听众自明。但仅讲道理还远远不够,重要的在于调动听众的情感,使之与演讲者产生共同的心理体验。心理学认为:情绪、情感既受人们对客观事物的需要、渴求或意向决定,又以它的信号功能、调节功能对人们的认识活动和意志行动起着强化和影响的作用。干巴巴的道理叙述很难调动听众的热情,甚至会激起听众的逆反心理。因此,演讲者在演讲时,应发挥激情的力量,运用情感的力度去感染、打动听众。

(三) 迁移感情,形成共振效应

演讲者宜站在听众立场上,设身处地地从听众的角度出发进行讲述,将听众引入角色,使其消除与演讲者的情感隔阂,产生认同心理,达到情感上的共鸣。

第三节 公共关系写作

公共关系活动的宗旨是运用传播手段,协调及妥善处理组织与公众之间长久的关系。公共关系写作包括公文、函件、简报和新闻稿写作等。公共关系常用文书是传播信息的一种重要手段,它直接体现着组织和企业的政策与形象。作为公共关系人员,应熟练掌握各种文体的写作技能。

一、公文、函件、简报

(一) 公文

公文是用于处理公共事务的文书。它可以分为两大类,即法定公文和准公文。法定公文指国务院办公厅在《国家行政机关公文处理办法》中规定的10类15种文体,包括:命令、指令;决定、决议;指示;布告、公告、通知;通告;通报;请示、报告;批复;函;会议纪要。准公文泛指除法定公文之外的其他用于处理公共事务的文书,包括讲话稿、方案、说明、建议、计划、总结、议案、调查报告、简报等文种。公共关系工作中撰写的公文,主要指准公文部分。

公文是领导机关或负责人实现其领导工作的一种重要手段。它可以把上级的领导精神、重大会议的结果传递给下级,以便下级遵照执行。

公文是协调各单位、各级组织之间关系的一种润滑剂,可以用来沟通各单位、各级组织之间的信息,促成它们之间的互相协调与紧密配合,共同完成某一项公务活动。

公文还可以用来宣传党和国家的大政方针,可以用来宣传某项重大事务的处理结果,宣传某种道德风尚。社会组织也可以用公文来宣传某一活动、某项决定等。

公文的特点是:

第一,公文有稳定的格式和文种。我国现行的公文格式和文种是国务院办公厅规定的,具有相对稳定性。

第二,公文有法定的作用和权威性。起草公文的人只能是某组织的(党政机关、企业事业单位、群众团体等)代表,公文大多以组织的名义发送,并且加盖印章以示法定性。因此,公文内容的政策性、法规性很强,在效力上表现为有很强的法定权威性和行政约束力。

第三,公文有特定的读者和时效作用。公文的读者是由作者事先划定的,有明确的规定性。每一则公文都因现实的事件、问题而发,一旦成文,就会对这些问题、事件产生效应。

第四,公文表述方式直接,以叙述说明方式为主。公文一般就事论事,直书不曲,很少用修辞手法,很少用抒情、描写等表达方式。

1. 公文必须具备的要项

(1) 文号——公文的特定记号。具有规定性或内容重要的文书必须按照本单位的规定列出文号。一般格式是:××年×字×号。

(2) 发文日期。

(3) 受文者。相当于普通书信的上款。

(4) 发文者。多系落单位款,并加盖公章。有时根据内容需要,也可以以单位法人名加职务署名,如总经理、董事长等。为求慎重准确,有时还需要加盖单位印章和署名人私章。

(5) 题目。一般公文都应标明题目,如公文较短,也可不标题目。

2. 公文的内容组成

(1) 事由。用简单扼要的词句把公文的主要内容陈述出来,使人一开始就能明了全文主旨。

(2) 引据。发出公文的根据。应注意引据与公文内容的统一。

(3) 申述。根据前面的引据叙述意见或理由,为下文得以归结张本。

(4) 归结。针对文件中所提意见或办法,表明最后处置态度。这是引文的最终目的,必须写得简练明确,不可模棱两可。

公文要尽量写得具体、详尽,要交代清楚事实、时间、地点、原因和结果等要素,以免多次补充行文。文字要眉目清楚,切忌言多意晦,端绪难寻。为把文件写得简短有力,可把一些次要的枝节写成附记,置于文后。如果正文后还有附件,应在正文中或正文后注明以免发文时遗漏,并提醒受文者注意,附件上如有号码,一般应与正文号相同,以便核对。

(二) 函件

函件,即信件,可分为公函和便函两种。公函是与平行或不相隶属单位之间联系工作、交流情况的业务信件,也是与国外厂商客户洽商交易、联系业务的信件,属正式公文。便函是各单位之间商洽、询问、告知、答复一般事务的一种文书,在行文上没有公函那样严格,无需标题、发文字号等,使用起来更为方便。

就函件的内容看,又可以分为问函和复函两种。问函是主动去函,写明希望对方办理的事情和要求,也可以告知对方某一事项。复函是被动的,是针对问函中的事务而发的,答复对方的问题。

函件是平行公文,行政性质较弱,公关性质较强,且使用起来灵活、方便,因而在公共关系活动中使用较为频繁,广泛用来沟通、联系、询问、答复等,是一种重要的公共关系应用文体。

公函一般分为五个部分:标题、发文字号、主送单位、正文、署名。

简单的公函可以不拟标题,但比较重要的都应拟制标题,标题形式一般是“关于××××的函”,或者是“关于××××的复函”,发文字号是发文单位的代号、年号和顺序号。开头部分,对受文单位应写全称或规范简称,转行以礼貌言语称呼对方,如“贵厂”、“贵校”等。如果是主动发函的一般应写明对方的来函收到。正文是阐述主要内容的部分,如希望对方办理某个事项,告诉对方某件事情,向对方提出处理某个问题的意见,或答复对方提出的问题等。要把问题讲清楚,文字要简洁。结尾部分可根据不同情况,使用“特此函告”、“特此函复”、“请速函复”等词句。署名要写明发文单位的名称,有的公函还加盖公章以示郑重。最后写明发函的日期。

公函写作时,要注意以下事项:

1. 简洁

函件的开头宜短不宜长,一般不要超过两句话,简要地说明此函的目的,如果是复函,则要提及以前有关函件名称、内容。文中主要内容也要求简明,有话则长,无话则短。有什么要告知的事件、意见、分歧均应直接表达出来,态度要诚恳。结尾则简明地表示自己的意愿。

2. 礼貌

普通书信都要求语言简洁、明确、得体、谦恭。在公共关系信函中更要注意使用礼貌性语言。这不仅可以使人喜欢读下去,而且可以感受到对方的诚意,缩短相互之间的心理距离。在企业与企业的交往中,即使是拒绝对方的要求,也要做到给对方合情合理的解释,避免语气生硬,更忌词义虚伪、造作。

3. 积极合作

现代社会组织在其活动中,既要为达到自己的目标、实现自己的愿望而努力,同时又要尊重与之交往的公众,以不损害他人利益为前提。因此,不论是发出信函有求于对方,还是用复函回答对方提出的要求或建议,都要采取积极合作的态度。

(三) 简报

简报是对单位内部情况或某一特定活动的简要报道。简报可供本单位人员了解情况,给决策人提供信息,以便改进工作;向上级部门反映单位的动态。关于特定活动的简报则能及时给有关的人提供活动进程的情况。

简报的名称有多种,如"情况汇报"、"××动态"、"××简讯"、"××通讯"等都是常见的简报的名称。其种类大致可以分为三类:

1. 会议简报

这是通报会议情况的简报,它可以报道普通会议的议题、发言要点、会议决议、会议花絮等,也可以报道商品交流会、展览会、展示会等活动情况。这种简报的时效性较强,可以一会一报,也可以一会多报,会期较长的会议一般出版多期简报。

2. 工作简报

这是向组织内部员工通报情况、交流工作经验的一种简报。这种简报内容单一,因事而发,不定期发行。

3. 综合简报

这种简报较全面反映组织内部情况和问题,内容范围较广。凡与组织有关的情况,均可以进行报道,如生产进度、员工生活、合理建议、党团活动、工会事务等。

简报有三大特点:

第一,简明扼要。用较短的篇幅,扼要反映客观实际,内容简捷,少发议论。

第二,快速及时。简报所反映的内容涉及各个方面,但具体到每个事件所用的字数却不多。一期简报总的字数也不多,有的简报只有一二千字。因此,简报的写作、编辑、出版等工作环节相对简略,能快速及时地反映单位内部或某一特定活动的情况。

第三,真实准确。简报的内容是真实反映各方面情况,才能给决策者提供借鉴与参考,与员工进行交流与沟通,向上级反映情况。

简报一般由报头、正文、报尾三个部分组成。

1. 报头

报头在简报第一页的上方,包括:简报名称,字体较大,可套红印刷;期号,在简报名称下面;印发单位,在期号左下;印发日期,在期号右下,与印发单位同行。

2. 正文

正文与报头之间用一条较粗的横线隔开。正文之前有标题,标题要求能简要概括正文的内容。正文内容要求简明扼要。重要的正文文前可加编者按语,以提醒读者阅读或表明编者意见。

3. 报尾

报尾在简报末页。报尾与正文之间用一条横线隔开,写明简报的发送单位,一般分级标明:"报"指上级单位,"送"指平级或不相属单位,"发"指下级单位。

简报写作要注意以下事项:

1. 选材要广泛

简报是一种内刊,有些看似影响不大、不宜于在大众传播媒介上传播的事件,可能是简报绝好的报道材料。因此,组织各方面活动的情况都可以在简报上宣传。

2. 角度要恰当

一般来说,简报的阅读对象是比较固定的,它以企业内的员工为主要读者,因为,在编写简报时,要从本企业的领导、普通员工的角度出发,选择他们所关心的、感兴趣的内容进行报道。

3. 写好编者按语

内容重要的简报,一般都在开头加编者按语,以引起读者的注意。按语要求简明扼要,用几句话表明编者的观点即可。

二、新闻稿

公共关系主体所拥有的宣传媒介是有限的,借助新闻媒介可以扩大宣传范围,提高公共关系主体的知名度,收到较好的公共关系效果。作为公共关系人员,既要与新闻媒介保持密切的联系,又要能熟练地写作几种文体的新闻稿,把成型的新闻稿及时向新闻媒介传递,方便新闻媒介使用。

(一) 新闻的特点

第一,客观性。新闻是对已经发生或正在发生的事物的客观报道,它要求新闻写作者到现场进行调查、采访、掌握第一手材料,了解事物的全貌。在写作时,不能主观臆造,务必遵循依事实说话的原则。

第二,时效性。新闻要以尽可能快的速度向公众报道新近发生或正在发生的事物,使公众及时了解事物发生发展的过程。这就要求新闻写作者有敏锐的触觉,及时捕捉信息。在常用的新闻文体中,消息的时效性最强,而通讯、述评等次之。

第三,重要性。新闻报道的内容应是关于国家利益、人民利益、政治生活、社会生活的事件,应有较大的价值。有些事物,看起来价值不大,但在一定的背景条件下具有不同寻常的意义,这就要求新闻写作者去挖掘、表现其价值。

(二) 新闻的六要素

一则真实、完整的新闻,必须具有六个要素,即人物(Who)、事件(What)、地点(Where)、时间(When)、原因(Why)和过程(How)。这六要素中前五要素英文单词第一个字母均是"W",最后一要素英文单词中也有"W",所以通常称这六要素为"六W"。通过六要素,可以对新闻所反映的内容进行明确的界定,使之更具有可信性。有些标题新闻可以省略其中一两个要素,但"时间"、"地点"、"事件"是必不可少的。不同的新闻体裁,对于"原因"、"过程"的详略处理也不一样。

(三) 新闻稿写作方法

1. 选择材料

在选择文章所采用的材料时,应考虑选择最具新闻价值,并最有助于达到公共关系目的的材料。同时，还要有对已选择好的新闻媒介及目标公众的情况，有针对性进行选材。

就一个企业来说，下面几方面的活动有可能成为新闻报道的材料：

(1) 企业大型的奠基典礼、开业典礼、各种有意义的纪念或庆祝活动；

(2) 产品生产和技术改造的新成就；

(3) 产值、销售额、利润和经济效益方面的大幅度提高；

(4) 有关职工教育培训方面所采取的政策及成绩；

(5) 企业参加社会公益活动，热心社会福利和承担社会责任方面的良好表现；

(6) 大企业高级管理人员的变动；

(7) 职工对社会和企业作出的重大贡献和好人好事；

(8) 企业产品在国外开拓市场和创汇情况。

2. 写作形式和文章布局

写作形式必须符合新闻体裁，要求用词简洁，力求准确无误，不能含糊其辞，还必须考虑到要通俗易懂。文章的布局一般采用倒金字塔形式。即事件高潮应安排在文章的开头，所有的重点内容都要在文章的第一段出现。

新闻报道的结构大致如下：

(1) 标题。文章的标题必须能概括事件的主题。标题用词最好做到新奇，能引起人们的兴趣。

(2) 主体。文章的主要部分，所要表达的重要内容都包含在内，这部分往往就是第一段，有时包括第二段。在新闻主题中必须包括六个要素：何人(Who)、何事(What)、何时(When)、何地何故(Why)、怎么发生(How)。

(3) 结尾。新闻主题后面一般要进一步介绍事件的详细情况，并说明事件发生的背景、资料的来源等。这部分较长，但删去对新闻稿的内容也不会受多大影响。

(四) 写作用词技巧

新闻文章的写作用词必须准确简练、点到即止，让文章产生言尽而意未尽的效果；必须大众化，尽量少用行话和技术性术语；必须生动多变，尽量减少重复用词。具体应注意以下各点：

(1) 避免使用华丽高级的形容词；

(2) 避免使用笼统的词汇；

(3) 使用判断词，如“是”“不是”；

(4) 每一段最好使用多于一个的专有名词；

(5) 使用人称代词；

(6) 少写长而复杂的句子。

【案例及案例讨论】

星巴克2019年的第一场"公关"打得相当漂亮

2019年2月,星巴克按照往年惯例,在中国门店发售了樱花主题系列杯,其中一款设计精致、软萌可爱的猫爪杯一经推出,瞬间戳中了众多网友的心,在微博和抖音上疯狂刷屏后,不少网友就控制不住自己,大清早就直奔各大星巴克门店排队,"给我来一打!"

而现实情况是僧多粥少,对于这款杯子,星巴克实行了"限量不限购"的购买方式,这样的方式催生出了熬夜排队、顾客打架、黄牛炒价等多个负面的极端现象,引起了新一轮更大范围的讨论和更激烈的抢夺。

一场由猫爪杯引发的"圣杯之战"就这样打响了——由于产品的供不应求,排队屡见不鲜,还有人为了抢夺杯子大打出手。猫爪杯本身的单价也一路上涨,从199元飙升至1300元以上。

众多网友在通宵排队的情况下也"一杯难求",面对黄牛的天价猫爪杯又可望而不可得,舆论怨声载道,网友骂声一片,作为品牌方的星巴克成功背锅。

此情此景,令人瞠目结舌。理性一点说,一只喝水用的杯子,哪怕长得再可爱,或许都难以配得上1300多元的价格,更是不值得人们"为伊消得人憔悴"甚至头破血流。

而实际情况是我们在微博上经常看到有不少人为了抢购猫爪杯直接在星巴克门店内大打出手,甚至还有人一下子冲进店铺里,把整柜的马克杯全部摔碎。

估计星巴克自己也没想到,这场声势浩大的圣杯战争不仅带来了巨大的流量,同时也带来了舆论危机,不仅大量没抢到猫爪杯的网友在微博集体投诉,而且星巴克店内的混乱抢购事件也引发了事件的二次发酵,甚至许多网友质疑星巴克在搞饥饿营销。

作为品牌方,每年都可能摊上不少事儿,而猫爪杯事件就是星巴克今年开年碰上的第一件大事儿。这场关乎品牌声誉的重要战役,星巴克没有慌乱,而是梳理逻辑,冷静应对,为我们展现了一个"教科书级别"的逆转。

以下是星巴克中国2019年3月1日的微博内容:

感谢朋友们对我们樱花季新品"猫爪杯"的厚爱,抱歉我们无法让每个人都拥有一只"喵",但这绝不是所谓的"饥饿营销"。我们每一季都在致力于推出新的产品,每款新品都会按照一定的量在各门店进行销售。而"猫爪杯"与之前其他新品的市场计划比并没有什么不同。

出现"一杯难求"这样的情况,确实在我们意料之外,但大家对这款产品的热情我们非常重视。因此,获悉"猫爪杯"在门店一售而空,同时也从各种渠道听到很多朋友们的心声后,我们第一时间就对现有产能、制作周期等各项条件进行了认真评估,尽最大努力制定了现在加订4000个备货的方案。为了让每一位顾客都有公平的购买机会，此款产品我们没有任何形式的内购，并特别选择了更加公开透明的第三方线上零售平台进行发售。

昨天（2 月 28 日）的首日线上发售反应热烈，极短的时间内 1000 只“猫爪杯”就销售一空。为了尽快回应朋友们的热情，我们现决定，取消原定的 3 月 2 日和 3 日各发售 1000 个的计划，改为于今天（3 月 1 日）下午 3 点在星巴克天猫官方旗舰店一次性发售剩余 3000 个“猫爪杯”（本产品的线上销售计划以本内容为准。）

我们绝不鼓励，也不参与任何网上炒卖行为。对于目前网上产品鱼龙混杂的情况，我们在此诚挚地提醒各位朋友们小心甄别，请谨慎购买。

对于“猫爪杯”能得到众多朋友们的热情厚爱，我们受宠若惊。在此，对那些喜欢但未能购买到这款产品的朋友们再次表示歉意。谢谢大家，让我们有了如此宝贵的经验。我们将继续努力，创造更多温暖和美好，回应每一份来自你们的爱。

（资料来源：搜狐网文化频道．2019-3-13）

案例讨论：

1．分析星巴克微博回应正文，有哪些可取之处？

2．查找星巴克的“致癌事件”“在美种族歧视事件”等相关公关资料，综合分析星巴克的公共关系策略。

【思考题】

1．公共关系演讲和写作在社会组织的公共关系活动中有何作用？

2．公共关系学演讲和写作有何技巧？

第十一章　公共关系社交与礼仪

【案例导读】

菲律宾财政部长点赞五芳斋无人智慧餐厅

2018 年 1 月 28 日，五芳斋联手口碑推出的全国首家 24 小时无人智慧餐厅正式开业，这家无人智慧餐厅由五芳斋文三路老店改造而成，坐落在西湖区 CBD 商圈。

2 月 1 日下午，包括财政部长多明戈斯、外交部长卡亚塔诺在内的多名菲律宾政府高级官员现身五芳斋无人智慧餐厅。中国传统美食和现代数字技术的结合，吸引了部长们的关注。在亲自体验了从点餐到支付再到取餐的全自助流程后，多明戈斯部长连连点赞，感叹道："这太神奇了！"。

资料显示，五芳斋无人智慧餐厅由中华老字号五芳斋和阿里巴巴集团旗下本地生活服务平台口碑共同打造，是国内首家全数字化运营的 24 小时餐厅，主打"无人自助体验"。整个用餐过程，不管是排队、点餐，还是取餐、结账，全靠消费者用支付宝或者口碑 APP 自助完成，就连菜品推荐、营销方案也都由系统基于大数据自动完成。五芳斋总经理吴大星透露，仅无人化改造这一项，口碑的无人智慧餐厅解决方案就可以帮助门店节省 7 个服务员，每年平均节省 35 万元用工成本。

"未来是数据化决策的时代，我们一直在努力从传统企业走向互联网化，包括全渠道的整合、新零售的尝试、内部组织的变革，以及不断升级信息化系统等。"吴大星如此说道。"数据化、智能化是大势所趋，而餐饮新零售趋势同样势不可挡，新零售最终改变的是效率。"用营销提升收益、用工具提升效率，这是智慧餐厅落地的关键。

目前，五芳斋正在上海和杭州两地，从医院商圈、交通枢纽、中高档社区、商务 CBD 等切入，尝试智慧餐厅的升级改造，计划 2018 年打造 6 家不一样的新零售个性化门店。

公共关系社交是公共关系主体与其公众之间的一种信息交流的过程，而在新零售理念及互联网技术背景下，为老字号的"五芳斋"探索新公共关系社交礼仪规范模式提供了无限的想象空间，另一种意义上说，也是一种挑战。

（资料来源：五芳斋官网. 2018-01-28）

社交就是社会交际，是人们在社会生活中为满足某种需要而进行的信息交流或联系。礼仪，则是人们在社会交往过程中所应具有的行为规范。开展公共关系活动，就得在正式或非正式场合代表组织同外界交往。作为组织风格的体现者和组织的代言人，公共关系人员必须掌握社交和礼仪技巧。

第一节 社交的作用和礼仪实施的原则

社交和礼仪作为人类特有的行为，是相互交融地在人们的生活中发挥着作用。社交与礼仪有其丰富的内涵和表现形式。社交与礼仪的规范与否，在公共关系活动中，有着举足轻重的作用。

一、公共关系社交的作用

随着全球经济的一体化和中国经济加入世界的行列，人类间交往的频率、速度及跨度可以说是人类历史上绝无仅有的。在交往过程中，由于区域发展的不平衡、种族的差异、文化的差异等因素，导致不同区域人类社交和礼仪内容及其表现方式的不同。

公共关系社交即是公共关系人员在实施其公共关系活动中为满足公众与公共关系主体需求而进行的信息交流或联系活动。公共关系社交是公共关系主体与其公众之间的一种信息交流的过程，旨在帮助公众了解社会组织的运作信息，以达到社会组织树立形象的公共关系目的。社交在公共关系活动的开展中起到了信息沟通、组织自我调节、协调关系的作用。

(一) 信息沟通

社会组织为了树立其在公众心目中的形象，必然要向公众进行信息的传送，而为了了解公众的需求及公众对社会组织形象的看法，社会组织又必须从公众那里反馈信息。公共关系的信息沟通包含着几大要素，即信息沟通的主体、客体、沟通媒介和信息内容，由这四大要素组成了公共关系信息沟通的过程。而这一过程的完成，离不开社会组织与公众之间的社会交往。因而，通过社会交往，社会组织就能及时准确地向公众发布信息、收集信息并消除公众可能有的误会，进而树立或重塑组织在公众心目中的形象。

如，曾有传言A公司总经理因贿赂而被公安机关收审，此传言使B、C等与之长期合作的公司采取中止合同的方式以避免因此事而受损。A公司发现后并着手进行调查，确认此传为谣言，属同行竞争所致。为消除谣言，使公司业务不受此件事情的影响，A公司决定择日举办酒会，并由A公司总经理担任酒会主持。这样，谣言不攻自破，原来中止的合同又恢复了。这种通过社会交往联络感情、消除误会的例子比比皆是。

(二) 组织自我调节

社会组织要在复杂环境中顺利运行，平时要做很多功课。一是要了解环境；二是要适应环境；三是在一定的条件下改造环境。社会交往能够帮助组织进一步了解环境，并进行自我调节。社会组织的发展，并不是一个自然的过程，而是通过社会交往，在与其他组织和公众的相互作用中发生和发展的。这是因为一方面，组织是在与其他组织的比较中来认识自身的,正是在具体交往的过程中,从对别的组织和公众的认识中来形成自我形象;另一方面,组织又是通过其他组织和公众对自己的态度和评价来认识自我形象,并对组织自身的经营方针、战略、形象等进行自我调节。

比如,由于文化的差异,社交习惯有着很大的不同。中国人在交往中讲究询问对方的家庭成员和居住状况,而西方人则会视此种行为是窥测隐私。因而,入乡随俗、尊重他国和他人的社交习惯,成为公共关系人员学习的一门重要课程。

(三) 协调关系

众所周知,正是通过各种社会交往,才建立起最基本的人际关系,而且随着交往的频率和深度的增进,人际间的亲密关系也得到发展。由于社会组织每天都面对着各种各样的社会公众,难免会发生一些矛盾和分歧,如消费者公众对产品产生异议,社区公众对组织资源的共享有想法,媒介机构和个人对组织信息的来源渠道有意见等。为了消除异议,解决矛盾,以协调好组织与各类公众的关系,社会组织开展与公众的社会交往,其效果往往是可喜的。

二、公共关系礼仪实施的原则

公共关系礼仪是公共关系人员在与公众交往过程中所应具有的行为。来自纽约的国际礼仪培训大师王榕生,2006 年 8 月份在上海举行的"第四届上海国际时尚博览会"之"领袖的提升"礼仪论坛上,剖析了对外礼仪的常见漏洞:美国每 5 起贸易谈判的失败,有 4 起祸起礼仪缺失。人们的一言一行、甚至衣服的一个佩饰都是礼仪!王榕生说:"美国现在很流行一组数字:55,38,7。就是说,与人第一次见面,55%的好印象来自仪态气质、38%来自衣着打扮、7%来自言谈举止。"由此可见,礼仪在商务活动中的重要性。

公共关系礼仪是通过公共关系人员的实施而体现出来的,在实施礼仪的过程中,应该遵循以下几个方面的原则。

(一) 尊重人格、相互平等的原则

人格的高低是个人在社会交往中通过自己的行为铸成的,因而,个人应当自尊,为他人或社会做出贡献,任何人都不得蔑视或侮辱他人人格,蔑视或侮辱他人人格的行为是不道德的。在人际交往中,平等待人是建立良好关系的首要前提和必要条件。在不平等的社会交往中,必然会损害双方的情感和人格,使工作偏离方向和目标。

(二) 宽宏大量、坚持相容原则

在公共关系交往工作中,一般来说,交往双方的心理总是存在着距离。这种不相容的心理状态是由双方的心理活动所产生的。要缩小和消除这种差异和距离,公共关系人员必须具备宽容的心态,达到与公众心理相容的目的。只有这样,才能逐步树立社会组织的形象。

(三) 真诚相待、树立信誉原则

在市场竞争激烈的现代社会,信誉、诚信已被作为社会组织生存和发展必不可少的条件之一。社会组织常常以公共关系的工作手段，向其公众表达组织的诚信。那么，作为公共关系人员，首先要树立真诚待人是成功交往的核心的观念，其次，要树立平等加真诚的观念和原则。

（四）信息交流、实行互惠原则

公共关系社交礼仪的实施，在各个方面都能实现双方的互惠互利。互惠互利不仅仅是指物质方面的，公共关系人员在礼仪中所表现出的高尚的道德观和人情观、友谊观、信息共享观，同样是社会交往的积极成果。

第二节　公共关系社交及技巧

人类社会的交往虽然是一种人类生存和发展的必然现象和自发现象，但如果人们意识到社交的作用并加以修炼，其作用便不可而喻。

一、公共关系社交的特点

（一）目的性

明确的目的是公共关系社交的首要特点。一般来说，人类的社交活动都是有目的的。除了通过社会交往达到接触社会、获得知识、结成友谊、自我认识等一般目的外，还有交换信息、分享感情、服从社会习惯等特殊的交往目的。但是，公共关系社交的目的，比一般的社交目的更明确。

公共关系社交目的离不开公共关系的总体目标，同时，本质上是为社会组织的总体目标服务的。公共关系社交的目的在于创造良好的公共关系状态、树立组织良好的形象，使组织与内外公众处于协调、融洽的社会环境之中。具体内容体现在两个方面，一方面，通过组织在公众中享有美好的形象和良好的声誉而达到组织的总目标的目的；另一方面，内外公众的需求和利益也能得到组织充分的关注和满足。

（二）社交对象的多元化

公共关系社交对象是内外公众，这是决定对象有多元性的基本因素。如一方面，一个组织面对的内部公众有员工、股东、董事会成员等，面对的外部公众就更多，有顾客、媒介、社区、政府等。另一方面，组织面对的某一类公众本身，是由不同层次、不同职业、不同年龄和不同文化素养、不同的兴趣爱好、不同的社会阶级组成的整体。这就决定了公共关系社交活动既要考虑广大公众，又要顾及公众的个性、特点等，以选择不同的交往方式和交往内容。

（三）社交角色的规范性

“角色”一词从社会学的角度理解是指人们在社会生活中，犹如演戏一样，不断变换着自己所扮演的角色，社会交往中的人是多种社会角色的复合。不同的角色应有与之相适应的角色规范相配套，不可模糊，更不能混淆角色及其行为规范。公共关系是一种社会关系，社会关系的本质不是表现在具体个人的相互作用之中，而是表现在具体的社会角色的相互作用之中。因而可以说,公共关系也是一种角色关系。在处理与内部和外部公众关系时,公共关系人员应强化角色意识,掌握各种社会交往技巧,避免产生角色冲突和角色不到位的现象。

(四) 社交利益的一致性

公共关系注重的是双向沟通。欲使组织与公众双方的关系和谐,在社交中坚持双方利益的一致性是非常重要的。这种利益,不仅是指物质方面的,也是指在双方精神方面的。从公共关系角度看,物质和精神两个方面的互惠应该都是非常重要的,有时甚至精神方面的互惠要胜过物质方面的互惠。每个人在社交中都有被尊重的需求,也有尊重对方的义务和规范,这体现了人们的精神需求。无论组织与公众之间发生什么矛盾,或者矛盾有多深,社会组织的公共关系人员都应本着从尊重对方、满足双方利益的原则出发,与公众进行有效的沟通,将矛盾压制在萌芽之中。

(五) 社交活动的周密性

社交活动由于其广泛的性质,带来的是社交活动的随意性。但公共关系的社交活动由于其目的性与一般的社交活动有着很大的不同,这些不同表现在公共关系社交的周密性。

公共关系社交活动的周密性具体表现在以下几点:

1. 计划性。公共关系社交活动受其目的性影响,一般都被列入公共关系活动的计划中,且在计划中要体现活动的目的、形式、范围、时间和地点。

2. 对象性。公共关系社交活动是有邀请对象的。不仅对被邀请者的男女比例有所考虑,还要考虑被邀请者的素质、文化修养,避免由于被邀请者之间文化修养和素质的差异而影响公共关系社交活动的质量。

3. 传递性。公共关系社交活动开展之前是要向被邀请者传递邀请信息的。传递信息的渠道由于信息技术的发展而有多样性。如请柬、电话、E-mail、登门邀请等。无论何种信息传递,都要在邀请信息中表达邀请者的诚意。

4. 准时性。公共关系社交活动要按时举行,不能随便更改日期,否则给人以主办方“无能”的感觉。确实由于突发事件而延误了举行,则要事先通知每个参加活动的对象,不能事先告知的,则在事后一定要说明。

二、公共关系社交的方式

(一) 聊天

聊天一般发生在小范围内。几个人聚在一起,随兴谈天说地,相互交心通气。聊天的场所没有限制,汽车上、火车上、茶馆里、公园里等都可作为聊天的地点。聊天的对象比较广泛,方式也灵活。

(二) 参加“沙龙”活动

沙龙是法语“SALON”的音译,意思是“会客室”。19世纪,一些社会知名人士常借某些私人客厅谈论文学、艺术、政治等问题,“沙龙”逐步成为社交集会的代名词。

沙龙分为社交沙龙和专题沙龙两种形式。社交沙龙一般无具体明确的主题或活动程序,只是为大家提供一个相互认识、相互交流、建立联系的机会;专题沙龙一般会就某专题领域的某些问题展开讨论、交流观点,如文学沙龙、学术沙龙等。在参加沙龙聚会时,应给人以良好印象,结识朋友并搜集有关信息。

(三) 参加晚会、舞会或宴会

交往各方在愉快的气氛中自由自在,无拘无束,紧张的情绪得到放松,并在交往中产生友谊、协作、竞争、倾慕、爱情等心理行为,使人与人之间的关系得到协调、健康发展。

(四) 书信、电讯来往

这是运用书面语言和口头语言来达到交往目的的方式,一般用于远距离的交往。由于限制性较强,易造成信息失真。

(五) 协商对话

通过面对面的提问、答疑或咨询,沟通与各方的感情,比如党政部门与群众之间、上下级之间、企业与政府之间、企业与公众之间等的协商对话,可以增加相互间的了解、谅解、信任和支持。

(六) 赠送节日、生日、纪念日礼品,并寄寓良好的祝愿。

三、公共关系社交的技巧

在公共关系活动中,公关人员必须掌握交际技巧,因为公共关系的开展最终还是要落实到人与人的交际上来。

(一) 留下美好第一印象的技巧

在交际中,与他人第一次见面、交谈后作出最初判断,称为第一印象。第一印象一旦形成,便极难改变,并极大地影响以后对该人的评价。公关人员是代表着一个组织与人交际的,要给人留下美好的第一印象,必须注意:

1. 衣着打扮方面

应按照自己的身份、体形特点来选择服饰,做到着装合体适度,并要注意季节、情境、场合、地点的要求,以此来打扮美化自己。

2. 举止表情方面

行为举止要有规矩,走要稳、站要直、坐要正,说话稳重,行事知礼,办事利落。表情要自然大方,不卑不亢,面带微笑。

3. 语言方面

说话用词要讲究艺术,要准确地传情,防止高谈阔论或缄默不语。

(二) 讨人喜欢的技巧

在交际中,人人都希望得到对方的容纳、重视和喜欢。要讨人喜欢,必须注意:

(1) 对别人真诚地尊重和喜欢。要得到别人的尊重和喜欢,首先要尊重和喜欢别人。

(2) 记住对方的名字。连别人的名字都记不住,是谈不上重视别人的。

(3) 做一名忠实的听众。

(4) 注意自己的仪表风度。

(5) 关心帮助别人。

乐于助人的人,往往是最受欢迎的人。

(三) 倾听的技巧

在交际中,人们一般都希望别人成为忠实的倾听者。听别人述说也要讲究技巧:

1. 注视对方

必须以柔和的目光注视对方。如果目光飘移不定,就表示心不在焉,缺乏诚意。

2. 点头肯定

对方所谈的问题与已产生共鸣或值得肯定时,不妨点头表示赞同。

3. 有呼有应

倾听中不妨适时地随声附和"是""对""有道理"等,以鼓励对方。但对对方明显的错误不应表示赞同,可沉默不语。

(四) 赢得争论的技巧

在交际中往往会发生争论,但若能正确处理,反而会加深交往。为此,应做到:

(1) 认真倾听对方陈述。不要打断对方,让对方把话讲完。这样对方也能听进自己的意见。

(2) 保持理智。应心平气和地交换看法,解决问题,切忌感情冲动、讥讽、斥责甚至谩骂对方。

(3) 在回答问题前稍作停顿,表示对方说的话已引起自己的思考。

(4) 及时肯定对方的发言。在争论中,应看到双方观点一致的地方并加以肯定,以换取对方的让步。

(5) 为对方准备退路,以便使其在退却时不失面子。

(6) 让第三者证明自己的正确性。第三者站在局外人立场上,说话客观,不容易刺激对方的自我意识。

(五) "看客下菜"的技巧

从积极方面的理解,"看客下菜"是指在交际中要根据不同对象,采取不同的交际对策。其主要做法如下:

(1) 根据交际对象所处的社会层次、地位,采取不同的交际方式。不同层次、地位的人,由于工作、生活的环境不同,处事的方式也不同,他们在伦理观念、价值取向、思想认识水平等方面有明显差异。只有采取不同对策,方可达到预期效果。

(2) 了解交际对象的性格特征,采取不同的交际方式。对性情开朗、热情奔放者,可以直率大方;对深沉含蓄、内向多虑者,须谨慎措辞。

(3) 弄清交际对象的民族、习俗、信仰与禁忌等,应"入乡随俗"。

(六) 赠送节日、生日、纪念日礼品,并寄寓良好的祝愿。

第三节　公共关系礼仪及技巧

交往礼节是指国家与国家之间、组织与组织之间乃至个人与个人之间在交往活动中应自觉遵守的公认的约定俗成的礼节、仪式的总称。而公共关系礼仪是公共关系人员在处理公共关系时应具有的行为规范。它包括日常交往礼仪、重要社交场合礼仪和对外交往礼仪。

一、日常交往中的礼仪

(一) 称呼礼仪

1. 国际通用的称呼。一般对已婚女子称“夫人”，对未婚女子称“小姐”，对不了解婚姻情况的女子称“女士”。对男子一般称“先生”，有职衔者称职衔。在社会主义国家中，宾、主可互称同志。

2. 国内的习惯称呼。一般称长辈为“×老”，如“王老”；称同辈年长者为“老×”，如“老赵”；称同辈同一年龄层的为“大×”“小×”，如“大周”“小李”。对有一定职务者称姓氏加职务（或职称），如“孙厂长”“吴局长”“丁老师”。对从事饮食服务业或操作各种机械的人员，可称姓氏加“师傅”。此外，对长辈或不熟悉者，敬称“您”而不用“你”。

(二) 介绍礼仪

介绍是交往场合结识朋友的桥梁。介绍中应注意：

1. 应把身份低者介绍给身份高者；把年轻者介绍给年长者；把自己组织的人介绍给对方组织的人；把男性介绍给女性；把与自己关系密切者介绍给生疏者。

2. 如果是业务交往介绍，必须提到组织名称、个人职衔等。被介绍者在被介绍后，应双手递上自己的名片。

3. 在介绍过程中，除年长者和女士外，被介绍者一般应起立；在宴会桌、谈判桌上，一般不要起立，只点头微笑示意即可。

(三) 握手礼仪

握手是人们相互见面和离别时惯用的礼节。此外，它还可以表示祝贺、鼓励、安慰和感谢等意义。在社交场合，握手应注意：

1. 一般出右手，掌心向左平伸，上体微倾，含笑目视对方，与之寒暄。年轻者对长者、位低者对尊者，可双手握对方的右手，以示尊敬。

2. 一般应由主人、年长者、尊者、女性先伸手。男子握手前应先摘下手套。

3. 与感情深者握手的力量与时间要重或长久，以示亲热。对政党关系应适度掌握，不可过分，以免令人难堪。与女士握手只宜轻握一下对方的手指部分。

(四) 约会礼仪

约会是指双方相约和会见，是社交中常见的交往方式。约会应注意：

1. 约见一个不熟悉的人时,应事先预约。若应约前往,可将自己的名片等交给对方的秘书,等候约见。

2. 约见别人时,应充分尊重别人的意见和选择,不将自己的意志强加于人。

3. 约定会见后,尽量不要失约;如实在不得不取消约会,应及时通知对方。

4. 赴约应准时到达,过早过迟都显得失礼。

(五) 拜访礼仪

拜访是一种重要的社交活动形式。拜访中应注意:

1. 一般应预约时间,并准时到达。不能赴约,应事先通知并致歉意。

2. 拜访时间应避开进餐与午休时间,晚上时间也不可太晚。拜访时间以1小时左右为宜。

3. 应注意仪容,要整洁、自然、大方。

4. 见到主人的长辈或配偶应主动问候。

5. 拜访结束时应向主人致谢,并可邀请对方到自己处做客。主人相送,应劝其留步,并回首致意。

(六) 馈赠礼仪

礼品也是一种媒介物,可以传情表意、联络感情。馈赠礼品要注意:

1. 选择有一定纪念意义、民族特色或有艺术价值的小艺术品、食品、日用品等礼品,重在有特色。

2. 要考虑受礼者的国别、民族、习俗和个人爱好,还要考虑具体情况、具体场合的需要。

3. 赠送的礼品即使已有包装,也应另加礼品纸包好,用彩带打上花结,以示庄重、虔诚。

4. 礼品一般应当面赠送,但有些礼品如贺婚礼品等应预先送去或派人送去。礼品应附上名片或写上贺词的信封。

(七) 送收名片礼仪

人们初相识时,名片是一个很好的沟通信息的工具。在送收名片时,礼仪是否规范、得体,也是交往中人们的基本素质的体现。

1. 递送名片礼仪。递名片时要用右手或双手,且动作要慎重。递名片时,名片的正面要朝上,并要以对方能顺着读出文字的方向递交给对方。切忌将已涂鸦或有污渍的名片递送于他人。递送时可以说"请多关照"等客气语言,也可以用语言介绍自己以增加亲切感。如果在自己名片中有生僻字,可以在递送名片时加以解释,以避免对方因不认字而尴尬。

2. 收受名片礼仪。收取名片的一方应双手接受对方的名片,然后要仔细地看一遍,看有没有自己不理解的字或意思,如果有的话,可以及时地当面请教。要仔细、谨慎地将名片收藏好,切忌将对方的名片胡乱一塞,或看也不看地将名片塞入口袋,如是这样,就是对对方的不尊重。一般在收取了对方的名片之后,要及时地回赠本人名片。如果手头没有名片，应向对方说明以表示歉意。

3. 多人交换名片礼仪。倘若在坐有多人需要交换名片，那么最好是依照座位交换名片，并且要记住对方每个人的姓氏，以免张冠李戴使对方尴尬。

4. 收藏和保管名片。如果你经常社交的话，最好用名片夹来收藏自己和他人的名片，这样，名片存放井然有序且不会丢失。有些人经常将名片放在钱夹里，在拿取名片的时候连同钱夹里的各种证件、信用卡和钱都暴露在对方面前，这样就很不雅观。并且装名片的夹子最好不要放在臀部处口袋里，因这是对人的不尊重。

5. 名片的其他用法。名片除了在当面交往中能帮助人们迅速得知对方信息的作用外，还有许多其他的用处。如托人代你送礼物时，可以将名片附在礼物里或贴在礼物外面。如果在名片上另附话时，应将名片放在信封中并加以封口；非正式朋友小聚时，可将名片当请帖用，只需在名片上写上时间和地点即可；别人替你写介绍信介绍给某人时，你可把自己的名片附在介绍信中，在名片上写明联络地址或电话号码，送给那人；遇到亲友有新婚或其他喜庆之时，可在名片上写上一些祝贺的话寄给亲友。

（八）电话礼仪

1. 打电话礼仪。打电话的用语要恰当，如果你打电话找人时，要礼貌地问：“你好，请问×××在吗？”若要找的人不在，可请他帮忙转告，若不便转告，可留下电话号码与姓名，等朋友回来再打给你；打电话时由于对方完全是用声音来判断你的善意、亲切、好感等，因而，打电话的声音不要太大也不要太小，音调要自然，口齿要清楚，速度要适中，必要时把重要的话重复一遍，提到时间、地点、数目等，一定要交代得非常详细；在打电话时，如果你拨错了号码，应该向对方道歉，不要满不在乎地挂上电话不了了之，这样是极其不礼貌的；打电话的时间应该在不影响对方休息的前提下进行，切忌在很早或很晚打电话，除非有急事万不得已。

2. 接电话礼仪。接电话时，电话铃响要立即接电话，拿起电话后用“你好”或“早上好”之类的礼貌用语应答，旋即自报家门；若对方说话很重要，要准备好纸和笔，做好记录，并重复对方的话以核查是否正确，在打长途电话时尤其重要；若对方指明接电话的人不在，可按对方要求做记录，然后再重述一遍，以免错误、遗漏，等发话人在电话里交代内容确已结束，并有话别之意，方可结束交谈，对方挂机后你才可挂机；不要边吃东西边接电话，正在吃饭而突然有电话应先把食物咽下再说话；接电话时，应减少周围的嘈杂声，如关小电视机的音量、关上窗户；对拨错号码的来电者也要礼貌拒绝和说明。

（九）探望病人礼仪

1. 探望时间。探望病人要选择恰当的时间，避免在病人午睡、医生检查时间去探望。按一般规律，探望病人应在黄昏或晚饭后；探望时间一般控制在20分钟左右，时间太长病人吃不消，时间太短不足以表达问候并有敷衍了事之嫌；如果病人有比你更亲切的人在身旁，那么，你就要早些结束探访以免妨碍他们之间的谈话。

2. 探望礼品。酌情给病人带些适当的食品,如水果、饮料、滋补品等;也可给病人带一束鲜花,一来希望病人能早日康复,二来也可美化病房,但对于有花卉过敏的病人,鲜花礼品是不适合的;对于喜爱看书的病人,还可带些供消遣的书籍、杂志,病人也会非常喜欢。

3. 善于控制探望时的感情。不要在病人面前流露内心的悲伤,更不要在病人面前哭泣和流泪,以免引起病人加倍的悲观和失望,进而加重病情,影响治疗。

4. 遵守医院探望规则。对于探望病人,医院根据病人的病情、医院的工作程序,会在时间和空间上制定一些规则。探望病人也要遵守这些规则,如对于有传染病的病人,医院是不让探视的,若要表示慰问,可让病人的家属帮助带去你的问候或礼品;又如,对于探望时间,不要在不该探望之时贸然闯入,这样会影响医院的工作。

(十) 男女交往礼仪

在男女交往时,奉行女士优先准则。在实行准则时,由于国情文化的不同而有所差异。

1. 外出行走、乘坐电梯和交通工具、或与女士相遇时,实行女士优先准则。

2. 社交场合中,无论打招呼还是品尝食物时,实行女士优先准则;带着女伴参加正式宴会时,一般不能抓住女士的胳膊和手肘,只有在协助女士上车或爬楼时才可用手托住对方的肘部;或在比较拥挤的场合,男士可以拉住女士的手在前面开道。

二、重要社交场合的礼仪

(一) 迎宾礼仪

1. 根据来宾的来访目的、身份及双方或两国关系情况,决定迎接规格、派对等。对口的人员前往迎候。如身份相应的主人因故无法前往,被委托的代表应礼貌地作出解释。

2. 根据来宾抵达时间,应提前 15 分钟前往迎候。

3. 选用鲜艳的花束、花环,在主人与客人握手问候后,由儿童或女青年献给客人。

4. 通常由礼宾人员或迎接人员身份最高者介绍主方人员,主宾介绍客方人员。

5. 陪车时,应请客人坐在主人右侧,译员坐在司机旁边。

6. 下榻之后,主人应将日程安排向客人交代清楚,并简要介绍有关情况,预定再次见面的时间、地点、方式及联系办法;迎送人员不宜久留,应尽早让客人休息。

(二) 送客礼仪

1. 如果客人是外籍人士,特别是重要代表团,接待方应主动协助办理出境手续,购买回程票,提前办理托运。

2. 当客人起身告辞时,主人应立即起身为客人开门,让客人先出,主人随其后,热情谈笑,相伴而行。直到双方劝阻再三,方驻足与客人握别,并邀其方便时再来。

3. 与客人握别后,主人应含笑目送客人远去。客人回首致意时,应再三挥手回礼。切不可客人一出门即返身回屋。

（三）宴会礼仪

1. 接到邀请后，应尽快答复出席与否。如出席则应守信，并要核实时间、地点和是否带配偶等事项。

2. 出席宴会应打扮整齐，容光焕发；要按时出席，不能过早或过晚；抵达后先向主人问候，再向其他客人问好。

3. 按主人的安排入座，并主动协助邻座的年长者或女性入座。

4. 用餐时，将大餐巾折起，折口向外平铺腿上，可用其内侧拭嘴，小餐巾打开直接放在腿上；中途离座要将餐巾放在座椅，取菜一次不宜过多，吃完再取；对不合口味的菜，不要拒绝或面露难色，可取少许放入盘内；吃东西不要发出声音，汤、菜太热不可用嘴吹；骨、刺等物应以餐巾掩口，取出放入菜盘内。

5. 在餐桌上可自由交谈，但不可嘴含食物与人交谈，也不可只与熟人交谈而冷落多数人。

6. 主人与主宾碰杯，众人亦应举杯示意，不要交叉碰杯；主、宾致辞时应停止活动，注意倾听；饮酒应控制在本人酒量的三分之一以内为适度。

7. 入席和散席均以主人起座和招呼为准；告别时则由男宾先向男主人告别，女宾与女主人告别，然后交叉告别，再与其他成员告别；应向主人致谢。

（四）舞会礼仪

1. 参加舞会应服装整齐，通常以礼服和西服为多。

2. 正式舞会，第一场舞由主人夫妇、主宾夫妇共舞，第二场舞由男主人与主宾夫人、女主人与主宾共舞，男主、宾应轮流邀请其他女宾，其他男宾应争取先与女主人共舞。

3. 男士请舞时，应立正向女性点头示意，婉言相请，对方不同意则不要勉强。

4. 女性无故拒绝对方邀请是不礼貌的。实在不愿应邀，要婉言谢绝，并在一曲未终之前不要再同其他人共舞。

5. 男士不要全场只同一名女士共舞，不得男士与男士、女士与女士共舞；跳舞时不能吸烟，不得戴口罩。

（五）会议礼仪

会议是贯彻组织意图，介绍组织业务，树立组织公众形象的重要活动方式。组织经常要组织新闻发布会、记者招待会、组织领导人接受媒体采访的见面会等。

1. 会议的通用礼仪。会议的主题和参加会议的对象要明确；做好会前准备工作，包括选择会场和布置会场，布置会场的内容主要包括调试音响设备和灯光、签到文具、茶水供应、引坐人员安排，还要将会议通知按照对象所在地域提前通知参加人员，会议通知的内容应包括会议时间、地点、主题、食宿等内容；安排好迎送工作。一般在大型会议中设立一个会务组，专门负责迎送工作。在迎送中，公共关系人员要关注会议参加者的身份和规格，避免发生不愉快的事。

2. 会议的礼宾次序。重要的会议位次对象的安排有以下几种方法:一是按身份和职务的高低排列,这是礼宾次序的最主要依据;二是按字母或笔画排列,这一排列法比较适合多边会议的召开;三是按通知或抵达的时间先后次序排列。

3. 会议主持人礼仪。主持人应注意服饰礼仪。服饰要整洁大方合身,服饰色彩要协调;主持人思路要敏捷、反应机敏、口齿伶俐,有较高的文化素养和专业水平;主持人要沉着冷静,能够有效控制好会议的进程;要把握会议的主题思想;主持人的所有言论要有利于会议的气氛,并能在会议气氛不适合主题时进行必要的调节;对不同意见的发言者,不压制、不打断。

三、对外交往礼仪的禁忌

对外交往礼仪与对内交往礼仪有着共同的礼仪规范和规律,但由于地域、语言、风俗习惯、文化等的差异,使各国在交往礼仪中表现出特性。

(一) 称呼的禁忌

在国际交往礼仪中,称呼是相当重要且规范的。首先,在国际交往称呼中,忌讳只称名不称姓。在欧美等西方国家的姓氏中,一般是名在前姓在后,如果只称名而不称姓,是称呼方面的不礼貌;其次,无视对方婚姻状况的称呼也是国际交往称呼礼仪的禁忌。在国际交往中,一般对已婚女子称"夫人",对未婚女子称"小姐",若不知其婚姻情况的可称呼为"女士",一般对男子称"先生"。第三,在一定的场合,称呼可加上对方的官职、头衔等。

(二) 礼仪中图案和数字的禁忌

1. 图案的禁忌。英国人忌讳用大象或人物肖像作商标图案,山羊被认为是不正经男子的象征。捷克斯洛伐克忌讳用"红三角",它是有毒的标志。意大利人忌讳菊花图案,因为他们习惯将菊花献给先人。瑞士人忌讳猫头鹰的图案,认为那是"死人"的象征。蝙蝠为美国人所忌讳,认为是凶神的象征,大象则被美国人认为是蠢笨。日本人忌讳用荷花图案,忌讳用狐狸和獾的图案。法国人忌讳用桃花图案,仙鹤在法国是蠢汉和淫妇的代称。黑猫在匈牙利人眼里是不详之物,因而,忌用黑猫图案。

2. 数字的禁忌。13 这个数字在欧美国家令人讨厌,带来的似乎是凶兆,任何场合都尽量回避它,高楼没有 13 层,餐座没有 13 号,宴会不可 13 人,菜肴不能 13 道,房号不能 13 号;星期五是个不吉利的日子;"4、6、9、42"在日本是不吉利的,忌讳用这些数字包装礼物;而新加坡人对数字的忌讳更多,他们对"4、7、13、37、69"有忌讳。

3. 颜色的禁忌。埃及人忌讳黄色,以黄色为不幸之色。比利时忌讳蓝色,以蓝色为不吉利之色。日本人忌讳绿色,认为绿色象征不详。土耳其人忌讳茄子色。法国人忌讳麦绿色,因为麦绿色使人想起德国法西斯的军装。摩洛哥人不穿白色,认为白色是贫穷的象征。泰国人忌讳红色,平时不用红笔签名。印度将白色视为不受欢迎的颜色。蒙古人讨厌黑色,认为它象征不幸和贫穷。巴基斯坦人不喜欢黄色,黄色会引起宗教界及某些政治性的嫌恶。埃塞俄比亚人忌讳出门做客穿淡黄色衣服,认为这会给主人带来不祥之兆。

(三) 送礼的禁忌

对法国人和德国人来讲,红玫瑰是情人间的礼物,因而不能当作礼品。加拿大人认为百合花是死亡之花。在科威特和苏丹等伊斯兰教国家,不能送酒,也不送女人照片和雕像。在东南亚国家则不能送手帕,因为他们认为手帕是拭眼泪的。在哥伦比亚,人们忌讳送衬衣和领带。不要给日本人送荷花、玻璃、陶瓷等易碎物品。

(四) 饮食的禁忌

伊斯兰教忌讳谈猪,因为他们不吃猪肉。伊朗人不吃无鳞鱼。日本人不吃羊肉。俄罗斯人及东欧一些国家的人不吃海味。阿拉伯人不食用外形丑恶的不洁之物。苏丹人忌讳食用猪肉、海鲜、虾、蟹等奇异怪状的食品。坦桑尼亚人忌讳食用猪肉、动物内脏以及鱿鱼、甲鱼等奇形怪状的食物。

(五) 服饰禁忌

若要与英国人会面,不可系条纹的领带。摩洛哥人忌讳白色服装。埃及等国家忌讳黄色服饰。美国人忌讳穿睡衣迎客。缅甸人不得将男女服装混放,头巾不可系在腰间。在欧美国家,未婚姑娘不能试穿婚礼服。西班牙女子上街不戴耳环,就被看作如同不穿衣服一样。

(六) 邮寄禁忌

阿富汗禁止邮寄口香糖、烟灰缸、日历、明信片、塑胶花、通心粉。在俄罗斯禁止邮寄鲜果、乳制品、面包等。有钞票图样的东西在缅甸禁止入境。肯尼亚禁邮日本剃须刀。伊朗禁邮乐器和厕所用品。伊拉克禁邮望远镜。秘鲁和意大利的科西嘉不欢迎扑克牌。

【案例及案例讨论】

人保财险窗口工作人员服务礼仪规范

一、服务态度标准

(一) 迎接客户,主动热情

1. 当客户走近柜台时应礼貌热情,主动招呼,微笑迎接,目视客户并向客户问好。

2. 当客户在柜台前徘徊犹豫时,要主动热情询问,并留意客户手中的凭证,得到客户的确切答复后再作具体引导。

3. 当忙于手中的内部工作,未及时发现客户时,首先要向客户道歉,然后本着“先外后内”的原则,立即停下手中的工作,为客户办理业务。

4. 当经常惠顾的客户来到柜台前时,要主动以姓氏称呼客户,并要向客户问好。

5. 当多名客户几乎同时到达营业窗口时,要对先到和后到的客户都打招呼,并先向后到的客户做解释,再询问先到的客户办理什么业务,然后按先后顺序办理业务

(此条适用于未配备叫号机的网点)。

6. 当柜台前有客户正在办理业务,同时又有新的客户进入视线,应用目光或点头示意客户,并主动用"你好,请稍等一下"等语言安抚客户。

7. 对临下班前来办理业务的客户,要不拒、不躁,认真受理。

(二) 仔细聆听,弄清意图

1. 办理业务要准确了解客户的用意,并得到客户确认。当客户表达不清楚时,应委婉地请求客户重复表达意图。

2. 客户犹豫不决时,应主动介绍业务品种和办理程序。

3. 准确了解客户的意图后,应迅速进行业务处理。

(三) 解答咨询,耐心细致

1. 解答客户咨询,态度要耐心诚恳,语言要通俗易懂,表达要清晰准确。

2. 遇到自己不熟悉的问题时,不能推诿、搪塞、要主动向同事请教,或立即咨询相关部门,然后答复客户。

(四) 业务办完,礼貌道别

1. 办完业务,交给客户钱、单时,动作要轻,不扔不摔;提醒客户核对、收好。

2. 客户临走时,应礼貌道别,欢迎再来。

(五) 客户失误,委婉提醒

1. 发现客户走错柜台时,应礼貌地为客户指明办理的柜台;客户要求办理本机构暂未开办的业务时,应先向客户致歉,并介绍客户到开办此项业务的机构办理。

2. 看到有客户插队时,应委婉地规劝客户按先后顺序排队;看到前面的客户已办理完业务离开,而下一名客户仍站在等候处时,应热情地引导客户上前办理。

(六) 大堂人员,职责清晰

设置有大堂经理的必须做到:解答咨询认真准确,指导业务耐心细致,处理纠纷及时公正。

(七) 客户交流,遵守礼仪

向客户赠送名片时双手递送,接受名片时双手迎接并妥善保管。交接时,不要随便插话,等客户讲完后再发表自己的看法。

二、服务形象标准

(一) 窗口人员上岗必须规范佩戴或摆放统一的服务牌,根据业务需要设立业务咨询员的须佩戴明显标志。

(二) 各营业机构应统一着装,严格执行总公司《客户服务规范》中规定的服饰礼仪、仪容礼仪、交谈礼仪、举止行为礼仪要求。

三、服务纪律标准

(一) 遵守法纪,保守秘密

不准违反国家法律、法规及有关保险金融规章制度;要保守客户秘密,维护客户权益。

（二）对外服务，准时满点

严格按照对外公示的时间营业，未经批准不得中途或提前停止营业；对停止营业后前来办理业务的客户，应做好解释工作。

（三）中断服务，及时明示

营业期间，柜员因故离柜中断服务，必须摆放“暂停服务”桌牌，向客户明示，并引导客户到其他柜台办理业务，以防客户在无人柜台前等待。

（四）听取意见，虚心谦和

接受客户批评和听取意见时，要表示感谢，不要争辩；自己解决不了的，请示领导解答处理；在工作中受到委屈时，要顾全大局，谦和礼让，求得理解，不准与客户争吵。

（五）主动归还客户遗失的物品

发现客户遗失物品，应主动当面归还；若不能当面归还的，应妥善保管，并积极与客户联系，将物品归还客户。

（六）办理业务，客户优先

窗口服务应坚持“先外后内、先急后缓”的原则，办理业务时如有电话打来，必须办完业务后再接电话，缩短客户等候时间；如有特殊情况，必须先接电话的，须征得客户的同意。

（资料来源：根据人保财险公司相关规定整理编写）

案例讨论：

1. 人保财险嘉兴市分公司窗口工作人员的礼仪规范体现了哪些公共关系礼仪特点？

2. 结合人保财险嘉兴市分公司的规定，谈谈在实施礼仪的过程中应该遵循哪几个方面的原则？

【思考题】

1. 公共关系社交的作用和礼仪实施的原则是什么？

2. 提高公共关系社交效果的技巧有哪些？

3. 重要社交场合的礼仪主要包含哪几方面的内容？

第十二章　公共关系沟通与谈判

【案例导读】

D&G 辱华事件:24 小时内打造年度“公关车祸现场”

2018 年 11 月,意大利奢侈品牌杜嘉班纳(Dolce&Gabbana,G&G)特别拍摄了一个把中国传统文化与意大利经典饮食相结合的广告宣传片,标题为“起筷吃饭”。不过,片中的旁白所用的“中式发音”、傲慢的语气以及中国模特用奇怪的姿势使用筷子吃披萨、意大利式甜卷等片段被网友质疑存在歧视中国传统文化,在国内社交媒体引发争议。2018 年 11 月 21 日,D&G 在上海举办品牌大秀,被曝出其设计师在社交网站上发布涉嫌辱华的言论。

2018 年 11 月 21 日,多名明星发声抵制,中国模特罢演今夜 D&G 大秀。当晚本要出席晚宴的李冰冰、陈坤、章子怡、王俊凯、迪丽热巴、木子洋、梁靖康、火箭少女 101 均决定不出席当晚的秀;国内模特经纪公司旗下模特罢演,Vogue 主编张宇直接返回北京,不出席当晚大秀。

2018 年 11 月 21 日下午,D&G 官微发文称,原定于当晚 8 时在上海世博中心举行的大秀因故改期,对由此所造成的不便,深表歉意。

2018 年 11 月 21 日,共青团中央官方账号发博对此事表态:“我们欢迎外国企业来华投资兴业,同时在华经营的外国企业也应当尊重中国,尊重中国人民。这也是任何企业到其他国家投资兴业、开展合作最起码的遵循。”

2018 年 11 月 21 日,正深陷“辱华”风波的知名品牌 D&G 在微博发表声明,宣称该品牌及其设计师社交媒体被盗号。

以下是声明全文:

Dolce&Gabbana 的官方 Intragram 账号和 Stefano Gabbana 的 Instagram 账号被盗,我们已经立即通过法律途径解决。我们为这些不实言论给中国和中国人民造成的影响和伤害道歉。我们对中国和中国文化始终一贯的热爱与尊重。

2018 年 11 月 22 日消息,中国外交部发言人耿爽 22 日在回应记者有关杜嘉班纳(D&G)风波一事的问询时表示,中方不希望此事上升为外交问题,但外界应了解中国民众如何看待这一问题。

2018 年 11 月 23 日,在创始人兼设计师 Stefano Gabbana 涉嫌辱华、大秀取消后,D&G(杜嘉班纳)两名创始人拍摄视频道歉,道歉视频中,两名创始人表示:

“在过去的几天,我们认真地反省,对于自己的言行给中国人民及国家带来的一切,我们感到十分悲伤,我们的家庭教育教导我们对世界上不同的文化必须报以尊歉，对此，面对我们在文化上理解的偏差，希望得到你们的原谅。我们对这份致歉声明十分重视，再次向所有全球华人致上最深的歉意。

一直以来，我们对中国的热爱一如既往。无数次的造访，让我们更加深爱中国的文化。当然，我们还有许多需要学习的地方。对于之前我们的表达所犯下的错误，我们必须表达歉意，我们绝对不会忘记这次的经历及教训，这样的事情也绝对不会再发生。同时我们必竭尽全力更加理解及尊重中国文化。最后，我们发自内心请求得到你们的原谅。对不起（中文）”。

从“起筷吃饭”短视频中的夸张表演，到面对网友质疑时破口大骂，再到毫无诚意的“甩锅”行为，该品牌的所作所为，折射出一种傲慢心态，毫无诚意。

企业处于危机漩涡中时，是公众和媒介的焦点。一举一动都将接受质疑，因此千万不要有侥幸心理，企图蒙混过关。真诚沟通就是要求企业要放低姿态，主动说明情况，承担责任，争取赢得对方的理解和支持。消费者看一个品牌的品质，既看产品的质量，更看文化的涵养。收起偏见，真诚以待，才是公共关系沟通的根本。

（资料来源：改编自搜狗百科同名文章．2018-11-25）

公共关系沟通与谈判是完成公共关系任务、实现公共关系目标过程中所不可缺少的两项工作，在组织和各类公众之间进行协调和沟通，也是公共关系的一项基本职能和提升谈判水平的一个基本技能。这对于完成和实现公共关系的主要任务和根本目标起着重要的作用。

第一节　沟通与谈判的作用

从古至今，谈判与沟通一直是人类生活中不可缺少的社会行为和交往活动。沟通是将某一信息（或意思）传递给客体或对象，以期取得客体作出相应反应效果的过程。谈判是人们出于某种欲望或需求，彼此阐述自我意愿，协调相互关系，为取得一致达到各自的目的而进行沟通的过程。因此，明了沟通与谈判的作用对于公共关系人员显得特别重要。

一、沟通的作用

沟通就是我们通常所说的信息交流，表现为组织之间的、人与人之间的信息交流，还可以是通讯工具之间的、人与工具之间的信息交流。从组织管理之角度出发，一般意义上的沟通作用有如下几点：

1．使组织中的人们认清形势

“认清形势”在这里是指，为明智的行动提供必要的情报。在开始向所有新来的人员介绍他们所处的物质环境和人员情况时，更重要的是简单介绍当前和长远组织活动情况。显然，一个人对自己的工作和工作环境知道得越多就能工作越好。

2. 使决策能更加合理和有效

主管人员要根据情报作出决策。任何组织机构的决策过程都是把情报信息转变为行动的过程。准确可靠而迅速地搜集、处理、传递和使用情报信息是决策的基础。

3. 稳定员工的思想情绪,统一组织行动。

从一个人被招聘到组织内某一个岗位(职位)开始,直至退休(调出),有效的沟通都是必不可少的。

将沟通具体到公共关系这门学科中来,一般意义上的沟通在与内部公众和外部公众的交流中发挥着巨大的作用。

(一) 沟通在内部公关运作中的作用

1. 造就员工良好的价值观念

有效地进行内部公共关系沟通能培养员工良好的价值观念,使企业充满活力。沟通的首要任务就是要造就和培养一个共同的员工价值观念,这对于组织形象的塑造和组织的生存发展具有重要作用。通过沟通使员工随时了解组织的新政策、新变化,可以增强员工主人翁的责任感。IBM 公司最主要的价值观就是"IBM is service",经过几十年的不懈努力,这个口号已成为员工们的价值观念。

2. 增强内部凝聚力和向心力

内部公共关系沟通的目的就是减少隔阂,增强内部凝聚力和向心力。内部凝聚力和向心力的形成在于良好的沟通。社会组织的内部沟通是内部公共关系活动的重要内容,良好的沟通有助于传递组织信息,增强员工之间以及对组织的了解。这对调动员工的积极性和主动性具有特别重要的意义,有助于减少摩擦,化解冲突。

(二) 沟通在外部公关运作中的作用

1. 与顾客的沟通

企业和企业之间存在着相互依存的关系。企业为顾客提供所需的物质产品、精神产品和服务,而企业的生存和发展又离不开顾客的信赖和支持。良好的顾客沟通是企业发展的"原动力",能够为组织带来直接的利益。通过与顾客的沟通可以及时了解到顾客的心理和需求,投其所好,才能较好地赢得利润,也只有通过沟通才能更好地为顾客提供完善的服务。

2. 与社区的沟通

社区关系直接影响着组织的生存环境,并且直接影响着组织的公众形象。所以保持良好的社区沟通非常重要,沟通可以争取社区公众对组织的了解、理解和支持,为组织创造一个稳固的生存环境,同时体现了组织对社区的责任和义务,通过社区公共关系沟通夸大组织的区域性影响。因此,组织需要把社区作为自身发展的一个组成部分,将社区公众视作"准自家人"。

3. 与媒介的沟通

新闻媒介日益成为人们了解信息的重要渠道，使人们可以真正做到“秀才不出门，能知天下事”。社会形象的树立，亦依赖新闻媒介这样的渠道。良好的媒介关系有利于形成良好的公众舆论，与媒介的沟通目的是为了争取新闻媒介对本组织的理解和支持，并通过新闻媒介实现与大众的广泛沟通，增强组织对整个社会的影响。良好的媒介关系有利于形成良好的舆论氛围，组织可以通过沟通与媒介保持良好关系，争取媒介报道的机会。

4. 与政府的沟通

任何社会组织，都必须面对和接受政府的管理和约束，需要与政府的各种管理职能部门打交道。与政府保持良好的沟通就是为了争取政府及各职能部门对本组织的了解、信任和支持，从而为组织的生存和发展争取良好的政策环境、法律环境、行政支持和社会政治条件。企业应建立公共关系人员和政府有关部门人员固定化的联系制度，建立沟通体制，随时互通消息。

5. 与股东的沟通

股东关系是指组织与投资者的关系，股东是公司资产的所有者，股东最关心的问题就是组织的经营情况。组织的盈利能力又成为能否维持原有股东和吸引新股东的关键。股东关系关系到组织的财源，良好的股东关系可以为组织赢得更多的投资者，保持公司股价的稳定和上升。还可以通过广大股东的“口碑”作用，扩大组织的知名度和美誉度，在更大范围树立良好形象。因此组织要做好有效的双向沟通。

二、谈判的作用

谈判的历史非常悠久，一直是人们生活的组成部分，是人们为解决争议，建立和改善社会关系而采取的行为。谈判的作用也可以从一般和具体两个方面阐述。一般的谈判作用有以下几点。

1. 谈判是解决争议的手段。生活在大千世界的人们，存在各种各样的争议、矛盾和利益冲突。争议和矛盾会使各方关系紧张，处于对抗状态。解决争议和矛盾的方法很多，其中谈判就是一个重要的手段。

2. 谈判是平息争端的途径。通过谈判解决争端可避免矛盾激化。如果矛盾已经激化或诉诸武力，也不能无休止地打下去，也要通过谈判平息争端，停止武装冲突。中国自古就有“三寸之舌，强于百万之师”的说法。

3. 谈判是调整利益的方法。如今任何一个国家的发展和建设都受到外部条件的影响和制约，因此必须加强国家间的全方位合作，使得谈判的作用举足轻重。

4. 谈判是发展经济的桥梁。越来越多的国家实施外向型经济发展战略，越来越多的企业开始从国内经营向国际经营方向发展。由此引起的经济贸易谈判逐渐增多，谈判在经济发展方面的作用显得至关重要。

5. 谈判是改善环境的措施。大量的个人与个人之间的谈判出现在日常生活之中,而且遍及各个领域。日常生活谈判有助于调节和缓和人们之间的冲突与矛盾,有利于创造和谐环境,有利于物质文明和精神文明建设。

将谈判具体应用到公共关系学这门学科,有如下作用:

1. 公共关系谈判是组织活动中的桥梁和纽带。组织中的谈判是组织交易的前提,是沟通组织活动的桥梁和纽带,是组织交易程序的一个重要组成部分。

2. 公共关系谈判是信息流传播的有效途径和信息流的载体。公共关系谈判人员谈判的过程就是各种信息流具体传播途径或方式之一。

3. 公共关系谈判涉及到交易的成败、组织的生存和发展。作为公共关系谈判人员必须争取到最有利的条件达成协议,否则交易很难达成或交易达成的条件对自己不利,使自己吃亏,或造成重大的形象和经济损失。

三、沟通与谈判的关系

随着全球化进程的加快,人们在全球范围内的经济和社会活动越来越频繁,而沟通和谈判的范围和对象也国际化了。沟通与谈判本来就是一对孪生兄弟,虽说不上谈判的目的就是为了沟通,但是没有良好的沟通,谈判就只能是剑拔弩张的争斗,往往不会有好的结果,实现有效的沟通既为谈判营造融洽的氛围,又为今后的谈判打下基础,做到高效和双赢。因此,可以理解公共关系谈判是各方为化解冲突而进行的沟通的过程,目的是使各方达成一项协议,解决一个问题或作出某种安排。二者相互联系,互不可分。

谈判磋商就是谈判双方相互沟通,相互说服的过程。没有充分的沟通,就没有令人满意的说服。首先,双方要善于沟通,这种沟通应该是双向的和多方面的。一方既要善于传达己方信息,又要善于倾听对方信息,并且积极向对方反馈信息。没有充分的信息交流沟通,就会在偏见和疑虑中产生对立情绪。沟通内容应该是多方面的,首先要有沟通交易条件,又要有沟通相关的理由、信念和期望,还要有交流情感。其次,双方要善于说服,要充满信心去说服对方,让对方感觉到赞成你是最好的决定。

所以说沟通和谈判是从"求同"开始,解决分歧,最后实现"求同"。"求同"既是起点又是终点。著名的英国谈判大师荷伯深谙其道,他创造了很多杰出的范例,其精髓就是把沟通和谈判联系起来,这对我们公共关系人员有着积极的启迪作用。

第二节 公共关系沟通

公共关系沟通,指的是社会组织与公众之间在双向或多向传播之后双方互相理解、互相影响、共同合作的互动过程。公共关系沟通是双方的行为,而且还要有中介。沟通又是一个过程,其中编码、译码和沟通渠道是公共关系沟通取得成效的关键环节。沟通的目的是为了按照有利于组织目标方向而左右组织的行动。

一、有效沟通的基本原则

沟通是管理工作的灵魂，是提高工作效率，实现共同目标满足各种需要的重要工具。有效的沟通是一种需要不断去学习和实践的能力，作为公共关系人员，必须掌握其原则。

(一) 准确性原则

当信息沟通所用的语言和传递方式能被接受者所理解时才是准确的信息。公共关系沟通的目的就是将发送者的信息能够被接受者明确，看起来似乎很简单，但是在实际工作中，常出现接受者对发送者非常严谨的信息缺乏足够的理解。信息发送者的责任是将信息加以综合，无论是笔录还是口述，都要求用容易理解的方式表达。这要求发送者有较高的语言和文字表达能力，并熟悉下级、同级和上级所用的语言。这样才能克服沟通中的障碍，而对表达不当、解释错误和传递错误应给予澄清。

(二) 完整性原则

当组织中的公共关系人员为了达到组织的目标而要实现和维护良好的合作时，他们之间就要进行沟通，以促进相互了解。信息的完整性部分取决于主管人员对下级工作的支持。公共关系人员位于信息交流的中心，应鼓励他们运用这个中心职位和权力，起到中心的作用。

(三) 及时性原则

在公共关系沟通中，不论是纵向沟通还是横向沟通，除了注意到准确性原则和完整性原则外，还应该注意及时性原则。这样可以使组织内外尽快了解组织的目标、新制定的政策以及人员配备等信息，以获得广泛的理解和支持，同时，也可以使公共关系人员掌握下级人员或员工的思想，情感和态度，从而提高管理水平。

(四) 非正式组织策略性运用原则

非正式组织是指在一个组织机构中的组织人员之间自发地联合在一起而得到联合的活动的群体。管理者若能对此组织的行为与关系加以研究与重视，必然会对该组织产生莫大的裨益。非正式组织从社会角度观察，其范围颇广，诸如交通车的乘客、工业工程上的专契、第六楼的伙伴、星期五晚上的桥牌队员及咖啡室经常的座上客等，都可包括在内。而非正式组织从组织本身的角度观察也有很多类型。这一原则的实质就是只有当公共关系人员使用非正式的组织来补充正式组织的信息沟通时，才会产生最佳的沟通效果。非正式的组织传递信息的最初理由是由于一些消息不适合于由正式组织来传递。但是非正式渠道的消息对于完成组织目标也有不利的一面。

二、公共关系沟通障碍分析及有效沟通实现的技巧

组织内外的有效合作对于组织的发展具有重要的意义。而组织内外的关系主要有组织与员工、组织与顾客、组织与社区、组织与媒介、组织与政府的关系以及组织与

股东的关系。所以公共关系人员要了解公共关系沟通中存在的障碍,掌握促进有效合作的手段。

(一) 公共关系沟通障碍分析

在公共关系实务中,整个沟通过程难以避免的存在着各种噪声和障碍,并影响有效的沟通。一般的来讲,沟通交流中的障碍主要是主观障碍、客观障碍和沟通联络方式障碍三个方面。

1. 主观障碍

(1) 个性因素所引起的障碍。信息沟通在很大程度上受个人心理因素的制约。个体的性质、气质、态度、情绪、见解等的差别,都会成为信息沟通的障碍。

(2) 知识、经验水平的差距所导致的障碍。在信息沟通中,如果双方经验水平和知识水平差距过大,就会产生沟通障碍。此外,个体经验差异对信息沟通也有影响。在现实生活中,人们往往会凭经验办事。一个经验丰富的人往往会对信息沟通做通盘考虑,谨慎细心;而一个初出茅庐者往往会不知所措。特点是信息沟通的双方往往依据经验上的大体理解去处理信息,使彼此理解的差距拉大,形成沟通的障碍。

(3) 个体记忆不佳所造成的障碍。在管理中,信息沟通往往是依据组织系统分层次逐次传递的,然而,在按层次传递同一条信息时往往会受到个体素质的影响,从而降低信息沟通的效率。

(4) 对信息的态度不同所造成的障碍。这又可分为不同的层次来考虑。一是认识差异。在组织活动中,不少员工和管理者忽视信息作用的现象还很普遍,这就为正常的信息沟通造成了很大的障碍。二是利益观念。在组织中,不同的成员对信息有不同的看法,所选择的侧重点也不相同。很多员工只关心与他们的物质利益有关的信息,而不关心组织目标、管理决策等方面的信息,这也成了信息沟通的障碍。

(5) 相互不信任所产生的障碍。有效的信息沟通要以相互信任为前提,这样,才能使向上反映的情况得到重视,向下传达的决策迅速实施。公共关系人员在进行信息沟通时,应该不带成见地听取意见,鼓励下级充分阐明自己的见解,这样才能做到思想和感情上的真正沟通,才能接收到全面可靠的情报,才能做出明智的判断与决策。

(6) 沟通者的畏惧感以及个人心理品质也会造成沟通障碍。在公共关系工作中,信息沟通的成败主要取决于上级与上级、领导与员工之间的全面有效的合作。但在很多情况下,这些合作往往会因下属的恐惧心理以及沟通双方的个人心理品质而形成障碍。

2. 客观障碍

(1) 传递距离。如果信息发送者和接受者的空间距离太远、直接接触机会少,就会造成沟通障碍。社会文化背景不同,种族不同而形成的社会距离也会影响信息沟通。

(2) 组织层次。组织机构庞大,中间层次较多,使得信息在最高管理层与下级基层单位传递过程中产生失真，费时并且影响信息的及时传递，造成沟通的障碍。

3. 沟通联络方式的障碍

(1) 语言障碍。语言是沟通的工具。人们通过语言、文字，以及其他符号将信息经过沟通渠道来沟通。但是使用语言不当就会造成沟通障碍。主要表现为误解、歪曲、信息表达方式不当等，这些都会增加沟通双方的心理负担，影响沟通的进行。

(2) 沟通方式障碍。沟通的形态多种多样，各有优缺点。如果不能根据组织目标及其实现策略选择适当的沟通方式，沟通的障碍就会增加，沟通就不能顺畅，就会降低沟通效率。

(二) 有效沟通实现的技巧

在组织管理的过程中，需要借助沟通的技巧，化解不同的见解和意见，建立共识，当共识产生后，事业的魅力自然会展现良好的沟通能力与人际关系。这并非是与生俱来的，在公共关系实务中，我们绝对有机会学习沟通技巧，因此，要把握任何一次学习的机会。以下提供几个有效沟通的行为法则：

1. 自信的态度

一般经营事业相当成功的人士，他们不随波逐流或唯唯诺诺，有自己的想法与作风，却很少对别人吼叫、谩骂，甚至连争辩都极为罕见，他们对自己的了解相当清楚，并且肯定自己，他们的共同点是自信，日子过得很开心，有自信的人常常是最会沟通的人。

2. 体谅他人的行为

这其中包含体谅对方与表达自我两方面，所谓体谅是指设身处地为别人着想，并且体会对方的感受与需要，在经营人的事业过程中，当我们想对他人表示体谅与关心时，唯有设身处地为对方着想，由于我们的了解与尊重，对方也相对体谅你的立场与好意，因而做出积极而合适的回应。

3. 适当地提示对方

产生矛盾与误会的原因，如果出自对方的健忘，我们的提示正可使对方信守承诺，反之若是对方有意食言，提示就代表我们并未忘记事情，并且希望对方信守诺言。

4. 有效地直接告诉对方

一名知名的谈判专家分享他成功的谈判经验时说道："我"字在各个国际商谈场合中时常会使用，以"我觉得"说出自己的感受，"我希望"说出自己的要求或期望为开端，结果常会令人极为满意，其实，这种行为就是直言不讳地告诉对方，我们的要求与感受，若能有效地直接告诉你所想要表达的对象，将会有效帮助我们建立良好的人际关系网络，但要切记三不谈：时间不恰当不谈、气氛不恰当不谈、对象不恰当不谈。

5. 提高沟通的心理水平

要克服沟通的障碍必须注意以下心理因素的作用。首先，在沟通过程中要认真感知，集中注意力，以便信息准确而又及时地传递和接受，避免信息错传和接受时减少信息的损失。其次，增强记忆的准确性是消除沟通障碍的有效心理措施，记忆准确性水平高的人,传递信息可靠,接受信息也准确。再次,提高思维能力和水平是提高沟通效果的重要心理因素,高的思维能力和水平对于正确地传递、接受和理解信息,起着重要的作用。最后,培养镇定情绪和良好的心理气氛,创造一个相互信任、有利于沟通的小环境,将有助于人们真实地传递信息和准确地判断信息,避免因偏激而歪曲信息。

6. 正确地使用语言文字

语言文字运用得是否恰当直接影响沟通的效果。使用语言文字时要简洁、明确,叙事说理要言之有据,条理清楚,富于逻辑性;措辞得当,通俗易懂,不要滥用词藻,不要讲空话、套话。非专业性沟通时,少用专业性术语。可以借助手势语言和表情动作,以增强沟通的生动性和形象性,使对方容易接受。

7. 缩短信息传递链,利用网络沟通

缩短信息传递链,拓宽沟通渠道,保证信息的双向沟通。信息传递链过长,会减慢流通速度并造成信息失真。因此,要减少组织机构重叠,拓宽信息渠道。网络沟通是指组织通过基于信息系统的计算机网络来实现组织内外部的沟通。现阶段组织的计算机网络已拓展至包括 Internet、Intranet 或 Extranet 的全方位的网络沟通。网络沟通首先为商业信息的传播带来了极大的便利,大大降低了沟通成本;其次,由于信息运行在网络之上实现资源共享,使得信息的提取和更新速度加快,从而有效地缩短信息传递链的长度。

8. 善于询问与倾听

询问与倾听的行为,是用来控制自己,让自己不要为了维护权利而侵犯他人,尤其是在对方行为退缩,默不作声或欲言又止的时候,可用询问行为引起对方真正的想法,了解对方的立场以及对方的需求、愿望、意见与感受,并且运用积极倾听的方式,来诱导对方发表意见,进而对自己产生好感。一名优秀的沟通好手,应该善于询问并积极倾听他人的意见与感受。

第三节 公共关系谈判

人们生活在一个充满矛盾、冲突和对抗的世界里,那么解决这些问题的一个重要途径就是谈判。公共关系谈判是社会组织之间、社会组织与公众沟通的重要手段,当社会组织利益与公众的利益发生冲突时,人们也会用谈判的方式加以解决。

一、谈判的原则

所谓谈判,是指人们为了改变相互关系而交换意见,为了取得一致而相互磋商的一种行为。谈判有广义和狭义之分。广义谈判是指正式场合下的谈判和此外的一切“协商”“交涉”“商量”等。狭义的谈判仅指在正式场合下的谈判。实质上,谈判是一种在双方都致力于说服对方接受其要求时所运用的一种交换意见的技能,其最终目的和结果就是要达成一项对双方都有利的协议。

谈判在公共关系活动中具有相当重要的作用。在现代社会，一个社会组织常要处理这样一些问题：就引进技术设备同外商签订协议；在横向经济联系中与其他组织合作；处理突发事件等。处理这类问题需要当事者各方磋商、讨论，进行谈判，以达成各方均能接受的协议。在公共关系活动过程中，谈判是协调组织与其公众间的关系及行为的一种方法，是一项运用人际传播手段进行的活动。

谈判的原则就是指在谈判中所应依据和奉行的准则，这是争取成功圆满谈判结局的前提。

（一）平等互利原则

无论谈判双方在经济、政治等实力与地位上有多么的不同，在谈判过程中都应享有平等的地位和权力，应尽各自的责任和义务。谈判所达成的协议应建立在双方自愿的基础上，决不能以强凌弱、以大压小、强人所难。谈判既是竞争，又是合作。一场成功的谈判，每一方都是胜者。谈判双方的利益是相互依赖、相互制约的，双方都希望通过谈判实现本组织一定的目标，这既是谈判产生的诱因，也是双方期待的结果。只要一方无所收获或谈判中一方损害了另一方根本的利益，谈判就会破裂，双方都无法实现其目标。

（二）求同存异原则

谈判既然是作为谋求一致而进行的协商洽谈，它本身必然存在着谈判各方利益上的“同”与“异”，这是产生谈判的前提条件。

俗话说“为欲取之必先予之”，这就要求谈判各方在总体上求大同、存小异。求大同，是指谈判各方的总体原则必须一致，摒弃末枝小节的分歧和不同意见，从而使参与谈判的各方都感到满意；存小异，就是谈判各方必须作出适当让步，使得与自己的利益要求不一致的异议也容许存在谈判的议题之中。要找到一个对双方都有利的折中的妥善的解决方案，重要的是谈判各方都应看到各方所具有的共同利益，发现对方利益要求中的合理成分，并根据对方的合理要求作出相应的让步，这样才能使对手也作出相应的让步，促使谈判有一个公正的协议产生。

（三）最低目标原则

在谈判过程中，目标决定着人们谈判行为的方向。目标可以分为大目标与小目标、长期目标与近期目标、总体目标与具体目标、最高目标与最低目标。在谈判过程中，为实现不同的目标，应分阶段、有步骤地进行。有的学者认为，遵循最低目标原则是谈判获得成功的基本前提，这是有一定道理的。谈判各方在不违背总体利益的条件下，各自做些适当的让步和妥协，这是达成协议的必要前提，如果对人过于苛求，就难以有良好的合作前景，只有先确定一个最低目标，并进而加深了解，取得对方的信任，才有可能逐步地接近最高目标。

（四）遵守法律原则

谈判双方在为实现自身目标而达成协议时，不能损害国家的利益或第三者的利益。达成的协议必须合法,并按照有关法律、法令对协议条款作出明确解释,使协议具有法律效力。这样做不仅对谈判双方具有约束力,而且只有这样才能保证双方利益的实现。

(五) 时效性原则

时效性原则,指的是人们在谈判过程中,应当坚持效益与效率的有机统一,谈判既要有好的效益,又要有高的效率,不能陷于马拉松式的谈判中以致无法自拔。

随着科技日新月异的发展,新产品的有效周期日益缩短。为此,企业一旦开发了某种新产品,就应广泛而有效地开展供需双方的经济洽谈,并力求在较短的时间内达成协议,以争取市场,取得良好的经济效益。

二、谈判的一般程序

(一) 导入阶段

这是进入正式谈判的前奏。主要是参与谈判人员通过相互介绍而认识对方。无论正式或非正式场合,较理想的介绍形式是自我介绍,互递名片也是一种辅助介绍形式,一些较正式的场合还可在谈判人员(多为主要谈判人员)前摆放席卡。从这些介绍中可以了解对方谈判人员的基本背景,如:姓名、地位、工作职务等。

相互介绍认识后,讲讲笑话、聊聊社会趣闻,甚或说些家庭杂事,在此阶段讲的话一般不触及谈判内容,意在松弛谈判前可能出现的紧张精神,制造一个轻松愉快融洽的良好谈判气氛,有助于即将开始的正式谈判顺利进行。此阶段不宜费时过多,一般由主方主谈人控制,适时自然地将话题转入正式谈判。

(二) 概说阶段

正式谈判自此开始。需在此阶段亮出己方的基本想法、意图及目的。切忌全盘托出所有资料,这样会将自己逼入无援之窘境。概说成功与否十分重要,因为要打开局面,“初印象”起着关键作用。若概说不能得到对方首肯,谈判难免从一开始便陷入僵局,因此须格外谨慎。概说内容应简短而能把握重点,没有必要进行反复解释。言辞要简洁而明了,富于情感,避免激怒对方,产生情感障碍。概说发言一般都要提前做好准备,时间不宜过长。

在这个阶段需要赢得对方的首肯,要特别注意对方对概说的反应,轻轻点头或其他表示同意的情态,都能说明对方愿意在己方概说的基础上做更深入的商谈,这是预示成功的好兆头。

(三) 明示阶段

在此阶段应明确展示各方所求的内蕴需求,及早将歧异摆在桌面。极力进行掩饰和挤牙膏的做法均是不可取的。这会招致对方对你是否真有诚意产生怀疑。谈判各方更关心的是对方与己方的歧异,只要各自都坦诚地说出自己意愿,而对方又喜欢听的事情,并且不用责怪对方,大家就会认真地去考虑对方的看法,使谈判的努力更可信赖,进而能够融洽而有效地发现促进各自利益的最佳方式。及早摊牌可成为谈判者的最佳投资，但所谓摊牌，并非是要将己方的方案袒露无遗。

（四）交锋阶段

这是谈判的关键。谈判各方列举事实和理由说服、反驳对方、希冀对方理解并接受己方的意愿。同时根据施受原则，从中寻求符合各方利益的妥善方案。谈判各方的对立状态在这个阶段真正显现出来，气氛趋向紧张。这也正是谈判策略和技巧得以充分发挥的阶段。交锋中需注意以下几点：

①对于双方的质询特别是情绪性宣泄，要有高度的自控能力。保持冷静，力戒浮躁，注意不让对方摸到自己的弱点；②从对方的谈话、姿态、表情动作中，细心揣摩其心理，测定其意向，揭示对方的逻辑错误和致命弱点；③根据事先准备的多种假设和方案随机应变；④不以势压人，避免无关宗旨的争执；⑤善于心理沟通，巧妙扭转谈判中出现的曲折和僵局；⑥就各方利害关系所做的分析要透彻，逻辑性强。

（五）妥协阶段

这是谈判中的最后一道防线。谈判开始进入柳暗花明、水落石出的阶段，气氛渐趋缓和。经过交锋阶段，各方已经把握了可能妥协的范围。虽然还会有小的交锋，那也只是心平气和地讨价还价了。妥协的范围是指：己方估计对方所能接受自己要求的最低和对方估计己方所愿付出自己要求的最大限度之间的差距。这个范围并不是根据实际情况而定，主要是依照各方对于情势的估计而定，很可能出现误测，需要在得到新的信息、资料后，随时做出修正，妥协范围最终定界后各方从此范围中做出各自的一定让步并从对方的让步中得到相应补偿，取得理想中的利益。这是令谈判各方都满意的结果，否则就是不成功的谈判了。

（六）协议阶段

这是谈判的结束式。各方对一致同意的妥协方案表示认可，并以文字形成协议书，由各方代表签字，使其具有法律效力，必要时还须进行公证。

协议一经签署，每个参与谈判人员都会产生轻松释然感，为表现协议的郑重和渲染和解气氛，可以安排一个较正式的签字仪式和仪式后的小型庆祝活动。自此，整个谈判过程即告结束。

三、谈判的准备工作

“凡事预则立，不预则废。”要使谈判成功，事先必须要有周密的准备。谈判的准备要分为长期准备和短期准备。

（一）长期准备

长期准备，主要是谈判者自身的准备。

1. 切实了解自己

要充分分析和正确评价自己的情感类型、气质秉性、经验阅历、价值观念和知识能力等情况，以便谈判时能扬长避短。

2. 加强自身的修养

谈判者应努力提高自己的素质，成为一个博学多闻、机敏灵活的“杂家”。谈判需要历史、地理、法律、经济、政治、逻辑、心理、语言、行为、决策等多种科学知识，需要听、看、说、表现等各种技巧。

(二) 短期准备

短期准备是当谈判临近时应做的准备。

1. 了解谈判对手

不仅要研究对方的预算计划、财政计划、出版物及宣传材料、报告书、公开声明等资料，而且还要注意了解谈判对手的气质、性格、阅历、生活习惯、兴趣爱好乃至思考方式、行动特点和心理倾向等细节。

2. 制定谈判纲领

根据己方的愿望和要求，结合情报资料分析，预定出具有现实可能性的谈判终极目标。应制定上、中、下策等多种方案，力争好的结局，避免最坏局面的出现，对可能出现的讹诈、顽强、僵局等情况，预定出一套应急措施；预定谈判的议程、期限和内容进行的顺序；预定谈判的“临界点”，即把握住使谈判既不破裂又最大限度地有利于己方的“度”等。

3. 组织准备

组织谈判小组，选择谈判人员，确定谈判领导人，组织后援人员，并明确各自的职责范围，加强配合，使之成为一个相互协调、步调一致的整体。

4. 法律准备

熟悉党和国家的有关政策、法令，并按其行事。谈判中的有关法律问题，应向法律专家咨询。

另外，有条件的话，谈判前还要进行一定的演习，模拟谈判的过程，以发现自己的薄弱环节。重大的谈判活动有必要多次进行演习。

四、谈判常用的策略

谈判过程，风云变幻。要在复杂多变的谈判中实现既定的目标，就要审时度势，制定并运用相应的谈判策略。谈判策略是指在谈判过程中谈判者为了达到预期的目标所采取的行动方式、方法。

(一) 主动出击策略

在主动出击时可以应用以下策略：

1. 虚张声势

谈判一开始，就提出一些并不期望能实现的目标要求，随着谈判的进行，通过让步逐步修正这些起始的要求，最后在双方一开始分歧的两个极端之间达成协议。这种程式化的程序会将大量的条件放进议事日程里，其中大部分是虚张声势，或者在这个基础上让步时给对方造成一种错觉，似乎我方已作出巨大牺牲，实际上只不过舍弃了一些极其微不足道的东西。

2. 威胁方法

逼迫对方作出让步。此时可以直接显示力量。如除非你这么办，否则我们将停止前面的合作等；或者使用间接的方式，如可采用对对方的诚实和正面提出疑问的方法来达到目的。当然这种方法的使用要非常慎重和能够自圆其说。

3. 僵持

如果对方急于要在一定时间内达成协议，僵持和回避可以迫使对方作出更大的让步。

4. 各个击破

如果对方是一个代表团，代表团成员间必然存在着理解力、意见及经验等各方面的差异，此时应仔细准确地找出这些差异并使之逐渐扩大，利用他们之间任何不一致的地方取得利益。

5. 极限控制术

援引极限是经常用的一种策略，用以控制谈判范围。如："我没有权力批准这笔费用，只有我们的董事长能够批准，但目前他已出国旅行，没有办法与他取得联系"。常用的极限大致有：政策极限、财政极限、技术极限、法律极限等，谈判中这些"极限"运用得当，能大大地限制对方选择的自由，从而达到自己的目的。

6. 先例控制术

在有利的情况下，援引先例，能把现行的谈判置于另外一些谈判的模式之中，使对方难以反驳。这里大致有两种方法，可以引用以前与同一对方谈判时出现的例子，如："以前我们与你谈的都是 3 年租借协定，为什么现在提出要 5 年呢？"也可以引用与其他单位谈判时所签订的协议："既然本行业的其他厂家都决定增加 20%，你提出 10%就太低了。"

(二) 反击策略

在谈判中处于反击地位的一方，应采取如下策略：

1. 预先筹划

为避免在谈判中处于被动地位，在谈判前的计划制定阶段以及整个谈判过程中都必须进行预先筹划。先从谈判条件的特性、对方的特点、谈判可用的时间出发，设法判断对方的总战略及其所用的计策类型。再根据谈判进行的情况与方式，估计谈判是向讨价还价方向发展，还是向合作解决问题的方向发展，从而进一步分析下一步准备采用何种类型的策略。为了在谈判中避免受到突然袭击而使自己丧失反击能力，应当充分强调预先筹划的重要性。

2. 搜集情报

倾听，耐心等待，让人把话讲完，给自己留有判断对方采用的战术及选择相应的策略的时间。在搜集所需要的信息的同时，适时地提出问题，以便澄清你已收到的信息，有效地找出对策。

3. 同意与拒绝

在可能的情况下,要同意对方的意见,因为你的最终目标是取得一致协议。有时,对方预计你会拒绝,但你却愉快地表示同意而使他们感到十分突然,这会使谈判的气氛得到改善。因此,放弃一些对你无关紧要而对另一方却很重要的条款是有用的。如果对方的意见对你来说十分重要,然而却是无法接受的,就可以以拒绝的方法来反击:

断然拒绝。也就是直接予以回绝而不说明任何理由,这是一种坚定的反对表示。

首先提出理由后拒绝。使对方能知道你为什么不同意,并且使他们注意这些理由,这种反击战术比"断然拒绝"更具建设性。

拒绝后接着提起共同利益。这样不但表明了自己的意见,给出了拒绝的理由,还提醒对方注意共同的利益。拒绝的同时,说明自己这样做只是为了双方的共同利益,颇具说服力。

拒绝对方建议的某些部分,而同意其他部分。也就是不直接地推翻对方的建议,而是试图折中并使对方修改其立场,这样,即使不能得到你所希望的一切,但仍然可以获得某些利益。

提反建议来拒绝对方的建议。即以自己的建议来代替对方的建议。熟练的谈判者总是先倾听对方的建议,然后进一步询问有关信息,最后提出反建议。在对方充分表述理由后,抓住要害予以反对,理由更显充足,使对方一时无以言对。

4. 回避术

当你希望回避表态同意或不同意时,分散注意力是一种行之有效的方法。提起另外一个话题将当前的话岔开,但不要使你的转移过程过于明显。不必对对方的每一种计谋都积极响应,你可以决定对对方的某些计谋不予反应,以便观察一下对方是否会再次提出。然后,你可以用比较积极的态度与对方交涉。回避也可以用幽默来达到目的,在适当的时候,以适当的方式讲一句笑话,常常可以缓解紧张气氛。将对方看作十分严肃的问题用轻描淡写的态度来处理,往往能转移对方的注意力。

5. 强硬反击

谈判中,在基本立场及意向方面常常会产生误解。对方有时能确切地阐明其观点,但有时又可能含糊其辞。如果你怀疑他们是在讹诈的话,冒一次失败的风险是可行的,可以迫使他们兑现,使之暴露无遗,造成被动。当不得不威胁对方时,谈判形势显然很不好。然而有时也有必要向对方表明你的严正态度。需要注意的是,当不得不求助于"威胁"时,必须说到做到,不然,就会适得其反,反而被动。

6. 终止谈判

不是所有的谈判都能取得成功,有时分歧大大超过了彼此间的共同利益,而且无法减少。或者进入谈判后,发现原来所认为的共同立场并不存在,在这种情况下,停止谈判可能是最明智的。也可能谈判成功的因素依然存在,但对方此时并不想坐下来进行建设性的工作。在所有努力失败后,可设法停止谈判。将文件放进皮包中,将椅子放回原处,这些都有可能征服对方,使之改变方针。

【案例及案例讨论】

阿里巴巴的公关术精华全在它颠覆性的事件中

因无法获得售假者信息，“BOLON暴龙”商标持有者、暴龙眼镜生产者雅瑞公司将售假网站域名注册商阿里巴巴起诉至法院，要求其书面披露售假网站域名使用人信息。日前，海淀法院受理了此案。

雅瑞公司表示，于2016年3月，该公司发现不法分子通过某域名网站销售侵害其注册商标权的假“暴龙”眼镜，该公司计划向法院起诉侵权人，不过没有办法获得侵权人信息，经过查询，售假网站的域名注册商为阿里巴巴，阿里作为域名注册商，应该知道售假网站使用人的身份信息，该公司向阿里邮寄律师函要求交出相关信息，目前阿里还没有回复。

借鉴苹果历史

历史总是惊人的相似。苹果公司曾和美国联邦调查局(FBI)陷入了一场不可开交的嘴炮大战，而他们争吵的主题只有一个——FBI要求苹果公司解锁一部属于恐怖分子的iPhone手机，而苹果公司则以用户个人信息安全为由坚决不同意。

美国政府认为，在没有苹果的帮助下，其无法绕过加密查看到圣贝纳迪诺枪击案枪手留下的iPhone手机中涉及恐怖袭击的数据。对此，FBI请求加州联邦法院颁布强制令，要求苹果公司必须参与协助和配合。

然而，苹果坚称保护用户隐私永远是第一位。“从来没有法庭在过去授予政府一种权力，以能够去强制像苹果这样的企业通过弱化安全系统，来方便有关部门可以访问公民的隐私信息。”苹果此前在声明中表示。

其实，库克之所以拒绝为FBI解锁iPhone手机，事关苹果公司的存亡。若这次答应解锁，那么FBI就会变本加厉，提出更加无理的要求。最终的目的要苹果公司打开其云服务器通道，也就是苹果手机或者平板以及手表的iCloud的服务器。

而库克当然不愿意，因为这不是美国本土问题，而是苹果公司在全世界建立的服务器都要打开，一旦这样麻烦就大了，世界各国是不会同意苹果公司把建立在本国的服务器让美国人随便进出，苹果会因此而死。

据“金融时报”援引匿名微软高管的消息称，微软计划支持苹果的这一决定。另外根据路透社早前的在线调查结果，美国民众大约有46%的人支持苹果抵抗FBI的立场，而只有约34%不认可这种立场，另外有20%表示不确定。

而回到阿里的这一事件，娱乐调查局在此尚不妄加揣测阿里巴巴会如何处置，只不过在这场战役中，阿里巴巴如果选择保护注册商户的隐私，那么这也会是他们在市场中树立形象的一张王牌。

马云的公关术

实际上，阿里巴巴能够成为互联网行业的电商巨头，在马云看来是源于诚信体系的维护，对阿里来说，一方面是建设诚信体系的产品，另一方面则是公司本身的诚信。

比如,当马云和阿里巴巴在面对假货质疑时,采用的是强硬处理方式,可谓霸气侧漏。

当时,阿里巴巴集团与国家工商总局展开了一系列轰动社会舆论的对抗。用媒体报道的说法是,淘宝大战工商总局的“贺岁片”连续公映7天。双方九次交锋,斗智斗勇,剧情跌宕起伏。这个玩法,迄今为止没有任何一家民营企业敢,不得不佩服马云的霸气。

当然,阿里“大战”国家工商总局的公关风波最终以握手言和而结束。2015年1月30日,国家工商总局局长张茅在工商总局亲自会见马云。工商总局领导对阿里既进行了肯定,又指出了其问题;马云则表示,将积极配合政府部门加大投入打假。双方认为,促进电商产业健康发展是网监部门与电商平台的共同意愿。

至此,这场被网友和业界称为史上罕见的政企“掐架”休战,也毋庸置疑地是互联网公司危机公关的一个经典案例。最令人惊叹的是,马云和阿里面对问题的强硬,喊冤叫屈之余,将事件成功地放大到民企悲情、经营艰难、支持创新等社会高度。这个大招,没有长期的造神路线铺垫和老辣大胆的公关手法,真心hold不住。

(资料来源:搜狐官网.2016-09-26)

案例讨论:

1. 结合案例,谈谈公关谈判要遵循哪些原则。

2. 讨论企业在处理和政府的公共关系方面如何把控合理的尺度。

【思考题】

1. 试谈谈沟通和谈判的作用和意义。

2. 公共关系的沟通和谈判之间的关系是什么?

3. 如何合理运用公共关系沟通和谈判的技巧。

第十三章　公共关系的形象管理和危机管理

【案例导读】

以滴滴案例为戒，学危机公关

滴滴出行在2018年5月6日郑州空姐遇害案后，不过三个多月的时间，又以一起顺风车司机杀害年轻女性事件进入大众视野。8月24日，一名温州乐清年轻女性乘坐滴滴顺风车被奸杀。

8月25日下午，滴滴出行发布了如下致歉声明：

回头看看5月份滴滴针对郑州空姐遇害一事的声明。这两份声明都用到了“悲痛”“愧疚”“自责”这一类的情感词，却没有详细说明“负有不可推卸的责任”下要如何担负起这份责任。还有“参照法律规定的人身伤害赔偿标准给予3倍的赔偿”更像是在用财大气粗的姿态表示自己对人命的轻视。

8月26日下午，有网友发现滴滴事后删除了郑州空姐一事的报道微博，网上一片哗然，相关微博破10万赞后上了热门。

事后更令人感到糟糕的是有网友林女士爆料，在几天之前，她就曾乘坐过犯罪嫌疑人的滴滴顺风车，当时司机将她带到偏僻之处图谋不轨，林女士将此事投诉到了滴滴平台，但是滴滴似乎并未作出实际举措。如果滴滴及时调查嫌疑人的身份，停止他的滴滴行车资格，或许24号的悲剧就不会发生。然而，从5月份空姐遇害一案后滴滴的处理来看，仅仅靠公关已经远远不能再让滴滴令大众信服。

从“滴滴出行”两次的声明来看，都用到了“万分悲痛”和“愧疚”等词汇，然而这些情绪的表达写在书面上是很容易的，当年5月，海淀法院网就早已发声：平台有平台的难处，但是在管理能力不足的情况下还要追求高速发展，无异于谋财害命。一个优秀的企业，应该有自己的社会责任和担当。但是滴滴在第一次道歉后却并没有真正承担起责任。公关不只是一纸声明，更是在危机后的实际行动，让企业重新树立良好的形象，让公众重新建立对企业的信任。

面对危机，企业的解决方式不应该是推卸责任、隔靴搔痒。危机带来教训，教训带来企业的改进。把握时间、勇担责任、真诚沟通、落实整改，再加上权威证实，危机，也许就会变成机会。

（资料来源：改编自大风号自媒体同名文章，2018-09-05）

公共关系的形象管理和危机管理是关系到组织生存和发展的两个重要问题。随着经济全球化和市场经济的发展,市场竞争从原来的价格竞争一直发展至当今的组织形象竞争,其激烈程度可想而知。而竞争环境的复杂性,往往使组织的危机不断显现。因而,为了增强竞争力,社会组织的形象管理和危机管理已被纳入组织的管理体系中。

第一节 组织形象管理和危机管理的重要性

社会组织的形象管理和危机管理是组织公共关系管理内容体系中的两个重要内容,也是市场竞争实践在公共关系理论中的体现。社会组织的形象管理有助于树立组织的良好形象,使组织在竞争中立于不败之地。随着危机的到处泛滥和不可避免,有效的危机管理可以帮助组织化解危机,转危险为机遇,抓住机遇、利用机遇,维护或重塑组织形象,从而实现组织的更好发展。

一、组织形象管理的重要性

组织的形象管理要追溯到 1908 年。德国著名的建筑设计师彼德·贝伦斯(Peter Behrens)为德国的 AEG 公司设计了简明的字母化的标志,并将其应用到公司的系列性产品中。贝伦斯 AEG 的这些设计实践被认为是组织形象策划的雏形,是最早的 CIS(Corporate Idtity System)。CIS 是一种新的组织形象管理方法.从公共关系的角度看,它意味着组织的一种整体形象管理。到 20 世纪 70 年代,欧美、日本组织纷纷实施 CIS 战略,进行组织形象管理,他们的巨大成功掀起组织形象管理的浪潮。

我国由于长期受封闭的计划经济体制的束缚,缺乏市场经济的概念,组织都未意识到形象管理的重要性。直到 20 世纪 80 年代中国第一家吃螃蟹的太阳神导入 CIS,使营业额增加 200 倍,才让组织意识到形象管理的重要性。随着经济全球化和市场经济的发展,现代组织之间的竞争越来越激烈和复杂,竞争从以前的价格到质量到品牌发展到现在的组织形象间的竞争。“酒香不怕巷子深”的观念是很有偏见的,进行有效的形象管理,树立良好的组织形象才是现代组织能在经济浪潮的席卷下站在风口浪尖而破浪前进的关键。所以,形象管理对组织非常重要,重要性概括如下:

1. 形象管理有助于公共关系主体无形资产的集聚

对公共关系的主体——组织而言,它的资产包括有形资产和无形资产。有形资产包括:固定资产、资金,人力等;无形资产包括组织形象、专利权、非专利技术等。可口可乐公司老板曾自豪地说:“如果公司一夜间被大火烧成灰烬,第二天各大银行就会主动上门来向公司贷款。因为公司还有价值 360 亿美元的无形资产。”可见无形资产的重要性。组织形象是重要的无形资产,形象管理可以提升组织的知名度和美誉度,使组织形象更好,良好的组织形象则使组织的无形资产价值更高。可见形象管理对组织无形资产的有着集聚效应。

2. 形象管理有利于组织自身建设

对组织外部而言，良好的组织形象必然增强组织的吸引力，吸引社会上的优秀人才、资金等各种资源，使组织更强大，更具竞争力。对组织内部而言，形象管理必然统一并深化组织成员的信念，激励组织成员的士气，使他们更加团结，更具自豪感和归属感，从而提升组织的内聚力。同时，形象管理会使组织制度更加完善，经营理念更加深入，使组织运转更加灵活有效。

3. 形象管理有助于为组织的发展创造良好的社会环境

从系统论的角度讲，组织和环境是紧密相连不可分割的。社会和社区是组织生存和发展的空间与依托，组织是社会和社区的组成部分。公共关系的形象管理有利于塑造组织的良好形象，增进组织的知名度和美誉度，赢得政府的支持和公众的信任，从而创造为组织发展和谐的社会环境。而良好的和谐的社会环境又为组织的拓展创造了条件。这是个良性互动，形象管理优化环境，环境使组织更好发展，从而促进了社会的文明和进步，促进了社会主义现代化建设。

二、组织危机管理的重要性

在SARS事件发生三周年之际，再度重温整个事件过程，可以清晰地发现危机管理的重要性。面对SARS这样世界性的危机，如果没有有效的危机管理，后果是难以想象的。SARS危机的火焰首先在广东燃起，2002年11月16日，中国广东佛山发现第一起后来称为SARS的病例。2003年2月3日至14日广东发病进入高峰，但病原不清，而且有家族及医护人员极易被集体传染的特点。中国疾病研究中心宣布，广东严重呼吸道综合症的病原基本可以确定为衣原体，但不能简单认定衣原体就是唯一病原。3月15日世界卫生组织将此疾改称严重急性呼吸系统综合征(SARS)。3月25日广东省中医院护士长叶欣殉职，她是抗非典战斗中第一位被患者传染而牺牲的医护人员。4月，非典在全国范围内爆发，4月2日，世界卫生组织发出55年来第一次旅行警告，劝告人们不要前往广东和香港，形势万分紧急。4月17日，中央终于做出果断决策，全民动员抗击“非典”。政府高度重视采取一系列的果断措施，4月20日，党中央、国务院明确提出要以对人民高度负责的态度，及时发现、报告和公布疫情，决不允许缓报、漏报和瞒报。卫生部决定，原来五天公布一次疫情，改为每天公布。“非典”被列入我国法定传染病。由于防治“非典”不力，卫生部长张文康、北京市委副书记孟学农被免职。4月23日北京市通告，对“非典”疫情重点区域采取隔离控制措施。5月1日经过8天的紧急筹建，北京市第一家专门治疗“非典”的临时性传染病医院小汤山医院开始接收病人。此时军队支援北京的医护人员1200余人陆续到位。5月6日《工伤保险条例》颁布。据此，医务人员在救治患者的过程中感染“非典”应算做工伤。温家宝总理签署国务院第376号令，公布施行《突发公共卫生事件应急条例》；劳动和社会保障部要求，将把农民工纳入防“非典”统一管理。由于政府这一系列的重大举措和紧急措施,我们的抗击“非典”活动终于取得了可喜的成果:医务人员的感染比例已经呈明显下降趋势。从4月21日到5月1日,每天平均是15.81人。从5月2日开始到5月8日,平均每天6.3人。5月15日小汤山“非典”定点医院第一批7名病人痊愈出院。5月29日北京新收治确诊“非典”病例首次降到零;当日确诊与疑似病例之和也首次降至个位数。6月2日北京疫情统计首次出现三个零:新收治直接确诊病例为零,疑似转确诊病例为零,死亡人数也是零。6月8日北京首次迎来新增“非典”病例零纪录。6月13日世界卫生组织宣布从13日起解除到中国的旅游警告。抗击“非典”终于取得胜利。由于政府的快速反应和危机管理机制的建立以及措施的实施,使中国成功地避免了一场大的灾难。危机是不可避免的,是现代社会的永恒特征,危机是把双刃剑,怎样运用,关键是危机管理的水平。试想一下,如果没有这次的成功危机管理,我们今天的社会又是什么样子呢?可见危机管理的重要性。

1. 维护组织形象,减少组织损失

组织形象是组织重要的无形资产,而任何危机都会使组织形象受损,降低组织的形象力,使组织在公众心中的信任度减弱,甚至严重的还会威胁到组织的生存和发展。危机还会给组织带来严重的经济损失。而对危机有效的管理可以协助组织渡过难关,变危机为机遇,将组织直接和间接的损失降至最小,在挽救组织声誉的同时重新塑造组织形象。

2. 为组织的发展创造良好的公共关系环境

危机事件是社会舆论关注的热点,是新闻的最佳素材,具有很强的社会影响,如SARS事件,肯德基的苏丹红事件等。正是由于这种较大的社会影响,可以为危机管理巧妙运用,变危机为机遇,利用这种机遇与公众、政府、媒体进行沟通、协调,增强组织在公众心中的信任度,赢得政府的支持,媒体的赞扬,从而为组织的生存和发展创造良好的公共关系环境。

三、组织形象管理和危机管理的相互关系

形象管理和危机管理对公共关系的主体——社会组织具有重要的作用,但是这二者之间也是相辅相成,相互作用。形象管理为组织创造的和谐环境有利于组织的危机管理,当危机出现时,更有利于组织渡过危机,转危为安。在公共关系的形象战略问题上,形象塑造极其艰难,但是破坏形象极其容易。所以,危机管理对形象管理是至关重要的。要加强危机管理以确保形象战略的顺利进行,为组织的发展创造良好的环境。海底捞火锅已经被成为了餐饮界的神话,其处理危机公关得方法同样是值得学习。《法制晚报》卧底两家北京海底捞后厨近四个月后,发布了重量级新闻——《记者历时4个月暗访海底捞:老鼠爬进食品柜火锅漏勺掏下水道》,一瞬间,海底捞登上了舆论的风口浪尖,引起了全民热议。4小时后,海底捞在官方微博上发布了道歉声明,称“问题属实,十分内疚”。又过了2个小时,海底捞再次发声,公布了

详细的七条整改计划以及责任人名单，整改包括可视化、与第三方虫害治理公司合作等内容。完全抓住了危机公关管理的“黄金时间”，控制了舆情的漫延趋势，把控了舆论的话语权。海底捞火速回应的一封声明，就使原本民怨沸腾瞬间扭转，受到无数的正向回应，甚至被网友称赞海底捞“知错能改，有责任和担当”。其实海底捞的危机公关真的非常简单，简单到八个字就能概括：这锅我背、这错我改。值得注意的是，海底捞管理层还特地安抚员工。七条声明中的第六条称：“涉事停业两家门店的干部和职工无需恐慌，你们只是按照制度要求进行整改并承担相应的责任。该类事件的发生，更多的是公司深层次的管理问题，主要责任由公司董事会承担。”与众多推卸责任让临时工背锅的企业形成了鲜明对比。虽然海底捞的公关没能完全消除危机，却防止了危机的进一步发生，甚至还为其品牌争取了几分好感。

第二节　公共关系的形象管理

一、公共关系形象管理的界定

(一) 公关关系形象管理的涵义

形象本指一个人的面貌、性格等总体特征。首先要树立自己的良好形象，在与别人交往的过程中要把这种良好的形象印入别人脑海尽量得到别人的认可和赞同。这样，无形中我们就进行了个人的形象管理。同样，一个组织也是如此，组织形象作为一个社会组织的感性面貌是组织自身不可分割的组成部分，又是组织精神理念的外在表现，是组织精神理念各种感性显现的有机整合体。组织形象的评价包括两个基本的指标：知名度和美誉度。知名度是衡量组织名气大小的标志，是指组织被社会公众知晓了解的程度及其产生的社会影响的深度和广度。美誉度是衡量组织形象优劣的标志，是指组织形象在公众心目中声誉美好的程度。知名度和美誉度反映了社会公众对一个组织的认知和赞许的程度，两者都是公共关系学所强调追求的目标。一个组织形象如何，取决于它的知名度和美誉度。知名度只有以美誉度为基础才能产生积极的效应。同时，美誉度要以知名度为条件，才能充分显示其社会价值。组织形象具有主客观双重性、偏差性的特点，使组织在社会公众心中的形象与预期形象有时不一致，达不到预期效果，这就必须对组织进行形象管理。公共关系的形象管理是组织的公关人员通过信息的有效传播和关系的协调，积极引导社会舆论，使组织公众认可并接受组织的经营理念、方针政策和各种感性行为，从而在公众面前树立良好的组织形象，提高组织的知名度和美誉度，以获得公众好评的过程。

(二) 公共关系形象管理各个时期的主要目标

公共关系的形象管理大体可以分为三个时期：塑造传播期、巩固期、维系期。塑造传播期是树立组织形象并进行传播。俗话说“打江山容易守江山难”，树立了组织形象是不够的，还要进行巩固以强化它在公众心中的地位。如果不强化管理，现代充分的信息很容易使组织形象在公众心中模糊甚至消失。为了适应组织环境的变化发展,要对组织形象维系,有效适时地改进,不断地完善。

1. 塑造期形象管理目标:让公众认可

处于公共关系建立初期,一切都是陌生的。我们要在最短的时期内通过信息的有效传播,把组织形象展示给公众,让他们认知和接受,宣传组织的知名度。而且,在扩大知名度的同时努力提高美誉度,不仅要使他们接受,而且要赢得他们的心理赞同。好的开始是成功的一半,所以塑造良好的组织形象,使公众认可是其他阶段的基础和开端。

2. 巩固期形象管理目标:让公众喜欢

处于公共关系形象管理的延续阶段。这一时期,社会组织要进行大量的公关宣传和传播,积极引导舆论导向,造成强烈的社会效应,巩固组织形象在公共心目中的地位,使公众更加得了解它,巩固了组织形象在公众心中的地位,使公众更加喜欢它。

3. 维系期形象管理的目标:让公众偏爱

随着现代市场经济的发展和科技的不断进步,商品趋于同质化,而公众的心理却是更加复杂化和多元化,公众的喜欢越来越容易改变,所以仅仅赢得公众的喜欢是不够的,要让他们偏爱和钟情,培养他们对组织的忠诚度。组织可以通过情感公益等大型公关活动为组织形象增加人文色彩和感情色彩,赢得公众的偏爱。如微软的多次慈善募捐活动,使组织的公益形象更加凸出,赢得公众的偏爱。如同麦当劳的一句广告语"I love in it"(我就是喜欢它),表明一旦形成偏爱,这种偏爱是很难改变的。

二、组织形象的策划原则

随着"时间就是金钱"到"Idea is money"的观念的转变,我们深知金点子的宝贵。同样,组织形象是否有效,很大程度上取决于金点子的策划,然而所有卓越的策划并非随心所欲,而是遵循一定的原则,组织形象大体遵循的原则为:个性化原则、战略性原则和艺术性原则。

1. 个性化原则

个性化原则是指在策划组织形象时,要注意具有民族、行业及自身的特点,以自己独有的做法和性质把自己与其他组织区别开来。在市场竞争激烈信息泛滥的现代社会里,一个组织的形象只有个性鲜明、性格独特,才能与其他组织形象明显区别开来,引起公众的兴趣和关注,留下深刻的印象,对组织进行"情有独钟"的支持。个性化原则具体说明组织理念、经营范围和风格、企业名称、广告语等这些组织形象要素等均应突出自己的特色,体现自己鲜明的个性。如:IBM 公司的"IBM 就是服务"的服务理念区别其他组织。在当今这个信息大爆炸的时代,人们在正常的生活里,不觉间陷入了无限的信息的海洋之中,尤其在广告这个以传播为主导的行业影响下,对组织形象的个性化起着重要的作用。体现个性的广告语绝对属于稀缺资源,"钻石恒久远,一颗永留传",这样流传百年的经典之作,无疑正是企业梦寐以求的:人人耳熟能详，购买成为梦想。

2. 战略性原则

战略性原则是指组织形象策划绝非一朝一夕之事，组织及成员必须坚持不懈，长期努力。组织形象的策划要立足现实，放眼未来，站到战略的高度进行组织的形象策划，要具有前瞻性和系统性。组织形象的策划是一个系统工程，必须从整体出发，协调各部门的公共关系工作，统筹兼顾全面安排，策划具有战略意义的统一的组织形象。由于环境是动态的，环境是不断变化的，因此要制定组织形象策划战略，以长期的战略计划指导近期的策划，使策划出的组织形象符合组织整体的发展规划，不会随意改变组织形象。

3. 艺术性原则

卓越的组织形象策划必须要求它提供典型又具个性的远景，形象又具概括的表达，和谐又具差异性的达标方案。这些似乎是矛盾的，但实质是艺术性的表现，只有全面符合艺术规律，体现艺术性原则的组织形象策划才是卓越的组织形象策划，才能让员工为之奋斗、公众为之青睐。组织形象策划的艺术性就是说没有固定的格式和不变的蓝图，要充满美感和创新。也就是说一个好的组织形象策划必须具备美感，人都是爱好美好的事物，首先给公众视觉的冲击，让他们看到后留下深刻的美好印象，从而让组织形象扎入公众心中。

三、形象管理的 CI 法

纵观 21 世纪组织发展趋势，组织竞争已不仅仅是产品的竞争、销售的竞争，而是以组织文化建设为基础的整体组织形象的竞争。反观以往国际、国内市场，成功的组织无不拥有成功的组织文化和组织形象，如美国的可口可乐、IBM、通用汽车、麦当劳等公司，日本的松下、索尼、丰田、东芝等公司，中国的海尔、健力宝、联想等公司，都把组织文化的建设和组织形象的塑造当作逐鹿市场的经营手段，当作赢得竞争优势的战略环节。我国组织面对正在发展的市场经济大环境，面对走向国际化的挑战，危机和希望同在。因此，在组织发展过程中，不仅要注重体制和机制的改革，还要注重对组织文化的建设和组织形象的塑造，将组织形象战略作为组织发展的重要战略之一，塑造组织的良好形象。

（一）CI 的历史沿革

CI 原是英文 Corporate Identity 的缩写。CI 策划从 20 世纪 50 年代始发源于美国，并在美国得到迅速发展，到 20 世纪 70 年代，欧美许多大公司已完成 CI 改造；日本在 20 世纪 70 年代导 CI，不少企业因此提高了经营绩效。20 世纪 80 年代，CI 在中国台湾成为潮流。我国随着改革的不断深化，CI 热潮已经兴起。

20 世纪 50 年代，美国计算机巨人——IBM 公司总裁小汤姆斯·华生深感老式风格已无法表现现代高科技产品的精神，希望能开发一种崭新的企业形象，这个形象既有利于开拓新的市场，给用户以深刻的印象，又能体现出企业的经营理念和创业精神。于是他聘请了当时的工业设计权威诺伊斯为顾问,负责策划设计工作。诺伊斯将公司的全称浓缩成"IBM"三个英文字母,并设计成黑体字的标志。后来IBM又进一步完善了这一设计,形成了现在的一蓝色条纹构成的IBM标志,已成功树立了"蓝色巨人"的形象。此后美国其他企业纷纷效仿,如:东方航空公司、可口可乐公司、西屋电器公司等,尤其是可口可乐公司的CI策划,革新了世界各地的可口可乐标志,成为20世纪70年代的代表作。

CI策划是从20世纪60年代末期开始传入日本。到1971年,东洋工业改名为"MAZUDA"(马自达)才开始展开一场CI革命。日本马自达过去名为"东洋工业株式会社",当时是生产汽车的大企业。为树立世界先进汽车制造厂的新形象,公司引入了CI策划。公司首先确立了"进取性、高品质、丰富的人性"的企业精神,然后决定将企业的名称与商标合一,将产品商标MAZUDA作为公司名称,并借助各种沟通机会与咨询媒介,设计出完整的视觉识别系统。MAZUDA为日本企业识别系统树立了典范。此后,日本的金融业、零售业、制造业相继推行CI计划。如:日本劝业银行、大荣超市、日立等公司相继导入CI。

中国台湾引进CI策划的先驱是台塑关联企业。1967年,由日本学成返台的郭叔雄把台塑所有关联企业标识结合起来。20世纪80年代是台湾CI策划大发展时期。由于台湾企业集团通过大规模的重组整合,形成一些组织庞大的企业集团。为树立大型企业的良好形象,企业纷纷导入CI策划。其中,台湾宏基电脑的CI策划最具特色。宏基电脑1982年开始导入CI策划,经过多次的重塑与整合,于1987年正式推广其名称"Acer"。"Acer"来自拉丁词根,意思为主动、敏锐、能干、强劲、灵巧,表示宏基以制造世界第一流品质的产品为目标。宏基企业标志是一个被切开的钻石图形,生动体现了宏基创新且具高科技价值观的新形象。

随着改革开放,中国内地与20世纪80年代在某些企业中也导入CI。第一家成功导入的是太阳神企业。

(二) CI的体系内容

CI指的是组织(或企业、团体)的自我同一性,即企业内部的组织自我意识同来自企业外部的组织形象认可达成同一化的状况。简言之,就是追求对企业形象特征识别的内外统一。在中文里,我们习惯上将CI翻译为"企业形象识别"或"组织形象识别",称有关企业(组织)形象识别系统的运筹、谋划、设计为CI策划。作为一个科学概念,目前对CI尚无一个公认的准确定义。主要因为CI涉及经济、社会、文化、心理等许多领域的课题,并广泛应用到企事业等各种社会组织中。而且不同国家、不同时期、不同组织类型的经济发展水平、社会文化差异、组织文化差异、心理活动内容的差别性都很大。如美国型的CI,是一种视觉型的CI;而日本的CI,是一种文化型的CI。我国则侧重整体战略的运筹。不管CI的具体模式的差异,CI最终追求方向是一致的,那就是寻求企业形象要素的科学设计和信息的最佳传播,以期在竞争中建立独具个性风格和强刺激力的企业形象。

一个真正意义上的企业形象识别系统由三大要素组成，即理念识别(Mind Identity，简称 MI)、行为识别(Behavior Identity，简称 BI)和视觉识别(Visual Identity，简称 VI)。这三者之间各有其特定的内容，相互联系，逐级制约，协同一体，缺一不可。

1. 理念识别(MI)

所谓理念识别(MI)，就是一个组织由于独特的经营哲学、宗旨、目标、精神道德等而区别于其他组织。它是组织经营管理的观念识别。理念识别是 CI 系统的灵魂所在，也是系统运行的原动力和事实的基础，属于最高决策层次。正如一个人的独特气质要通过他的行为和外表才能感受到一样，CI 中的 BI 和 VI 都是 MI 的表现方式，MI 通过 BI 和 VI 表现出来。对企业理念识别的确立，需要对企业的性质、历史、特征、机制条件等各种因素进行综合分析，并在此基础上加以提炼和概括，这个过程就是理念识别的策划过程。理念识别包括多个方面：经营宗旨、价值观念、组织使命、经营理念、精神信条等等的识别。

(1)期经营宗旨的确立

由于企业经营宗旨是企业经营的最高目标，因而成为企业理念识别策划的首要内容。企业的经营目标应该是全面的，包括经济、社会、文化。企业不仅要追求经济效益和社会效益，还更应注重自身独特文化的建设组织整体意识的体现。企业经营宗旨的确立必须体现以下几个特点：高品位、识别性、务实性和统领性。

(2) 企业价值观的整合

组织价值观是组织文化的核心内容。可以说组织的文化内容都是在组织价值观的基础上产生的。每个组织都有自己的价值观体系，要对价值观念进行整合，整合的内容如下：可持续价值观、创新观、质量观、服务观、人力资本观等多个方面。如一些著名公司的信条是：通过化学使美好的生活变得更美好(杜邦化学公司)；干一番不是跟在别人后面的大事业(索尼公司)；进步乃是我们最重要的产品(通用电气公司)；观念一变天地变，观念不变原地转(海尔集团)；联系世界(日本东京银行)；创造人与汽车的明天(日本日产汽车公司)，这些都体现了公司不同的精神理念。

2. 行为识别(BI)

行为识别(BI)也称活动识别，它是一个企业的动态识别形式，其动力源乃是理念识别。概括地说，所谓 BI，是以完善企业理念识别为核心，它是组织行为和员工行为的统一。这种统一是通过企业的活动方式表现出来的，包括对内的活动方式和对外的活动方式。对内活动方式包括：专业训练、作业制度、员工教育、礼仪培训等等；对外的活动方式包括：公共关系网的建立、广告、大型宣传等等。根据“企业生物模型”思想，企业行为系统是分若干层次的。即 BI 可分为企业整体行为识别(Corporate Behavior Identity)、组织行为识别(Organization Behavior Identity)、员工行为识别(Personnel Behavior Identity)三个层次。这三个层次相互联系、相互促进、构成 BI 的完整体系。行为识别是非常重要的。如对体育事业热心的可口可乐公司，几乎所有体育比赛的场馆，都可以看到可口可乐的标志，重大的国际比赛都少不了可口可乐的赞助。他们单独举办了国际足联16岁以下的少年足球赛,极大地扩大了影响。正是由于可口可乐公司的这些行为,国际上有种说法:“没有可口可乐就没有现代体育运动。”可口可乐与体育的联姻使这些活动具有鲜明的特色,达到行为识别的目的。柯达在中国十几年的发展中取得了政府的支持和公众的信任。又如柯达公司,一直以来柯达热衷于公益活动和社会公益事业,赞助医药、教育、体育等事业,支持环保,正是这些大量公益活动,以独树一帜的行为识别,成功推出自己的公益形象。

3. 视觉识别(VI)

在CIS的三大要素中,只有VI属国际通用化设计,全世界执行的项目都是统一的。VI系统一般包括两大类要素:实体性要素和象征性要素。实体性要素包括:建筑物、招牌、产品造型、公司的信封信纸等。象征性要素包括:名称(公司名、品牌名、建筑物名……)、标志(商标、旗帜、吉祥物、雕塑……)、标准(标准色、标准字、标准型……)。在CI系统中VI因其作为最生动具体、最广泛应用的组织外观形象特征体系而具有MI和VI不可替代的地位和作用。麦当劳的招牌可谓非常成功的视觉识别。招牌颜色的设计很具创新性,巧妙地应用了红绿灯的原理,红色作为底色表示停一停,大M的黄色表示等一等,当公众看到这样的招牌时,有一种潜意识的停留,而不是视而不见,匆匆而过,从而达到了视觉识别的效果。同时,这两种颜色搭配起来给人以温暖清新的感觉,容易引起食欲。又如金利来这一品牌,开始不是叫金利来而是叫金狮,曾宪梓做了种种努力,可是领带的销路就是不好,一个偶然的机会他得到了启发:过年他送亲戚领带,不料亲戚拒绝了他,不悦地说:“我才不用你的领带呢!金狮金狮什么都输掉了。”原来在香港“狮”与“输”读音相近。得到启发的他决定为领带换名,他苦苦琢磨,终得灵感,决定将金狮的英文字母Goldlion用意译和音译结合产生的版名,中间又添一个人们都喜欢的利字,形成了金利来,一个多么吉利的名字啊,谁会不喜欢呢!从此金利来开始辉煌的旅程,以致“金利来,男人的世界”家喻户晓。

为了更好地使CI达到效果,通常编制CIS手册,是所有设计的最高准则。CIS手册可以将组织的信息传达得更准确,用简单明了的图解说明CI计划的目的与概念,使组织的理念和行为统一化,视觉标准化,从而统一组织形象。CIS手册的编制内容大致如下:第一,引言:①董事长经理致词,②组织发展方向和理念体系,③导入CIS的目的4. CIS手册的使用方法和要求;第二,基本视觉要素系统:①组织标志、标准字、标准色,②企业标志、标准字、标准色的变体设计,③组织标志、标准字的制图法和标准色的标示法;第三,基本要素组合系统:①基本要素的组合规定,②基本要素组合系统的变体设计,③禁止组合的情形;第四,设计应用层面:①办公用品设计应用,②招牌标志旗帜应用,③组织成员的制服,④销售应用(产品的包装、造型),④广告设计,⑥交通运输工具的外观设计,⑦展览与展示设计;第五,印刷样本和标准色标。

第三节　公共关系的危机管理

一、公共关系危机管理的界定

（一）危机的定义、类型和特征

1. 危机的定义

危机不再是当今社会异常的或者罕见的特征，危及根植于当今社会的经纬之中。近年来国内外危机事件不断爆发，各大媒体从“美国 9·11”“非典”“苏丹红”等事件的报道中，“危机”这个词的出现频率一路飙升。危机（crisis）一词源于希腊语中的 kinetin，原始含义是筛选。学者巴顿（Barton）认为：危机是“一个会引起潜在负面影响的具有不确定性的大事件，这种事件及其后果可能对组织及其人员、产品、服务、资产和声誉造成巨大的损害”。美国前总统肯尼迪对中文的危机作了西方化的解释。他说危机含两层意思：前一字表示危险，后一字表示机遇。也就是说无论对个人还是对组织，危机都意味着两层含义，即“危险与机遇”。通俗地说，危机是指危及组织利益、形象、生存的突发性或灾难性事故与事件，蕴含着危险同时又有机遇。

2. 危机的类型

危机从内容来看主要有：信誉危机、效益危机和综合危机。信誉危机是指社会组织由于在经营理念、管理手段、服务态度、传播方式等方面出现失误而造成的社会公众对组织的不信任。信誉危机也称之为形象危机，它直接影响组织的经济效益和可以量化的其他收益。因此，信誉危机是真正意义上的公关危机，它是组织形象在公众心目中的倒塌，是公关工作的重大失误，如不及时想办法挽救，很快就会波及组织的其他领域，带来灾难性的损失。例如，雀巢碘超标事件。效益危机是指组织在直接的经济收益方面面临的困境。例如，出现了同行业产品价格下调、原材料价格上涨而引发的行业的恶性竞争。这方面的危机出现后，是很棘手的，因为效益是一个组织存在的生命，所以面临这种经济效益灾难时，要想策略及时补救，做到统筹全局，使亏损降到最小。综合危机是指兼有信誉形象危机和经济效益危机在内的整体危机。这种危机的爆发往往是出现了影响重大的突发性事件，而且情况总是从信誉危机引起，由于处理不及时，或者是事态发展太快而造成了经济利润的全面下降，促成了互相联系的连锁损失，在这种情况下，就需要公关组织刻不容缓地竭尽全力，尽快找到问题的突破口，迅速果断地控制事态发展，有效地解决面临的问题，使组织尽快走出困境。

3. 危机的特点

危机的特点大体如下：第一，破坏性。一般危机具有很强的破坏性，对社会或组织的生存和发展构成威胁。第二，紧迫性。危机的应对和处理具有很强的时间限制，一定要做到快速反应，切不可保持沉默，封闭消息。第三，公众性。一般危机会影响公众的利益、引起公众舆论高度关注。第四，突发性。危机的发生往往不可预见，突然爆发,如SARS。

(二)公共关系危机管理的涵义

如果把危机看作一匹脱缰的野马,那么危机管理就是最好的驾驭术。危机管理有狭义和广义两层含义。狭义的危机管理是指出现危机情况后的应对措施,例如:事故处理、灾难救援。广义的危机管理是指为实施快速高效的危机响应,而建立的完善的管理体制,它包括危机响应机制,响应组织的组建、装备、培训等。目前所说的危机管理主要是指广义的危机管理。危机管理可以说是全面解决方案,是从组织自身情况和外部环境出发建立危机预警机制,一旦发生危机便进行有效化解,重新恢复组织形象和市场地位。危机管理不仅仅是处理危机,而是一种机制,它提出了新的管理技能。很多组织将危机管理当作处理的手段,他们认为是媒体的炒作导致了危机的爆发,有鉴于此,他们认为处理危机事件的关键是在危机发生后与媒体保持有效的沟通。固然,有效的危机沟通是有效危机管理的一个重要方面,但不是全部。有效危机管理包括更多内容:信号探测、危机意识培养、危机管理机构的建立等。危机管理是门艺术性和策略性非常强的科学。

二、公共关系危机管理的6F原则

所有成功的危机管理不是偶然处理的,都是遵循一定的原则的。危机处理遵循的原则很多,这里引用6F原则。

(一)Forecast(预见性)原则

凡事预则立,不预则废。防火胜于灭火,当危机发生后,对公众利益的伤害和组织形象的损失已经造成,这时再尽力去补救是作为消防员角色在挽回损失。而危机管理的真正高手,则是通过事先分析、科学预测、防范火警发生的安全员。组织的领导者及全体员工要树立未雨绸缪的意识,及早发现危机的预警信号,防患于未然。危机管理的预见性原则,体现在组织必须对可能发生危机的各个领域和各个环节事先作出科学分析、预测,制定可行的危机预案和计划。并不是所有的危机都可以避免,当危机真的发生后,预见性原则体现在危机管理人员对危机态势的把握,危机的影响程度的了解,将危机控制在萌芽状态,避免危机的扩大。

(二)Flexible(灵活性)原则

危机管理既是一门科学又是一门艺术。山穷水尽疑无路,柳暗花明又一村。危机管理高手们往往结合事态形势的变化,组织自身的优劣形势、内外资源条件等进行灵活处理和应对,不仅力挽狂澜成功跨越危机,甚至还将危机事件变成提升组织形象的契机。看看现代城的出色表现:现代城事件借势造势转危为机。潘石屹的"现代城危机"事件处理,是一个经典的化危转机的范例,至今仍为房地产界同行所津津乐道。几年前,许多客户入住北京知名房地产楼盘现代城后,发现屋子里有一股尿的味道,发展商经过仔细调查,发现是由于在冬季施工的时候水泥里都放一种添加剂,它在夏天的时候会释放出氨气,从而使整个房间几乎成了厕所,这对于想要良好空气环境的消费者来说是无法容忍的，很快100多家业主集体要求发展商给予一个妥善的解决方案。《北京青年报》等媒体迅速曝光此事，“现代城危机”事件被逐渐放大。事件发生后，现代城开发商SOHO中国公司总裁潘石屹立即举行新闻说明会，主动向媒体和公众解释原因。在此基础上，潘石屹提出愿接受消费者无理由退房：任何一个买了现代城房子的客户，如果想退房，发展商将连本带息再加上10%的回报全部退给客户。同时，又向业主们写了一封信诚恳道歉，在几家主要媒体上刊登。潘石屹对危机事件的反应之快，姿态之高，赢得了舆论的好感，最终平息了众怒。经此一事，现代城的名声大噪，潘石屹的“连本带息无理由退房”的做法在社会引起了很大的轰动，一拨又一拨的客户涌向现代城。一场原本重大的销售危机就这样巧妙地转变成了机会。

（三）Face（承担责任）原则

是否遵循危机管理中的Face原则，实质上是考验陷于危机中的企业对组织利益选择的态度，危机发生后，公众关注的焦点往往集中在两个方面：一方面是利益的问题，另一方面是感情的问题。危机事件会造成组织利益和公众利益的冲突，目光短浅的组织，为了自己的短期利益在危机管理中将公众利益和社会责任束之高阁，最终却为之付出巨大代价。而具有强烈责任感的组织会牺牲短期利益换来良好的社会声誉，不断提升组织和品牌形象，从而实现组织发展的基业常青。

（四）Fast（快速反应）原则

危机爆发的突发性和极强的扩散性决定了危机应对必须要迅速、果断，越早发现危机并迅速反应控制事态越有利于危机的妥善解决和降低各方利益损失。组织内部对危机事件必须保持高度警觉及早发现，及早通报便于高层尽快掌握真相，果断作出决策。对于组织外部，速度显得更为重要，及早向外部发布信息，既体现组织对危机事件迅速反应姿态，又可避免因信息不透明而产生的虚假谣言，可以说，谁第一时间作出了反应谁就掌握了主动。

（五）Frank（坦诚沟通）原则

危机管理中的Frank原则是说处于危机中的组织要高度重视做好信息的传递发布，并在组织内外部进行积极有效的公关活动，充分体现组织在危机应对中的社会责任感，从而为妥善处理危机创造良好的氛围和环境达到维护和重塑形象的目标。坦诚沟通包含两个方面：一是组织内部的沟通，安定内部员工的情绪；二是组织和社会利益相关者的沟通，向公众坦诚发布信息。

（六）Fact（尊重事实）原则

任何组织在处理危机过程中都必须坚持实事求是的原则，这是妥善解决危机的最根本原则。从危机公关的角度来说，只有坚持实事求是，不回避问题，勇于承担责任，向公众表现出充分的坦诚，才能获得公众的理解、信任和支持。“泰诺”危机事件的成功化解是体现这一原则的典范。相反，“冠生园月饼”事件则严重背离了这一原则，没有承担错误，承认陈馅月饼的事实，没有主动与媒体和公众善意沟通赢得主动，未把危机制止在萌芽阶段，令事态严重恶化，导致南京冠生园最终葬身商海。

三、公共关系危机管理的过程

(一) 危机前

居安思危,培养全员的危机意识。古人云:"生于忧患死于安乐;安而不忘危,治而不忘乱,存而不忘亡。"这是中国先哲留下的人生理念和治国安邦之策,它体现了强烈的危机意识,对现代组织而言,居安思危的危机意识是决定现代组织能否立于不败之地的基础。危机意识是危机预警的起点,要培养组织成员的危机意识,并把它作为一种战略,纳入组织的发展规划中,从而有效地帮助组织在遇到危机时临危不乱、镇定从容、迅速反应。组织成员应该意识到危机是客观存在的,树立忧患意识,产生危机感和责任感,不断进取。波音公司使用的"末日管理"提醒员工市场竞争的激烈,以加强员工的拼搏精神取得巨大成功。

防患于未然,建立危机预警系统。俗话说:"冰冻三尺非一日之寒。"危机的爆发通常都会发出早期预警信号,组织必须要建立一套预警系统来尽早察觉危机端倪,防患于未然。

未雨绸缪,为危机做准备。史蒂文·芬克(Steven Frank)是一位著名的管理咨询顾问,他在《危机管理》中指出:"应当像认识到死亡和纳税是不可避免的并必须为之做计划一样,认识到危机也是不可避免的,也必须为之做准备。这样并不是处于软弱和胆怯,而是出于知道自己准备好后的力量……学会与命运周旋。"我们要为危机做充分的准备,准备包括危机管理机构的设置,危机管理制度的制定和危机管理资源的准备。危机管理机构通常包括危机管理委员会、危机管理办公室和危机管理小组。危机管理委员会是决策机构,危机管理办公室是常务执行机构,危机管理小组是基层操作。危机管理制度可以约束组织成员的行为,保证危机管理方针、政策、措施的有效实施。比如"第一发言人制度"、应急队伍的培训等等。危机管理资源的准备包括经费、设施的准备等等。总之,只有做好了各方面的充足准备,在危机真正来临时,组织才能有充分的信心应付自如,转危为安。

(二) 危机中

危机中的处理过程表现为一下几个环节:

1. 迅速反应,成立危机管理小组,制定危机处理方案

当危机来临时速度是关键,马上成立危机管理小组,群策群力,迅速反应,切忌拖延和沉默。应该选派高层管理者组成危机沟通小组。最理想的组合是,由公司的首席执行官领队,并由公关经理和法律顾问作为助手。如果公司内部的公关经理不具备足够的危机沟通方面的专业知识,公司可以找一个代理者或者独立的顾问。小组其他成员应该是公司主要部门的负责人,涵盖财务、人力资源和运营部门,这样可保持行动的整体性和一致性。通常组织要选定发言人,形象沟通常常和事实沟通一样强有力。因此,是否具有沟通技巧和把握大局的能力是选择发言人的首要标准之一。在危机沟通小组里,应该有专门在危机时期代表公司发言的人。首席执行官可以是

发言人之一，但不一定是最主要的，因为，一些首席执行官是很出色的管理者，但并不健谈。经济的市场化、全球化和信息传播的网络化，使危机发展加快、扩散效应增强，如不及时加以控制，将造成不可估量的损失。危机不等人，组织的危机管理小组在分清组织的危机之后，要制定科学有效的危机处理方案，在制定危机处理方案时要注重可行性。我们重温一下 SARS 事件，2003 年 4 月前，由于政府没能对事件做出迅速反应和信息的及时公布，SARS 疫情迅猛传播，使社会经济遭受极大损失。4 月后，随着中央做出果断决策和行动，制定危机管理科学方案，全国抗击"非典"局势迅速好转，SARS 疫情得到控制。我们最终战胜了 SARS，取得了胜利。

2. 实施方案，坦诚沟通，化解危机

制定了方案一定要快速有效地实施。为了使方案有效地实施，组织要和内部员工及公众坦诚沟通。古人云："攘外必先安内。"危机管理中，每个员工的言行举动直接关系到组织的形象和危机处理的效果。所以首先让组织内部的员工了解真相，稳定内部员工的情绪，增强组织的凝聚力，让员工与组织同舟共济，渡过危机。媒体是舆论的传播者，会始终密切关注事件的发生和发展，一方面会告诉公众真实和确切的消息；另一方面也会发生错误，进行不真实的报道。所以危机发生时要与媒体联合，正确的引导舆论方向，处理好与媒体的微妙关系，让媒体成为组织的良性代言人，让他们的报道真实准确，让媒体把正确的消息和情况传达给公众，从而取得公众的理解和信任。应对媒体时，组织一定要保持信息的一致性。一次，连锁超市雄狮食品(Food Lion)突然间受到公众瞩目，原因却让人不开心，是因为受到美国某电视台的直播节目指控它出售变质肉食品的同时，公司瞬间股价暴跌。但是雄狮迅速行动，制定危机管理方案，并马上实施。他们邀请权威检验，让媒体公布，公众参观店堂，在肉制品区树起玻璃墙供公众监督，赢得公众的信任。并加大员工的培训，大幅打折，通过这些措施的有效迅速实施，最终食品和药品管理局对它的监测结果是"优秀"，重新把顾客吸引过来，且公司的销售额达到了比以前更高的水平。

(三) 危机后

吸取教训，总结经验，重塑形象。由于强生公司将泰诺事件处理得如此之好，具有讽刺意义的是公司竟然没有从中吸取经验教训。处理危机时，强生公司的行为只是必要的，危机中的组织都应该这样做的，它不是充分性行为。由于没有总结经验教训，若干年后当泰诺被认为可能导致肝功能损伤时，曾经危机管理的辉煌消失殆尽，它的这次处理则相当逊色，不再是危机管理的模范。危机发生后，组织一定要吸取教训，总结经验，为以后更好地为危机管理作准备。通常危机后组织形象有一定的毁损，所以危机后组织一个重要的任务是维护或重塑组织形象。

【案例及案例讨论】

五芳斋携手迪士尼,中西合璧玩味端午

2016 年 3 月 28 日,上海迪士尼正式售票;3 月 29 日,五芳斋和迪士尼携手了!这绝不仅仅是两个百年品牌的跨界合作,更是一场跨越了中西文化的世纪奇遇!东方传统美食遇上西方经典卡通,会碰发出什么样的火花?

"好雨知时节,当春乃发生",在这万物复苏的季节里,作为知名品牌的中华老字号——五芳斋与华特迪士尼(中国)有限公司达成授权合作在即将到来的端午季,为广大粉丝全新演绎老字号的新风采,推出值得玩味的端午创意新品。

3 月 29 日,五芳斋新品发布会在嘉兴龙之梦大酒店隆重举行。合作双方企业代表和来自江、浙、沪及全国的应邀媒体出席了本次发布会。经过精心筹备和设计,五芳斋将经典传承的产品和迪士尼人物相互碰撞,经典与创意擦出火花,令人耳目一新。

五芳斋集团董事长厉建平在大会上说道:"五芳斋携手迪士尼,一边是中华数千年文化的积淀和美食传承,一边是家喻户晓的动画明星和风靡全球的超级英雄。五芳斋将立足中国米制食品,借助国际化的娱乐传播理念和载体,结合中国传统文化,实现中西方文化的完美融合,让更多人分享美味与快乐。此次与迪士尼合作,正是五芳斋向着'年轻化、时尚化、国际化'转型升级的一个重要里程碑。"

五芳斋实业公司总经理吴大星做了《互联网时代的五芳斋》的演讲,主要阐述了互联网发展的三个阶段和厂商合作的三个机会点。他说,在移动互联时代下,一切围绕消费者,五芳斋未来的厂商合作要从现在的"零和博弈"转向"合作共赢"。双方合作方式和机会众多,包括现有业务多元化合作,互为产品经销供应商,甚至还可以成为各子平台的合伙人,共同达成发展愿景。

迪士尼中国区消费部副总裁王沁女士发表讲话:"迪士尼的米奇和漫威将首次出现在最具中国传统特色的五芳斋粽子系列产品上,是国际经典与中国传统,快乐与美味的融合。通过五芳斋,能够带给迪士尼粉丝和广大的消费者耳目一新的产品。"

"互联网+"时代已经来临,在传承与创新的新思路下,面对日益变化的市场与消费群体,对于传统的百年老字号而言也应顺应潮流,紧跟时代步伐,此次跨洋合作也就是一次新的突破与改变。五芳斋致力打造成为一家"轻、快、'互联网+'"的公司,五芳斋此次提出"快乐让美味更有味"的主题,与迪士尼"用心娱乐"的品牌愿景不谋而合,并在"快乐让美味更有味"这一主题下倾力打造传统与现代的中华美食。百年老字号也借助国际化的娱乐传播理念和载体,结合中国传统文化(端午习俗),实现中西方文化的完美融合,让更多人分享美味与快乐。

活动现场,五芳斋电子商务马总、五芳斋品牌总监徐总就 2016 五芳斋销售策略、2016 年端午五芳斋品牌传播分别作相关解读。

此次的发布会上,五芳斋展示了其专门为 2016 年端午节倾心打造的粽子产品:

分别在线上、线下推出八款礼盒产品及两大真空系列产品。此次包装的设计更是别出心裁，涵盖了迪士尼经典动漫卡通角色，如米奇、米妮、唐老鸭等，以及旗下漫威电影中的经典人物，如美国队长、钢铁侠、雷神索尔、绿巨人浩克等。一边是家喻户晓的动画明星和风靡全球的超级英雄，一边是中华数千年文化的积淀和饮食传承，这一“混搭”效果也让这五芳斋产品“国际范儿”十足，更叫人充满期待。同时，对于大量的电影拥趸和老字号的忠实吃货而言，也是一场不可错过的视觉与味蕾的盛宴。

除了抓人眼球的产品外，双方将陆续开展一系列线上、线下推广体验活动，也会让更多粉丝们得到味觉与视觉的双重享受与更多惊喜。相信，在这个端午季里，让人期待的不仅是美味可口的粽子，也将会在全国各大卖场超市和线上购物平台刮起一阵老字号与迪士尼“中西合璧”的极酷旋风。为此，我们将拭目以待。

随着晚宴的进行，五芳斋产品订货会创下8位数的佳绩！相信，2016年的端午季里，让人期待的不仅是美味可口的粽子，也将会在全国各大卖场超市和线上购物平台刮起一阵老字号与迪士尼“中西合璧”的极酷旋风。

关于五芳斋

“五芳斋”创始于1921年，是国家商务部认定的首批“中华老字号”。五芳斋集团总部位于浙江省嘉兴市，并在上海成立了营销总部，在香港设有食品进出口公司。

五芳斋崇尚“和商”经营理念，以“打造米制品行业的领导品牌，打造中式快餐连锁的著名品牌”为战略目标，着力建设“从田间到餐桌”的食品产业链。公司现已经形成粽子、大米、米饭制品、卤味制品、休闲食品等产品系列，产业贯穿科研、原料采供、生产、物流、销售、餐饮服务、电子商务等领域。2008年以来，公司加快推进全国战略布局，建立了稻米、箬叶等优质原料基地，嘉兴、成都、广东、武汉四大食品加工和配送中心，销售网络覆盖全国。同时，公司快速推进餐饮连锁产业，到2015年底连锁快餐店达到350多家，并设立了660多个早餐经营点。2009年起，公司大力拓展电子商务，2015年网络销售规模达到2亿元；此外，五芳斋还积极开拓海外市场，将中华美食销往港澳、北美、澳洲等海外市场，并在香港、澳门开设了五芳斋餐饮门店。未来，公司将向以“轻、快、互联网+”为经营思路，加快推动百年老字号转型创新。

关于华特迪士尼消费品部

迪士尼消费品部(Disney Consumer Products)是华特迪士尼公司(NYSE:DIS)旗下业务分支，致力于将迪士尼富有创意及引人入胜的产品体验拓展至品类繁多的消费品领域，包括服饰、玩具、图书杂志以及动画艺术等。作为全球最大授权方，迪士尼消费品部将随时随地都能体验的迪士尼奇妙带给消费者，激励人们的想象力。迪士尼消费品部由三个业务部门构成：授权、出版及迪士尼商店。授权业务由五大战略品牌重点组成：迪士尼媒体、经典及娱乐、迪士尼及皮克斯动画工作室、迪士尼公主及奇妙仙子、卢卡斯影业以及漫威。迪士尼全球出版是全球最大的儿童图书、杂志、电子书及应用软件出版商，更通过包括“迪士尼想象学院”、迪士尼英语和其他迪士尼主题学习产品在内的“迪士尼科普”系列致力于拓展儿童教育领域。此外，在全球包括北美、欧洲和日本拥有超过350家迪士尼商店,为消费者提供高品质的独特产品。迪士尼商店在不同国家也开启了电子商务网站。

(资料来源:五芳斋官网.2016-03-30)

案例讨论:结合案例,讨论"互联网+"背景下传统企业如何树立自己的新形象?

【思考题】

1. 社会组织形象管理的CI法包含哪些部分的内容?
2. 什么是公共关系危机管理的6F原则?
3. 社会组织形象管理和危机管理的意义是什么?

参考文献

[1] 杰弗金斯．最新公共关系技巧[M]．北京:北京大学出版社,1992.

[2] 夏年喜．世界上最迷人的公关大师[M]．北京:工商出版社,1997.

[3] 刘新．中外营销与公关诀窍1000例[M]．北京:中国广播电视出版社,1996.

[4] 王晓进．公共关系实务大全[M]．北京:北京工业大学出版社,1997.

[5] 郭惠民．中国优秀公关案例选评(之二)[M]．上海:复旦大学出版社,1997.

[6] 唐家乾．现代企业公共关系学[M]．上海:立信会计出版社,1996.

[7] 张宝文．广告与公关[M]．青岛:青岛出版社,1994.

[8] 孙顺华．传播与公关[M]．青岛:青岛出版社,1995.

[9] 李家镐．企业成功案例集萃[M]．上海:文汇出版社,1992.

[10] 张克非．公关策划与谋略[M]．青岛:青岛出版社,1994.

[11] 林汉川,李觅芳．公共关系案例教程[M]．上海:复旦大学出版社,1997.

[12] 黄德林．当代公共关系概论[M]．南宁:广西人民出版社,1992.

[13] 胡锐．现代公共关系原理[M]．杭州:浙江大学出版社,1994.

[14] 穆尔．公共关系学[M]．北京:中国人民大学出版社,1990.

[15] 郭惠民．当代国际公共关系[M]．上海:复旦大学出版社,1995.

[16] 霍洪喜．公司公共关系[M]．天津:南开大学出版社,1994.

[17] 郭惠民．国际公共关系教程[M]．上海:复旦大学出版社,1996.

[18] 奚从清,等．中国现代企业文化导论[M]．杭州:杭州大学出版社,1997.

[19] 居延安．公共关系学[M]．上海:复旦大学出版社,2001.

[20] 杨魁.公关心理学[M]．青岛:青岛出版社,1994.

[21] 张志清．企业形象新战略——CIS导入指南[M]．天津:天津社会科学院出版社,1996.

[22] 毛经权.公关人的创意[M].上海:上海外语教学出版社,2006.

[23] 胡晓涓.商务公共关系[M].北京:中国建筑工业出版社,2003.

[24] 万力.国际公关策划[M].北京:民主与建筑出版社,2002.

[25] 奎军.公关经典100[M].广州:广州出版社,1998.

[26] 雷鸣雏.顶尖策划[M].北京:中国物价出版社,2002.

[27] 张乃英.推销与谈判[M].上海:同济大学出版社,2003.

[28] 张乃英.新经济时代的企业文化[M].上海:同济大学出版社,2003.

[29] 西泰尔.公共关系实务[M]．12版．北京:清华大学出版社,2014.

[30] 黄曼青.公共关系学[M]．2版．广州:暨南大学出版社,2015.

[31] 王光娟. 公共关系学[M]. 2 版. 上海:上海财经大学出版社,2016.
[32] 周安华. 公共关系—理论、实务与技巧[M]. 5 版. 北京:中国人民大学出版社,2016.
[33] 丁邦杰. 企业危机公关中的媒体攻略[M]. 南京:江苏人民出版社,2015.
[34] 宋睿. 一个公关人的自我修养[M]. 北京:新世界出版社,2016.
[35] 杜鸣皓. 无公关,不品牌:公关 36 计思维训练与实战进阶[M]. 北京:团结出版社,2017.
[36] 黄洪波,孙伟航,曹逸韵. 腾讯公关法[M]. 杭州:浙江大学出版社,2018.
[37] 唐钧. 新媒体时代的应急管理与危机公关[M]. 北京,中国人民大学出版社,2018.
[38] 金旗奖编委会. 2017 最具公众影响力公共关系案例集[M]. 北京:中国财富出版社,2018.